ОСТРОУМИЕ МИРА

ЭНЦИКЛОПЕДИЯ

ОЛМА
МЕДИАГРУПП

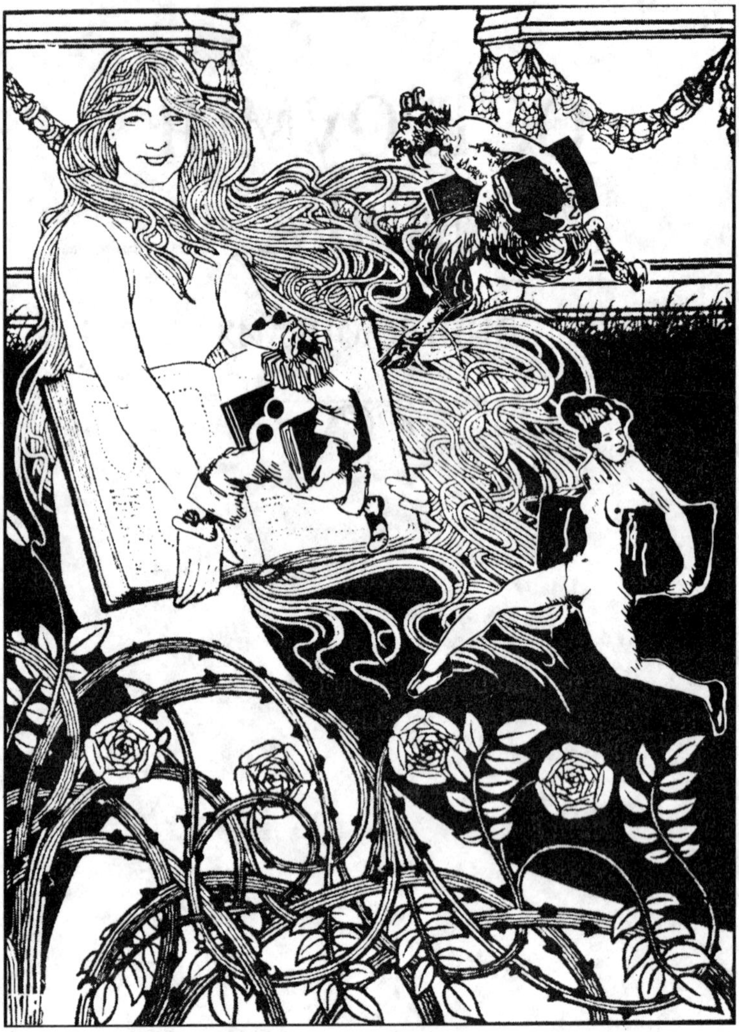

ОСТРОУМИЕ МИРА

ЭНЦИКЛОПЕДИЯ

Москва
ОЛМА Медиа Групп
2009

УДК 821
ББК 94.8
О 79

Автор-составитель *В. Артемов*

Оформление переплета *А. Козаченко*

Разработка внутреннего оформления *Н. Мироновой*

О 79 **Остроумие мира:** Энциклопедия / Автор-сост. В. Артемов. — М.: ОЛМА Медиа Групп, 2009. — 585 с.

ISBN 978-5-224-05254-7
ISBN 978-5-373-01268-3

Эта книга — своего рода энциклопедия остроумных высказываний знаменитых людей, собрание исторических анекдотов, веселых былей и преданий. В книге представлены образцы остроумия древних греков и древних римлян, восточных мудрецов (Индии, Китая, Турции), западных мыслителей, поэтов и писателей (от раннего средневековья до двадцатого века), русских царей, шутов, государственных деятелей, актеров (от петровских времен до наших дней).

УДК 821
ББК 94.8

ISBN 978-5-224-05254-7
ISBN 978-5-373-01268-3

© Издательство «ОЛМА-ПРЕСС», оригинал-макет, 2005
© ЗАО «ОЛМА Медиа Групп», издание, 2007

К читателю

Собирая материал для этой книги, мы, разумеется, не ставили своей целью объять необъятное, ибо поистине остроумие человечества неисчерпаемо. Мы постарались выбрать наиболее характерные образцы этого остроумия, начиная от древнейших времен и до наших дней. Сразу следует оговориться, что материал располагается по возможности хронологически, поскольку всякая иная систематизация либо практически невыполнима, ввиду чрезвычайного разнообразия тем и разнородности текстов, либо носит условный и чисто формальный характер (когда, к примеру, используется алфавитный принцип). Словарь имен даст вам необходимую информацию о многих героях нашей книги.

В книге представлено остроумие древних греков и древних римлян, Востока (Индия, Китай, Турция), Запада (от раннего Средневековья до двадцатого века), отдельная глава посвящена России.

Многие исторические личности остались в истории благодаря всего лишь вовремя сказанному острому слову или же анекдотическому случаю, который с ними приключился. Но остроумное не обязательно значит комическое и смешное. Строго говоря, остроумие — это особенная изощренность человеческой мысли, изобретательность в нахождении ярких, острых или смешных выражений, определений, но острый ум не значит исключительно насмешливый ум, хотя по преимуществу именно так и получается в большинстве случаев, которые собраны в этой книге; здесь мудрость идет рука об руку с парадоксом и юмором, трагическое тесно переплетается с комическим.

Эта книга является своего рода энциклопедией остроумных высказываний знаменитых людей, собранием исторических анекдотов, веселых былей и преданий. Кроме того, в книге представлены и так называемые байки, иначе говоря, изустные истории, связанные с именами известных личностей, — жанр, хотя и не претендующий на абсолютную фактическую точность, но особенно популярный в последнее время, ибо байки — это начало легенды о человеке, а легенда порой гораздо более жизненна и достоверна, нежели факт, и гораздо правдивее отражает лицо и характер человека, лицо самой эпохи.

Анекдот — это не только и не просто игра, он важен и интересен как своеобразная летопись времени. Краткий исторический рассказ, микроновелла, острое изречение — все эти разновидности анекдота с античных времен сопутствовали большой литературе, дополняли официальную версию событий, с неожиданной точки зрения освещали и раскрывали биографии знаменитых людей.

Часть I
КЛАССИЧЕСКИЙ МИР

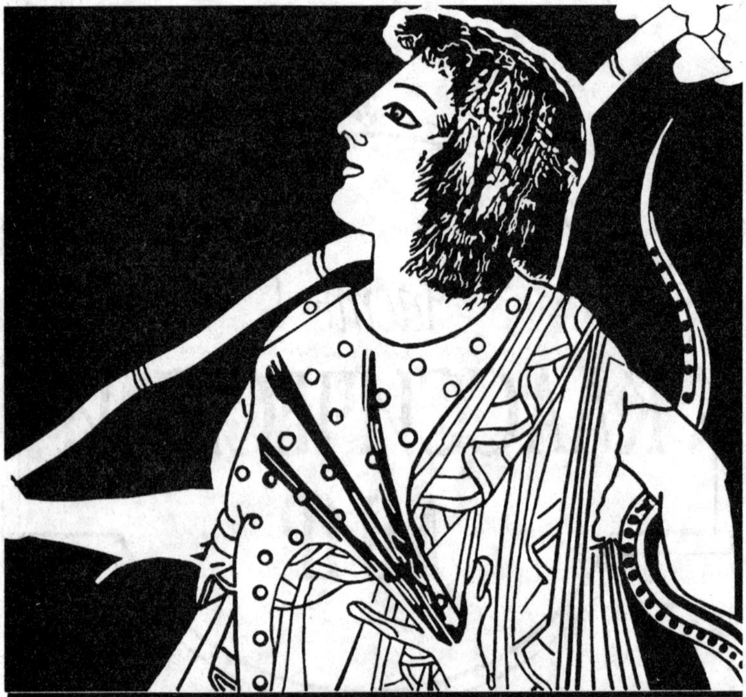

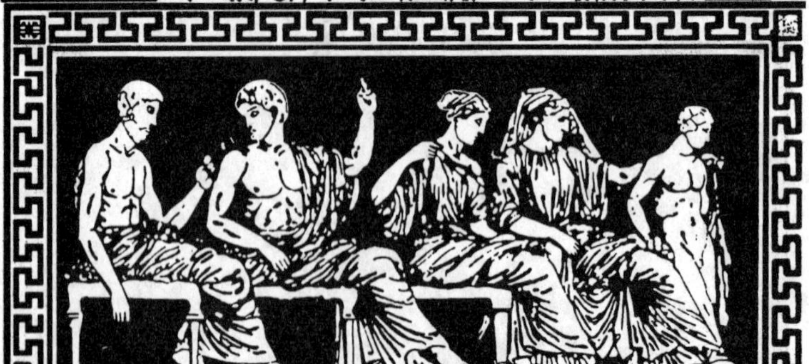

Глава 1

Шутка есть ослабление напряжения, поскольку она отдых.

Аристотель

Любовная лирика Катулла и Есенина проистекает из одних и тех же источников, мир страстей, устремлений, интересов древнего человека во многом родствен и созвучен миру современного человека. В этом смысле остроумие древних интересно и близко нам, людям двадцатого века.

Царь Филипп II, отец Александра Македонского, отличался большим остроумием, и ему приписывается немало метких слов.

Однажды ему донесли, что греки, которым он оказал множество благодеяний, всячески поносят его.

— Ну а если б я с ними был немилостив, тогда что же было бы?

Когда Филиппу сообщили, что крепость, которую ему предстояло взять приступом, совершенно неприступна, он воскликнул:

— Как неприступна? Да ее возьмет даже осел, если, конечно, нагрузить его золотом!

Очень ловкая фраза, напоминающая многие позднейшие случаи, когда крепости, по стоустой молве, открывались «золотыми» ключами.

Филипп II чрезвычайно легко и охотно засыпал, будучи обязанным, впрочем, этой легкостью сна своей склонности к выпивке. Из-за этого с ним случались прелюбопытные казусы. Однажды, например, он, слушая какое-то дело, по обыкновению, уснул и не слыхал, что говорил подсудимый в свое оправдание, а потом все-таки вынес обвинительный приговор. Подсудимый объявил, что будет жаловаться.

— Кому? — вскричал раздраженный царь.

— Да тебе же, царь, коли не будешь в это время спать.

Человек, в сущности, добрый и честный, Филипп устыдился и, пересмотрев дело, решил его в пользу обиженного.

В другой раз он тоже крепко спал, когда к нему явились по делу какие-то греки, поднявшие от нетерпения шум у его дверей. Один из приближенных сказал им:

— Теперь Филипп спит. Зато когда вы спите, он не спит.

Кроме сонливости он, кажется, еще был подвержен лени. Одна старуха долго приставала к нему, чтоб он рассмотрел ее дело, а он все отказывался, ссылаясь на занятость.

— Коли так, откажись от престола! — воскликнула выведенная из терпения просительница.

И опять добрый Филипп смиренно признал, что старуха права, и уважил ее просьбу.

Александр Македонский является героем великого множества анекдотов и народных сказаний Востока, но от него самого осталось немного слов, в прямом смысле остроумных.

Рассказывают, что однажды во время ссоры с сильно выпившим отцом он так раздражил Филиппа, что тот, не сознавая, что делает, бросился на сына с обнаженным мечом. По счастью, царь был подкошен хмелем и, свалившись, тут же, по обыкновению, захрапел. Александр сказал:

— Ведь вот человек: все толкует о том, что пройдет из Европы в Азию, а сам не может пройти от стула до стула.

Когда друг Александра Македонского, Перилл выдавал замуж своих дочерей, полководец подарил ему, на приданое дочкам, пятьдесят талантов*. Скромный Перилл сказал при этом, что с него будет довольно и десяти талантов.

— Для тебя получить, пожалуй, этого достаточно, — заметил Александр, — но для меня столько дать тебе — недостаточно.

―――――

* *Талант* — денежно-счетная единица, которая была широко распространена в античном мире.

Перед одним большим сражением Александру докладывают, что его солдаты пришли в весьма подозрительное и неблагонадежное настроение, что они все сговариваются грабить и брать награбленное себе, не отдавая ничего в казну.

— Отличные вести, — решил Александр, — так сговариваться перед битвой могут только воины, уверенные в победе.

Готовясь к одной серьезной битве, Александр Македонский приказал, чтобы солдаты съели все свои запасы.

— Завтра у нас будут запасы врагов, а поэтому глупо экономить свои, — пояснил он.

Слушая доносы, Александр заслонял одно ухо рукой.
— Почему ты так поступаешь, царь? — спросили его.
— Сохраняю другое ухо для того, чтобы выслушать обвиняемых, — ответил Александр.

У Македонского, конечно, не было недостатка в льстецах, но их всех превзошел грек Анаксеркс. Однажды зашел разговор о том, где климат лучше: в Греции или в Македонии, и Анаксеркс, желая и тут угодить Александру, превозносил климат Македонии.

Однако взгляни на себя самого, — возразил ему Македонский. — В Греции ты ходил в рваной одежде, а здесь в трех богатых плащах. Где же теплее, где холоднее?

Однажды Александр Македонский читал какие-то очень секретные письма, а его друг Эфестион, подойдя, заглядывал ему через плечо. Александр не препятствовал этому, но, взяв свою печать, молча приложил ее к губам Эфестиона.

Один юноша, сын прославленного и бесстрашного отца, но сам воин неважный, попросил себе такое же жалованье, которое получал отец. Антигон, сподвижник Македонского, ответил:

— Я назначаю жалованье не за отцовскую храбрость, а за твою личную.

Македонский царь Архелай, как гласит предание, на вопрос одного славившегося своей несносной болтливостью брадобрея: как он прикажет себя выбрить? — отвечал:

— Молча.

Эта выходка потом приписывалась то англичанину, то разным знаменитостям и вообще широко использовалась в анекдотической литературе.

Один изменник, оказавший своим предательством большую услугу македонцам, очень обижался на них, когда они называли его предателем. Однажды, когда он пожаловался на такое обращение с ним македонскому царю Архелаю, тот ему ответил:

— Что делать, македонцы народ грубый и неучтивый, они привыкли называть вещи прямо, их настоящими именами.

Агафокл, сиракузский тиран, был сыном горшечника и все-таки собственными усилиями сумел достичь весьма высокого положения.

Однажды, когда он осаждал какой-то сицилийский город, жители со стен ему кричали:

— Эй, горшечник, чем заплатишь своим наемникам?

Они были уверены в своей неуязвимости.

— Потерпите немного, дайте город взять, — отвечал Агафокл насмешникам.

Наконец, взяв город, он стал продавать всех его жителей в рабство, говоря им:

— Оскорбляли и бранили меня вы, но расчет у меня будет не с вами, а с вашими хозяевами.

Одна старая гетера, с которой в молодости якшался Агафокл, не только растранжирила все подарки своих клиентов, но и лишилась своего естественного богатства — красоты. Она вспомнила про Агафокла и решила попросить у него либо пенсию, либо какой-нибудь дом, либо рабов, чтобы провести старость в достатке.

— Давать женщине добро — все равно что бросать его в колодец. Ты сама это доказала своей жизнью, — сказал в ответ Агафокл и ничего ей не дал, хотя вовсе не был жаден.

Как-то раз Агафокл спросил философа Ксенократа, почему он молчит, в то время когда другие философы ругают его.

— Я весьма часто раскаивался в словах, которые произносил. Но ни разу не раскаивался в тех случаях, когда промолчал, — ответил философ.

Агафокл подумал и возразил:

— Если ты глупый человек, то поступаешь разумно, когда молчишь. Но если ты умен, то совершаешь глупость, если не говоришь.

Во время товарищеских обедов один спартанец, выпив лишнего, похвалил иноземного посла за искусство даже самые ничтожные дела изображать великими. Восхвалять кого-либо не за военные заслуги почиталось у спартанцев венцом невежливости.

Поэтому присутствовавший на обеде спартанский царь Агесилай заметил:

— Глупо хвалить сапожника за то, что он обувает маленькую ногу в большой башмак.

Агесилай распорядился продавать взятых на войне пленных голыми. Желающих купить одежду оказалось больше, чем на самих пленных, так как последние отличались рыхлостью своих тел, и питать надежду на то, что из них выйдут работящие и выносливые рабы, не приходилось. По этому случаю Агесилай сказал своим солдатам:

— Сравните сами — вот добыча, ради которой вы сражаетесь, а вот люди, с которыми вы сражаетесь. И подумайте перед следующей битвой — кто стоит дороже.

Агесилай во всем соблюдал законы, но дружбу ценил выше всего. Однажды он написал и отправил карийцу Гидриею письмо, в котором ходатайствовал о своем друге, чем-то не угодившем правителю:

«Если Никий невиновен, то отпусти его; если виновен, отпусти его ради меня. Как бы там ни было, все равно отпусти».

Агесилай с армией передвигался по Фракии и не запрашивал на это разрешения ни у одного из варварских племен, разве что интересовался, враждебны они к нему или дружественны. Все пропускали его по своей территории, но одно племя — траллы — потребовало у него платы за проход в размере ста талантов серебра. Агесилай немедленно разорил селения варваров, и после этого племя траллов перестало существовать.

Идя далее, он обратился с запросом к македонскому царю, нужна ли плата за проход? Тот ответил, что подумает. Агесилай сказал:

— Пусть думает, а мы пока пойдем вперед.

Спартанский царь Агесилай на вопрос: далеко ли простираются владения Спарты? — отвечал, показывая свое копье:

— Докуда достает это копье.

Однажды Агесилая позвали послушать человека, который чрезвычайно искусно подражал пению соловья. Агесилай отказался:

— Зачем мне слушать подражания, если я много раз слышал самих соловьев?

Врача Менекрата, спасшего от смерти многих безнадёжно больных, именовали за это Зевсом. Он и сам поддерживал такую свою славу и написал Агесилаю письмо, которое начиналось словами: «Зевс-Менекрат царю Агесилаю желает здравствовать».

Агесилай ответил: «Царь Агесилай желает Менекрату здравого ума».

Как-то раз союзники в дерзкой форме выразили недовольство своим постоянным участием в битвах, при этом они доказывали, что отправляют целые армии, а спартанцы только отряд. Тогда Агесилай приказал, чтобы все союзники сели вместе, а спартанцы в стороне. Затем он велел встать всем, кто знает гончарное дело, за ними он велел подняться кузнецам, строителям, плотникам и так далее. Почти все союзники встали, из спартанцев же не поднялся никто. Агесилай сказал:

— Теперь вы видите, кто больше посылает воинов?

Как-то спартанский царь Агид шёл в морозный день мимо поля и увидел человека, который трудился голый. Хотя спартанцы с пелёнок были приучены терпеть и холод, и голод, но человек, которого он встретил, был не спартанцем, а рабом, поэтому Агид спросил:

— Не холодно ли тебе?
— Твоему же лбу не холодно, — ответил тот.
— Нет.
— Ну так считай, что я весь сплошной лоб.

Алкивиад, афинский полководец, купил несколько очень редких и дорогих ваз и тут же их разбил. Его попросили растолковать этот поступок.

— Боюсь не сдержать свой гнев, если кто-нибудь из моих слуг их разобьёт, — ответил Алкивиад. — Лучше уж я буду злиться на самого себя.

Однажды на одном из пиров друзья говорили Алкивиаду:

— Ну что ты связываешься с гетерой Ларисой? Она же тебя не любит, а денег на нее уходит пропасть.

— Вино и рыба меня тоже не любят, и за них нужно платить деньги, но мне они все равно нравятся.

Алкивиад отрезал хвост у своей великолепной собаки и в таком виде всюду водил ее с собой.

— Пусть народ лучше занимается моей собакой, чем мной самим, — говорил он в объяснение своего поступка.

Про Перикла, который усердно составлял отчет о сделанных им расходах общественных сумм, Алкивиад сказал:

— Лучше бы он обдумал, как бы совсем не отдавать никакого отчета.

На персидских монетах времен Артаксеркса было отчеканено изображение воина-стрелка. Артаксеркс, затеяв войну с Грецией, щедро раздавал свои деньги направо и налево, и ему удалось переманить на свою сторону путем подкупа почти все греческие области, кроме Спарты, против которой, таким образом, и составился большой военный союз.

Спартанцы поспешили отозвать домой своего царя Агесилая, который, отправляясь в путь, сострил, намекая на персидские монеты, что его гонят из Азии двадцать тысяч стрелков царя персидского.

Другой спартанский же царь Агис II, выслушав однажды длиннейшую речь какого-то посла, на вопрос последнего, что он передаст от Агиса своим соотечественникам, отвечал:

— Скажи, что я все время тебя слушал со вниманием.

Ответ вполне достойный спартанцев, которые презирали краснобайство и славились своим лаконизмом.

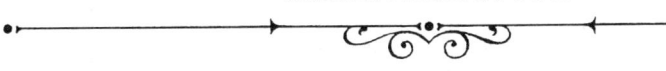

Тот же Агис, будучи посланником в Македонии, предстал перед царем Филиппом II без свиты, один. На удивленный вопрос последнего: «Разве ты один?» — он отвечал:

— Но ведь и ты один.

Правитель Фракии Лисимах должен был сдаться своему врагу исключительно из-за мучившей его жажды, и когда ему подали напиться, он воскликнул:

— Вот награда за то, что я из царя стал рабом!

У царя Антигона какой-то философ-циник просил драхму. Тот сказал:

— Не приличествует царю дарить драхмы.
— Ну, так дай мне талант.
— А такие подарки не приличествует получать цинику.

Знаменитый афинский полководец и оратор Фокион острил часто и удачно. Случилось, например, что публика, слушавшая его речи, разразилась вдруг громкими рукоплесканиями.

— Что это значит? — спросил Фокион. — Может быть, у меня нечаянно вырвалась какая-нибудь глупость?

Когда Арметопитоп был осужден на смерть тираном Гиппием, против которого он поднял восстание, тот просил Фокиона навестить его в тюрьме. Знакомые Фокиона отговаривали его идти на свидание с таким злодеем, но Фокион пошел, объясняя это тем, что очень приятно видеть злодея сидящим в тюрьме.

Александр Македонский предложил Фокиону чрезвычайно большой денежный дар. На вопрос, за что его так щедро жалуют, полководцу отвечал, что он единственный человек, который кажется Александру добродетельным.

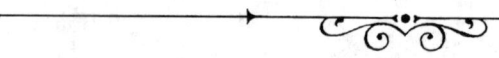

— Я хотел бы, — ответил Фокион, — не только казаться, но и на самом деле быть таким.

Когда внезапно пошли слухи о том, что Александр Македонский умер, в Афинах поднялась сильнейшая суматоха; требовали немедленного объявления войны Македонии. Фокион благоразумно советовал обождать, проверить слухи.

— Коли Александр в самом деле умер, — убеждал он народ, — то он ведь и завтра, и послезавтра будет мертв.

Однажды на поле битвы, перед самым боем, толпа воинов подбежала к Фокиону и настаивала, чтобы он вел войско на ближнюю возвышенность и битва началась там.

— Как много у меня в войске предводителей и как мало воинов! — воскликнул Фокион.

Он же укорял молодого солдата, который сначала сам выступил в передние ряды сражающихся, а потом отступил назад:

— Как тебе не стыдно, ты потерял одно за другим два места: и то, которое тебе было назначено предводителем, и то, которое сам выбрал!

Афиняне времен Фокиона отличались особенной горячностью и задором, которые то и дело побуждали их ссориться с соседями и затевать с ними войны. Мудрый и опытный Фокион очень не одобрял этого опасного воинственного настроения и часто отговаривал сограждан от увлечений. Но, как нарочно, победа почти постоянно улыбалась афинянам, и от этого они становились еще надменнее и задорнее, а Фокион при известии о новой победе восклицал:

— Когда же, наконец, мы не будем больше побеждать!

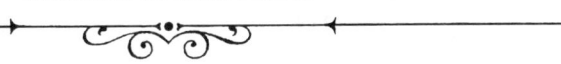

Знаменитый оратор Демосфен был вынужден бежать из Афин, когда Александр Македонский потребовал его выдачи. Во время пути он заметил, что за ним следуют по пятам какие-то люди. К своему великому ужасу, он узнал в них своих заклятых врагов. Демосфен попытался скрыться от них, но они его нашли.

И вот, к его крайнему изумлению, эти люди, его враги, объявили ему, что они нарочно пустились за ним в погоню, чтобы предложить ему денег на дорогу. Растроганный Демосфен залился слезами, и когда его преследователи, думая, что он оплакивает свою горькую участь, стали его утешать и уговаривать, чтоб он не предавался чрезмерной печали, оратор воскликнул:

— Как же мне не горевать о моей родине, где у меня останутся такие враги, каких у меня и друзей-то не будет в другом месте!

Какому-то вору, который был захвачен Демосфеном на месте и извинялся перед ним, говоря, что не знал, что украденная вещь принадлежала ему, Демосфен сказал:

— Но ведь ты же знал, что она не принадлежит тебе.

Демосфен крепко враждовал с Фокионом. Один раз он сказал Фокиону:

— Ты издеваешься над афинянами; но смотри, они потеряют голову и тогда убьют тебя.

Фокион возразил:

— Меня они убьют, когда потеряют голову, а тебя — если не потеряют ее.

До каких выходок доводит самолюбивых людей жажда прославиться, выдвинуться, заявить о себе чем-нибудь неимоверным, показывает пример циника Перегрина.

Не успев ничем прославить себя в жизни, он дожил до дряхлой старости, всеми презираемый. Оставалось ему одно — заставить о себе заговорить после смерти. Он и устроил себе необычную смерть, о которой заранее торжественно оповестил народ: сжег себя всенародно живьем на костре, который был разложен на площади.

Выходки знаменитейшего циника Диогена хорошо известны, и потому мы здесь приведем лишь те из них, которые встречаются реже других.

Однажды, обращаясь к вору, которого арестовали и вели в заточение, он воскликнул:
— Бедняга, отчего ты мелкий воришка, а не крупный вор; тогда бы ты сам сажал в тюрьму других!

Услыхав о радушии, которым Александр Македонский потчевал какого-то философа, он заметил:
— Что же это за счастье — обедать и завтракать в часы, назначенные хозяином.

Про плохого музыканта, всем надоевшего своей скверной игрой, Диоген говорил:
— Надо похвалить человека за то, что, будучи таким дурным музыкантом, он все же не бросает музыки, занимается ею, а не делается вором.

В одной бане, куда он однажды вошел, оказалась отвратительно грязная вода.
— Где же и в чем омыться после такой бани? — спросил Диоген.

Однажды, принимая участие в разговоре о том, почему люди так охотно помогают нищим и так неохотно философам, Диоген заметил:
— Это потому, что каждый предвидит возможность самому стать убогим, калекой, пьяницей, но никто про себя не думает, что он сделается философом.

— Ты где стоишь, тут и ешь, — говорили Диогену, видя его что-то жующим на рынке.
— Где голод меня застал, там и ем, — отвечал философ.

— Ты вот попробуй-ка, уговори меня, чтоб я тебе подал милостыню, тогда я тебе и подам, — говорил Диогену какой-то очень скаредный и черствый человек.
— Если б я знал, что могу убедить тебя в чем-либо, то убедил бы тебя пойти и повеситься.

Могучий атлет Диоксипп, одержав однажды блестящую победу на олимпийских играх, сидел между зрителями и, не отводя глаз, смотрел на какую-то красавицу, которая обворожила его. Диоген, заметив это, сказал:
— Вот богатырь, которого без труда поборола женщина.

Диогену приписывают очень нежное, летучее выражение:
«Надежда — последнее, что умирает в человеке».

Часто видели Диогена протягивающим руку к статуям. На вопрос, зачем он это делает, он отвечал:
— Чтобы привыкнуть к отказам.

Когда Диогена привели к Филиппу Македонскому, тот назвал его шпионом.
— Да, — ответил циник, — я шпион твоего самомнения и чванства.

Перед знаменитым Саламинским боем командовавший афинским флотом все медлил и не хотел вступать в бой, а Фемистокл изо всех сил убеждал его немедленно выступить против неприятеля.
— Разве ты забыл, — говорил адмирал, — что у нас на

состязаниях того, кто лезет в бой не в очередь, бьют плетьми.

— Но ведь и те, кто опаздывает, тоже не увенчиваются лаврами, — ответил Фемистокл.

Того же Фемистокла спрашивали, кем бы он предпочел быть: Ахиллесом или Гомером, который воспел его подвиги?

— Сообрази сам, что лучше, — отвечал тот, — быть победителем на олимпийских играх или тем, кто провозглашает имена победителей?

— Бей, только выслушай! — говорил Фемистокл спартанскому адмиралу, который грозил прибить его палкой за упорство.

Своего маленького сына, не слушавшегося матери, которая исполняла все его прихоти, он объявил первым человеком во всей Греции.

— Греки, — говорил он, — подчиняются афинянам, афиняне — мне, я — своей жене, а она — своему сынишке.

Уроженец маленького островка говорил Фемистоклу, что у него никакой личной заслуги нет, что он только отражает на себе славу своего отечества. Фемистокл согласился с этим, прибавив:

— Будь я уроженцем твоего островка, я так бы и остался в неизвестности, все равно, как и ты; будь ты афинянином, ты тоже не достиг бы известности.

Один музыкант просил о чем-то Фемистокла, но для исполнения его просьбы тот должен был сделать что-то нехорошее.

— Слушай, — отвечал ему Фемистокл, — если попросить тебя при большой публике сфальшивить в пении, ты на это согласишься?

Сократу принадлежит немало изречений, достойных его глубокого ума и в то же время острых — иногда до игривости. Так, человеку, который просил у него совета насчет женитьбы, он ответил:
— Женишься — раскаешься и не женишься — раскаешься.

— Через прорехи твоей одежды сквозит тщеславие! — говорил Сократ основателю цинической философской школы Антисфену.

«Хорошие люди едят для того, чтобы жить, а худые живут для того, чтобы есть», — изречение, которое Сократ часто повторял.

Однажды Платон упрекал своего великого учителя за то, что тот сделал у себя за столом, в присутствии других, выговор кому-то из друзей Платона.
— Если так, то и тебе бы лучше подождать мне выговаривать, пока мы останемся одни, — ответил Сократ.

Какой-то грек, большой говорун и пустомеля, попал в Скифию, где над ним все смеялись.
— Вы, скифы, — убеждал он их, — должны относиться ко мне с почтением: я родом из той же страны, где родился Платон.
— Коли хочешь, чтоб тебя слушали без смеха, говори, как Платон.

Знаменитая в своем роде Ксантиппа, супруга Сократа, в присутствии которой философ принял из рук палача чашу с отваром цикуты, залилась при этом слезами и вопила о том, что ее муж погибает невинный.

— Неужели же тебе было бы легче, если бы я умирал виновный? — убеждал ее Сократ.

Друзья Сократа однажды негодовали на кого-то, не отдавшего поклона философу.

— Из-за чего сердиться, — уговаривал их Сократ, — он не так учтив, как я, вот и все.

Платону приписываются очень едкие выходки. Правитель Сиракуз (тиран, как их тогда называли) однажды позвал его к себе на пиршество и нарочно посадил на последнее место за столом.

— Любопытно бы послушать, — говорил он по этому поводу своим наперсникам, — как Платон будет нас чернить, когда вернется к себе в Афины.

Узнав об этих словах, Платон заметил:

— Не думаю, что я когда-нибудь буду до такой степени скудоумен в придумывании темы для беседы, чтобы заговорить о вас, сиракузцах.

Платон позвал Диогена к себе на ужин. Циник, стуча ногами по полу, говорил:

— Попираю ногами Платоново тщеславие!

— Этим сам проявляешь еще большее тщеславие, — ответил ему хозяин.

Однажды Платон был страшно раздражен одним из своих рабов. Он позвал своего родственника и просил его поколотить раба.

— Я сам слишком разгневан для того, чтоб собственноручно расправиться. Могу убить, — сказал философ.

Один игрок, которого Платон укорял в пагубной страсти, оправдывался, что ведет игру по маленькой, что такая игра сущие пустяки.

— Никакая привычка не пустяки, — возразил ему философ.

Во время одной из своих бесед с учениками Платон дал такое определение человека:
— Человек — это двуногое существо без перьев.
Диоген ощипал петуха и, показывая его своим ученикам, говорил:
— Вот человек Платона!
После того Платон ввел поправку в свое определение:
— Человек — двуногое существо с плоскими, широкими ногтями.

— Почему так хорошо себя чувствуют в обществе красивых людей? — спрашивали у Аристотеля.
— Такой вопрос приличествует только слепому, — ответил он.

Одному пустому краснобаю, всем надоевшему своими россказнями, Аристотель сказал:
— Удивляюсь, как это люди, у которых есть ноги и которые могут уйти, слушают тебя, теряя время.

Какой-то философ, видя, как афинянин бьет своего раба, сказал про него:
— Вот раб своего гнева бьет своего раба.

Сиракузский тиран Дионисий особенно прославился своими поборами и налогами, часто граничившими почти с грабежом населения и общественного имущества. Когда ему однажды донесли, что народ собрался на площади и бунтует, он сказал:
— Теперь, должно быть, у них уже ничего не осталось и с них больше нечего взять, коли они подняли открытый бунт.

Поэт Филоксен был избран однажды тираном сиракузским Дионисием судьей его поэтических произведений. Но тиран оказался плохим поэтом, и Филоксен откровенно указал ему на слабость его музы. Дионисий обиделся и сослал сурового критика в каторжные работы в каменоломни. Продержав его там некоторое время, он вновь его призвал и приказал снова выслушать свои стихи. Поэт долго слушал с напряженным вниманием, потом, не говоря ни слова, встал и пошел.

— Куда же ты? — окликнул его Дионисий.

— Назад, в каменоломни, — ответил поэт.

Эта выходка рассмешила тирана, и он простил строптивого своего хулителя.

Дионисий хорошо знал, что его ненавидят и клянут. Однажды он назначил на какую-то важную должность явного и всем известного негодяя, и когда ему это поставили на вид, сказал:

— Мне хочется, чтобы в Сиракузах был хоть кто-нибудь, кого проклинали бы еще пуще, чем меня.

Не довольствуясь налогами, Дионисий начал грабить храмы. Так, он стащил со статуи Юпитера роскошную накидку, дар его предшественника Гиерона, говоря, что такая одежда зимой холодна, а летом тяжела и что ее лучше заменить простым шерстяным плащом. У бога-покровителя лекарей, Асклепия, он снял золотую бороду, приговаривая при этом: «У твоего отца Аполлона еще не выросла борода, откуда же ей быть у тебя?»

На одном из жертвенников, которые он тоже без церемонии отбирал из храмов, Дионисий увидел надпись: «Благим божествам».

— Ну вот, я и воспользуюсь их благостью, — сказал он.

В храмах статуи богов часто держали в руках драгоценные золотые сосуды. Отбирая у богов эти чаши, Дионисий при этом приговаривал:

— Они сами их всем протягивают. Мы просим богов о милостях, как же нам не брать того, что они сами нам протягивают?

Мать Дионисия, старуха, вдруг пожелала вступить в новый брак и приказала сыну найти ей мужа.

— Завладев властью, я попрал человеческие законы, но попрать законы природы, устраивая брак вне естественного возраста, я не могу.

Изречения знаменитого полководца Леонида приводятся почти во всех учебниках истории. Кто не знает его «приди и возьми» в ответ на требование Ксеркса сложить оружие.

Или «нас довольно для того, что мы должны сделать». Или «будем сражаться в тени» и т. п.

Жрец требовал от спартанского полководца Лисандра, чтобы он исповедался в самом тяжком из своих грехов. Лисандр спросил, по чьему требованию он должен совершить исповедь, т. е. боги ли так повелевают или сам жрец?

Тот сказал, что таково требование богов.

— Так ты отойди, — сказал ему Лисандр, — и когда боги обратят ко мне вопрос, я им и отвечу.

Человеку, который поносил его неприличными словами, Лисандр посоветовал и впредь продолжать так же браниться.

— Таким путем ты, быть может, опорожнишься от скверных слов, которыми битком набит.

Великий фиванский полководец и патриот Эпаминонд однажды бродил грустный и рассеянный, в полном одиночестве, в то время как фиванцы справляли какое-то шумное и веселое празднество. Кто-то из друзей, встретив его, спросил, для чего он от всех удалился.

— Для того чтобы вы все могли, ничего не опасаясь, предаваться веселью, — отвечал патриот.

Однажды он приговорил к наказанию какого-то преступника. За наказанного ходатайствовали лучшие люди, в том числе полководец Пелопидг, но Эпаминонд оставался непреклонен до тех пор, пока за наказанного не стала ходатайствовать какая-то публичная женщина (гетера); тогда Эпаминонд, ко всеобщему удивлению, помиловал преступника.

— Такие любезности, — пояснял он, — можно оказывать женщинам легких нравов, а никак не полководцам.

Спартанские послы жаловались Эпаминонду на фивян в очень длинной речи против своего обычая, возведенного у них чуть не в племенную доблесть.

— Кажется, — заметил Эпаминонд, — фивяне еще тем провинились перед вами, что заставили вас отказаться от вашего обычного лаконизма.

Афинянин назвал спартанцев невеждами.
Спартанец отвечал ему:
— Это точно, мы не научились от вас ничему скверному.

Одного спартанца не хотели завербовать в воины из-за хромоты.
— Чем же моя хромота мешает? — спросил он. — Ведь солдаты нам нужны для боя, а не для того, чтобы бежать перед неприятелем.

— Почему у ваших воинов такие короткие мечи? — спрашивали у спартанского дипломата Анталкида.
— Потому что они привыкли биться лицом к лицу, — ответил он.

Житель Аргоса, разговаривая со спартанцем, упомянул, что в его области похоронено много спартанцев.
— Зато у нас в Спарте, — отвечал спартанец, — ты не найдешь ни одной могилы своего земляка.

При этом он намекал, что войска аргосцев никогда не бывали в Спарте, тогда как спартанцы не раз и подолгу занимали Аргос, почему их могилы и оказались там в изобилии.

Какой-то чужеземец хвастался перед спартанцем, что он очень долго может стоять, качаясь на одной ноге: ты, дескать, так не сумеешь сделать.

— Я не умею, но зато любая птица умеет, — отвечал спартанец.

В Спарте был совет трехсот, и избрание в его состав считалось большим почетом для гражданина. Когда в этот совет выбирали, но не избрали Педарета, он казался чрезвычайно довольным.

— Мне было отрадно узнать, — говорил он, — что у нас в Спарте есть триста граждан лучше меня.

Филиппу II на его вопрос: как желают спартанцы встретить его в своей стране — врагом или другом? — они отвечали:

— Ни тем, ни другим.

Небольшая партия спартанцев повстречала на пути какого-то человека, который поздравил их с тем, что они счастливо отделались от большой опасности — от встречи с разбойниками, которые недавно были в этих местах.

— Поздравь лучше разбойников, что они не повстречались с нами, — ответили ему спартанцы.

Однажды продавали в рабство партию спартанцев, взятых в плен. Один покупатель спросил у пленника, которого собирался купить:

— Будешь ли ты, если я тебя куплю, честным человеком?

— Я буду им все равно, купишь ли ты меня или не купишь, — отвечал спартанец.

Одержав победу над спартанцами, Антипатр, полководец Филиппа и Александра Македонских, потребовал какой-то тяжкий залог, грозя смертью спартанскому эфору, если он не исполнит требования.
— То, чего ты требуешь, тяжелее смерти, и потому я предпочитаю смерть, — ответил эфор.

Одна иностранка в беседе со спартанкой сказала, что спартанки — единственные женщины на свете, умеющие оказывать влияние на своих мужей.
— Потому что мы единственные в мире женщины, рождающие истинных мужей, — отвечала спартанка.

Как-то явились из Клазомена в Спарту несколько молодых повес, которые вели себя очень неприлично, например выпачкали чем-то стулья, на которых заседали эфоры. Те, не подвергая безобразников никакому особому взысканию, приказали всенародно провозгласить по городу, что «клазоменцам разрешается вести себя неприлично».

Над одним спартанцем смеялись за то, что он для отметки сделал на своем щите маленькую мушку, словно боясь, чтобы его не распознали по его щиту.
— Вы ошибаетесь, — возражал он насмешникам, — я всегда вплотную подступаю к врагу, так что ему вовсе не трудно рассмотреть мою мушку.

Какой-то чужеземец спрашивал у спартанца, что по их законам делают с человеком, изобличенным в прелюбодеянии. Спартанец отвечал:
— У нас такого человека приговаривают к тому, чтоб он

отыскал вола, который может напиться воды из реки Эврота, стоя на вершине Тайгетской скалы.

— Что за нелепость! — воскликнул иноземец. — Где же найти такого сверхъестественного вола?

— Это трудно, но еще труднее встретить в Спарте человека, совершившего прелюбодеяние, — ответил спартанец.

Заметим мимоходом, что в Греции были места, которые славились необыкновенным целомудрием населения. Так, Плутарх утверждает, что на острове Скио за семьсот лет не было случая, чтобы жена изменила мужу или молодая девушка имела любовную связь вне замужества.

Знаменитый друг Солона, скиф Анахарсис, был женат на весьма некрасивой женщине. Однажды на каком-то пиршестве он был вместе с ней, и тут ее впервые увидел один из его друзей, который не сдержался и сделал Анахарсису замечания насчет наружности его жены.

— Она нехороша, это правда; но, видишь ли, стоит мне выпить этот кубок доброго вина, и она мне покажется красавицей.

Когда того же Анахарсиса спросили однажды: «На каком корабле всего лучше совершать путешествие?» — он отвечал:

— На том, который благополучно вернется в гавань.

Глубоко изумляясь Солону и преклоняясь перед его добродетелями и мудростью, Анахарсис решил искать дружбы великого афинского законодателя. Он сам явился к Солону и просил его дружбы.

— Дружбу надо заводить у себя на родине, а не на чужбине, — сказал ему Солон.

— Но ведь ты сейчас не на чужбине, а у себя на родине, значит, можешь вступить со мной в дружбу, — возразил находчивый Анахарсис.

Замечательно еще слово, сказанное Анахарсисом о законах, изданных его другом Солоном:

— Это паутина для мух, негодная для ос.

Философ Аристипп был человек очень спокойный и легко примиряющийся с невзгодами, как, впрочем, и подобает философу. Он, например, тратил большие средства на свою возлюбленную, заведомо зная, что та ему изменяет.

— Ну, что же, — спокойно утешался Аристипп, — ведь я ей даю деньги не за то, чтобы она была неблагосклонна к другим, а за то, чтобы она была благосклонна ко мне.

Сиракузский тиран Дионисий имел манеру раздражать людей, сажая их на последние места у себя за столом. Так поступил он с Аристиппом. Однажды, принимая его у себя, он посадил его на почетное место, а на следующий день посадил на последнее, причем, конечно, не преминул спросить: как, мол, ты находишь твое сегодняшнее место за столом по сравнению со вчерашним?

— Не нахожу между ними разницы, — ответил философ, — оба делаются почетными, когда я сижу на них.

— Если бы ты привык, как я, кормиться бобами, — говорил Аристиппу Диоген, — так не был бы рабом у тирана.

Аристипп же ему возразил:

— Если бы ты умел ладить с людьми, так не кормился бы одними бобами.

Однажды, умоляя о чем-то Дионисия, Аристипп бросился к его ногам. Когда ему ставили в вину такое излишнее унижение, он говорил:

— Что же делать, коли у этого человека уши на ногах.

В другой раз, когда он у того же Дионисия просил денежной помощи, тот с насмешкой сказал ему:

— Ведь ты сам же все твердишь, что философ ни в чем не нуждается.

— Мы сейчас рассмотрим и разрешим этот вопрос, только дай мне денег, — настаивал Аристипп.

И когда деньги ему были даны, он сказал:

— Ну, вот теперь и я ни в чем больше не нуждаюсь.

Какой-то богатей приглашал Аристиппа давать уроки сыну. Философ запросил за обучение довольно значительную сумму, а богач заупрямился и говорил, что за такие деньги можно купить осла.

— Ну и купи, — сказал философ, — будут у тебя два осла.

Аристипп любил хорошо покушать, и его за это иногда упрекали. Он обычно возражал собеседнику: будь все эти изысканные блюда дешевы, он и сам бы их приобретал для себя. И собеседник, конечно, с этим должен был соглашаться.

— Значит, по-настоящему, надо тебя упрекать за скаредность, а не меня за расточительность, — заключал Аристипп.

В другой раз в ответ на подобный же упрек (по поводу какого-то лакомства, за которое он заплатил очень дорого) он задал упрекавшему вопрос:

— А если бы это стоило один обол*, ты бы купил?

Ответ был утвердительный.

— Ну, так для меня пятьдесят драхм то же, что для тебя обол, — заключил философ.

Во время одного плавания поднялась буря, судну угрожала опасность, и Аристипп, который тогда плыл на этом судне, испугался. Кто-то из матросов заметил ему:

---

* *Обол* — единица веса и медная, серебряная или бронзовая монета в Древней Греции, Византии (IX—X вв.), во Франции (IX—XIV вв.), в Голландии, Италии, Испании, Португалии в эпоху феодализма.

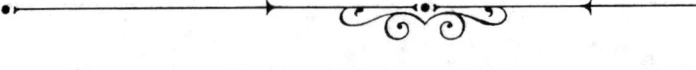

— Нам, простым смертным, буря не страшна, а вы, философы, трусите во время бури.

— Это и понятно, — отвечал философ, — мы оба рискуем жизнью, но наш риск совсем иной, чем ваш, потому что цена нашей жизни совсем иная.

Некто в присутствии Аристиппа говорил, что философы только и делают, что обивают пороги богатых и знатных, а между тем богатые что-то не особенно усердно посещают философов.

— Но точно так же и врачей ты всегда встретишь в домах больных, а ведь всякий охотнее согласился бы быть врачом, нежели больным.

Аристиппу же приписывается очень грубая, хотя, быть может, и обоснованная выходка. Однажды, когда управляющий тирана Дионисия показывал ему какие-то роскошные покои, Аристипп вдруг плюнул управляющему прямо в лицо, объясняя эту невежливость тем, что не мог выбрать для плевка другое, более подходящее место среди этого великолепия.

Один неважный художник показывал знаменитому Апеллесу, царю живописцев классического мира, какую-то свою картину, причем счел нелишним похвастать, что он написал ее в самое короткое время.

— Это и видно, — заметил Апеллес, — и мне только удивительно, что ты за такое время успел написать лишь одну такую картину.

О том же Апеллесе рассказывают, что он однажды выставил свою картину, чтобы услышать о ней мнение каждого, кто найдет в ней какой-нибудь недостаток. Какой-то чеботарь сейчас же рассмотрел на картине некоторую неточность в рисунке сандалии и указал на нее Апеллесу. Художник согласился, что замечание основательно, и поправил свою ошибку. Тогда чеботарь, ободренный своим успехом, начал указывать на ошибки в рисунке ноги. Отсюда, говорят, и пошла классическая поговорка: «Сапожник, оставайся при своих колодках», — слова, с которыми Апеллес обратился к своему критику.

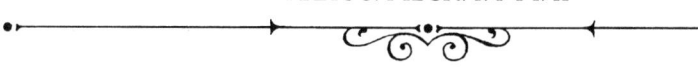

Знаменитому поэту Пиндару какой-то известный лжец однажды сказал, что хвалит его всегда и всем.
— И я не остаюсь у тебя в долгу, — ответил Пиндар, — потому что веду себя так, что ты оказываешься человеком, говорящим правду.

Когда у известного мудреца и законодателя Солона спрашивали, какие из изданных им законов он считает лучшими, он отвечал:
— Те, которые приняты народом.

Поэт Феокрит знал одного школьного учителя, который совсем не умел преподавать и даже едва умел читать. Однажды он спросил у этого учителя, почему тот не обучает геометрии.
— Я ее вовсе не знаю, — отвечал тот.
— Но ведь учишь же ты читать, — возразил Феокрит.

Однажды на олимпийских играх один из борцов был жестоко ранен. Зрители, видя это, подняли крик.
— Что значит привычка, — заметил присутствовавший при этом великий трагик Эсхил, — сам раненый молчит, а зрители кричат.

Философ Фалес упорно оставался холостяком. Когда его, еще молодого человека, мать уговаривала жениться, он ей говорил, что ему еще рано жениться, а когда состарился, говорил, что «теперь уже поздно».

Тот же Фалес утверждал, что между жизнью и смертью нет никакой разницы.

— Так ты бы убил себя, — советовали ему.
— Да зачем же это, коли жить и умереть — все равно?

Про Зенона остался рассказ, который, впрочем, по другим пересказам, отнесен к Аристогитону, так как тот и другой на самом деле могли быть в этой истории действующими лицами.

Зенон (как и Аристогитон) участвовал в заговоре против известного кровожадного афинского тирана Гиппия. Заговор был раскрыт, Зенон схвачен. Гиппий подверг Зенона жестоким истязаниям, выпытывая имена его сообщников. Зенон ему указывал одного за другим, но не сообщников своих, а друзей самого Гиппия. Он очень ловко и верно рассчитал: подозрительный и жестокий Гиппий верил всем доносам и уничтожил одного за другим своих же друзей. Когда все эти люди, достойные друзья тирана, были им слепо истреблены, торжествующий Зенон сказал ему:

— Теперь остался только ты сам; я не оставил никого из друзей твоих, кроме тебя самого.

Зенон, когда ему однажды кто-то сказал, что любовь — вещь, недостойная мудреца, возразил:

— Если это так, то жалею о бедных красавицах, ибо они будут обречены наслаждаться любовью исключительно одних глупцов.

Когда Димитрий Полиоркет взял город Мегару, в числе его пленных оказался и знаменитый гражданин Мегары философ Стильпон. Победитель отнесся к мудрецу с большим вниманием и, между прочим, спросил у него, не подвергся ли его дом грабежу, не отняли ли у него чего-нибудь.

— Ничего, — отвечал Стильпон, — ибо мудрость не становится военной добычей.

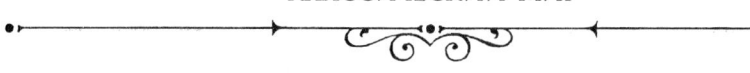

Однажды между Стильпоном и другим мудрецом, его противником Кратесом, завязался оживленный и горячий спор. Но в самый разгар словопрений Стильпон вдруг вспомнил, что ему надо идти по какому-то делу.

— Ты не можешь поддерживать спор! — победоносно воскликнул Кратес.

— Ничуть не бывало, — отвечал Стильпон, — спор наш подождет, а дело не ждет.

Мудрец Бион сравнивал тех людей, которые сначала принимаются за изучение философии, а потом ее оставляют, с женихами Улиссовой жены Пенелопы, которые, когда добродетельная жена им отказала, принялись любезничать с ее служанками.

Сиракузскому царю Гиерону однажды сказали про какой-то его телесный недостаток, которого он ранее сам не замечал, но который должна была бы давно уже заметить и знать его жена.

— Почему же ты мне об этом не сказала раньше, чем это заметили другие? — упрекнул он ее.

— Я думала, что это свойственно всем мужчинам, — ответила деликатная женщина.

Однажды знаменитый скульптор Поликлет изваял две статуи. Одну из них он всем показывал, а другую спрятал так, что никто ее не видал. Люди, смотря на статую, делали множество замечаний. Скульптор терпеливо выслушивал эти замечания и сообразно с ними делал поправки в своей статуе. После того он поставил обе статуи рядом и допустил публику к их сравнительной оценке. Общий голос признал его статую, которая осталась без поправок, во всех отношениях прекрасной, а другую — безобразной. Тогда Поликлет сказал своим критикам:

— Вы видите, что статуя, которую вы же сами не одобряли и заставляли меня переделывать и которую поэтому можно считать вашим произведением, оказалась никуда не годной, а та, которая теперь вам нравится, — мое произведение.

У царя Пирра был домашний врач, который задумал ему изменить и передаться римлянам. Он послал римскому полководцу Фабрицию письмо с предложением своих услуг. Фабриций отослал это письмо к Пирру с припиской: «Ты столь же худо знаешь своих друзей, как и своих врагов».

Эпикур, основатель очень известной философской школы, получившей название по его имени, привлек сразу множество последователей. Но у него были и противники, и в том числе основатель так называемой «средней академии» Аркезилай. Однажды кто-то расхваливал перед ним эпикурейство и, между прочим, привел тот довод, что кто раз стал эпикурейцем, тот уже не оставляет этого учения.
— Это еще не резон, — заметил Аркезилай. — Можно сделать из человека евнуха, но обратно его уже не переделаешь.

Один старый циник обычно говаривал:
— Я смеюсь над всеми, кто находит меня смешным.
— Ну, — отвечали ему, — коли так, надо полагать, что никто чаще тебя не смеется.

Мудрец Хидон (один из семи, прославленных своими изречениями) говаривал, что три самые трудные вещи на свете — это хранить тайну, забыть обиду и хорошо пользоваться своим досугом.

Он же приравнивал дурные отзывы о людях, которые не могут на них возражать, с нападением на безоружного.

Он же говорил: «Надо быть молодым в старости и старым в юности».

Другой мудрец, Питтак, тоже из числа семи, прославился изречением, на первый взгляд, загадочным: «Половина лучше целого». Это изречение обычно толкуется в том смысле, что кто обладает целым, тому уже нечего больше желать, а между тем желание, стремление к обладанию является как бы мерилом наслаждения, доставляемого обладанием, так что человек без желаний — существо несчастливое.

Биас (третий из семи мудрецов) говорил, что лучше быть судьей в распре врагов, нежели в распре друзей, потому что в первом случае непременно приобретешь друга, а во втором непременно потеряешь.

Периандр (четвертый из семи мудрецов) на вопрос, зачем он удерживает в своих руках власть, которая ему была вверена, отвечал:
— Потому что спуститься с трона так же опасно, как и взойти на него (он был тираном в Афинах).

Какой-то кровный аристократ насмехался над афинским полководцем Ификратом, который не блистал своей родословной, так как был сыном простого мастерового.
— Мой род с меня начнется, а твой на тебе и кончится, — ответил ему Ификрат.

Философ Ксенократ часто твердил, что он «ищет добродетель».
— Когда же она, наконец, будет у тебя? — спросил его однажды какой-то остряк.

Когда кто-то из воинов полководца Пелапида, говоря о встрече с врагом, выразился: «Мы натолкнулись на врага», — Пелапид возразил ему: «Отчего же не сказать обратное, т. е. что неприятель натолкнулся на нас».

Про одного из спартанских царей, Архидама (в Спарте пять царей носили это имя), рассказывают, что однажды, когда двое его друзей повздорили и избрали его в судьи своей распри, он привел их в храм и заставил дать клятву в том, что они его решению беспрекословно подчинятся. Когда они поклялись, он сказал им:
— Ну так вот вам мое решение по вашему делу: не выходите отсюда, пока не помиритесь.

Глава 2

Шутка, насмешливое слово часто удачнее и лучше определяют даже важные вещи, чем серьезное и глубокое изучение.

Гораций

Мы способны абсолютно верно понять психологические мотивы, которыми руководствуются герои древнегреческой трагедии, мы смеемся в тех же сценах комедии, где смеялась публика тех времен. Крылатые слова, произнесенные, к примеру, две тысячи лет назад римским полководцем, являются и для нас крылатыми словами. Остроумию древних греков и римлян присуща некоторая классическая строгость, лаконичность, простота, больше ценится удачное и меткое слово, нежели забавный житейский анекдот.

Кто-то из военных однажды так нехорошо вел себя во время похода, что Август на него разгневался и приказал ему вернуться домой. Провинившийся пришел в ужас и стал молить о прощении.

— Что я скажу своим, чем оправдаю свое возвращение домой?

— Скажи, что ты остался мной недоволен, — посоветовал ему Август.

Фракийский царь Риметакл изменил Антонию и перешел к Августу. Когда впоследствии он вздумал этим хвастаться, Август сказал про него:

— Измену иногда приходится терпеть, но изменников я не терплю.

Желая польстить Августу, жители одного города донесли ему, что на жертвеннике, который у них поставлен в храме в честь кесаря, выросла пальма.

— Из этого видно, — заметил Август, — что вы не очень-то часто возжигаете огонь на моем жертвеннике.

Однажды, встретив какого-то приезжего юношу, который чрезвычайно походил на него по наружности, Август, пораженный этим сходством, спросил у своего двойника: не бывала ли, дескать, твоя мать в Риме?

Сметливый и остроумный юноша тотчас понял ловушку и отвечал, что мать его в Риме не бывала, но отец был.

Придворные как-то раз передали Августу, что сенат и народ решили поставить ему в Риме очень дорогостоящий памятник. Август спросил цену, а когда ее назвали, сказал:

— За такие деньги я и сам готов встать на пьедестал вместо памятника!

Однажды император купил у ремесленника ворона, который умел кричать:

— Да здравствует Август, победитель, император!

Соблазнившись этим примером, сосед ремесленника тоже поймал ворона и принялся обучать его говорить. Но напрасно — ворон молчал. Тогда сосед сказал в сердцах:

— Напрасно старался, дурак!

И все-таки понес ворона во дворец, чтобы продать по дешевке придворным гадателям. Но Август велел выгнать его, сказав, что во дворце уже скопилась целая стая ворон, которые прославляют императора. И в это время ворон крикнул:

— Напрасно старался, дурак!

Император засмеялся и купил и эту птицу.

Кто-то однажды позвал Августа на обед, но приготовил угощенье совсем уж не кесарское, а самое обыденное, словно принимал у себя первого встречного. Цезарь на прощанье сказал ему:

— Я и не думал, что мы с тобой так коротко знакомы!

После смерти одного знатного римлянина, который был обременен ужасными долгами, Август отдал неожиданный приказ — приобрести для него подушку, на которой спал покойный. Конечно, услышавшие о таком распоряжении не утерпели, чтоб не спросить, какими оно вызвано соображениями.

— Очень любопытно, — объяснял Август, — владеть этой подушкой, на которой человек мог спокойно спать, имея на шее столько долгов.

Один сановник, крепко страдавший подагрой, все бодрился и уверял, что ему становится день ото дня лучше, хотя на самом деле было наоборот. Один раз он хвастливо утверждал, что в тот день прошел пешком целую стадию*.

— Что ж удивительного, — заметил Август, — теперь дни становятся все длиннее.

Август охотно сочинял разные вещи и, между прочим, написал трагедию «Аякс», но она ему не понравилась, и он ее стер губкой с таблиц, на которых она была написана. Когда кто-то спросил у него об «Аяксе», он ответил:

— Мой Аякс умертвил себя, бросившись на губку, — намек на обычный у римлян способ самоубийства: падать на меч.

Известные комические актеры Пилад и Гикас, жившие в царствование Августа, беспрестанно между собой ссорились, и их распря принимала такие размеры, что ей невольно занималась вся римская публика. Это не нравилось кесарю и он сделал актерам выговор.

— Ты к нам несправедлив, государь, — сказал ему один из них, — для тебя же самого лучше, чтобы публика была занята нами.

Поэт Пакувий, большой попрошайка, однажды выпрашивал у Августа денежную подачку и при этом упомянул, что, мол, все уже давно болтают о том, что цезарь наградил Пакувия.

— Это вздорные слухи, ты им не верь, — ответил Август.

В другой раз какому-то военному, который просил награды и при этом уверял, что ему не дороги деньги, а дорого то, чтобы все знали, что он взыскан милостью императора, Август сказал:

---
* *Стадия* — мера длины.

— Ты можешь всем рассказывать, что я тебя наградил, а я не стану противоречить.

Сохранилось также немало рассказов из семейной жизни Августа. Так, Макробий пишет, что его дочь Юлия однажды предстала перед ним в слишком открытом костюме, что не понравилось ему. На другой день она была уже в другом, более скромном одеянии, и Август сейчас же заметил ей, что такая одежда гораздо более пристала дочери кесаря. Юлия нашлась и отвечала, что накануне она была одета для мужа, а теперь для отца.

В другой раз, войдя к дочери в то время, когда рабыни одевали ее, он увидал на ее одеждах седые волосы; она начинала уже седеть и приказывала своим женщинам тщательно вырывать у нее каждый седой волос. Август спросил ее:

— Скажи, что ты предпочла бы: быть седой или быть лысой?

Юлия отвечала, что лучше желала бы поседеть.

— Так зачем же ты позволяешь своим служанкам делать тебя лысой, вырывая твои волосы?

Очень остроумна проделка одного греческого поэта, поднесшего Августу свои стихи. Август все не принимал его стихов и не награждал его, и так повторилось много раз. Однажды, в ответ на новое подношение, Август быстро написал сам небольшой стишок на греческом языке и подал его поэту. Тот сейчас же прочитал произведение кесаря и стал громко восхвалять его, а потом подошел к Августу и, подавая ему несколько монеток, сказал:

— Прости, государь, дал бы больше, да не имею.

Выходка, насмешившая всех присутствовавших, понравилась и кесарю, который выдал греку крупную денежную награду.

Какого-то старого отставного воина за что-то тянули к суду, и он умолял Августа помочь ему. Кесарь назначил ему искусного защитника. Но старый солдат заметил, что когда надо было защищать кесаря, то он самолично шел в бой, а не посылал кого-либо вместо себя. Август так убоялся показаться неблагодарным, что принял на себя лично защиту старого служаки на суде.

Но по отношению к нему люди часто бывали неблагодарны. Однажды он уплатил долги за кого-то из своих друзей, даже не дожидаясь, чтобы тот его попросил об этом. А тот, вместо благодарности, упрекнул кесаря в том, что, дескать, заимодавцы мои получили деньги, а мне-то самому тут что досталось?

Однажды, присутствуя на каком-то общественном зрелище, Август увидал знатного человека, который без стеснения закусывал на глазах у публики. Кесарь велел ему сказать: «Когда я хочу есть, то ухожу домой».

— Хорошо ему говорить, — отвечал тот, — он кесарь, его место в цирке за ним останется, когда он уйдет, а мое мигом займут, стоит мне отойти.

Среди других римских кесарей можно отметить не так уж много остроумцев. Кое-какие острые слова приписываются Юлию Цезарю, Веспасиану, Диоклетиану, Галлиену.

Юлий Цезарь будто бы сказал какому-то воину, хваставшемуся своими подвигами и, между прочим, полученной им раной на лице:

— Когда бежишь с поля битвы, никогда не надо оглядываться.

Впрочем, эта острота приписывается также и Октавиану.

Однажды, видя какого-то оратора, который, произнося речь, все качался из стороны на сторону, Цезарь пошутил, что этот человек стоит на земле слишком нетвердо, а потому и слова его ничего не стоят.

Угрожая смертью Метедлу, стороннику Помпея, Цезарь говорил ему:

— Помни, что для меня труднее сказать, нежели сделать.

Другие его знаменитые слова: «Жребий брошен», «Лучше быть первым в деревне, чем вторым в Риме» и прочие, конечно же, остроумны, но не в юмористическом смысле слова.

Веспасиан сказал кому-то, ругавшему его неприличными словами, что «не убивает собак, которые на него лают».

Сын Веспасиана, Тит, высказывал отцу неудовольствие по поводу налога, которым он обложил публичные туалеты. Веспасиан будто бы подал сыну монету и спросил его, чем она пахнет, и на его отрицательный ответ сказал ему:

— Видишь, ничем не пахнут, а между тем, взяты из дерьма... Деньги не пахнут.

Веспасиан вообще был шутником дурного вкуса. Извещают его, например, что решено воздвигнуть ему памятник очень высокой стоимости.

— Вот вам и пьедестал для него, — говорит кесарь, показывая на кучу собственного дерьма, — кладите его сюда.

Незадолго до смерти, уже чувствуя ее приближение, он все еще не упускает случая пошутить. Намекая на существовавший у римлян обычай объявлять своих императоров после их смерти божествами, он сказал:

— Должно быть, скоро я сделаюсь богом.

Адриана I один человек, уже седеющий, просил о какой-то милости. Адриан отказал ему. Тогда проситель выкрасил себе волосы и вновь стал докучать кесарю.

— Но недавно меня уже просил об этом твой отец, — сострил Адриан, — и я ему отказал.

Однажды тот же Адриан дал нищему денег на покупку приспособления, соответствующего нашей мочалке, которым римляне в банях терли себе тело. В другой раз его осадила уже целая толпа нищих, клянчивших у него подачки на ту же мочалку.

— Обойдетесь и так, — отвечал Адриан, — потритесь друг о друга.

Про Галлиена рассказывают, что он однажды наградил венком победителя какого-то гладиатора, который нанес быку двенадцать ударов, прежде чем поразил его насмерть. В публике поднялся ропот, но Галлиен объявил, что считает это подвигом, потому что «столько раз дать промах по быку — дело нелегкое».

Диоклетиану было предсказано, что он вступит на трон после того, как убьет кабана, и он, поверив этому, вел необычайно ожесточенную охоту на кабанов. Но в кесари вместо него все проскакивали другие. Тогда он сказал:

— Кабанов-то убиваю я, а едят-то их другие.

Много острых слов приписывается знаменитому Цицерону.

— Не надо терять надежды, — говорили ему после того, как Помпей, сторонником которого был Цицерон, потерпел поражение, — у Помпея остается еще семь орлов (т. е. знаков с орлами, знамен при легионах).

— Это бы кое-что значило, если б мы сражались с воронами, — отвечал Цицерон.

— Кто был твой отец, Цицерон? — спросил его некто, чья мать пользовалась не совсем хорошей славой.

— А ведь твоей матери, — отвечал Цицерон, — пожалуй, было бы трудно отвечать, кабы ей сделали такой вопрос о тебе.

Когда у него спрашивали, какая из Демосфеновых речей ему нравится больше всех, он отвечал:
— Которая всех длиннее.

При обсуждении закона в сенате один из сенаторов, Галлий, человек весьма преклонного возраста, сказал, что пока он жив, он не допустит издания такого закона.
— Ничего, можно и подождать, — заметил Цицерон, — Галлий назначает очень недолгую отсрочку.

Когда его упрекали в том, что он больше сгубил людей своими обвинительными речами, чем спас защитой, он отвечал:
— Это правда, ибо у меня совести больше, чем красноречия.

Один человек, хваставший глубоким знанием законов, на самом же деле, как всем было известно, круглый невежда в них, был однажды вызван в суд свидетелем по какому-то делу и на обычный вопрос отозвался, что он ничего не знает.
— Ты, верно, думаешь, что тебя спрашивают что-нибудь о законах? — заметил на это Цицерон.

Друг Цицерона Аттик в старости столь жестоко страдал от водянки, что решился уморить себя голодом. Но голодание, вместо того чтобы убить его, наоборот, прекратило его болезнь. На убеждения врачей, что теперь он здоров и что ему остается только пользоваться жизнью, он отвечал:
— Я уже так близко подошел к смерти, что мне совестно возвращаться вспять.

И он доморил себя голодом.

Угощая Цицерона за ужином вином, хозяин настойчиво обращал его внимание на качества напитка, уверяя, что вину этому сорок лет.

— Скажи, пожалуйста, — заметил Цицерон, — а каким оно еще выглядит молодым для своих лет!

— Кто это привязал моего милого зятя к мечу? — острил он над чрезвычайно малорослым мужем своей дочери.

Некто Ваниций попал в консулы, но проконсульствовал всего лишь несколько дней. Цицерон говорил про него, что в его консульство свершилось настоящее чудо: не было ни весны, ни осени, ни лета, ни зимы.

Этот же Ваниций упрекал Цицерона, зачем тот его не посетил, когда он был болен. Цицерон отвечал, что собрался было его навестить во время его консульства, но в дороге его застигла ночь, — намек на кратковременность этого консульства.

Цицерон узнал о смерти Ваниция случайно, по слухам. Встретив уже после того одного из слуг Ваниция, он задал ему вопрос, все ли у них в доме благополучно. Тот отвечал утвердительно:

— Ну, значит, он в самом деле умер, — заключил Цицерон.

Адвокат Крисп имел слабость сильно убавлять свои годы. Однажды, поймав его на этом, Цицерон сказал:

— Выходит, что мы вместе с тобой говорили речи еще до твоего рождения.

Его зять то и дело твердил, что его жене тридцать лет.
— Знаю и не сомневаюсь, — заметил Цицерон, — ведь ты мне уж двадцать лет твердишь это.

Римский полководец Ливий Содикатор не отличался особенно блестящими воинскими дарованиями, но не упускал случая выставлять свои заслуги. Так, он допустил карфагенян занять Тарент, а сам укрылся в его крепости. После этого к городу подступил знаменитый Фабий Максим и отнял его у неприятеля. Ливий же, сделавший в это время несколько удачных вылазок из крепости, не преминул поставить Фабию на вид, что он взял город лишь благодаря ему, Ливию.

— Будь спокоен, я этого не забуду, — успокоил его Фабий. — Если бы ты его не отдал врагу, то мне не было бы и надобности брать его.

В войне с карфагенянами Фабий держался той же системы, какую принял Кутузов во время войны 1812 года: он отступал перед неприятелем, вечно беспокоя и истощая его длинными переходами. Многие из его подчиненных осмеивали его распоряжения, но он неизменно твердил:

— Боязнь насмешек, по-моему, хуже, чем трусость перед лицом врага.

Катон столкнулся с прохожим, несшим большой ящик. Носильщик сначала крепко ударил его этим ящиком, а потом уже крикнул:

— Берегись!

— Разве ты еще что-нибудь несешь, кроме этого ящика? — спросил его Катон.

Он же, по поводу множества памятников-статуй, поставленных в память малоизвестных людей, сказал:

— По-моему, пусть лучше все спрашивают, почему Катону не поставлено памятника, чем иметь памятник среди таких людей.

Известный в Риме шут Гальба отвечал знакомому, который просил у него на время плащ:

— Если дождь идет, так плащ мне самому нужен, а если не идет, так зачем он тебе?

Он же, когда ему подали где-то рыбу, одна половина которой была уже съедена накануне, так что она лежала той стороной вниз, а нетронутой вверх, сказал:
— Надо есть ее поскорее, а то снизу из-под стола ее тоже кто-то ест.

Некий весьма посредственных дарований оратор однажды старался изо всех сил тронуть своих слушателей и, окончив речь, остался при полном убеждении, что он достиг своей цели.
— Скажи по правде, — обратился он к известному поэту Катуллу, бывшему в числе его слушателей, — ведь моя речь разве только в самом черством сердце не возбудила бы сочувствия.
— Именно так, — отвечал Катулл, — едва ли кто-нибудь будет так жесток, чтобы не пожалеть тебя за эту речь.

Помпей, в сильный разгар своей распри с Юлием Цезарем, однажды торопился куда-то плыть на корабле. Но была страшная буря, и командир судна не решался пускаться в путь. Помпей вскочил на судно и скомандовал, чтобы поднимали якорь:
— Тронуться в путь совершенно необходимо, необходимее, чем беречь жизнь!

Марий взял у кимвров один город и отдал его на разграбление своим воинам. Ему поставили на вид, что он поступил против закона.
— Не знаю, может статься, но гром оружия не давал мне расслышать, что говорит закон.

Сабиняне решили подкупить римского военачальника Мания Курия. Когда они пришли к нему со своими предложениями, он как раз в это время ел репу. Отринув сабинское золото, Курий сказал при этом:

— Пока я буду довольствоваться репой, на что мне ваше золото?

Один из друзей консула Рутидия усердно просил его о чем-то, но так как его просьба была неосновательна и ее исполнение было сопряжено с беззаконием, то Рутидий и отказал ему.

— Какой же прок в твоей дружбе, коли ты отказываешься сделать то, о чем я тебя прошу? — сказал ему друг.

— А мне зачем твоя дружба, — отвечал ему Рутидий, — коли из-за нее я должен совершать несправедливости?

Консул Карбон издал какое-то несправедливое постановление, и, когда престарелый Каstriций выговаривал ему за это, то сказал:

— За мной много мечей.

Кастриций же возразил:

— А за мной много годов.

Часть II
ВОСТОК

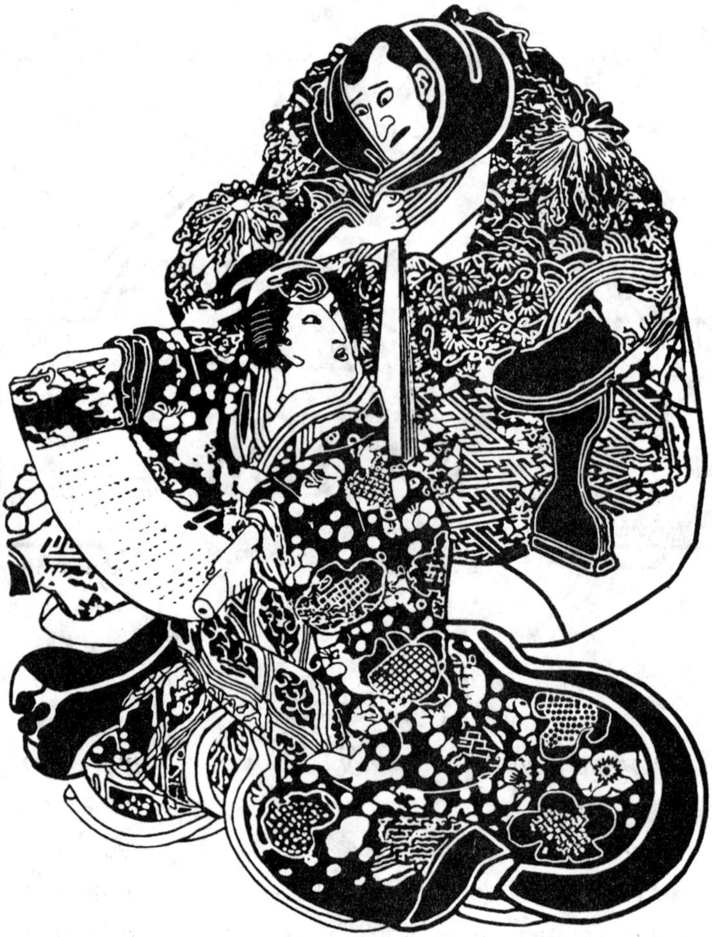

Глава 1

За мгновеньем мгновенье — и жизнь промелькнет.
Пусть весельем мгновенье это блеснет.
                                    Омар Хайям

Как известно, индийская литература созидалась за три или за четыре тысячи лет до нашего времени. В числе сокровищ санскритской литературы есть и сборники сказок, басен, разных смешных историй, анекдотов. Из произведений этого рода особенно славится «Панчатантра». Мы приведем здесь повесть о приключениях четырех глупых браминов, которая обычно присоединяется к спискам «Панчатантры».

В одной местности была объявлена санарахдана, т. е. большое публичное угощение, которое в особых случаях предлагается браминам. И вот четыре брамина, отправившиеся из разных деревень на этот праздник, дорогой случайно встретились и, узнав, что все направляются в одно место, порешили идти вместе.

По дороге с ними встретился воин, шедший в противоположную сторону. При встрече он приветствовал их, как водится, сложив ладони и произнося слово: «Сараниайа!» (Привет, владыко!), с которым обычно обращаются к духовным лицам. На это приветствие все четыре брамина в один голос отвечали тоже обычным словом: «Ассирвахдам» (Благословение). Воин, не останавливаясь, продолжил свой путь, и брамины тоже. В скором времени они подошли к колодцу, утолили жажду и присели отдохнуть под деревом. Сидя в тени, они не могли придумать никакой серьезной материи для беседы и долго молчали, пока одному из них не пришло в голову сделать замечание:

— Надо признаться, что солдат, которого мы сейчас встретили, человек очень умный и разборчивый. Вы заметили, как он сразу отличил меня среди других и обратился ко мне с приветствием?

— Да он вовсе не к тебе обращался, — возразил другой брамин. — Он мне кланялся.

— Оба вы ошибаетесь, — сказал третий. — Привет воина относился ко мне одному, он когда говорил «сараниайа», смотрел прямо на меня.

— Все это вздор! — сказал четвертый. — Он здоровался вовсе не с вами, а со мной. Ежели бы не так, то с какой же стати я бы отвечал ему: «ассирвахдам»?

Принялись они спорить и в споре до такой степени разгорячились, что едва не разодрались. Тут один из них, видя, что ссора их зашла слишком далеко, кое-как утихомирил других и сказал им:

— Зачем нам без всякой пользы впадать в гнев? Если бы мы даже наговорили друг другу всяких дерзостей, если бы даже разодрались, как какая-нибудь сволочь «судра» (люди низшей касты), то разве этим путем спор наш разрешился бы? Кто может решить этот спор успешнее того, из-за кого он возник? Ведь воин, которого мы встретили и который отдал привет одному из нас, вероятно, не успел еще далеко уйти. И, по-моему, нам лучше всего пуститься за ним вдогонку, и пусть он сам скажет, кому из нас четверых он отдал свой привет.

Совет показался благоразумным, и, следуя ему, все четверо повернули назад и во всю прыть помчались вдогонку за солдатом. Едва переводя дух от усталости, они, наконец, нагнали его верстах в четырех от того места, где встретили. Увидав его, они еще издали крикнули, чтобы он остановился, а затем, подбежав к нему, рассказали, какой у них вышел спор из-за его поклона, и просили его разрешить этот спор, указав того, кому он отдал поклон.

Воин, конечно, сейчас же понял, с какого рода людьми ему приходится иметь дело. Он, желая над ними позабавиться, с самым серьезным видом сказал им: «Я кланялся тому из вас, кто всех глупее». Затем, не говоря им больше ни слова, повернулся и пошел своей дорогой.

Брамины тоже повернулись и некоторое время шли молча. Но все они принимали слишком близко к сердцу этот спорный поклон и потому несколько времени спустя снова заспорили. На этот раз каждый из них утверждал, что поклон воина относился к нему, в силу самого объяснения, данного воином; каждый утверждал, что он глупее всех остальных и что поэтому поклон относился к нему. И снова спор довел их до бешенства и почти до драки.

Тогда тот, кто раньше советовал обратиться для разрешения спора к воину, снова умиротворил своих спутников и сказал:

— Я вовсе не считаю себя менее глупым, чем каждый из вас, и в то же время каждый из вас считает себя глупее меня и двух остальных. Вот мы выругаем друг друга, как хотим, и даже можем подраться. Что же, разве таким путем мы решим, кто из нас самый глупый? Послушайте вы меня, бросьте ссориться. Недалеко отсюда есть один город; пойдем туда, явимся в судилище и попросим судей рассудить нас.

И этот совет был немедленно принят и исполнен. Все они направились в городское судилище, чтобы предоставить решение спора беспристрастным судьям. И они не могли выбрать для этого более благоприятного времени. В судилище как раз собрались все начальствующие лица города, много браминов и других лиц, и так как в этот день не было никаких других дел, то их немедленно и выслушали.

Один из них выступил вперед и с большими подробностями рассказал перед всем собранием всю историю их спора и просил рассудить, кто из них четверых всех глупее.

Рассказ его много раз прерывался взрывами хохота всего собрания. Главный городской судья, человек очень веселого нрава, обрадовался представившемуся развлечению. Он напустил на себя самый серьезный вид, восстановил молчание и, обращаясь к четырем спорщикам, сказал:

— Вы все в этом городе чужие, никто вас не знает, и ваш спор невозможно разрешить путем опроса свидетелей. Есть только один способ дать судьям материал для суждения о вашем деле: пусть каждый из вас расскажет какой-нибудь случай из своей жизни, наилучшим образом доказывающий его глупость. Вот тогда мы и решим, кому из вас отдать преимущество и кому принадлежит право на привет воина.

Спорщики с этим согласились. Тогда судья предложил одному из них начать рассказ, а остальным приказал в это время молчать.

— Как видите, — начал первый брамин, — я очень дурно одет. И я ношу эти отрепья не с сегодняшнего дня. Вот и послушайте, отчего это произошло. Один богатый купец, живущий в наших местах, человек очень милосердный к браминам, однажды подарил мне два куска полотна, такого белого и тонкого, какого в нашей деревне никто и не видывал. Я показывал его другим браминам, и все меня поздравляли с этим подарком, говорили, что такая благостыня не может быть ничем иным, как плодом добрых дел, которые я творил еще во время моих прежних перерождений. Прежде чем сделать из него одежду, я, по обычаю, вымыл это полотно, для того чтобы его очистить от прикосновений ткача и купца, а потом развесил полотно для просушки на ветвях дерева. И вот случилось, что нечистый пес прошел под моим полотном. Я не видел сам, задел он его или нет. Я спросил об этом моих детей, которые играли поблизости, но они тоже не видели, как собака проходила под полотном, а заметили уже после того, как она прошла. Как мне было разрешить сомнения? Я придумал вот какую штуку. Я стал на четвереньки, так, чтобы быть примерно такой же высоты, как собака, и в этом положении пролез под полотном, а дети мои смотрели, задену я за полотно или нет. Я их и спросил: задеваю или нет? Они сказали — нет. Я было привскочил от радости, но тут мне пришло в голову новое размышление. Собака держала хвост закорючкой, так что он у ней возвышался над всем телом. Значит, она сама могла пройти под полотном, а хвостом задеть его и опоганить. Возникло новое сомнение. Что тут было делать? Я придумал привязать себе на спину серп и в таком виде вновь пролез под полотном. И на этот раз мои дети закричали, что я серпом задел за полотно. Тут уж у меня не осталось никаких сомнений, что проклятая собака задела хвостом и опоганила мое полотно. Ослепленный отчаянием, я схватил полотно, разодрал его в мелкие клочья, тысячу раз проклял собаку и ее хозяина.

История эта стала известной, и все называли меня безумцем. «Если бы даже собака притронулась к полотну, — говорил мне один, — и этим прикосновением осквернила бы его, то разве ты не мог снова вымыть его и этим снять осквернение?» «Или, по крайней мере, — прибавлял другой, — раздал бы полотно беднякам; это было бы все же лучше, чем рвать его. А теперь, после такого безумства, кому же придет охота дарить тебе новые одежды?»

И все эти их предсказания оправдались. С тех пор у кого бы я ни попросил себе ткани на одежду, я только и слышу в ответ: «Это зачем? Чтобы опять разодрать ее?»

Когда он кончил рассказ, один из присутствовавших сказал ему:

— Судя по твоему рассказу, ты, должно быть, мастер ходить на четвереньках.

— О, сколько угодно, — отвечал он. — Можете сами судить.

И с этими словами он стал на четвереньки и начал бегать по комнате, вызывая во всем собрании хохот до судорог.

— Ну, хорошо, — сказал ему председатель судилища. — То, что ты рассказал и показал нам, конечно, много говорит в твою пользу; но, прежде чем постановить решение, послушаем еще, что расскажут другие в доказательство своей глупости.

И он дал другому брамину знак, чтобы тот начал свой рассказ.

Новый конкурент начал повествование с самоуверенного заявления, что его история будет еще почище.

— Однажды, — рассказывал он, — я должен был присутствовать на «самарахдане», и мне необходимо было выбрить голову, чтобы предстать на пиршестве в приличном виде. Когда призванный цирюльник обрил меня, я велел жене дать ему за его труд монету. Но глупая баба вместо одной монеты дала ему две. Я, конечно, потребовал сдачи, но он ничего не отдал. Завязался у нас спор, и мы уже начали весьма грубо ругаться. Но тут цирюльник предложил мне такого рода вещь, чтобы поладить дело миром. «Ты просишь назад монету, — сказал он мне, — хорошо, я за эту монету, коли хочешь, обрею голову твоей жене». — «Вот и чудесно! — вскричал я. — Так мы лучше всего поладим, и ни тому ни другому не будет обидно». Жена была тут же, слышала наш разговор и хотела было дать тягу, но я ее схватил, усадил на пол и попридержал, пока цирюльник брил ей голову. После бритья она, изрыгая на меня и цирюльника потоки брани, куда-то убежала и спряталась. Цирюльник тоже поспешил убраться подобру-поздорову, но по дороге он повстречал мою мать и рассказал ей, что произошло. Та сейчас же прибежала к нам, чтобы удостовериться, и, когда убедилась, что цирюльник сказал правду, на несколько минут совсем опешила от изумления и молчала и прервала это молчание только затем, чтобы осыпать меня бранью и угрозами.

Цирюльник же тем временем разгласил эту историю, а злые люди не замедлили добавить к его рассказу, что я застал свою жену на месте преступления, в объятиях постороннего мужчины, и в наказание за это обрил ей голову. К нам в дом со всех сторон сбежались люди. Привели даже осла, чтобы на него посадить мою жену и провезти ее по всей деревне, как это обычно у нас делается с женами, утратившими свою честь.

Но этим история не кончилась. Когда о ней узнали родители моей жены, они тотчас же прибежали к нам и осыпали меня целым градом проклятий. И мне оставалось только одно: все это терпеливо выслушивать и переносить. Жену они у меня отобрали, увели к себе и, конечно, постарались сделать это ночью, чтобы никто не видел ее срама.

Конечно, из-за всех этих приключений я прозевал пиршество, на которое собирался, и мне оставалось только облизываться, когда потом рассказывали, какое прекрасное угощение было устроено для браминов, какие вкусные были кушанья и как всего было много.

Спустя некоторое время было назначено новое угощение для браминов. И меня дернула нелегкая явиться на него. А там собралось до пятисот браминов, и все они уже давно знали мою историю. Как только они меня увидали, тотчас же накинулись на меня с криками и сказали, что не выпустят меня до тех пор, пока я не выдам им гнусного сообщника грехопадения моей супруги, для того чтобы поступить с ним со всей строгостью закона нашей касты.

Я торжественнейшим образом засвидетельствовал о ее невинности и рассказал, что на самом деле произошло. Разумеется, своим рассказом я вызвал во всем собрании безграничное изумление. «Где же это видано и где это слыхано, — говорили люди между собой, — чтобы замужней женщине обрили голову за что-нибудь иное, кроме любодеяния? Этот человек либо бесстыдно лжет, либо он величайший из глупцов, когда-нибудь существовавших на свете».

Я надеюсь, — закончил второй брамин свой рассказ, — что моя выходка не хуже, чем изодранное полотно.

И при этих словах он с насмешливым торжеством взглянул на первого брамина.

Все собрание согласилось, что только что рассказанная глупость заслуживает внимания и должна быть принята в соображение при конкурсе; но что все-таки, прежде чем решить дело, надо выслушать двух остальных. И потому слово было предоставлено третьему брамину, которого давно уже пожирало нетерпение предъявить свои права на пальму первенства.

— Прежде меня звали Анантайя, а теперь меня зовут Бетель-Анантайя. Вот я вам и расскажу, откуда пошла такая кличка.

ВОСТОК

Прошло не больше месяца с тех пор, как моя жена начала жить со мной. До тех пор она, по причине малолетства, оставалась в доме своих родителей. И вот однажды вечером, перед отходом ко сну, я сказал ей, уж не помню теперь, по какому случаю, что все бабы пустомели, болтуньи и тараторки. Она отвечала мне, что и среди мужчин встречаются болтуны, не лучше баб. Я, разумеется, сейчас же понял, что это она намекает на меня. Задетый этим намеком, я возразил ей:

— Хорошо, посмотрим, кто из нас первый заговорит.

— Отлично, — согласилась она. — Но тот, кто первый заговорит, что даст тому, кто выиграет?

— Лист бетеля, — сказал я.

На этом мы и порешили. Пари было заключено, и мы молча улеглись спать.

На другой день люди обратили внимание на то, что мы долго не встаем. Некоторое время подождали, потом окликнули нас, но мы, конечно, голоса не подавали. Начали кричать погромче, стучали к нам в дверь, — мы молчим. Скоро по всему дому поднялась тревога, подумали, что мы внезапно умерли ночью. Позвали плотника, и тот топором выломал дверь. Войдя к нам, все были немало изумлены, видя нас живыми и здоровыми. Мы уже проснулись, и оба сидели на постели, только не говорили ни слова ни тот, ни другой.

Это молчание жестоко напугало мою мать, которая начала громко кричать. На ее крики сбежалась вся деревня, и все спрашивали, из-за чего поднялась такая тревога. Люди внимательно рассматривали нас с женой, и каждый старался на свой лад объяснить, что с нами приключилось. Толковали, толковали и, наконец, порешили, что на нас напущена порча какими-нибудь злыми врагами. Чтобы пособить горю и снять порчу, сейчас же побежали за самым знаменитым деревенским колдуном. Тот пришел и прежде всего начал у нас щупать пульс, причем корчил такие рожи, что меня до сих пор при воспоминаниях о них разбирает хохот. Покончив осмотр, он объявил, что наша хворь, без сомнения, приключилось от порчи. Он даже назвал имя дьявола, который был напущен на меня и на жену. Дьявол этот, по его словам, был чрезвычайно жесток и упрям, и от него было не так-то легко отделаться. Для изгнания же его надлежало совершить жертвоприношение, которое должно было обойтись, по крайней мере, в пять серебряных монет.

Но в числе присутствовавших был один знакомый нам брамин, который начал спорить с колдуном, что наша болезнь вовсе не напускная, а натуральная, что он много раз видал хворавших этой болезнью и что ее можно вылечить простыми средствами, которые не будут стоить ничего. Он велел принести небольшой слиток золота и жаровню с пылающими углями, на которых раскалил этот слиток добела. Тогда он взял его щипцами и приложил его мне сначала к ступням, потом под колени, потом в сгибы локтей, потом на желудок и, наконец, на маковку. Я выдержал все эти ужасные истязания, не обнаруживая боли, не издав звука. Я твердо решил выдержать какие угодно мучения, даже самую смерть, только бы выиграть пари.

Изжарив меня всего без всякого успеха, изумленный врачеватель наш, сбитый с толку моим упорством, принялся за жену. Золотой слиток был еще совсем горячий, и как только он был приложен к ее ноге, она тотчас судорожно дернулась и закричала:

— Ой, не надо! — И тут же, обращаясь ко мне, добавила: — Я проиграла. На вот тебе твой бетелевый лист.

— Ага! — крикнул я ей с торжеством. — Видишь теперь сама, что я был прав! Ты первая заговорила и подтвердила то, что я вчера утверждал, то есть что все бабы болтуньи!

Присутствующие, слыша этот странный разговор между нами, в первую минуту ничего не поняли. Но когда я им все рассказал, их изумлению моей глупостью не было границ. «Как! — вскричали они. — Это из-за того, чтобы не проиграть листа бетеля, ты поднял тревогу по всему дому, взбудоражил всю деревню! Из-за такого пустяка ты дал себя всего изжечь с головы до пят!» С этих пор меня и прозвали Бетель-Анантайя.

Судьи согласились, что такая черта глупости, без сомнения, дает ему много шансов на приветствие воина, но все же надо выслушать еще четвертого конкурента. Тот сейчас же начал свою повесть.

— Девочка, на которой меня женили, после заключения брака оставалась, по причине малолетства, шесть лет у своих родителей. По прошествии этого времени ее родители уведомили моих, что девушка выросла и может исполнять обязанности супруги. Но моя мать, к несчастью, в это время была нездорова, а родители невесты жили верст за 25 от нас, и поэтому она сама не могла отправиться за моей женой. Она и послала за женой меня самого, давая мне на дорогу тысячу наставлений, как и что говорить, что делать. «Я ведь знаю тебя, — говорила она мне, — и у меня сердце не на месте». Но я ее успокоил и отправился в путь.

Тесть принял меня прекрасно и по случаю моего приезда устроил пир, на который созвал всех браминов своей деревни. Я пробыл у него три дня, а после того он меня отпустил, а со мной и мою жену. Он нас благословил, пожелал нам долгой, счастливой жизни, многочисленного потомства, а когда мы уезжали, громко рыдал, словно предчувствуя несчастье, которое скоро должно было случиться.

Дело было в самой середине лета, и в день нашего отъезда стояла чрезвычайная жара. Наш путь лежал в одном месте через песчаную пустыню, по которой надо было пройти верст восемь. Раскаленный песок немилосердно жег нежные ноги моей жены, которая до сих пор жила в большой неге в родительском доме и совсем не была привычна к таким жестоким испытаниям. Она начала жаловаться, потом принялась горько плакать, наконец, бросилась на землю и не хотела подниматься, говоря, что она тут и умрет.

Я сел рядом с ней. Я был в безвыходном положении и не знал, что делать. Но в это время мимо проезжал караваном какой-то купец. С ним шло полсотни волов, нагруженных разными товарами. Я рассказал ему о своем горе и просил его присоветовать, что мне делать, как спасти мою жену. Он отвечал, что в такую жару нежной молодой женщине одинаково опасно и сидеть на месте, и ждать, что она, наверное, умрет так или иначе, и что для меня гораздо выгоднее уступить мою жену ему, нежели подвергаться такому страшному испытанию — видеть, как она умирает на моих глазах, да еще потом навлечь на себя подозрение, что я же сам и убил ее. Что же касается до украшений, какие на ней были, то купец их оценил в 20 монет, но охотно предлагал мне за них 30, если я уступлю ему жену.

Его доводы показались мне очень разумными. Я взял деньги и отдал ему жену. Он посадил ее на одного из лучших своих волов и поспешно удалился со всем своим караваном. Я тоже побрел дальше и пришел домой с совершенно изжаренными ногами.

«А где же твоя жена?» — крикнула мне мать, как только увидела меня издали.

Я, конечно, рассказал ей без утайки все, что произошло со мной после ухода из дому: как меня хорошо приняли у тестя, как на обратном пути нас захватил зной, как моя жена едва от него не задохлась и как я, желая спасти ее от верной смерти, уступил ее проезжавшему купцу; в то же время я ей показал и 30 монет, полученных от купца.

Моя мать пришла в бешенство от этого рассказа.

«Злодей, безумец, презренный! — кричала она мне. — Ты продал свою жену! Ты отдал ее другому! Жена брамина стала наложницей гнусного судры! Что скажет ее и наша родня, когда узнают о таком безумии, о такой унизительной и позорной глупости!»

Конечно, родители жены недолго оставались в неизвестности; они скоро осведомились о печальном приключении их дочери. Они в ярости примчались к нам и, наверное, убили бы меня и мою ни в чем не повинную мать, если бы мы оба не дали тягу. Тогда они пожаловались старшинам нашей касты, и те единогласно приговорили меня к денежной пене в 200 монет за бесчестье, нанесенное тестю. Меня, конечно, с позором выгнали бы из касты, если бы тому не помешало уважение к памяти моего отца, человека, пользовавшегося общим почтением. В то же время оповестили повсюду, чтобы никто никогда не отдавал за меня замуж свою дочь, так что я осужден на пожизненное безбрачие.

И я надеюсь, — заключил рассказчик, — что мою глупость вы не поставите ниже глупости моих соперников, и я имею право участвовать в соискательстве.

Выслушав все рассказы, судьи приступили к совещанию и вынесли приговор: после таких блестящих доказательств глупости каждый из соискателей может считаться победителем.

— А потому, — сказали им судьи, — можете считать, что каждый из вас выиграл тяжбу. Идите с миром, продолжайте спокойно ваш путь.

И соискатели, совершенно довольные этим решением, вышли из судилища, в один голос крича: «Я выиграл, моя взяла!»

Глава 2

*Язык болтливый вечно губит нас:
Так гибнет от свища лесной орех.*

Саади

С китайским остроумием можно отчасти познакомиться, прочитав несколько анекдотов, связанных с именем народного героя Куньлуня, жившего, по преданиям, в конце XIII века в провинции Су-Чжоу.

Куньлунь был очень жаден до денег. Раз кто-то сказал ему:

— Дай я тебя прибью до смерти; я заплачу тебе за это тысячу лан.

Куньлунь подумал и потом сказал:

— Ты лучше прибей меня до полусмерти и дай мне не полную тысячу лан, а только пятьсот.

Куньлунь приехал в гости к одному человеку. Хозяин был человек богатый, у него на дворе ходило множество кур и уток. Но он был скуп, ему не хотелось тратиться на угощение гостя, и он начал извиняться, что у него ничего нет, нечем угощать. Куньлуню уж очень хотелось кушать, и он предложил хозяину зарезать лошадь, на которой он приехал, и из нее изготовить обед.

— На чем же ты поедешь к себе домой? — спросил хозяин.

— А я займу у вас либо курицу, либо утку. У вас их много. Я на ней и уеду домой.

Однажды шли вместе Куньлунь и его сын. На них напал тигр, схватил отца и поволок. Сын тотчас же натянул лук, чтобы выстрелить в тигра. Куньлунь же, видя, что он хочет стрелять, закричал ему:

— Стреляй осторожно, чтобы не испортить шкуру, а то потом за нее никто не даст ни гроша!

Куньлунь очень любил выпить. Вот раз, придя к кому-то в гости, он увидал на столе очень маленькие рюмочки и принялся горько плакать. Удивленный хозяин спросил, что значат его слезы.

— Как же мне не плакать, — сказал Куньлунь. — Я как увидал эти рюмочки, так и вспомнил о своем покойном родителе. Его тоже позвали в гости и угощали из такой же маленькой рюмочки. Он нечаянно проглотил ее и от этого умер.

Куньлуню случилось обедать с большим обжорой. Он чрезвычайно быстро съел стоявшее перед ним кушанье и сейчас же потребовал себе свечу.

— Да зачем же? — спросил его собеседник. — Еще совершенно светло.

— Нет, не светло, — отвечал тот, — я ничего перед собой не вижу на блюде.

У одного богатого человека была тысяча лан. Он очень этим чванился и однажды сказал Куньлуню:

— Разве ты не знаешь, что я богач, отчего же ты мне не кланяешься?

— У тебя больше денег, чем у меня, — отвечал Куньлунь, — так с какой же стати я буду тебя уважать?

— Ну а если бы я отдал тебе половину своего имущества?

— Ну что же, тогда было бы у меня 500 лан, у тебя 500 лан, мы стали бы равные, так чего ж бы мне перед тобой кланяться?

— Ну уж не знаю, как бы ты мне поклонился, если бы я отдал тебе все мои деньги?

— Вот что выдумал! У меня была бы тысяча лан, а у тебя бы ни гроша, да еще я же тебе стал бы кланяться!

Один богач говорил Куньлуню:

— У меня в доме богатства на миллионы.

А Куньлунь ему отвечал:

— Да и у меня в доме запасов тоже на миллионы.

На вопрос же изумленного богача, где у него эти миллионы, Куньлунь отвечал:

— Ты имеешь, да не тратишь, а я и тратил бы, да не имею. Какая же между нами разница?

Куньлунь пригласил к себе гостя откушать. Но у его жены была в запасе только каша, да и той было очень немного. Чтобы казалось больше, хозяйка и положила в кашу большой булыжник. Когда каша была доедена и булыжник показался из-под нее, сконфуженный хозяин, чтобы оправдаться во мнении этого гостя, начал упрекать жену: как же, дескать, ты так неаккуратно промываешь крупу и оставила в ней такой большой камень.

К Куньлуню, у которого было множество долгов, однажды пришли все его заимодавцы и совершенно заполнили его квартиру. Ими заняты были все кресла, стулья, скамьи, так что некоторым пришлось сидеть на перилах лестницы. Хозяин подошел к одному из этих последних и шепнул ему, чтобы он завтра приходил к нему пораньше. Кредитор понял это в том смысле, что хозяин собирается уплатить долг ему одному, чтобы другие не знали. Порешив с этим, он сейчас же принялся уговаривать остальных заимодавцев, чтобы они подождали уплаты. Те вняли его увещанию и разошлись. На другой день кредитор поспешил явиться к Куньлуню, и тот вежливо сказал ему:
— Вчера мне было очень совестно, что вам пришлось сидеть на лестнице, я и пригласил вас сегодня прийти пораньше, чтобы вы могли занять кресло.

Однажды Куньлунь сбился с дороги и стал расспрашивать о ней у встречного путника. Но тот оказался немым и только знаками показывал, что желает получить деньги за свою услугу. Куньлунь дал ему несколько монеток. Тогда «немой» преспокойно раскрыл рот и очень внятно и отчетливо рассказал путнику, куда ему надо идти. Тот с удивлением его спросил:
— Зачем ты притворялся немым, пока не получил денег?

— Оттого, — отвечал он, — что нынче только тот умеет говорить, у кого есть деньги.

Куньлунь, к которому некто пришел в гости, очень хотел есть, но в то же время не желал угощать своего гостя. Поэтому он под каким-то предлогом ушел во внутренние комнаты и там плотно покушал. Когда он снова вышел к гостю, тот сказал ему:
— Какие у вас прекрасные колонны в комнатах и как жаль, что они съедены муравьями!

Хозяин начал с удивлением оглядываться по сторонам и сказал, что до сих пор ничего такого не заметил.
— Да ведь они едят у себя внутри, а снаружи ничего и нельзя заметить.

Один хвастун как-то раз сказал Куньлуню, что в его земле есть такой великан, что он головой упирается в небо, а ногами в землю. А Куньлунь сказал, что в его земле есть великан еще больше: он верхней губой подпирает небо, а нижней землю.
— А где же у него тело-то?
— Не знаю, — отвечал Куньлунь. — Я видел только, как он старался разинуть рот как можно шире (т. е. прихвастнуть).

Один хвастун говорил, что в их местах есть барабан в несколько обхватов, так что его грохот слышен за 50 верст. А Куньлунь сказал, что в его земле есть корова, у которой ноги длиной в 10 000 шагов. Когда же присутствующие начали сомневаться, он сказал:
— Если бы не было такой большой коровы, то откуда же бы взять такую огромную шкуру, какая нужна на тот барабан, про который сейчас сказывали.

Однажды в дороге встретились житель Шань-Дуня и Куньлунь, житель Су-Чжоу. Разговорились, и оказалось, что шаньдунец направляется в Су-Чжоу посмотреть тамошний мост, про который ему рассказывали чудеса, а Куньлунь отправляется в Шань-Дунь, чтобы посмотреть на тамошнюю редьку, про которую ему тоже насказали чудес.

— Если вы хотите знать об этом мосте, — сказал Куньлунь, — то вам незачем самому туда ездить, я вам о нем расскажу. Ровно год назад у нас с этого моста упал один человек и до сих пор все еще летит и не может долететь до воды. Вот каков у нас мост!

— Ну, спасибо вам, — сказал шаньдунец. — Если хотите, вы тоже можете не ездить к нам смотреть редьку. Я вам расскажу о ней. Она теперь только еще растет, но к будущему году так вырастет, что дотянется до вашего Су-Чжоу, и тогда вы сами ее увидите.

Один крестьянин пришел из деревни в город и зашел в гости к Куньлуню. Его начали угощать, подали чай. Крестьянин все время, не переставая, хвалил напиток. Куньлунь счел его за знатока чая и спросил, что ему, собственно, так нравится: сам чай или вода, в которой он настоян?

— Мне больше всего нравится, что горячо.

Куньлунь с сыном были очень упрямы и никогда никому ни в чем не уступали. Случилось однажды, что Куньлунь послал сына купить мяса. Сын, купив мясо и неся его домой, встретился где-то в тесном месте с прохожим, и им никак нельзя было разойтись без того, чтобы один уступил дорогу. Но прохожий попался тоже страшно упрямый и дороги уступать не желал. Поэтому оба как встали, так и стояли друг против друга, не двигаясь с места. Тем временем Куньлунь, обеспокоенный долгим отсутствием сына, пошел его отыскивать и, увидав его в этом положении, сказал ему:

— Ты ступай домой, неси мясо, а я пока постою и не буду его пускать.

Непочтительный сын часто бивал своего отца Куньлуня, старик же постоянно нежно нянчился с сынишкой своего сына, своим внуком. Ему говорили, зачем он так старается нянчиться с этим мальчишкой, коли сын так непочтителен к нему.

— Мне хочется, чтобы мальчик вырос и хорошенько отомстил за меня, обращаясь со своим отцом так же, как он со мной.

Куньлунь с женой работали в поле. Жена отошла в сторону и начала готовить обед, а когда он был готов, крикнула мужу, чтобы он шел есть. Тот, в свою очередь, крикнул ей издали, что он оставит лопату на том месте, где работает, и затем подошел к жене. Та встретила его бранью и упреками: зачем он на все поле кричал о том, где оставил лопату. Теперь все слышали, знают, где лопата положена, кто захочет, придет и украдет ее. Спрятал бы потихоньку, потихоньку же и сказал об этом. И она сейчас же прогнала его назад, чтобы он принес лопату. Куньлунь сходил и, возвратившись назад, осторожно оглянулся кругом, нагнулся в самому уху жены и шепнул ей:

— А ведь нашу-то лопату уже украли.

Преступник должен был перенести телесное наказание, но он нанял за себя Куньлуня. Тот взял деньги и явился в суд, чтобы принять наказание. Судья приказал дать ему тридцать ударов бамбуковой палкой. Но, получив с десяток палок, Куньлунь не стерпел, и все полученные деньги потихоньку сунул палачу, и тот нанес ему остальные удары полегче. Встретившись с преступником, он стал его горячо благодарить.

— Хорошо, что ты дал мне деньги, — говорил Куньлунь, — а то бы мне нечем было подкупить палача, и он забил бы меня насмерть.

Куньлунь был изобличен в том, что украл вола. Его судили, заковали в кандалы и повели в тюрьму. По дороге с ним встретился его приятель и спросил его, за что его заковали. Куньлунь сказал:

— Сам не знаю, за что. Я проходил и увидел соломенную веревочку; думал, что она брошена, никому не нужна, и взял ее. Вот за это потом меня и судили.

Приятель спросил:

— Что же за беда поднять соломенную веревочку?

— Право, не знаю, — отвечал Куньлунь. — Должно быть, тут все дело в том, что на конце веревочки была привязана одна штучка.

— Какая же?

— Одна маленькая штучка, которую запрягают в плуг, когда пашут.

Жена в отсутствие Куньлуня приняла гостя, но муж неожиданно вернулся домой. Жена быстро посадила гостя в мешок из-под крупы и спрятала мешок за дверь. Но Куньлунь сейчас же заметил мешок и спросил, что в нем. Смутившаяся жена молчала, не зная, что сказать. Тогда ее друг отвечал из мешка:

— Крупа.

Куньлунь был большой любитель тишины и спокойствия, но, по несчастью, случилось так, что у него с одной стороны поселился медник, а с другой слесарь, которые, конечно, целые дни стучали и грохотали и не давали ему покоя. Он часто говаривал, что если бы эти его соседи переехали, то он с радости знатно угостил бы их. И вот однажды оба мастера пришли к нему и сказали, что они переехали. Куньлунь на радостях задал им настоящий пир. За столом он спросил их, куда же они переехали.

— Он в мою квартиру, а я в его, — отвечали соседи.

Куньлунь женился на старой женщине. Когда ее привели к нему в дом, он, видя на ее лице морщины, спросил, сколько ей лет. Она отвечала, что 45 или 46 лет. Тогда муж напомнил ей, что в свадебном договоре было обозначено 38, и начал ее уговаривать, чтобы она сказала о своем возрасте годы по совести; но она твердила все то же. Тогда Куньлунь прибег к хитрости. Он взял кусок ткани и сказал:

— Надо накрыть соль в кадке, чтобы ее не съели мыши.

— Вот смех-то! — воскликнула жена. — 68 лет живу на свете, никогда не слыхивала, чтобы мыши ели соль.

Глава 3

Неуменье шутку понимать — свойство дурака.
                                                У. Закани

Источником для ознакомления с турецким народным остроумием может послужить весьма известный и популярный в Турции герой Ходжа Насреддин.

Насреддин считается лицом историческим, жившим во времена Тамерлана, то есть в конце XIV — начале XV столетия. Турки же до такой степени освоились с этим именем, что обычно приписывают ему все ходячие народные словца, остроты, выходки, прибаутки и т. д. Вероятно, что в многочисленных сборниках только часть материала должна быть отнесена к авторству Насреддина, а все остальное только приписано ему.

Однажды Насреддин в качестве духовного лица взошел на кафедру в мечети и обратился к предстоящим правоверным с такими словами:

— О, мусульмане, знаете ли вы, о чем я хочу беседовать с вами?

— Нет, не знаем, — отвечали присутствующие.

— Как же я буду говорить с вами о том, чего вы не знаете? — вскричал Ходжа.

В другой раз он тоже с кафедры возгласил:

— О правоверные, знаете ли вы то, о чем я хочу с вами беседовать?

— Знаем! — вскричали все предстоявшие, вспомнив прежнюю выходку Ходжи.

— А коли знаете, так мне не о чем с вами беседовать, — сказал Ходжа, сходя с кафедры.

После того его обычные слушатели сговорились между собой, и когда он на следующей проповеди опять спросил их, знают ли они, о чем он будет с ними беседовать, то одни из них крикнули в ответ — «знаем», а другие — «не знаем».

— Ну, коли так, — порешил Ходжа, — то пусть те, кто знает, научат тех, кто не знает.

Однажды ночью Ходжа увидел во сне, что кто-то дает ему девять асиров (мелкая монета). Ходжа заспорил и запросил десять асиров. Ему их дали; тогда он начал просить пятнадцать асиров, но в это мгновение проснулся и, ничего не видя у себя в руке, воскликнул:

— Экая досада, ведь давали десять асиров, надо было брать.

Случилось, что Ходжа шел через пустынное место и увидал, что навстречу ему едут какие-то всадники. Подумав, что это разбойники, и, испугавшись, Ходжа быстро разделся и вошел в могильную пещеру, которая как раз тут случилась. Но всадники уже заметили его, подъехали и окликнули:
— Что ты делаешь тут, зачем вошел в могилу?
Перепуганный Ходжа трепещущим голосом пробормотал им в ответ:
— Это моя могила... я мертвый... я только на минутку выходил прогуляться.

Ходжа забрался в чужой огород и без церемонии надергал из гряд моркови, репы и набил этим добром свой мешок. Но едва собрался он уходить, как был застигнут на месте преступления хозяином огорода.
— Ты как сюда попал? — спросил его хозяин.
Растерявшийся Ходжа сказал, что он шел мимо и вдруг поднялась буря, и его перекинуло сюда, в огород.
— А кто же репу-то повыдергал? — спросил хозяин.
— Вот тебе раз! — воскликнул уже овладевший собой Ходжа. — Если ветер мог человека перебросить с места на место, то что же стоило ему вырвать репу и морковь?
— Ну, хорошо, — сказал огородник, — а кто же все это спрятал в мешок-то?
— Вот об этом-то я все и сам думал, пока ты не пришел! — воскликнул Ходжа.

Во время Рамазана (пост, продолжающийся месяц) Ходжа вздумал считать дни. Он взял какую-то посудину и каждый день клал в нее по камешку. Его маленькая дочка, увидев камешки в посудине, набрала целую горсть камешков и бросила их туда же. И вот случилось, что вскоре после того кто-то спросил у Ходжи, сколько дней Рамазана прошло и сколько остается. «Сейчас я сосчитаю», — сказал Ходжа и, высыпав камешки из посудины, насчитал их сто двадцать. Ходжа сообразил, что если он объявит такую цифру, то его сочтут за дурака. «Надо сказать поменьше», — порешил он и объявил, что сегодня 45-й день Рамазана.

— Как сорок пятый! Что ты говоришь, Ходжа! Разве ты не знаешь, что в месяце тридцать дней?

— Скажите спасибо, что всего только сорок пять, — отвечал Ходжа, — если бы считать по камешкам, какие у меня накопились в посудине, то вышло бы сто двадцать.

Ходжа сидел на берегу реки. Подошли десять слепых и уговорились с ним, чтобы он их перевел через реку, обещая ему по денежке за каждого. Но когда переходили через реку, один из слепых утонул. Все другие тотчас же подступили к вожаку с бранью и с угрозами.

— Что же вы кричите? — отвечал им Ходжа. — Я взялся перевести десять, а перевел девять; ну, значит, вы мне и заплатите одной денежкой меньше, вот и все.

Кто-то из друзей Насреддина, держа в сжатой руке яйцо, сказал:

— Если ты угадаешь, что я держу в руке, то я тебе эту вещь подарю, и ты можешь себе сделать из нее яичницу.

— Как же я могу угадать? — отвечал Ходжа. — Ты мне скажи приметы, тогда я и отгадаю.

— Изволь; эта вещь снаружи белая, а внутри желтая.

— А, знаю! — вскричал Ходжа. — Репа! Середина у ней вырезана и набита рубленой морковью.

На посев, принадлежавший Ходже, зашел чужой вол. Ходжа схватил палку и погнался за ним, но вол убежал. Через несколько дней Ходжа снова увидал этого вола в то время, как его хозяин пахал на нем. Ходжа сейчас же схватил палку, подбежал к волу и начал его бить, а хозяину на его вопрос, за что он бьет вола, отвечал:

— Это не твое дело. Ты не беспокойся. Он отлично знает, за что я его бью.

У Ходжи был ягненок, которого он заботливо откармливал. Его друзья-приятели заприметили этого ягненка и порешили как-нибудь, пользуясь простотой Ходжи, выманить у него ягненка и съесть. И вот один из них явился к Ходже и сказал:

— На что тебе этот ягненок? Разве ты не знаешь, что завтра будет светопреставление? Давай лучше съедим его сегодня.

Ходжа не поверил известию о светопреставлении, но в эту минуту пришел другой приятель и подтвердил известие. Тогда Ходжа сделал вид, что верит, зарезал ягненка, развел огонь и начал его поджаривать. В то же время, хлопоча около костра, он ради прохлады скинул с себя верхнюю одежду, а вслед за ним и гости его тоже разделись. Как только они скинули одежду, Ходжа тотчас же схватил ее и бросил в огонь.

— Что ты делаешь? — закричали приятели.

— На что же вам одежды, — отвечал Ходжа, — коли завтра светопреставление?

Однажды ночью к Ходже в дом забрался вор, наскоро подобрал все, что попало под руку, и понес. Но Ходжа видел всю эту проделку, забрал еще много разных вещей, не захваченных вором, взвалил их себе на плечи и потихоньку шел следом за вором. Вор подошел к своему дому и только в эту минуту заметил, что вслед за ним идет Ходжа.

— Тебе что тут нужно? — спросил вор у него.

— Как что нужно? — отвечал Ходжа. — Ты сюда понес мои вещи, значит, я в этот дом переезжаю. Я и захватил все остальное и пошел вслед за тобой.

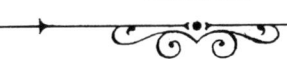

Случилось, что Ходжа занял у своего соседа большой котел, а когда принес его назад, то в котле хозяин с удивлением увидал маленькую кастрюльку. На вопрос, откуда взялась эта кастрюлька, Ходжа серьезно отвечал, кто котел, пока он был у него, родил маленькую кастрюльку. Хозяин котла поверил или сделал вид, что поверил, и взял себе кастрюлю. Через несколько времени Ходжа снова попросил у него котел, но на этот раз очень долго не возвращал его обратно. Когда же, наконец, сосед пришел за своим котлом, Ходжа объявил ему, что котел умер.

— Как умер? — удивился простофиля-сосед. — Разве котлы умирают?

— Ведь ты же поверил, что котел родил кастрюльку; почему же ты не хочешь поверить, что он умер?

Однажды кто-то пришел к Ходже и попросил у него на время его осла. Ходжа отвечал, что осла нет дома. Но как раз в эту минуту осел громко закричал, и сосед с упреком сказал Ходже:

— Как же ты говоришь, что осла дома нет, а он, слышишь, сам подает голос?

— Стыдно тебе, сосед, — отвечал ему Ходжа. — Я человек старый, почтенный, с седой бородой, и ты мне не веришь, а глупому ослу веришь!

Однажды Ходжа преподнес городскому начальнику блюдо слив. Тому очень понравился подарок, и он отблагодарил Ходжу целой пригоршней мелкой монеты. Спустя некоторое время Ходжа снова вздумал сделать подношение начальству, и на этот раз понес ему пучок свеклы. По дороге ему встретился кто-то из приятелей и спросил его, куда он идет, и посоветовал вместо свеклы поднести начальству фиговых плодов. Ходжа послушался. На этот раз, однако, начальство было ужасно чем-то раздражено, и, когда Ходжа предстал пред ним со своим подношением, градоправитель с гневом схватил ягоды и начал их одну за другой швырять в голову Ходжи. Тот при каждом ударе фиги об его голову низко кланялся и благодарил.

— За что ты благодаришь меня? — полюбопытствовал начальник.

— Я не тебя благодарю, а Аллаха, — отвечал Ходжа. — Благодарю я его за то, что он внушил мне послушать доброго совета. Я нес к тебе свеклу, а мне посоветовали поднести тебе фиги. Что бы теперь было со мной, кабы я не послушался? Ты бы мне всю голову расшиб моими же свеклами.

Однажды Ходжа приказал зажарить гуся и понес его в подарок Тамерлану, но дорогой его одолел голод. Он оторвал от гуся заднюю лапку и съел ее. При подношении Тамерлан, конечно, заметил, что у гуся нет одной лапки, и спросил, куда она девалась.

— В нашей стороне все гуси с одной ногой, — отвечал Ходжа. — Коли не веришь мне, посмотри сам. Вон целое стадо гусей стоит около воды.

И действительно, гуси в эту минуту все стояли на одной ноге. Тамерлан подозвал барабанщика и приказал ему ударить в барабан. Испуганные гуси сейчас же насторожились и выпрямили поджатые лапки.

— Вот видишь, — сказал Тамерлан, — все они с двумя ногами, а вовсе не с одной.

— Чего же мудреного, — воскликнул Ходжа, — это если и тебя начать палками бить, так ты побежишь на четвереньках.

Когда Насреддин исполнял обязанности судьи, к нему однажды пришли двое людей судиться. Один из них жаловался, что другой укусил его за ухо. Другой же возражал, что он вовсе не кусал, а что тот сам себя укусил за ухо. Ходжа задумался: может ли человек сам себя укусить за ухо? Для того чтобы проверить это на опыте, он на время выслал вон спорящих и стал пробовать схватить себя зубами за ухо. Делая эти безумные попытки, он так вертелся и метался, что свалился с ног и расшиб себе голову, ударившись ею обо что-то. Тогда он вновь позвал участников тяжбы и важно объявил им:

— Знайте, что человек не только может укусить себя за ухо, но сверх того, может свалиться и расшибить себе голову.

Случилось раз, что Ходжа ехал верхом в большой компании. Он ехал впереди всех и притом сидя лицом к хвосту своего осла. Над ним, конечно, все смеялись, спрашивая, зачем он так сел.

— Если бы я сидел как следует, то, будучи впереди всех, я должен был бы повернуться ко всем спиной, а это невежливо; а если бы я ехал позади всех, то тогда все другие были бы ко мне спиной. А теперь я еду, повернувшись ко всем лицом.

Однажды ночью в дом Ходжи забрался вор. Жена Ходжи заметила его и хотела было поднять тревогу, но Ходжа остановил ее:

— Тише, молчи, не мешай ему. Авось, с Божьей помощью, он что-нибудь найдет у нас; тогда я брошусь на него и отниму добычу.

Ходжа вместе с женой отправились на речку стирать белье, захватив с собой кусок мыла. И вот вдруг прилетел ворон, схватил мыло и улетел с ним. Жена закричала, хотела было швырнуть чем-нибудь в ворона, но Ходжа остановил ее, говоря:

— Оставь его в покое. Он чернее нашего белья, ему мыло нужнее, нежели нам.

Случилось, что несколько приятелей Ходжи затеяли какое-то судебное дело и позвали Ходжу в свидетели, причем он хорошо понимал, что приятели ждут от него ложных показаний в их пользу. Судья сказал, обращаясь к Ходже:

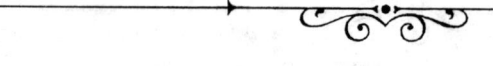

— У вас спор идет насчет пшеницы?

— Нет, насчет ячменя, — отвечал Ходжа.

— Не ячменя, а пшеницы! — накинулись на него приятели, вызвавшие его в свидетели.

— Чудаки вы! — сказал им Ходжа. — Коли надо врать, так не все ли равно, о чем врать, о пшенице или о ячмене!

Часть III
ЗАПАДНАЯ ЕВРОПА

credibiliu facta sunt nimis: do
mui............... et san
ctu......... erū
.... m be
.... a
..Mo.......
tiu   exu
ni   domuū
ipse fecit nos: et non ipsi nos.

Глава 1

Юмор — это спасительный круг на волнах жизни.

В. Раабе

Сохранилось предание о некоем средневековом монахе Аммоне, который, чтобы отклонить от себя епископское звание, в которое его возводили против желания, отрезал себе ухо. Аббат Борделон впоследствии говаривал по этому поводу, что таких монахов теперь (т. е. в его время) уже нет, что нынешние скорее приделали бы себе по полудюжине лишних ушей, если б это понадобилось, чтобы стать епископом.

Когда в Риме скончался папа Лев X, покровитель наук и искусств, папский престол занял невежественный, почти не понимавший по-итальянски чужеземец, Адриан VI, ненавидевший поэзию и искусства. Римляне были в полном отчаянии, но зато, когда Адриан умер, дом его врача, Джиованни Антрачино, был весь украшен венками и цветами, и на нем появилась крупная надпись: «Римский сенат и народ — освободителю отечества».

Итальянский поэт Данте Алигьери, подвергшийся гонениям в своей родной Флоренции, был вынужден перебраться в Верону, где местный правитель оказывал ему значительно меньше внимания, нежели своему шуту. Кто-то, заметивший эту оскорбительную странность, выразил удивление творцу «Человеческой комедии». Но Данте ограничился в ответ только замечанием: «Но ведь это естественно — каждый больше любит себе подобного».

Духовник миланского владетельного князя Бернабо однажды застал его с женщиной. Чрезвычайно раздосадованный и смущенный Бернабо спросил монаха, что он сам стал бы делать, если б судьба его свела один на один с такой прелестной женщиной?

— Я знаю только, чего я в таком случае не должен делать, — отвечал монах, — а что именно я сделал бы — не знаю.

Рассказывают о Лангэ де Жержи, настоятеле церкви Св. Сульпиция в Париже, жившем в 1675 — 1750 годах. Он получил пощечину от кого-то власть имущего и сейчас же тихо и кротко сказал обидчику:
— Это для меня, сударь, а теперь дайте же что-нибудь и на моих бедных.

Фома Аквинский, поступив послушником в доминиканский монастырь в Париже, предался нерушимому созерцанию и сделался молчальником. Он вечно сидел в своей келье молча и глубоко задумавшись. Монахи монастыря, народ разбитной и веселый, жестоко трунили над новичком и прозвали его «немым волом». Но вот однажды, в досужую и шаловливую минуту, братия решила подшутить над будущим светилом католического богословия и придумала сказать ему, что на небе появился и летает вол. Фома вышел из кельи будто бы затем, чтобы посмотреть на летучего вола, а монахи, поверив, что он в самом деле так мало смышлен и легковерен, подняли его дружно на смех.
— Я очень хорошо знаю, — сказал им Фома, — что было бы странно увидеть вола, летающего по воздуху, но мне казалось еще более странным увидеть целую толпу монахов, стакнувшихся, чтобы сказать явную ложь.

Когда Солиман II шел на Белград, к нему однажды подошла какая-то деревенская женщина и пожаловалась, что ночью, когда она спала, солдаты султана угнали ее скот. Султан засмеялся и сказал, что, верно, она очень уж крепко спала, коли ее можно было так обворовать.
— Да, государь, я спала, — отвечала женщина, — но спала, положившись на бдительность, с какой вы охраняете общую безопасность и покой.

Слово было смелое, но Солиман был великодушен и вознаградил жалобщицу.

Один купец, по имени Жан, часто имея дела с Людовиком XI, бывал у него, и король принимал его всегда очень ласково, даже приглашал к своему столу. Ободренный королевским вниманием купец вздумал попросить себе дворянства. Людовик охотно исполнил его просьбу, но с этой минуты его обращение с купцом резко изменилось; король словно перестал даже замечать его присутствие. Однажды новоиспеченный дворянин не вытерпел и сказал об этом королю, слезно жалуясь, что он такой немилости ничем не заслужил.

— Видите ли, господин дворянин, — ответил ему король, — когда я раньше обедал с вами, вы для меня были первым человеком в вашем тогдашнем звании; теперь же в новом звании вы — последний, и другим будет обидно, если я выкажу вам особое внимание.

Происшествие Людовика XI с астрологом принадлежит к числу очень известных в прошлом анекдотов. Этот кудесник предсказал, что дама, в которую король был влюблен, умрет через восемь дней. Так оно и случилось. Тогда Людовик призвал к себе астролога, заранее приказав своей страже по поданному знаку схватить его и выбросить за окошко. Когда звездочет предстал перед ним, король сказал:

— Ты, так хорошо знающий и предсказывающий судьбу других людей, знаешь ли ты свою собственную судьбу, можешь ли сказать, сколько времени тебе осталось жить?

Астролог, вероятно предупрежденный об участи, которая ему была уготована, не сморгнув глазом отвечал:

— Я умру за три дня до вашей кончины, государь!

Этот ловкий ответ так подействовал на суеверного короля, что он тотчас же отменил свое распоряжение.

Далеко не так благополучно отделался итальянский звездочет, который вздумал предсказать близкую смерть Иоанну Гадеасу, герцогу Миланскому:

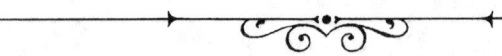

— Как ты узнал об этом? — спросил его герцог.

— По звездам, тайны которых открыты мне, — отвечал шарлатан.

— А сам долго проживешь? — спросил герцог.

— Моя планета сулит мне долгую жизнь.

— Ну, так не верь своей планете, — сказал ему герцог, — ты умрешь сию же минуту.

И он приказал немедленно его повесить.

Очень остроумно распорядился астролог великого могола Шах-Гехана. Один из сыновей этого восточного владыки был страстным любителем и почитателем астрологии, и Дарах (так звали звездочета) предсказал ему, явно рискуя собственной жизнью, что он будет на троне. А принц втайне этого добивался. Когда же близкие Дараху ставили на вид всю опасность положения, в какое он себя ставит этим рискованным предсказанием, тот отвечал:

— Какая же мне может угрожать опасность? Ведь будет что-нибудь одно — либо он станет царем, и тогда он меня наградит, либо будет побежден, и тогда погибнет и, мертвый, будет уже не страшен мне.

Интересно приключение астролога Генриха VII, короля английского. Король спрашивал его:

— Знаешь ли ты, где я проведу рождественские праздники?

Астролог отвечал, что не знает.

— Я искуснее тебя, — сказал ему король, — я знаю, что ты проведешь праздники в Лондонской башне.

И он немедленно распорядился заточить туда звездочета.

Людовик XI знал необыкновенную слабость своего любимца, епископа шартрского, к сутяжничеству, много раз уговаривал его бросить тяжбы и однажды выразил желание помирить его со всеми его врагами.

— Ах, государь, молю вас, оставьте мне хоть два-три десятка тяжб, собственно для развлечения, — ответил ему сутяга.

Людовик XI опрятностью не отличался. Однажды на его одежде появилось, например, весьма упитанного вида серое насекомое. Кто-то из телохранителей, заметив это, приблизился к королю, снял паразита и быстро устранил.

— Что там такое? — полюбопытствовал король.

Гвардеец думал отмолчаться из вежливости, но король настаивал, и тот должен был объявить, что поймал и предал казни... вошь.

— А, ну что же такого? — заметил Людовик. — Это показывает, что я человек. — И приказал выдать верному служителю денежную награду.

Пример соблазнил других. Через несколько дней другой гвардеец тоже подошел к королю и снял с него (или только сделал вид, что снимает) что-то.

— Что там? — спросил король.

— Блоха, — тихо сказал подслужившийся гвардеец.

— Болван! — закричал на него король. — Откуда на мне возьмется блоха, собака я, что ли!

И вместо денежной награды приказал дать ему сорок палок.

Людовик XI, несмотря на свой мрачный и подозрительный нрав, умел, однако, ценить заслуги и воздавать людям должное. Так, при осаде Кенуа он был свидетелем необычайной отваги капитана Рауля де Ланнуа. После боя он собственноручно надел ему на шею массивную золотую цепь, сказав при этом:

— Друг мой, вы слишком буйны, вас надо заковать в цепь; я не хочу потерять вас, я намерен и впредь всегда пользоваться вашими услугами.

Тот же король, встретив однажды епископа шартрского верхом на богато убранном коне, сказал ему:

— Древние епископы так не ездили.

— Так, государь, — отвечал владыка, — но ведь это было в те времена, когда короли сами пасли свой скот.

Аден Шартье, «отец французского красноречия» (живший во времена Карла VII и Людовика XI), однажды случайно заснул, сидя на скамейке во дворце. В это время через тот зал, где он спал, проходила Маргарита Шотландская, жена Людовика XI. Увидев Шартье, она подошла к нему и тихо поцеловала его. Когда ей выразили удивление, что была за охота целовать такого невзрачного мужчину, она сказала:

— Я целовала не мужчину, а целовала уста, из которых изошло столько красноречивых слов и мудрых мыслей.

Людовик XII, когда еще был дофином, узнал, что какой-то дворянин из его придворного штата отколотил крестьянина. Людовик осердился на драчуна и приказал за обедом не давать ему хлеба. Когда же царедворец возроптал, дофин призвал его и спросил:

— Какая пища необходимее всех?

— Хлеб, — отвечал тот.

— Как же вы не можете рассудить, что нехорошо бить того, кто нам растит хлеб?

Главнокомандующий венецианской армией Альвиане, выступавшей против французского войска, бывшего под предводительством короля Людовика XII, был взят французами в плен и отведен в их лагерь. Людовик оказал ему всяческое внимание. Но венецианский вождь, более потрясенный своим военным несчастьем, нежели растроганный любезностью и великодушием победителя, на все любезности отвечал гордым и пренебрежительным молчанием. Людовик тогда отослал его к другим пленникам.

— Надо оставить его в покое, — говорил он при этом, — а то я, пожалуй, раздражусь, и будет нехорошо. Его я победил, надо, чтобы я и себя сумел победить.

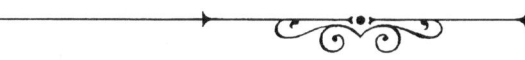

Генрих III (обладавший, к слову сказать, престранной слабостью — боязнью кошек, с которыми ни за что на свете не оставался один на один в комнате) прославился каламбуром, сказанным им по историческому поводу. Он предложил королю Наваррскому союз против общего врага — Лиги. Во время первого свидания двух королей Генрих III, встречая короля Наваррского, которого тоже звали Генрихом, сказал ему:

— Мужайтесь, государь, два Генриха стоят больше, чем один Карл.

«Генрихами» и «карлами» назывались тогдашние ходячие монеты. Карлом же звали главнокомандующего войсками Лиги.

Карл Великий обычно сам припечатывал свои указы головкой своего меча, где была выгравирована его печать, и при этом часто говаривал: «Вот мои указы», а потом, показывая меч, прибавлял: «А вот то, что заставит моих врагов исполнять их».

Кортес дал Карлу V очень надменный ответ, будучи раздражен невниманием, с каким император и двор отнеслись к нему после его возвращения из Америки. Карл, встретив Кортеса во дворце, не узнал его или сделал вид, что вовсе его не знает, и спросил:

— Кто вы такой?

— Я тот, — отвечал гордый завоеватель, — кто дал вам больше провинций, чем ваши предки оставили вам городов.

Карл V знал много языков, что, конечно, было ему небесполезно при обширности его владений и разноплеменности их населения. По поводу разных языков он говорил:

— С Богом я говорил бы по-испански, с мужчинами — по-французски, с женщинами — по-итальянски, с друзьями — по-немецки, с гусями — по-польски, с лошадьми — по-венгерски, а с чертями — по-чешски.

В церкви рассорились из-за мест две знатные дамы. О ссоре доложили императору Карлу V. Он призвал дам, выслушал их и порешил:

— Если вы сами не сможете разрешить ваш спор, то я разрешу его; повелеваю, чтобы спорное место осталось за той, которая глупее и некрасивее.

Дамы нашли возможным очень быстро помириться.

Однажды Карл V на исповеди принес покаяние во всех своих личных прегрешениях, но при этом ничего не упомянул о каких-либо провинностях по части управления своим обширным государством. Тогда его духовник сказал ему:

— Вы сказали мне грехи Карла, но теперь исповедайте грехи императора.

У Карла V был шут по имени папа Тейн. Однажды, когда он, как это бывало со всеми шутами, несколько пересолил в своей шутовской вольности, Карл распорядился, чтоб его не впускали в кухню и вообще выдержали несколько дней в более или менее суровом посте. Узнав об этом, папа Тейн набрал досок и наглухо заколотил ими все уборные кабинеты по всему дворцу. Разумеется, об этой выходке довели до сведения императора. Тот позвал шута и спросил его, что обозначает та дичь, которую он совершил.

— Коли при дворе прекращена еда, — остроумно ответил шут, — то к чему же тогда эти места?

Карл V чрезвычайно ценил художественный гений Тициана. Однажды, когда Тициан, работая в его присутствии, уронил кисть, Карл поднял ее и подал художнику со словами:

— Тициан стоит того, чтобы ему служил цезарь.

Однажды бунтующая толпа начала швырять камни в статую императора Константина. Какой-то придворный рассчитывал выслужиться. Он довел об этом до сведения императора, добавив, что нет такой казни, которая была бы слишком жестока, чтобы покарать дерзких, осмелившихся бросать камни в лицо императора. Константин, проведя рукой по лицу, сказал:

— Я вовсе не ранен.

Юлиан Отступник, вступив во дворец, немедленно очистил его от излишней роскоши, утонченности и бездельничанья. Однажды он послал за брадобреем, и перед ним предстал человек, одетый в великолепные одежды. Император тотчас отослал его прочь, сказав:

— Мне нужен не сенатор, а цирюльник.

Королю кастильскому Альфонсу подали однажды длинный список дворцовой прислуги, разделенной на две группы: людей нужных и людей бесполезных, лишних, которых можно рассчитать. Король оставил на службе всех, сказав при этом:

— Эти мне нужны, а этим я нужен.

Когда герцог Иоанн Анжуйский подошел к стенам Неаполя во главе огромной армии, на развевавшихся знаменах осажденные прочли надпись, для которой он взял известный евангельский текст: «Был человек, посланный от Бога, имя которого было Иоанн».

Защищавший город король Альфонс Арагонский в ответ на этот вызов приказал написать на своих знаменах текст из соседнего места Евангелия: «Пришел, и не приняли его».

Чрезвычайная деликатность чувств, которой отличался король Альфонс Арагонский, подсказала ему однажды очень остроумное средство для розыска краденого. Он зашел как-то в магазин к ювелиру в сопровождении большой свиты. Все принялись рассматривать драгоценности, и кончилось тем, что у купца пропал очень ценный бриллиант.

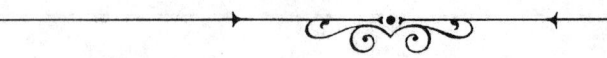

Король приказал принести ведро с отрубями и затем распорядился, чтобы все лица свиты опускали в отруби сжатую руку, а вынимали бы ее из них разжатую. Он сам первый и начал. Когда все это проделали, отруби высыпали на стол, и бриллиант нашелся в отрубях. Купец был удовлетворен, а вор остался неизвестен и избежал позора.

Микеланджело, в первый раз увидев сына живописца Франчиа, юношу поразительной красоты, заметил:
— Твой отец-то, видно, лучше умеет мастерить живые фигуры, чем писать их красками.

На картине Микеланджело «Страшный суд» было несколько обнаженных фигур, которые не нравились папе Павлу IV. Он сказал художнику, чтобы тот переделал картину.
— Скажите папе, — отвечал Микеланджело, — что вместо того чтоб заниматься кое-какими пустыми нескромностями на моей картине, он бы лучше занялся исправлением безобразий, которые творятся в духовенстве.

Про знаменитого сатирика Аретино рассказывают, что, когда Карл V, возвратясь из своего неудачного похода в Африку, прислал ему в подарок драгоценную золотую цепь, чтобы зажать этой подачкой его злой рот, Аретино будто бы грустно посмотрел на эту цепь и сказал:
— Этакая маленькая цепочка за молчание о такой большой глупости.

Знаменитые поэты эпохи Возрождения — Тассо, Камоэнс, Ариосто жили в большой нищете. Тассо то и дело занимал, где мог, несколько мелких монет и старался прожить на них целую неделю. Он часто шел пешком, покрытый лохмотьями, чтоб посетить свою сестру, из Феррары в Сорренто. Он поэтически намекал на свою нищету в известном сонете, который посвятил своей кошке, прося ее дать ему блеск ее глаз взамен свечки, на которую у него не было денег.

Камоэнс жил пенсией в двадцать экю, которую ему назначил король Себастьян. Часто по вечерам он посылал своего слугу просить милостыню.

Ариосто жил в крошечном домике. Друзья иной раз спрашивали его, как это он в своем «Роланде» описывает все такие великолепные дворцы, а себе выстроил такую жалкую лачугу.

— Потому, — отвечал им знаменитый поэт, — что складывать слова в стихи много легче, чем складывать кирпичи в стены!

Известнейший скупец Котлер говорил однажды герцогу Бекингему (известному моту):

— Живите, как я.

— Жить, как вы, мистер Котлер? — сказал Бекингем. — Да к чему же мне спешить? Когда у меня ничего не останется, вот тогда я и буду жить так, как вы.

Однажды к Филиппу II Августу, королю французскому, пристал какой-то уличный фокусник и упорно просил у него пособия под тем предлогом, что они родственники.

— С какой же стороны? — полюбопытствовал король.

— Если верить ученым и добросовестным людям, мы — братья, братья по Адаму. Только Адамово наследство было поделено неравномерно между мной и вами, государь.

— Возьми, — сказал ему король, протягивая мелкую монету, — я отдаю тебе твою долю Адамова наследства. Будь доволен, потому что если бы я начал по стольку раздавать всем моим братьям, таким же, как ты, у меня у самого не осталось бы и того, что я дал тебе.

Людовик Толстый самолично участвовал в одном бою. Неприятельский солдат схватил его лошадь за узду и крикнул:

— Король взят в плен!

Людовик положил его на месте ловким ударом меча, приговаривая:

— Ты не знаешь, что в шахматной игре короля никогда не берут?

Папа Иоанн XXII имел случай сделать весьма убедительный опыт над всемогуществом женского любопытства. Монахини какого-то монастыря просили его, чтобы он им разрешил исповедоваться между собой, а не у мужчин, ссылаясь на женские слабости, на чувство стыдливости и т. д. Папа был вовсе не прочь дать им эту льготу, но его смущало, что исповедь требует полной тайны, а способна ли на это женщина, хотя бы и монахиня? Он решил сделать искус. Уверив монашек, что их просьбу обдумает и, наверное, исполнит, он через некоторое время принес им ящик, в который запер птичку, и просил под великой тайной сохранить у себя этот ящик всего лишь несколько дней, но при этом строго-настрого приказал оставить всякую мысль о том, чтобы дознаваться, что заключено в ящике, пригрозив отлучением за непослушание.

Конечно, едва он удалился, как любопытство превозмогло, ящик был вскрыт, и птичка улетела. После этого папа явился в монастырь и сказал, что принес просимое монашками разрешение насчет исповеди, но захотел сначала взглянуть на свой ящик. Найдя же его пустым, он имел уже полное право отказать просительницам. Если, дескать, вы не выдержали двух-трех дней и нарушили тайну даже под угрозой отлучения, то как же можно вам вверять тайны исповеди, которых никто не должен знать, кроме Бога и духовника.

У итальянцев есть поговорка: «Ты мне льстишь, но мне это нравится». Это была любимая поговорка папы Иоанна XXII.

— Я знаю, — говорил он, — что все хорошее, что обо мне говорят, сущий вздор, но я слушаю этот вздор с удовольствием.

Какой-то шарлатан заявился к папе Льву X и хвастал, что открыл секрет делать золото. Он ожидал награды от папы, который был известен как покровитель наук и искусств. Папа его и наградил, приказав дать ему огромный кошель. Что же, дескать, дать человеку, умеющему делать золото, кроме мешка для его хранения?

В ряду римских пап можно видеть всевозможные нравственные обличья человека со всеми его слабостями и страстями. Был среди них, между прочим, и человек, которому решительно следовало бы носить меч вместо жезла пастырского. Это был Юлий II. Он заказал Микеланджело свою статую, и когда тот спросил, как его святейшество прикажет себя изобразить: «Без сомнения, с книгой в руке?» — папа отвечал:

— Нет, со шпагой, я ею гораздо лучше владею.

Пико ди Мирандола в самом раннем детстве поражал всех своим умом, преждевременным развитием и знаниями. Ему приписывается острота, которая потом на сотни ладов применялась к другим знаменитостям и передавалась просто в виде безымянного анекдота.

Какой-то брюзга кардинал, слыша похвалы, расточаемые мальчику, сказал, что все эти дети-скороспелки блещут умом только в детстве, а чем больше вырастают, тем становятся глупее.

— Если это вы верно говорите, — сказал ему маленький Пико, — то надо думать, что вы в детстве отличались большим умом.

Генрих V, король английский, человек воинственный и жестокий, был большим любителем пожаров. Ведя войну, он производил поджоги направо и налево, стараясь, чтобы на пути его победоносного шествия не оставалось ничего, пощаженного огнем. Он не мог представить себе войны без пожаров.

— Война без пожаров, — говаривал он, — это все равно что колбаса без горчицы.

Шут Франциска I Трибулэ жаловался королю на какого-то придворного, который был очень зол на шута и грозил ему жестокой потасовкой. Король, стараясь успокоить любимца, сказал ему, чтобы он ничего не боялся, что «кто убьет Трибулэ, тот сам будет через четверть часа после того повешен».

— О государь, коли вы так милостивы ко мне, то повесьте его за четверть часа до того, как он убьет меня, — взмолился остроумный шут.

Удивительная по смелости и находчивости проделка была выполнена одним вором в присутствии Франциска I. Дело было во время богослужения. Франциск вдруг заметил, что какой-то человек, осторожно подойдя к кардиналу Доррену, тихонько протянул руку и запустил ее в поясную сумку кардинала. Заметив в то же время, что король смотрит на него в упор, этот человек стал делать королю знаки, как бы убеждая его молчать и не показывать вида. И удивительное дело: король, как малое дитя, поддался этому. Он вообразил, что кто-нибудь из придворных задумал подшутить над кардиналом и что из этого потом выйдет очень забавная сцена, когда кардинал обнаружит пропажу. И король с наивным удовольствием ожидал развязки. Когда служба кончилась, он сам подошел к кардиналу и заговорил с ним, стараясь так обернуть разговор, чтобы тот полез в свою сумку. Так и случилось, и, конечно, кража сейчас же обнаружилась, а главное, сейчас же обнаружилось и исчезновение вора. Кража была настоящая и притом артистическая.

— Честное слово, — воскликнул Франциск, когда дело разъяснилось, — это первый случай в моей жизни, когда вор избрал меня своим пособником и сообщником с моего доброго согласия!

Франциск I, собираясь в свой неудачный итальянский поход, собрал военный совет, на котором между прочими присутствовал и его любимый шут, знаменитый Трибулэ, герой оперы «Риголетто». Собравшиеся на совет сосредоточили все свое внимание на том, как проникнуть в Италию, какой дорогой следовать. Предлагались разные направления, и все затруднение, как казалось совещавшимся, состояло в выборе этого направления, так что когда вопрос был решен, то все и успокоились на мысли, что больше и разговаривать не о чем. Когда заседание кончилось, Трибулэ, все время сидевший молча, сказал:

— Все вы, господа, воображаете, что наговорили Бог весть сколько умного, а между тем ни один из вас даже и не заикнулся о самом главном.

— О чем же это? — спросили его.

— А вот о чем. Все вы говорили о том, как войти в Италию, а никто из вас и не подумал о том, как из нее потом уйти.

И слова шута роковым образом впоследствии оправдались.

Франциск I был великий женолюбец и, подобно пчеле трудолюбивой, собирал дань со всех цветков, в какой бы среде они ни произрастали. Так, однажды он влюбился в жену какого-то купца. Но муж оказался вовремя осведомленным о высочайшем одобрении, которого удостоилась его законная половина, был настороже и отразил натиск короля с неподражаемым остроумием. Франциск избрал одну весьма подходящую для приключения ночь и направился к дому купца. Но едва он подошел к двери дома, как муж, добрый верноподданный, распахнул настежь окно и во все горло завопил:

— Да здравствует король!

Франциск расхохотался и вернулся домой.

Франциск всегда говорил, что он первый дворянин Франции, и вообще высоко ценил и ставил благородство происхождения людей и никогда не позволял никаких непристойных шуток и выходок против дворянства. Он простил такую выходку только своему любимцу Дюшателю. Он хотел поставить его в епископы и по этому поводу спросил его, какого он происхождения, дворянин ли он?

— Государь, — отвечал Дюшатель, — у Ноя в ковчеге были три сына, но я, право, не знаю, от которого именно из них я происхожу.

Однажды Франциск I играл в мяч и позвал к себе на помощь какого-то подвернувшегося монаха. Тот сделал бесподобный удар мячом, и восхищенный король воскликнул:
— Вот это по-монашески!
— Это не по-монашески, а по-настоятельски, если б на то была воля вашего величества, — поспешил сказать воспользовавшийся случаем чернец.
Франциск тут же обещал ему настоятельство (аббатство) и скоро исполнил свое обещание.

Маршал Бриссак был столь счастлив с женщинами, что, по преданию, и всей своей блестящей карьерой был обязан покровительству прекрасного пола. Одно время он был усердным и частым посетителем г-жи д'Этаян, к которой захаживал и Франциск. И вот однажды случилось, что Франциск явился к ней как раз в то время, когда у нее был Бриссак. Тот, застигнутый врасплох, залез под кровать. Добродушный Франциск хорошо знал, что его соперник лежит под кроватью. Король захватил с собой свое любимое лакомство — котиньяк (пастилу из айвы). Полакомившись сам, он кинул коробочку под кровать со словами: «На и тебе, Бриссак, что ж так-то лежать!»
Вообще Франциск был редкостно добродушен и снисходителен к своим соперникам.

У Франциска был министр Дюпра, человек богатый, но жадный и до денег, и до почестей, которыми Франциск и осыпал его, имея в виду возможность попользоваться его золотом. Но прижимистый Дюпра не раскошеливался. Тогда король придумал уловку. Он объявил Дюпра, что получил от своего римского посла известие о смерти папы. Честолюбивый Дюпра сейчас же вообразил, нельзя ли ему будет угодить в папы?

— Государь, — сказал он Франциску, — в интересах государства было бы в высшей степени важно посадить на папский престол вашего доброго подданного, беззаветно преданного вашему величеству.

— Разумеется, — подхватил король, — и разумеется, никого иного, как тебя. Но ты знаешь, что надо подмаслить кардиналов, а для этого нужна такая куча золота, что я в настоящую минуту не могу об этом и думать.

Дюпра немедленно прислал королю две бочки золота.

— Вот теперь отлично, — сказал Франциск, — если его не хватит, я уж добавлю из своих.

Между тем из пришедших частных известий из Рима явствовало, что папа жив и здоров. Дюпра бросился к королю и просил вернуть его бочки с золотом. Но Франциск сказал ему:

— Подожди, это все напутал мой посол; вот я его за это хорошенько выбраню. А ты не торопись; ведь папа все равно рано или поздно помрет, твои деньги и пригодятся.

Очень забавно приключение Франциска и с ворами, хотя его приписывают и другим французским королям. Король однажды заплутался в лесу во время охоты и, увидав какую-то хижину, вошел в нее. В ней было четверо таинственных незнакомцев, которые сделали вид, что спят в ту минуту, когда король вошел. Потом вдруг один из них, как бы внезапно проснувшись, сказал королю:

— А ведь шляпа-то на тебе моя, я это сейчас видел во сне.

И он овладел шляпой короля. После первого проснулся другой; этот тоже видел во сне, что кафтан на короле принадлежит ему. Точно так же третий сновидец овладел какой-то вещью, а четвертый — охотничьим рогом короля на великолепной золотой цепи.

— Подождите, пожалуйста, — сказал король последнему из грабителей, — я хочу вам только показать, как обращаться с этой вещью.

И, схватив рог, он громко затрубил. Свита, давно его искавшая, тотчас кинулась на звуки рога, и скоро в хижине появилась толпа егерей, с недоумением смотревших на компаньонов короля.

— Эти господа, — сказал Франциск, — видели во сне, что все, что на мне было надето, принадлежало им, а я видел во сне, что их надо отвести к ближнему судье и усыпить их таким сном, в котором снов уже не бывает.

Однажды Крильон, один из любимых генералов Генриха IV, прислал ему письмо, в своем роде образцовое произведение краткого и сжатого стиля:
«Государь, три слова: денег либо отпуск».
Генрих отвечал:
«Крильон, четыре слова: ни того ни другого».

Выслушав любовное признание Генриха IV, Катерина Роган (впоследствии герцогиня де Пон) ответила ему:
— Государь, я не столь высокого происхождения, чтобы стать вашей супругой, и вместе с тем достаточно благородна, чтобы не быть вашей любовницей.

Генрих IV очень недолюбливал тех, кто брался судить о вещах, выходивших за пределы их ремесла, специальности, вообще понимания. Так, однажды какой-то прелат очень пространно и очень нелепо рассуждал при нем о войне. Послушав его некоторое время, Генрих вдруг совершенно неожиданно прервал его вопросом, какого святого память в тот день праздновалась церковью, давая ему этим знать, что в святцах он может не иметь соперника, но о военном деле рассуждать ему вовсе не подобает.

Во времена Генриха IV случилось, что один тогдашний знаменитый врач обратился из гугенотов в католики. Тогда Генрих сказал своему любимому министру Сюлли, остававшемуся гугенотом:
— Ну, друг мой, твоя религия плоха здоровьем, от нее уже доктора отступились.

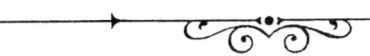

Когда он же спросил у одной придворной девицы, в которую был влюблен, какой дорогой надо идти, чтобы попасть к ней в комнату, она отвечала:
— Через церковь, государь!

Однажды, отстав во время охоты от своей свиты, Генрих IV увидел какого-то сидевшего у дерева человека и спросил его, что он тут делает. Тот отвечал, что ему сказали о королевской охоте в их лесу, и он, никогда не видав короля, пошел в лес в надежде встретить его там и посмотреть, «какой такой у нас король».
— Садись ко мне на коня, — пригласил его Генрих, — я тебя довезу до того места, где соберется вся охота; там ты увидишь короля.

Поехали. По дороге человек спросил, как ему узнать короля.
— Очень просто, — объяснил ему Генрих, — ты смотри всем на головы; все снимут шляпы, только один король останется с покрытой головой.

Когда подъехали к охоте, все ее участники, увидав короля, сняли шляпы.
— Ну, теперь видишь, кто король? — спросил Генрих у своего спутника.
— Ей-богу, не разберу, — отвечал сбитый с толку человек, — должно полагать, либо я, либо вы, потому что только мы двое остались в шапках.

Генрих IV однажды в самый разгар войны зашел в дом одного из своих офицеров в Адансоне. Муж был на войне, жена же, желая угостить короля, тщетно посылала прислугу по всему городу, чтобы купить что-нибудь на обед. Она решилась, наконец, откровенно рассказать о своих затруднениях королю, прибавив при этом, что ей удалось найти только хорошего индюка у одного из соседей, но тот настаивает, чтобы индюк был съеден не иначе как при его участии. Король, осведомившись, что это за человек, будет ли он добрым застольным собеседником, и, успокоенный на этот счет, изъявил согласие пообедать с ним в компании.

Сосед оправдал свою славу балагура. Генрих все время хохотал над его россказнями. Под конец обеда владелец индюка, сначала делавший вид, что не знает короля, признался, что сразу узнал его, и скорбел, что случай послал ему, королю, такого ничтожного застольного собеседника.

— Честь моего короля дорога для меня, — ораторствовал хитроумный сосед офицерши, — и мне тяжко при мысли, что эта честь может пострадать оттого, что у короля за столом был такой ничтожный собеседник, а чтоб предупредить это несчастье, я вижу только одно средство.

— Какое?

— Сделать меня дворянином.

Генрих расхохотался и сказал:

— Черт возьми, великолепная мысль! Ты будешь дворянином, и на твоем дворянском гербе будет твой индюк!

Однажды, увидав у себя много седых волос, Генрих IV сказал присутствовавшим:

— Знаете, ведь это меня извели и так состарили приветствия и адреса, которые мне пришлось вытерпеть и выслушать с тех пор, как я стал королем.

Какой-то дворянин, прислуживавший Генриху IV за столом, подавая ему вино, вместо того чтобы его только попробовать, по тогдашнему обычаю, по рассеянности выпил весь кубок до дна.

— Послушай, — сказать ему Генрих, — коли пить, так уж выпил бы хоть из учтивости за мое здоровье!

В бою при Арле Генрих IV ободрял своих солдат словами: «Я ваш король, вы французы, вот неприятель, следуйте за мной!» Но в пылу боя он заметил, что его передовые отряды начали поддаваться, и даже можно было опасаться, что они ударятся в бегство, потому что многие уже поворачивались спиной к неприятелю. Генрих устыдил их, воскликнув:

— Поверните голову и, если не хотите сражаться, то, по крайней мере, взгляните, как я буду умирать!

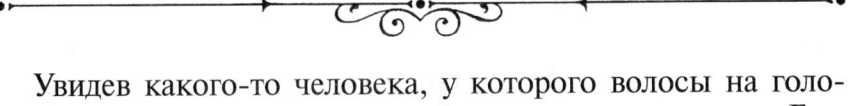

Увидев какого-то человека, у которого волосы на голове были уже совсем седые, а борода еще вся черная, Генрих IV спросил его, как это так с ним случилось.

— Это оттого, государь, что волосы мои на двадцать лет старее бороды.

Во времена Генриха IV жил какой-то чудак, который составлял анаграммы из имен разных выдающихся людей и богачей и подносил им эти плоды своей изобретательности. Он придумал также и анаграмму из имени короля и преподнес ее Генриху в чаянии награды. Король заинтересовался, что это за человек, чем он занимается. Бедняк отвечал, что занимается изобретением анаграмм, и поспешил прибавить, что он очень беден.

— Это неудивительно, — заметил король, — при таком неслыханном ремесле.

Генрих IV жаловался маршалу Роклору на упадок аппетита.

— Когда я был королем Наваррским, — говорил он, — у меня был превосходнейший аппетит, а теперь, когда стал королем Франции, ничто мне не нравится, все стало не по вкусу!

— Это потому, государь, — ответил маршал, — что в то время вы были отлучены от церкви, а у отлученного аппетит все равно что у дьявола.

Генрих IV был человек несомненной храбрости, и, однако же, когда он сходился лицом к лицу с неприятелем и ему докладывали, что настала минута боя, он неизбежно каждый раз впадал в некоторое расстройство, которое обычно приписывается лишь трусам. И, таким образом, каждый раз ему приходилось начинать бой... с укрощения своего бунтующего пищеварительного аппарата. Он сам над этим смеялся и говаривал при этом: «Надо пойти постараться для них (то есть для врага) хорошенечко...»

Один дворянин долго колебался и все не решался, к кому пристать — к Генриху IV или к его врагам. Однажды, увидав этого человека, Генрих сказал ему:

— Подойдите, сударь, не бойтесь; если наша возьмет, так ведь вы будете на нашей стороне.

Однажды Генрих IV приказал своему министру Сюлли явиться к нему на другой день с утра, чтобы засесть, не отрываясь, за важные государственные дела. Верный Сюлли явился в назначенный час к дверям королевской опочивальни, но Генрих велел ему сказать, что у него лихорадка и чтобы министр пришел после обеда. Сюлли, знавший своего повелителя насквозь, сейчас же почуял, что тут что-то не так; он не ушел, а остался, на всякий случай, переждать. Прошло некоторое время, и вот он видит, что из комнаты короля выходит очень интересная молодая особа; скоро после нее вышел и король. Увидав Сюлли, он смутился, принял самый угнетенный вид и начал жаловаться опять на свою лихорадку.

— Государь, — сказал ему Сюлли, — я знаю, что у вас была лихорадка, но я думал, что она вас уже оставила; по крайней мере, мне показалось, что как будто бы она минут пять назад вышла из вашей комнаты и ушла вниз по лестнице.

Однажды зимой, в сильнейшую стужу, Генрих IV ехал по улице, весь закутавшись в меховой плащ и все же чувствуя, что ему холодно. И вдруг он видит известного ему молодого гасконца, который весело шагает по морозу в очень легком костюме. Король был чрезвычайно поражен выносливостью этого молодца, подозвал его и спросил, как это он ухитряется оставаться живым на таком морозе в таком легком костюме.

— Неужели тебе не холодно?
— Нисколько, государь.
— Помилуй, да я в моей шубе весь дрожу! — воскликнул король.
— Ах, государь, — сказал ему гасконец, — кабы вы делали так, как я, то никогда бы не зябли!

— Научи, пожалуйста! — попросил король.

— Очень просто, надевайте на себя, как я делаю, весь свой гардероб, всю одежду, какая у вас есть, и будьте уверены, что никогда не озябнете.

Генрих IV очень любил своего сына и наследника Людовика XIII. В то время астрологи еще процветали почти повсюду при дворах королей и владетельных особ. Маленькому дофину составляли множество гороскопов. Так как звездочеты говорили все разное, то над ними трунили и объявили, что они все врут. Генрих с этим соглашался и сам смеялся, но однажды сказал про них:

— Они все врут да врут, а пожалуй, до того доврутся, что и правду скажут.

Однажды он играл со своим наследником, возя его на себе и ползая на четвереньках по комнате. В эту минуту в комнату вдруг вошел испанский посланник. Не оставляя своего занятия, Генрих спросил у него:

— Господин посол, есть у вас дети?

— Есть, государь.

— Ну, тогда я могу при вас докончить мой круг по комнате.

Во времена Генриха IV появился какой-то человек, обладавший непомерным аппетитом, евший за шестерых, как доложили о нем королю. Тот, заинтересовавшись таким чудищем, пожелал его видеть. В свою очередь едок тоже очень хотел быть представленным королю, полагая почему-то, что будет отменно награжден за свои отличия.

— Это правда, что ты ешь столько, сколько надо шестерым? — спросил король.

Обжора подтвердил.

— Ну, а работаешь ты тоже за шестерых? — продолжал король.

— Никак нет, государь, работаю, как всякий другой моей силы.

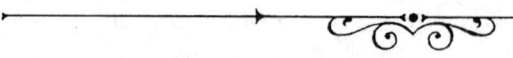

— Черт возьми, — сказал король, — если б у меня в королевстве было много таких, как ты, я бы вас всех перевешал, потому что вы бы у меня объели все государство.

Однажды Генрих IV сказал испанскому послу:
— Если испанский король раздражит меня, я буду за ним гнаться до самого Мадрида.
Посланник ответил ему:
— Вы будете, государь, не первым французским королем, побывавшим в Мадриде.
Это был злой намек на мадридский плен Франциска, и Генрих спохватился, сдержал себя и сказал:
— Господин посланник, вы — испанец, я — гасконец; оба мы мастера бахвалиться; лучше оставим эту манеру, а то Бог весть до чего договоримся.

Генрих IV был добрый католик и по праздникам усердно присутствовал на богослужении, но по будням редко бывал в церкви. Он говорил по этому поводу:
— Когда я работаю на общее благо и в это время как бы забываю Бога, то мне кажется, что забываю Его ради Него.

Однажды он играл в мяч и выиграл четыреста экю. Он взял этот выигрыш сам и спрятал, сказав при этом:
— Это уж будет мое кровное, никуда не денется, потому что не пройдет через руки казначеев.

У него был любимец духовник, отец Коттон, что по-французски значит — вата. Всем было известно, что духовник имеет огромное влияние на короля, и влияние это никому не нравилось. Поэтому говорили:
— Король охотно выслушивал бы правду, кабы у него не была вата в ушах.

Проходя однажды по залам Лувра, Генрих IV встретил какого-то совсем ему неведомого человека и, видя, что он всего больше смахивает на слугу, спросил, чей он, кому принадлежит.

— Самому себе, — отвечал тот.

— Милый мой, — заметил король, — у вас глупый господин.

Испанцы, с которыми Генрих IV был в нескончаемой вражде, под конец его царствования распустили слух, что он совсем болен, разбит, изнурен подагрой и вообще безопасен как воитель. Генрих узнал об этом, и, когда прибыл к нему испанский посол дон Педро де Толедо, Генрих принял его в Фонтенбло в большой галерее, по которой и принялся ходить самыми быстрыми шагами, не переставая в то же время беседовать с послом, который был вынужден бегать за королем, пока у него не подкосились ноги от усталости.

— Вот видите, господин посол, — сказал ему Генрих, — я, слава богу, еще совсем здоров.

Генрих IV очень любил Бассомпьера, но иногда жестоко и бесцеремонно шутил над ним. Так, по возвращении из Испании, где он был послом и, следовательно, представителем французского короля, Бассомпьер рассказывал, как испанский король выделил ему прелестного мула, на котором он отправился на аудиенцию. Генрих громко расхохотался, говоря:

— Вот поглядел бы я с удовольствием, как осел ехал верхом на муле!

— Что вы говорите, государь, — возразил ему Бассомпьер, — ведь я в то время представлял вашу особу!

Когда родилась Жанна д'Альбрэ, мать Генриха IV, испанцы, торжествуя, шутили:

— Вот чудо, корова родила овцу!

Они при этом намекали на корову, которая изображалась в гербе Беарнской области, родины Жанны д'Альбрэ. Радовались же потому, что тогда боялись рождения наследника Наваррского дома. Впоследствии, когда Генрих IV уже вошел в свою славу, вспомнили эту шутку и говорили:

— Овца породила на свет льва.

Племянник одной знатной особы совершил убийство и был отдан под суд. Особа обратилась к Генриху IV, прося его помиловать племянника. Но Генрих отвечал:

— Ничего не могу для вас сделать. Вы дядя и поступаете, как дядя, совершенно правильно, по-родственному, а я король, и мне надо поступать по-королевски. Я не сержусь на вас за ваше ходатайство, не сердитесь и вы на меня за отказы.

У поэта Малерба был брат, с которым он затеял какую-то тяжбу. Однажды кто-то, узнав о судебной распре братьев, сказал Малербу:

— Как это нехорошо! Тяжба между братьями! Какой дурной пример для других!

— Да позвольте, — оправдывался Малерб, — с кем же мне, по-вашему, тягаться? С московитами, с турками? Мне с ними нечего делить, помилуйте!

Одному нищему, который, получив от Малерба милостыню, обещал помолиться за него, поэт сказал:

— Не трудись, мой друг. Судя по твоей нищете, Бог не склонен одарять тебя своими милостями и едва ли внемлет твоим молитвам.

Однажды Малерб уходил от кого-то вечером, держа зажженную свечу в руке. Некто, встретившись с ним в эту минуту, завел длинный разговор о разных новостях, которые были для Малерба совершенно неинтересны. Послушав докучливого собеседника некоторое время, Малерб бесцеремонно прервал его.

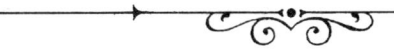

— Прощайте, прощайте, — заторопился он, — слушая вас, я сожгу на пять су свечки, а все, что вы мне сообщаете, гроша не стоит!

Какой-то духовный сановник принес Малербу свои стихи на просмотр. Стихи были из рук вон плохи. Прочтя их с весьма кислой миной, Малерб воскликнул:
— Можно подумать, что вам предложили на выбор: либо написать стихи, либо идти на виселицу!

Финансовый интендант Генриха IV Виевиль был свиреп с обращавшимися к нему. У него с течением времени установилась привычка: как только человек проговорит, обращаясь к нему, обычные слова: «Милостивый государь, я вас...» — немедленно отворачиваться и дальше не слушать. Он порешил, что коли человек говорит «я вас...», то дальше, разумеется, будет слово «прошу», а он решил просьб никаких не только не исполнять, но и вовсе не выслушивать.

Между тем Малербу надо было его за что-то поблагодарить. Поэтому он первые слова своей речи построил так: «Милостивый государь, благодарить я вас пришел...» и т. д. Это был для французского языка варварский оборот, терзавший душу такого строгого стилиста и поборника чистоты языка, каким был Малерб, но иначе Виевиль не стал бы слушать, и не было возможности его поблагодарить.

У Малерба был слуга, на содержание которого он отпускал ежесуточно шесть су — по тогдашнему времени, сумма достаточная. Когда же этот служитель вел себя нехорошо, Малерб обычно обращался к нему с такими словами:
— Друг мой, кто огорчает господина своего, тот огорчает Господа Бога; чтоб искупить такой грех, надо поститься и творить милостыню. Поэтому я из ваших шести су удержу пять и отдам их нищим от вашего имени, в искупленье вашего греха.

Однажды Малерба кто-то пригласил обедать. Тогда обедали в полдень. Малерб, подойдя к дому около одиннадцати часов утра, увидал у дверей какого-то человека в перчатках и спросил его, кто он такой.

— Я повар хозяина дома.

Малерб сейчас же повернулся и ушел домой, приговаривая:

— Чтоб я стал обедать в доме, где повар в одиннадцать часов еще не снимал перчаток? Никогда!..

В делах политики Малерб строго держался правила невмешательства. Упрекавшим же его в политическом безразличии он говорил:

— Не следует простому пассажиру вмешиваться в управление судном.

Малерб, быть может, от лености, быть может, из желания довести отделку своих стихов до совершенства, работал иногда медленно и из-за этого попадал в досадные положения. Так, он засел за оду на смерть жены президента Вердена и сидел за ней три года, так что когда она была готова, оказалось, что Верден уже успел снова жениться.

Чрезвычайно удивительна оценка поэта и его общественного значения, сделанная Малербом.

— Хороший поэт, — говорил он, — не более полезен государству, чем хороший игрок в кегли.

Правда, такого же мнения были и другие выдающиеся и даже знаменитые люди. Так, экономист Кенэ на вопрос, почитает ли он великих поэтов, отвечал:

— Да, столько же, как и великих искусников игры в бильбоке.

Ньютон говорил, что предпочитает сапожника поэту и комедианту, потому что сапожник в обществе необходим. Но ни Кенэ, ни Ньютон поэтами сами не были, а Малерб был большой поэт.

Однажды Малерб обедал у архиепископа руанского. После обеда поэт немедленно засел в удобное кресло и сладко заснул. Архиепископу же надо было идти совершать службу и говорить проповедь, и ему хотелось, чтобы Малерб послушал ту проповедь. Он разбудил поэта и стал звать его с собой.

— Да зачем же, ваше преосвященство, — отговаривался Малерб, — ведь я так чудесно уснул и без вашей проповеди.

Известный врач времен Генриха IV Лабросс с жаром предавался изучению астрологии. В числе почитателей его таланта был и молодой герцог Вандомский (незаконный сын Генриха). Однажды он прибежал к королю встревоженный и сообщил, что Лабросс его предупредил о великой опасности, которая ему угрожала именно в тот день.

— Лабросс, — сказал ему Генрих, — старый дурак, изучающий астрологию, а Вандом молодой дурак, который в нее верит.

Сюлли, любимый министр Генриха IV, пережил своего короля на тридцать лет. Но он очень редко появлялся при дворе, хотя Людовик XIII очень его любил и дорожил его советами. Сюлли был приверженец старины, он не хотел даже принимать новых мод и ходил в старых костюмах. Однажды Людовик XIII попросил его к себе во дворец, имея в виду с ним о чем-то посоветоваться. Новые молодые придворные без церемоний подняли министра на смех, отпускали шутки насчет его одежды, манер, его серьезного вида. Сюлли, оскорбленный этими насмешками, сказал Людовику:

— Государь, когда ваш покойный отец делал мне честь, призывая меня для беседы о серьезных и важных делах, то он при этом всегда высылал вон из комнаты всех своих шутов и забавников.

Рош де Бальи, лейб-медик Генриха IV, прославился своим предсмертным чудачеством. Когда он занемог и слег, то знал, что ему уже не подняться. Он стал звать к себе одного за другим всех своих служителей и каждому из них приказывал:

— Возьми себе то-то и то-то и сейчас же уходи из дому, ты мне больше не нужен.

Люди разобрали все его имущество и разошлись. Когда он остался, наконец, один-одинешенек во всем доме, к нему зашли его друзья врачи навестить его. Они были весьма удивлены, найдя все двери в доме открытыми настежь, а комнаты пустыми и безлюдными. Как только они вошли в комнату, где лежал умирающий, он спросил их, не видали ли они кого-нибудь из его людей. Те отвечали, что в доме никого нет, все открыто, все вынесено.

— Ну, значит, мой багаж уже отправился в путь вперед, а теперь и я за ним.

Он распростился с друзьями и скоро после того умер.

Таллеман де Рео в своей известной хронике упоминает о некоем поэте Бадьбю, который отличался неимоверно плохим произношением; его стихи, и без того никуда не годные, становились сущей каторгой для слушателя, когда он сам принимался их декламировать. Вдобавок во время чтения он беспрестанно откашливался и плевал, словно весь был пропитан сыростью. Поэтому какой-то остряк сказал про него:

— В жизни не встречал я поэта более сухого и человека более мокрого.

Знаменитый автор «Опытов» Монтень говорил про врачей:

— Счастливцы эти лекаря! Успех их блестит ярко в лучах солнца, а неудачи их мирно укрывает земля!

Итальянский ученый Галилео Галилей наполнял изобретенные им термометры с ртутью не спиртом, а вином. Один из таких приборов ученый послал своему ученому другу в Англию, сопроводив посылку описанием назначения термометра.

Но то ли записка потерялась, то ли ученый друг не понял сути ее, только ответ пришел к Галилею неожиданный: «Вино поистине великолепно. Пожалуйста, вышли еще такой прибор».

Однажды какой-то офицер просил Туара (генерала времен Людовика XIII) немедленно уволить его в отпуск, выставив предлогом смертельную болезнь отца, о которой он будто бы только что получил известие. Генерал заподозрил что-то другое, так как дело происходило как раз накануне большой битвы. Однако он дал отпуск и сказал при этом весьма коварное похвальное слово офицеру:

— Отправляйтесь, отправляйтесь. Я вижу, что вы хорошо помните заповедь Божию: «Чти отца твоего и матерь твою — долголетен будешь на земле».

Знаменитый художник Рафаэль был остер на язык и ни с кем не церемонился. Однажды двое кардиналов присутствовали при его работе. Он доканчивал картину «Апостолы Петр и Павел», начатую еще до него художником Бартоломмео, по заказу папы, но незаконченную из-за его смерти. Кардиналы вздумали сделать какое-то замечание насчет цвета лиц апостолов, находя их слишком красными.

— Что же удивительного, — ответил Рафаэль, — святые апостолы, наверное, краснеют от стыда на том свете, видя, что ими основанная церковь управляется такими, как вы.

Молодой герцог Гиз был страстно влюблен в принцессу Гонзага и, чтобы жениться на ней, готов был отречься от всех своих должностей и доходов. Его взялся уговорить кардинал Ришелье.

— Подумайте, что вы делаете, — убеждал он молодого влюбленного. — У вас теперь четыреста тысяч ливров дохода, и вы собираетесь бросить эти четыреста тысяч из-за одной женщины! Другой на вашем месте согласился бы бросить четыреста тысяч женщин, чтобы иметь такой доход!

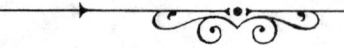

В число ловких проделок, при выполнении которых люди пользовались первым числом апреля, надо включить удачное бегство из плена герцога Лотарингского и его супруги. Они спокойно вышли из Нанси, где содержались в плену, переодетые крестьянами. Какая-то женщина узнала их и тотчас побежала известить об этом коменданта. Но в тот день было первое апреля, комендант не поверил, подумал, что его хотят поддеть на «апрельскую рыбу», как выражаются французы. Между тем слух о бегстве герцога и его супруги распространился уже и по всему городу, но все над ним хохотали, приговаривая: «Первое апреля!»

Когда же, наконец, решили проверить апрельскую шутку, то было уже поздно: беглецов и след простыл.

Людовик XII жаловался на испанского короля Фердинанда Католика, что тот его уже два раза обманул.

— Неправда, — воскликнул Фердинанд, когда ему сообщили об этом, — я его надул не два раза, а двадцать раз!

Когда королева Елизавета решила погубить Марию Стюарт, граф Лейстер употребил все усилия, чтобы ее отговорить от этого намерения. Он указывал ей на крайне неприятное впечатление, какое может произвести подобная суровость на всех венценосцев Европы: они могут взглянуть на это как на личную обиду.

— Но я должна от нее отделаться, — кричала раздраженная королева, — как же мне иначе это сделать?

— Очень просто, государыня, — отвечал ей хитрый и жестокий царедворец, — вы можете ее устранить, но с соблюдением внешнего приличия.

— Что такое, какого приличия? — недоумевала королева.

— Ваше величество, вы можете послать к ней вместо палача аптекаря.

Знаменитый ученый Амио, воспитатель Карла IX, был человек очень жадный до наград. Карл IX сделал его своим духовником, потом дал ему очень почетное и доходное аббатство; но Амио все был недоволен и просил Карла о какой-то еще новой милости.

— Но, — напомнил ему Карл, — вы сами говорили, что удовольствовались бы доходом в тысячу экю, а теперь вы имеете уже гораздо больше.

— Так, государь, — отвечал Амио, — но вспомните нашу французскую пословицу: «От еды разыгрывается аппетит».

Знаменитый Томас Мор, готовясь взойти на эшафот, просил одного из присутствовавших при казни помочь ему подняться по ступеням.

— Помогите мне только взойти, — сказал он, — а просить вас помочь сойти мне уже не понадобится.

Папа Сикст V, пока еще был кардиналом, выглядел совсем дряхлым старцем. Когда он шел по улице, всем кидалась в глаза его разбитая, согбенная фигура. Но как только состоялось его избрание в папы, он сейчас же распрямился и приобрел удивительно бодрую и свежую внешность. Иные, не утерпев, спрашивали его о причине такой внезапной перемены, и он охотно отвечал:

— Пока я был кардиналом, я искал ключи царства небесного и потому постоянно склонялся к земле, чтобы немедленно поднять их, если найду. А теперь мне уже нечего искать их: они у меня в руке, и я должен смотреть не на землю, а на небо.

Голландский философ Бенедикт Спиноза часто играл в шахматы со своим домохозяином. Однажды тот спросил Спинозу:

— Не могу понять, почему я так волнуюсь, когда проигрываю, в то время как вы после проигрыша остаетесь совершенно спокойным? Неужели вы так безучастны к игре?

— Отнюдь нет, — ответил Спиноза. — Когда кто-либо из нас двоих проигрывает, король в любом случае получает мат, а это всегда радует мое республиканское сердце.

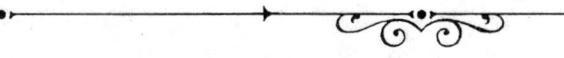

Отец Ариосто однажды за что-то разгневался на будущего великого поэта и прочитал ему длинную и суровую нотацию, которую сын выслушал молча, неподвижно, не сводя глаз с отца, с нерушимым вниманием.

Другой брат, присутствовавший при этой сцене, был удивлен тем, что во все время Ариосто не открыл рта, не произнес ни слова в свое оправдание. Он потом спросил его о причине этого упорного молчания, и юноша-поэт ответил:

— Я сочиняю теперь комедию, в которой мне как раз надо представить старика-отца, распекающего своего сына. Когда сегодня отец начал меня журить, я сейчас же подумал, что он может мне послужить моделью, с которой я могу писать отца в моей комедии. Вот почему я и молчал, и слушал его с таким вниманием. Мне хотелось ничего не упустить, ни одного слова, ни выражения лица, ни малейшего движения. Я нарочно ничего и не говорил, чтобы ничем не отвлекать своего внимания.

Папа Сикст V говаривал, что он готов причислить к лику святых ту женщину, на которую муж никогда не жаловался.

Эразма Роттердамского укоряли в том, что он ест в пост скоромное.
— Что делать, — возражал он. — Сам я добрый католик, но мой желудок — решительный лютеранин.

Римское простонародье роптало на папу Пия за налог, которым он обложил пшеницу; налог, впрочем, не превышал 5–6 копеек в год на потребителя. Папа говорил по этому поводу:
— Они бы лучше жаловались на моего предместника Павла IV, который установил новый праздник и этим лишил их целого дневного заработка.

В старых средневековых сборниках сохранилось много рассказов о ротозеях и глупцах. Один из этих остроумцев, например, ложась спать, заботливо тушил огонь, чтобы блохам его было не видно и чтоб они его не кусали.

Другой, разведя в печи большой огонь, хотел, чтоб он был подальше, и не так сильно грел, и глупец немедленно послал за печниками, чтобы они переставили печку подальше.

Третий, видя, как служанка плюет на утюг, чтоб узнать, горяч ли он, стал с такой же целью плевать в свой суп.

Четвертому бросили камнем в спину в то время, как он ехал верхом на муле, а он подумал, что это его лягнул его же мул, и принялся бить животное и т. д.

Людовик XII спрашивал у одного из величайших полководцев своего времени Жака Травюльса перед началом войны против Милана, чем надо запастись для этой войны.

— Для войны нужны три вещи, — отвечал Травюльс, — во-первых, деньги, во-вторых, деньги и, в-третьих, деньги.

Это изречение приписывалось потом многим другим государственным людям.

Людовик XII чрезвычайно высоко ставил и ценил в женщинах целомудрие. Про свою супругу Анну, которая изрядно терзала его своими странностями и капризами, он говаривал:

— Что делать, целомудрие в женщинах приходится дорого оплачивать.

Фердинанд, король испанский, путем коварства и вероломства отнял у Людовика XII неаполитанское королевство. Людовик сказал по этому случаю:

— Лучше потерять королевство, которое притом же можно вновь завоевать, нежели честь, которой уже не вернешь.

Однажды, когда Людовик XIII был еще наследником, встретившийся с ним на охоте крестьянин согнулся до земли, отдавая поклон дофину, а тот даже не взглянул на него. Тогда маркиз, воспитатель принца, сказал ему:

— Ваше высочество, нет никого ниже этого человека и нет никого выше вас, и, однако, если б он и ему подобные не пахали земли, вы и вам подобные рисковали бы умереть с голоду.

Про одного очень усердного судью, Лекуанье, кардинал Мазарини говорил:

— Он такой рачительный и усердный судья, что ему, вероятно, очень досадно, что он не может вынести обвинительный приговор обеим сторонам.

Кто-то жаловался на Мазарини, что когда он делает для кого-нибудь что-либо, то всегда делает так строптиво и неохотно, что тошно становится.

— В этом есть свое удобство, — заметил какой-то остряк, — он, по крайней мере, снимает с людей обязанность оставаться ему признательными.

Мазарини погиб от приема сильного рвотного. Впоследствии, когда это же лекарство, вовремя данное Людовику XIV, спасло его от смертельной опасности, пустили в ход остроту, что «рвотное уже два раза спасло Францию».

У Мазарини был на службе один дворянин, который пользовался расположением министра, но был очень беден. Мазарини и сам желал предоставить ему какое-нибудь доходное место, но все не выходило случая. Дворянин начал, наконец, роптать, а Мазарини заверил, что при первой возможности приложит все старания и т. д. Зная по опыту, что ничего из этих обещаний не выйдет, дворянин сказал своему патрону, что ему ничего не нужно, никакого доходного места, а что он просит только об одном: чтобы Мазарини в присутствии придворной публики почаще клал ему руку на плечо, и больше ничего. Уловка удалась как нельзя лучше. Видя в этом дружеском жесте знак близости дворянина к кардиналу, все кинулись к любимцу, прося его о своих делах и, конечно, не скупясь на благодарность. Очень скоро человек, придумавший эту остроумную уловку, стал богачом.

Мазарини не отличался твердостью в исполнении своих обещаний. Так, когда у него родился внук (от племянницы, выданной им за принца), весть эту ему принес некто Брекиньи. Обрадованный дед обещал наградить радостного вестника, но сейчас же и забыл свое обещание. Между тем мальчик умер. Брекиньи переждал некоторое время и, наконец, позволил себе намекнуть Мазарини насчет обещания.

— Ах, не напоминайте мне об этом, не растравляйте моего горя! — воскликнул кардинал, ловко прикрываясь своим дедовским несчастьем.

Тихо Браге умер довольно странной смертью. Как известно, в последние годы жизни его приютил у себя знаток и страстный любитель астрономии император Рудольф II. За день до смерти он ехал в одном экипаже с императором и в это время почувствовал некий весьма мучительный позыв, но из ложной щепетильности не показал вида, перетерпел и был вынут из кареты уже едва живой, а через несколько часов скончался. На его могиле одно время была эпитафия, в которой было сказано:

«Здесь покоится прах человека, который жил, как мудрец, а умер, как дурак».

Кардинал Ришелье, желая поторопить издание академического словаря, восстановил пенсию, которую прежде получал главный редактор словаря Водиеля. Тот, разумеется, явился благодарить кардинала.

— Ну, вы, конечно, не забудете поместить в словарь слово «пенсия»? — сказал ему кардинал.

— О, конечно, — отвечал Водиеля, — особенно же не забуду слово «благодарность».

Однажды Ришелье присутствовал на проповеди какого-то совсем неизвестного францисканского монаха. Кардинал был поражен и отчасти даже обижен удивительным спокойствием и уверенностью проповедника, который, видимо, ни малейшим образом не стеснялся и не смущался присутствием на его проповеди самого всемогущего кардинала Ришелье. После проповеди кардинал даже сам заговорил с монахом и спросил, откуда у него взялось столько спокойствия и смелости.

— Я долго готовился к этой проповеди, — отвечал монах, — я много раз произносил ее в огороде; передо мной было множество кочанов капусты, и один из них был красный; вот таким образом я и привык ничего не бояться.

Чувствуя приближение смерти, кардинал Ришелье упрашивал своих врачей сказать ему с полной откровенностью, что думают они о его состоянии и сколько времени, по их мнению, ему остается жить. Но они отвечали ему лишь одной грубой лестью: такая, дескать, драгоценная жизнь должна возбуждать участие самого неба и что Бог сделает чудо, чтобы спасти ее. Раздраженный этой галиматьей, Ришелье призвал к себе королевского лейб-медика Шико, человека прямого и простого. Он умолял его ничего не скрывать, сказать истинную правду, может ли он рассчитывать на выздоровление или ему следует готовиться к смерти. Шико, человек умный, дал ему хоть и не прямой, но достаточно ясный ответ:

— В течение двадцати четырех часов вы либо выздоровеете, либо умрете.

Кардинал был совершенно доволен таким ответом, он понял истину и горячо поблагодарил Шико.

Главным адвокатом парламента во времена Ришелье был Толон, человек очень невзрачный и тупоумный. Однажды он, в присутствии короля, возносил в своей речи до небес кардинала Ришелье, но говорил так неловко, что после заседания кардинал сказал ему:

— Толон, вы сегодня ничего не сделали ни для себя, ни для меня.

Кардинал Ришелье был чрезвычайно тщеславен. Ему ловко дал это почувствовать епископ Камю. Ришелье предлагал ему богатое аббатство, Камю очень благородно отказался от этой милости.

— Ну, знаете, — сказал ему Ришелье, пораженный его бескорыстием, — если бы вы не писали раньше так много резкого против монашества, я готов был бы причислить вас к лику святых.

— О монсиньор, — отвечал ему Камю, — пошли Бог, чтобы я заслужил честь быть причисленным к лику святых, а вы имели бы власть делать святых, мы оба были бы этим довольны.

Ришелье родился в 1585 году, а в 1607 году он был в Риме и принял от папы посвящение в епископы. Но папа усомнился, достиг ли он положенного для епископства возраста, и прямо спросил его об этом. Ришелье нимало не колеблясь уверил папу, что он этого возраста достиг. Потом, когда посвящение уже состоялось, он признался в своей лжи и просил папу отпустить ему этот грех.

— Этот молодчик будет большим мошенником, — предсказал прозорливый папа Павел V.

Однажды Ришелье был у себя в замке, и все окрестные деревни и местечки послали депутации, чтобы его приветствовать. Между прочим, прибыл также депутат от городка Мирбале, который славился ослиной ярмаркой. В свите кардинала был один дворянин — рыжеволосый мужчина огромного роста, человек грубый и дерзкий и вместе с тем большой льстец и угодник. Ему захотелось позабавить кардинала за счет злополучного депутата из Мирбале, и вот, в то время как этот человек говорил свою приветственную речь, рыжий великан вдруг без церемонии прервал его громким вопросом:

— Почему у вас продавались ослы во время последней ярмарки?

Оратор прервал свою речь, оглядел обидчика и ответил ему:

— Такого роста и такой масти, как ваша милость, продавались по 10 экю.

Затем, как ни в чем не бывало, спокойно продолжал свой спич.

В заговоре против Ришелье, задуманном Сен-Марсом, был, между прочим, замешан некто Фонтраль, очень маленький и горбатый человек, славившийся своим острым умом. Он вовремя почуял опасность, узнал, что заговор не удастся и будет обнаружен. Он сообщил свои опасения Сен-Марсу и тут же подал мысль, что, дескать, пора наутек, пока еще есть время. Но Сен-Марс и другие заговорщики упорно отказывались бежать. Тогда остроумный Фонтраль сказал им:

— Друзья мои, вы люди высокого роста, статные, так что когда у вас поснимают головы с плеч, то от вас еще кое-что останется, и даже очень достаточно. Я — другое дело; вообразите себе мою фигуру без головы! Что из меня выйдет, из такого урода? Поэтому вы оставайтесь, а уж я дам тягу!

И он вовремя успел улизнуть.

Генрих VIII, влюбившись в Анну Болейн, испытывал, несмотря на всю свою бесцеремонность, некоторые сомнения и угрызения совести. Дело в том, что Анна была его незаконная дочь. Желая до некоторой степени успокоить свою совесть, он обратился за советом к одному придворному, родственнику Анны, по имени Брайан.

— Не знаю, — говорил ему король, — могу ли я взять дочь, после того как мать принадлежала мне?

— Помилуйте, государь, — отвечал ему покладистый царедворец, — ведь это все равно что вы добивались бы позволения скушать цыпленка после того, как скушали курицу.

Когда Гольбейн был придворным живописцем английского короля Генриха VIII, случилось однажды, что какой-то лорд стал очень бесцеремонно ломиться к художнику, и тот, в горячности и раздражении, спустил его с лестницы. Оскорбленный лорд пожаловался королю и грозил убить Гольбейна.

— Милорд, — сказал ему король, — я запрещаю вам покушаться на него с риском для вашей собственной жизни. Знаете ли вы, какая разница между вами и Гольбейном? Я могу взять сейчас семь мужиков и сделать из них семь графов, таких же, как вы. Но из семи графов, таких, как вы, я не могу сделать и одного Гольбейна.

Генрих VIII поссорился с французским королем Франциском I и решил отправить к нему чрезвычайного посла, который должен быть передать Франциску гордые и грозные слова своего повелителя. Для этого надо было выбрать человека очень смелого, решительного, способного открыто рисковать своею свободой и даже жизнью. Выбор Генриха пал на епископа Боннера, которого он знал за человека не робкого десятка, и притом такого, на которого можно положиться. Когда епископ выслушал от короля все, что должен был сказать Франциску, он заметил, что говорить такие речи такому королю, как Франциск, — вещь в высшей степени рискованная.

— Вам бояться нечего, — успокаивал его Генрих, — если французский король предаст вас смерти, я снесу немало французских голов, которые находятся у меня в Англии в полной моей власти.

— Это так, государь, — возразил Боннер, — но дело-то в том, что ведь из всех этих французских голов не отыщется ни одной, которая была бы столь же хорошо пригнана к моим плечам, как моя собственная.

При дворе Людовика XIV был один вельможа, чрезвычайно тщеславный, всеми мерами добивавшийся всяких почестей и отличий и, конечно, глубоко уверенный в себе. Король знал его нрав и однажды жестоко подшутил над ним.

— Вы знаете испанский язык? — спросил он его совершенно неожиданно.

Царедворец мгновенно вообразил, что король наметил его в испанские посланники; но испанского языка он не знал и должен был на вопрос короля ответить отрицательно.

— Жаль, — заметил король.

Это «жаль» окончательно укрепило честолюбца. Он немедленно засел за испанскую грамматику, занимался с величайшим усердием и спустя некоторое время почтительно доложил королю, что теперь он хорошо знает испанский язык.

— Вот это хорошо, — подхватил его король, — значит, вы теперь можете прочесть «Дон-Кихота» в подлиннике.

Отпуская одного своего посланника, Людовик XIV говорил ему в напутствие:

— Вот вам главное правило, которого вы должны держаться в исполнении возлагаемого на вас поручения: поступайте во всем прямо противоположно тому, что делал ваш предшественник.

— Государь, — отвечает ему посол, — постараюсь вести себя так, чтобы вам не пришлось давать такого же наставления моему преемнику.

Маршал Бассомпьер спрашивал у одного капитана, сколько ему лет.

— Лет тридцать восемь или сорок восемь, что-нибудь в этом роде, — ответил капитан.

— Как, — воскликнул Бассомпьер, — может ли быть, чтобы вы не знали в точности, сколько вам лет?

— Господин маршал, — сказал капитан, — я считаю свои деньги, свое серебро, свои доходы, свои вещи, потому что могу их потерять или у меня могут их украсть, но кто может у меня похитить мои годы или куда могут они затеряться? Поэтому я и нахожу совершенно излишним их пересчитывать.

На такой же вопрос, заданный одному придворному, угодливый вельможа отвечал Людовику XIV:

— Государь, мне будет столько лет, сколько благоугодно вашему величеству.

Какой-то старый офицер, которого уже собирались поместить в инвалидный дом, просил того же короля оставить его еще на действительной службе.
— Но вы очень стары, — отвечал Людовик.
— Ваше величество, — возразил офицер, — я только на три года старше вас и надеюсь послужить вашему величеству еще, по крайней мере, двадцать лет.

В прежние времена в Европе применялась казнь изображения, причем вместо самого преступника вешали или сжигали его портрет или иное подобие. По этой части вышло забавное приключение с одним кутилой, жившим во времена Людовика XIV, маркизом Поменаром. Он обольстил какую-то девицу, и ее отец, человек богатый и влиятельный, с бешенством грозил ему, что если он не женится на обольщенной, то будет повешен.
— По-моему, лучше уж пусть меня повесят, чем на ней жениться, — отвечал Поменар.
Взбешенный отец девицы начал хлопотать и добился того, что Поменара приговорили к повешению в изображении. Поменара это ужасно забавляло. Он нарочно приехал в тот город, где была назначена казнь его портрета. Но во время казни он заметил, что изображение его сделано чересчур грубо. Он продрался сквозь толпу к самому эшафоту с кистью в руках и начал подмалевывать свой портрет, приговаривая:
— Коли вешать мой портрет, то надо все же, чтобы он хоть немного походил на меня.

В оркестре и хоре короля Людовика XIV был некто Моро — талантливый музыкант, певец и композитор. Но он был из тех, про которых принято говорить: «язык мой — враг мой». Случилось однажды, что он позволил себе какую-то весьма ядовитую выходку против архиепископа рейнского. Тот был весьма обижен и порешил выжить Моро из королевского оркестра. Во время концерта, в котором исполнялось какое-то сочинение Моро и где играл сам музыкант, архиепископ, стоя за креслом короля, нарочно громко, во всеуслышание, жестоко нападал на Моро, на его музыку и на его пение. Король слышал эту критику и был хорошо осведомлен, что, собственно, этой критикой руководит. И потому, обратясь к архиепископу, он сказал:

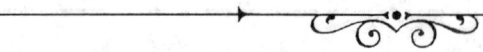

— Ваше преосвященство, будем говорить откровенно; ведь Моро поет вовсе не дурно, он дурно говорит.

В другой раз, прогуливаясь в саду в Версале, Людовик XIV увидал карету, в которой ехал тот же рейнский архиепископ. Но король сразу не узнал его или сделал вид, что не узнает, и сказал бывшему с ним маркизу Фелиаду, человеку с весьма злым языком и ненавидевшему архиепископа:

— Посмотрите, мне кажется, что кто-то сюда едет, я вижу карету и шестерку лошадей.

— Не шесть, государь, а семь лошадей, — возразил Фелиад.

— Как так?

— Седьмая лошадь сидит в карете.

Людовик XIV не любил носить муфту (а в то время мужчины носили ее зимой). Однажды его встретили в большой мороз на охоте в лесу двое крестьян, и один из них заметил, что только один король был без муфты, и подивился, как это король терпит такую стужу с голыми руками.

— Не удивляйся, — сказал ему его товарищ, — у него рукам всегда тепло, он их держит в наших карманах.

При дворе Людовика XIV лесть процветала как нигде и никогда. Случилось, что король не одобрил каких-то стихов, а Буало их похвалил. Один придворный чин заметил поэту, что стихи эти читал и хулил сам король.

— Король лучше меня, — возразил Буало, — понимает искусство брать города и вести войну, но в стихах-то я понимаю уж никак не меньше его.

Услыхав это, придворный немедленно побежал и доложил королю о «неслыханной дерзости» этого Буало, осмеливающегося утверждать, что он в стихах понимает не меньше, чем сам король. К чести короля надо добавить, что он посмеялся над льстецом и уверил его, что Буало прав.

Молли написал прскрасную музыкальную пьесу, и она была в первый раз исполнена в присутствии короля Людовика XIV, который все время оставался на коленях, а вместе с ним, само собой разумеется, и все присутствовавшие также оставались коленопреклоненными. Когда пьеса была исполнена, король спросил у графа Грамиона, что он думает об этой музыке.

— Прекрасно, прекрасно, государь, то есть прекрасно для ушей, но для колен — жестковато!

Однажды актер Доминик, любимец Людовика XIV, присутствовал при королевском столе. (Мимоходом заметим, что Людовик был одним из удивительных едоков своего времени, впрочем, и все Бурбоны отличались превосходным аппетитом. Что же касается Людовика XIV, то вот что сообщает о нем в своих письмах принцесса Палатинская: «Я часто видела, как король съедал четыре полные тарелки разных супов, затем целого фазана, потом куропатку, далее большую тарелку салата, два больших ломтя ветчины, кусок жареной баранины, тарелку пирожных, да сверх того еще несколько фруктов и яйцо вкрутую».)

Итак, король однажды ел в присутствии Доминика. Заметив своего любимца в толпе, почтительно созерцавшего его застольные подвиги, король, указывая на одно блюдо, сказал лакею:

— Передайте это блюдо Доминику.

А блюдо было роскошное, серебряное, вызолоченное. Доминик это сейчас же заметил и, воспользовавшись тем, что король употребил слово «блюдо», быстро спросил его:

— Вместе с куропатками, государь?

— Вместе с куропатками, — согласился рассеянный король.

Людовик XIV любил, когда его превозносили, но все же обладал чувством меры. Так, однажды, когда ему преподнесли список тем для конкурсного состязания, составленный академией, и он увидал в числе этих тем вопрос: «Какая из всех добродетелей короля заслуживает особого предпочтения?» — он его с неудовольствием вычеркнул.

Но тонкую лесть он любил. Однажды, когда король вышел победителем в какой-то битве и по этому случаю его сын был освобожден в тот день от занятий, мальчик сказал ему:

— Государь, если меня будут увольнять от занятий при каждой вашей победе, то я боюсь остаться круглым невеждой.

Когда Людовик XIV порешил изгнать кальвинистов из Франции, он при этом будто бы сказал:

— Мой дед любил гугенотов и не боялся их; мой отец не любил их и боялся; я и не люблю, и не боюсь их.

Людовик XIV говаривал, что каждый раз, когда он даёт кому-нибудь хорошую должность, он создает девяносто девять недовольных и одного неблагодарного.

Герцог Мазарен впал в преувеличенную набожность и, как это иногда бывает с такими чрезмерно увлекшимися, довел себя до галлюцинаций. Однажды он неожиданно возвестил королю Людовику XIV, что ему явился архангел Гавриил и повелел передать королю, чтобы он оставил свою фаворитку Лавальер.

— Он и мне тоже являлся, — ответил король, — и объявил, что вы с ума спятили.

Люксамбур, один из талантливейших боевых генералов Людовика XIV, был горбат. Какой-то из немецких генералов, часто имевший стычки с Люксамбуром, говорил про него с величайшим ожесточением:

— Неужели мне ни разу не удастся поколотить хорошенько этого горбача?

Когда Люксамбур узнал об этом, он воскликнул:

— Горбача! Да почем же он знает, что я горбатый, я ни разу не показывал ему тела.

Какой-то придворный при Людовике XIV был предметом общих насмешек как человек, совершенно неспособный... к продолжению своего рода. Особенно часто трунил над ним известный остряк писатель и академик Бансерад. И вот, встретив однажды Бансерада, этот господин с самодовольным видом возвестил ему:

— Вот вы все надо мной насмехаетесь, а жена моя вчера меня порадовала наследником.

— Позвольте, да кто же смел сомневаться в вашей супруге, — возразил Бансерад.

В 1672 году Людовик XIV стоял под стенами Амстердама, обложив город кругом. Жители были в отчаянии, они порешили, что пришел конец не только их городу, но и всей Голландской республике. Городские власти собрались на последнее совещание, на котором и постановили — сдать город французскому королю и поднести ему городские ключи.

Когда отбирали голоса и уже обошли всех, заметили старичка-бургомистра, который мирно почивал, убаюканный бурными прениями. Его, разумеется, растолкали с негодованием, и он, отряхнув сон, полюбопытствовал, на чем же порешили.

— Постановили пойти и поднести французскому королю ключи.

— А он их уже требовал? — спокойно осведомился старичок.

— Нет еще, — отвечали ему.

— Так с какой же стати ему их отдавать?.. Подождем, по крайней мере, когда он их потребует!

Этот простой и мудрый совет, к счастью, был принят и спас город и республику.

Когда Ленотру было поручено составить план версальского парка, он, наметив главные части работы, повел Людовика XIV в парк, чтобы показать ему на месте расположение частей. Король был в совершенном восторге от его плана и после обзора каждой части плана в восхищении повторял:

— Ленотр, я жалую вам за это двадцать тысяч франков.

После четвертого «жалования» Ленотр, человек редкого бескорыстия, заметил королю с некоторой резкостью:

— Ваше величество, если так пойдет дальше, то я боюсь, что разорю вас!

Людовик XIV очень любил аббата Брюи; зная, что старый патер страдает слабостью зрения, он иногда спрашивал у него, как тот себя чувствует, поправляются ли у него глаза.

— Благодарю вас, государь, — отвечал старик, — мой племянник-доктор уверяет меня, что теперь я стал лучше видеть.

Прогуливаясь однажды по версальскому парку с Мансаром, строителем замка, и Ленотром, создателем парка, Людовик, любуясь фасадом здания, сказал своим спутникам очень лестную любезность: оба вы, дескать, сделали свое дело так, что лучше невозможно себе и представить, создали вещи, достойные всеобщего удивления.

— Государь, — отвечал ему Ленотр, — есть на свете нечто, еще более достойное удивления и редкостное.

— Что же именно? — полюбопытствовал Людовик.

— Король, величайший в мире, удостоивающий добродушной беседой своих каменщика и садовника.

Шовелен, близкий друг короля Людовика XV, умер внезапно, от удара, во дворце и чуть ли не в присутствии короля, на которого его смерть произвела сильное впечатление, потому что он вообще ужасно боялся смерти. Через несколько дней после этого король был в Шуази, собирался куда-то ехать, и вдруг ему доложили, что одна из запряженных в его экипаж лошадей внезапно упала и тут же издохла.

— Совсем как мой бедный Шовелен! — воскликнул испуганный король.

Сильно расстроив свое здоровье, Людовик XV однажды советовался со своим врачом Ламартишером и, выслушав его, грустно заметил:

— Вижу, что становлюсь стар, пора, верно, затормозить карету!

— Лучше бы вовсе распрячь ее, государь! — отвечал врач.

Г-жа Кампан, бывшая актрисой сначала при дворе Людовика XV, потом у Марии Антуанетты, в своих интересных записках рассказывает о первой беседе, которой удостоил ее король. Он куда-то уезжал и встретил ее на выходе. Узнав ее, он остановился и спросил:

— Мадемуазель, правда ли, что вы очень образованны и говорите на пяти иностранных языках?

— Только на двух, государь, — отвечала девушка, — на английском и итальянском.

— Но вы вполне владеете этими языками?

— Вполне свободно, государь.

— Ну, и двух языков довольно, чтобы свести с ума собственного мужа! — заметил, смеясь, король.

Однажды Людовик XV упрекал свою возлюбленную, г-жу Деспарбес, в том, что она ему изменяла со многими.

— Ты расточала свои милости всем моим подданным; ты была благосклонна к Шуазелю, — говорил он.

— Но он так могуществен! — оправдывалась Деспарбес.
— Потом маршалу Ришелье! — продолжал король.
— Он такой умница!
— Манвилю!
— Если б вы знали, какой он красавец!
— Ну, а герцог Омон? Он что? Красавец, умница?
— О государь, он так глубоко предан вам!

Посетив однажды военные склады, Людовик XV увидел там очки и, сказав: «Ну-ка, попробую, хороши ли они мне?» — надел их и стал читать бумагу, которая как бы случайно лежала на столе. Но бумага эта была, вероятно, положена тут, у него на виду, нарочно, потому что содержала в себе чрезвычайно пышные и льстивые похвалы по его адресу. Прочитав несколько строк, он бросил бумагу и очки и сказал, смеясь:
— Нет, никуда не годятся, слишком увеличивают!

Один придворный шут что-то такое напроказил, т. е. позволил себе чересчур большие вольности в словах и был изгнан из дворца. Некоторое время он пробыл в немилости, а затем ему позволили вернуться. Король Людовик XV сказал шуту:
— Ну, ты опять по-прежнему будешь рассуждать и обсуждать и указывать мне на мои ошибки?
— О нет, ваше величество, с какой стати буду я разговаривать о таких вещах, которые и без меня известны всем и каждому.

Один очень молодой офицер Орлеанского полка был отправлен к Людовику XV с каким-то очень приятным для короля известием. Пользуясь случаем, офицер попросил себе в награду орден Св. Людовика, который обычно давался лишь старым служакам. Король на его просьбу ответил, что он еще слишком молод.
— Государь, — сказал ему на это юный офицер, — у нас в Орлеанском полку люди недолго живут, старых нет.

Замечательно, что король был чрезвычайно прост и терпелив с прислугой. Так, однажды лакей, светя ему, когда он раздевался, капнул ему горячим воском на ногу.

— Милый мой, — сказал ему король, — ведь тебе все равно, куда капать — мне на ногу или на пол, так ты бы лучше и капал на пол.

Какого-то сторожа не оказалось на своем месте, и королю пришлось прождать, пока его отыскали и прислали. Все присутствующие накинулись на того с ожесточением, но король сказал им:

— Не браните вы его, ему и без того должно быть тяжко, что он заставил меня ждать!

После битвы при Гохштедте, несчастливой для французов, генерал Мардебру, делая смотр пленникам, остановился перед одним бравым гренадером Наваррского полка и, невольно им залюбовавшись, сказал:

— Если бы у французского короля было сто тысяч таких молодцов, он был бы непобедим.

— Моему повелителю, — ответил гренадер, — надо вовсе не сто тысяч таких, как я, а одного такого, как вы!

Фаворитка короля Людовика XV мадам Помпадур сильно ушиблась и, показывая врачу ушибленное место, находившееся в совершенно невидной области тела, обычно скрываемой под одеждой, с большой тревогой спрашивала у врача:

— Скажите, доктор, ведь это будет не видно?

— Сударыня, — отвечал удивленный доктор, — это только от вас зависит.

Одна замужняя греховодница однажды сделала интересное признание своей приятельнице мадам Помпадур.

— У меня, — говорила она, — за всю мою брачную жизнь было двое любовников. Первый из них был так обольстителен, что заставил меня забыть свои обязанности, второй же, наоборот, был так отвратителен, что побудил меня вспомнить об этих обязанностях.

В дамской компании судачили о мадам Помпадур.
— Знаю я ее! — сказала одна из собеседниц. — У нее целая дюжина любовников.
— Экий у вас злой язык, — заметила ей другая. — Вечно вы преувеличиваете ровно вдвое.

Мадам Помпадур однажды отправилась на исповедь. Когда она вернулась, муж со смехом спросил ее, в чем она ходила каяться.
— Так, — отвечала Помпадур, — в разных пустяках. Патер спросил меня, верна ли я тебе. Я, конечно, отвечала «да». А вслед за тем я покаялась ему, что грешна во лжи. Вот и все. Он дал мне отпущение грехов.

В числе соискателей должности садовника к мадам Помпадур явился среди прочих молодой человек. Его спросили, сколько ему лет. Он, скромно потупив глаза, отвечал, что ему двадцать два года.
— Как двадцать два? — спросила его Помпадур. — Вот тут, в вашей метрике, написано, что вы родились в таком-то году, значит, вам двадцать три, а не двадцать два года.
— Да, — отвечал скромный молодой человек. — Но, видите ли, я один год провел в тюрьме за кражу и, разумеется, вынужден исключить этот год из моей жизни.

Перенося с места на место очень дорогую китайскую вазу, лакей мадам Помпадур уронил ее на пол, и она разбилась. Выбежала хозяйка и, с отчаянием всплеснув руками, воскликнула:
— Опять разбил что-то!
— На этот раз, сударыня, — отвечал с довольной улыб-

кой лакей, — вышло очень удачно. Посмотрите, ваза разбилась всего на две части.

— По-вашему, это удачно? — спросила хозяйка.

— А как же, сударыня, всего один раз нагнуться и сразу поднять оба куска. А то иной раз как разобьется вдребезги, сколько времени ползаешь по полу-то, пока все подберешь...

Мадам Помпадур держала в доме множество прислуги, которая обворовывала ее при всяком удобном случае. Когда прислуга поздравляла ее с Новым годом и ожидала награды, Помпадур обыкновенно говорила:

— Дарю вам все то, что вы у меня украли в течение года.

К мадам Помпадур явился в гости академик Леруа. В ходе беседы он, усевшись перед камином, без церемонии положил ноги на решетку камина. А она была позолочена, и хозяйка дома с большим беспокойством смотрела на его ноги, которыми он мог ободрать позолоту, а сделать ему замечание никак не решалась. По счастью, академик завел речь об антифразах, то есть таких оборотах речи, при которых смысл того, что нужно сказать, как бы выворачивается наизнанку. Помпадур попросила объяснить это слово, и Леруа дал подробное объяснение и даже спросил, поняла ли его собеседница.

— Вполне поняла! — отвечала Помпадур и тут же прибавила: — Я должна вас предостеречь, милостивый государь, вы держите ваши ноги на решетке, а она позолочена, и я боюсь, как бы позолота не испортила ваших сапог.

Некая придворная дама жестоко поссорилась с мадам Помпадур. Об этом происшествии доложили дворцовому чину, которому надлежало о том ведать.

— Назвали они одна другую уродами? — прежде всего осведомился тот.

— Нет, — отвечали ему.

— Ну, ничего, можно, значит, еще помирить их!

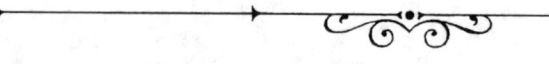

Однажды королевский мушкетер Бижур сделал такое порывистое движение, что у него шляпа слетела с головы. Кто-то из товарищей поддел шляпу на шпагу и подал ее, к великому огорчению владельца, который не мог сдержать свою досаду.

— Лучше бы ты проткнул насквозь мое тело, чем мою шляпу! — укорял Бижур товарища.

Король, в присутствии которого произошла эта сцена, спросил у мушкетера, почему он предпочитает, чтоб проткнули лучше его самого, чем его шляпу.

— Потому, государь, — отвечал Бижур, — что у моего хирурга я еще пользуюсь добрым кредитом, а у шляпника давно уже утратил всякий кредит!

Какой-то человек бросился в воду. Мушкетер Бижур, случайно проходивший мимо, бросился вслед за ним, вовремя подхватил и вытащил его, затем привел к себе в дом, а сам побежал за женой утопленника. Самоубийца, очевидно, имел весьма основательные причины, чтобы покончить с собой, и потому, как только его спаситель ушел и оставил его одного, тотчас схватил первую попавшуюся веревку и повесился. Между тем Бижур сбегал за женой утопленника и дорогой все время успокаивал ее, что муж жив и здоров, что он не дал ему захлебнуться, что он скоро оправится и просто только вымок в воде; стоит высушить одежду, и больше ничего, этим дело и кончится. Когда они вошли в дом, им представилось страшное зрелище: утопленник висел на веревке уже, очевидно, без всяких признаков жизни.

— Боже мой, — вскричала женщина, — он умер!

— Да нет же, сударыня, — убеждал ее Бижур. — Успокойтесь, пожалуйста. Просто-напросто человек весь вымок, ну и повесил себя, чтобы поскорее просохнуть.

У Бижура скончалась супруга. Он пошел в бюро похоронных процессий и стал заказывать там погребальную церемонию. Договорившись обо всем, он спросил, сколько это будет стоить.

— Три тысячи, — отвечали ему.

— Три тысячи! — вскричал Бижур, совершенно ошеломленный цифрой. — Помилуйте, ведь этак вы заставите меня пожалеть о том, что она умерла!

Бижур, жестоко страдавший зубами, пришел к дантисту. Тот осмотрел его зубы и решил, что два из них надо удалить. На вопрос, сколько это будет стоить, дантист отвечал, что за удаление одного зуба он берет десять франков, а за последующие, второй, третий и т. д. — по пяти франков.

— Так вырвите мне сегодня только второй зуб, — порешил Бижур. — А потом я приду в другой раз, тогда вы мне вырвете первый.

Бижур женился во второй раз и чуть не с первых дней начал горько жалеть свою первую жену. Это чрезвычайно раздражало вторую супругу, и однажды она сказала:

— Поверь, мой друг, клянусь, что никто больше меня не жалеет о смерти твоей первой жены.

Среди суровой зимы кого-то хоронили. Бижур, проходя по улице, видя похороны, нарочно отвернулся, делая вид, что он не замечает процессии. Другой прохожий остановил его, указал на похороны и напомнил, что надо снять шляпу.

— Благодарю покорно, — отвечал Бижур. — И сам-то покойник, быть может, угодил в гроб тоже из желания соблюсти вежливость перед кем-нибудь на улице вот в такую же погоду, как сегодня.

Бижур превозносил необычайный ум своего пса-водолаза и в доказательство смышлености животного рассказывал:

— В прошлом году я с покойницей-женой провел лето на берегу моря. Конечно, и водолаз был с нами. Супругу мою вы ведь помните, пренеприятная была женщина покойница. Ну, да не о ней речь. Вот однажды прогуливались мы по берегу моря, жена оступилась и упала в воду. И что же вы думаете? Вы полагаете, конечно, что мой водолаз, как все собаки его породы, сейчас же бросился в воду и вытащил утопленницу? Ничуть не бывало. Он посмотрел сначала на жену, т. е. на то место, куда она упала, потом посмотрел на меня, потом отошел в сторонку и преспокойно улегся. Какое умное и сообразительное животное!

Бижур, внезапно узнав об измене своей жены, как громом пораженный повалился на кресло, с криком, что он этого не переживет, что он умрет.

— Ну, полно, полно, — утешал его приятель. — Мало ли есть мужей, которых жены обманывают. Ведь не умирают же все они. Даже случается наоборот — этим живут.

Бижур привык каждый вечер ходить в гости к какой-то даме и соблюдал эту привычку лет двадцать подряд. После того как он овдовел, все знакомые, зная его привязанность к этой даме, которую он постоянно посещал, советовали ему на ней жениться.

— Нет, — отвечал Бижур. — Это дело неподходящее. В мои годы трудно отстать от укоренившихся привычек. Я двадцать лет подряд хожу к ней и просиживаю у нее вечера. Если я на ней женюсь, куда же мне ходить, где проводить вечера?

У Бижура был сын, получивший весьма поверхностное воспитание и потому сформировавшийся в великого оболтуса и грубияна. Однажды в крутом разговоре с родителем этот сынок позволил себе назвать его дураком.

— Знаешь ли что? — сказал ему огорченный Бижур. — Если бы я осмелился сказать моим родителям только половину того, что ты говоришь мне, так они задали бы мне звону!

— Хороши были твои родители, нечего сказать, — проворчал сын.

— Получше твоих, бездельник! — закричал на него отец.

Бижур в один прекрасный день задумывает вычистить свой двор, на котором накопилась бездна всякого мусора. Ему говорят, что такую кучу не свезти со двора своими средствами. Бижур отвечает, что нет надобности никуда вывозить мусор, а надо вырыть яму на дворе и туда его свалить. Его спрашивают, куда же деть землю, вырытую из ямы? Он отвечает:

— Эх вы, дураки, ничего сообразить не можете! Ну, выройте яму побольше, в нее все и войдет: и мусор, и земля.

Знаменитый адмирал Жан Бару был человек в высшей степени простой и даже грубый и резкий. Когда Людовик XV назначил его командиром эскадры, он сам лично, в присутствии толпы придворных, объявил об этом Бару. Тот, преспокойно покуривая трубочку, сказал коротко:

— Это вы хорошо сделали, государь.

Выходка показалась придворным страшно грубой и дикой, и между ними поднялся ропот негодования, но Людовик сказал:

— Вы ошибаетесь, господа, это ответ человека, который знает себе цену и который рассчитывает в скором времени дать мне новые доказательства.

Знаменитый проповедник Массильон произвел на Людовика XV большое впечатление. Однажды он после проповеди сказал Масильону:

— Отец, я слышал многих ораторов и был доволен; но каждый раз, когда слышу вас, я чувствую, что недоволен собою.

Парижский интендант Гардэ был настоящий баловень судьбы. Вся его жизнь состояла из сплошных скандалов, о которых говорил весь Париж, а между тем он шел все выше да выше в гору, занимая одно за другим все лучшие и лучшие места, и, наконец, сделался интендантом.

— Еще один хороший скандал, — говорил он, потирая руки, — и я сделаюсь статс-секретарем!

Какой-то герцог, человек в высшей степени неблагополучный в своей семейной жизни (о чем, разумеется, все знали), однажды вечером, уже при огнях, стоял в приемной дворца, в толпе других придворных в ожидании выхода короля Людовика XV. По неосторожности он приблизился к горящей свече и коснулся пламени своим громадным париком. Волосы мгновенно вспыхнули, и, хотя присутствующие немедленно потушили огонь, в комнате остался очень крепкий запах гари. Как раз в эту минуту и вышел король. Услыхав запах, он повел носом и громко проговорил:

— Фу, как тут пахнет паленым рогом!

Однажды, встретив у королевы ее престарелого чтеца, Монкрифа, Людовик XV сказал ему:

— Знаете, Монкриф, есть люди, которые вам дают восемьдесят лет.

— Знаю, что дают, ваше величество, да я не беру, — отвечал старик.

Один из придворных Людовика XV, Ландсмат, человек весьма преклонного возраста, очень не любил, когда его спрашивали о летах, и даже на прямые вопросы об этом самого короля давал уклончивые ответы. Король вздумал над ним подшутить, приказал доставить себе метрическую запись о Ландсмате и однажды, неожиданно вынув ее из кармана, начал вслух читать ее Ландсмату.

— Что это? — спросил смущенный старик. — Это, кажется, мое метрическое свидетельство?

— Как видите, Ландсмат, — ответил король.

— Государь, спрячьте его скорее! Король, на котором

лежит забота о счастии двадцати пяти миллионов людей, не должен ни одного из них огорчать для собственного удовольствия.

Во времена Людовика XV надвигавшаяся революция уже предчувствовалась, и сам король, при всей своей беззаботности, смутно чуял ее. Он тогда говорил:

— Я уверен, что на мой век хватит, и пока я жив, останусь властелином. Но моему преемнику уже придется держать ухо востро!

Из этих слов впоследствии, как думают, и создалась знаменитая, приписываемая ему фраза: «После меня хоть потоп».

При Людовике XV процветала карточная игра в брелан. В этой игре, между прочим, ведется счет фигур, королей, валетов, дам. Однажды Людовик играл в эту игру с одним придворным; к нему пришло три короля, и он в шутку сказал своему противнику:

— Я выиграл, у меня три короля, да я сам король, итого, четыре короля — брелан-карэ.

Но у противника был полный брелан-карэ, только из валетов, и потому он возразил:

— Извините, государь, у меня игра выше, я выиграл: у меня четыре валета, да я сам валет, итого — пять.

По случаю свадьбы дофина (Людовика XVI) в Версале происходили чрезвычайно пышные торжества, расходы на которые отозвались на тогдашней тощей государственной казне, что, разумеется, было известно всем и каждому. Поэтому, когда король (Людовик XV) спросил у аббата Террэ, как он находит празднества, тот отвечал:

— Неоплатными, государь!

Вокруг Людовика XV, человека в высшей степени распущенного, царил страшный разврат. Чуть ли не единственным светлым пятном на фоне тогдашней придворной знати был маршал Бриссак, человек весьма строгих нравов. Конечно, он был у всех бельмом на глазу, и его не щадили; распространили, например, про него слух, что жена ему изменяет, хотя это была явная клевета. Поощряемые легкостью взглядов короля на нравственность, придворные однажды без церемонии, в глаза насмехались над Бриссаком и его семейным неблагополучием и, конечно, привели его в бешенство. Король имел жестокость вместе с другими смеяться над почтенным воином.

— Ничего, Бриссак, — говорил он ему, — не сердитесь, не стоит того; с кем эта беда не случается?

— Государь, — отвечал ему маршал, — скажу, не хвастаясь, что обладаю мужеством всякого рода, но только не мужеством позора!

Людовик XV, быть может, от своих амурных излишеств часто впадал в странную рассеянность, граничившую с душевным расстройством. Так, однажды он внезапно задал венецианскому послу Гродениго ошеломляющий вопрос:

— Сколько членов у вас в Венецианском Совете Десяти?

— Сорок, государь, — отвечал посол, очевидно подумавший, что король пошутил и что на шутку лучше всего отвечать шуткой.

Но Людовик тотчас же забыл свой вопрос и полученный ответ и заговорил о другом.

Однажды на балу во дворце обратило на себя всеобщее внимание какое-то таинственное желтое домино. Эта маска подходила к буфету и буквально, как голодный волк, пожирала самые аппетитные и, главное, сытные закуски и кушанья, пила в огромном количестве дорогие вина. Страшный аппетит всем кинулся в глаза, сказали даже об этом королю, и тот сам полюбопытствовал поглядеть, кто это так ужасно проголодался. Наевшись и напившись до отвала, желтое домино вышло из буфета и куда-то скрылось.

Но не более как через 10—20 минут то же домино вновь явилось в буфет и опять начало уписывать, с еще большей жадностью. Вновь наевшись и напившись всем на удивление, домино исчезло, но через полчаса вновь явилось и вновь начало свое варварское опустошение буфета; потом оно появилось в четвертый, в пятый раз. Общему изумлению не было границ. Сам король был не столько заинтересован, сколько испуган этим адским аппетитом и приказал последить за таинственными домино. И что же оказалось?

Дворцовая стража добыла где-то единственное желтое домино, которое солдаты поочередно напяливали на себя, шли в нем в буфет, там наедались и напивались, потом уходили домой, передавали домино следующему и так угощались, пока их не выследили и не накрыли.

Однажды Сен-Жермен сказал королю Людовику XV:
— Для того чтобы знать и уважать людей, не надо быть ни духовником, ни министром, ни полицейским.
— Ни королем, — вставил король.

Когда король Людовик XV охотился, с ним всегда был походный буфет, и полагалось, чтобы в этом буфете было сорок бутылок вина. Король почти никогда не пил этого вина; его выпивали другие. Но вот однажды случилось, что король почувствовал сильную жажду и попросил вина. Ему со смущением отвечали, что вина нет.
— Как же это? Ведь полагается иметь в запасе сорок бутылок? — спросил король.
— Точно так, ваше величество, они и были, но все выпито.
— Потрудитесь впредь брать сорок одну бутылку, — распорядился король.

В уголовном суде разбиралось в высшей степени скандальное дело, которое, как водится, привлекло в судилище огромную толпу дам. Видя это скопище, председатель суда, будущий участник революции Лепре, обратился к публике с такими словами:

— Милостивые государыни! Вам, без сомнения, неизвестно, что дело, разбор которого здесь предстоит, изобилует такими подробностями, которые порядочным женщинам выслушивать невозможно. Поэтому я покорнейше прошу всех порядочных женщин немедленно оставить зал заседаний.

И, сказав это, Лепре занялся разбором бумаг, делая вид, что не смотрит и не видит того, что происходит в зале. Между тем его воззвание осталось совершенно тщетным: ни одна дама почти не тронулась с места. Прождав с четверть часа, председатель снова возгласил, но на этот раз обращаясь уже к судебному приставу:

— Полагаю, что после сделанного мной предупреждения все порядочные женщины уже оставили зал. А теперь, господин пристав, поручаю вам удалить остальных.

Судья Лепре, внешне довольно безобразный, сурово отказал в просьбе, с которой к нему обратилась какая-то старая дама, тоже не блиставшая красотой. Чрезвычайно рассерженная старушка, уходя от него, довольно громко сказала:

— У, старая обезьяна!

Между тем судья рассмотрел ее дело, а так как внешнее безобразие вовсе не мешало ему быть справедливым судьей, он, убедясь в том, что иск дамы был правилен, вынес приговор в ее пользу. Обрадованная старуха прибежала к нему и рассыпалась в самых восторженных любезностях и благодарностях. Но Лепре спокойно остановил ее и сказал:

— Не стоит благодарности, сударыня. Старая обезьяна естественно проникнута желанием сделать удовольствие старой мартышке.

Вор Картуш предстал пред судилищем. Его обвиняли в краже часов, которую он совершил в присутствии нескольких очевидцев, но которую тем не менее упорно отрицал.

— К чему послужит вам это запирательство, — убеждал его судья Лепре. — Шесть человек видели своими глазами, как вы украли часы.

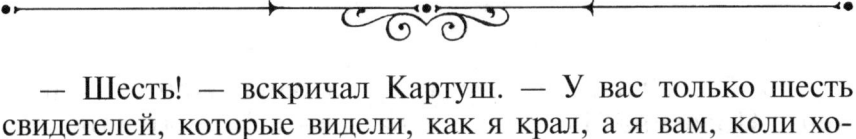

— Шесть! — вскричал Картуш. — У вас только шесть свидетелей, которые видели, как я крал, а я вам, коли хотите, представлю миллион свидетелей, которые скажут, что не видели, как я крал!

Некто взял взаймы деньги, но при этом заключил весьма предусмотрительное условие уплаты. Он обязывался уплатить долг, когда ему вздумается. Само собой разумеется, что каждый раз, когда заимодавец приступал к нему с требованием, он резонно отвечал ему:
— Подождите, по условию я обязан уплатить, когда мне вздумается, а мне еще не вздумалось.

Заимодавец, выведенный из терпения, подал на него жалобу.

На суде должник очень спокойно твердил свое:
— Мне платить еще не вздумалось: по условию, когда захочу, тогда и уплачу.
— Очень хорошо, — порешил судья Лепре. — Вы сядете в тюрьму и будете так сидеть до тех пор, пока вам вздумается уплатить долг.

В суде слушалось какое-то дело, возникшее на почве супружеской неурядицы. Адвокат жены, распинаясь за свою доверительницу и окатывая грязью ее мужа, между прочим сказал:
— Я боюсь наскучить господам судьям перечислением адресов всех тех сомнительной нравственности дам, которых посещал муж моей клиентки.
— Позвольте! — перебил его судья Лепре. — Напротив, потрудитесь сообщить суду все эти сведения, потому что они могут быть для нас существенно полезны.

Однажды судили какого-то человека за двоеженство. На суде Лепре задал ему вопрос, что побудило его к этому преступлению?
— Извините, господин председатель, — отвечал он, — я считаю, что никакого преступления не совершил и что

у меня было вовсе не две жены, а одна. Ибо что такое жена? Половина. Так ее все и называют. Говорят: моя дражайшая половина. А мне нужно было не половину, а целую жену. Ну вот, я и составил ее из двух половинок.

Преступник, осужденный на виселицу, говорил:
— Увы, мне приходится погибать за проступок, который я совершил совершенно против собственной воли.
— Ничего, — отвечал ему судья Лепре. — Тебя и повесят тоже против твоей воли.

Глава 2

Лучше смеяться, не будучи счастливым, чем умереть не посмеявшись.

Ф. Ларошфуко

Однажды к Вольтеру явился какой-то господин, отрекомендовавшийся литератором.

— Я имею честь, — говорил он, — быть членом Шадонской академии, а вы знаете, что она дочь Парижской академии.

— О да, — отвечал Вольтер, — и притом примернейшая дочь, потому что никогда еще не подавала повода, чтоб о ней заговорили.

У Вольтера еще при жизни были страстные почитатели, доходившие почти до умопомрачения. Такие обожатели часто сидели и слушали его разинув рот, в немом благоговении, хотя бы он говорил самые обыкновенные вещи; им в каждом его слове слышалось или, лучше сказать, чудилось что-то скрытое, отменно умное и острое. Любопытнейший пример такого обожания, без границ, сообщает в своих записках известный граф Сегюр.

Однажды у Сегюров в числе других гостей был Вольтер, которому мать Сегюра жаловалась на какие-то свои хворости. Вольтер, утешая старушку, сказал ей, что он сам страдал тем же целый год и что все лечение состояло в том, что он питался смесью из яичных желтков, картофельного крахмала и воды. Разумеется, что в этом рецепте не было и быть не могло ничего особенно меткого, остроумного, и, однако же, когда Вольтер произносил эти невинные слова: «крахмал, вода, желтки», один из гостей, очевидно дошедший в своем обожании Вольтера до слепого фанатизма, не утерпел, толкнул Сегюра и, наклонясь к нему, восторженным шепотом проговорил:

— Что это за человек! Что это за ум! Ни одного слова не скажет, в котором бы не сверкнуло остроумие!

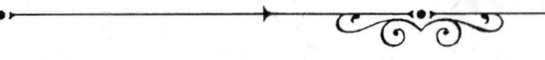

Вольтер высоко ценил ученые труды доктора Галлера. Слыша его похвалы, некий господин, знавший хорошо Галлера, заметил Вольтеру, что Галлер далеко не так одобрительно отзывается о Вольтеровых трудах, как Вольтер о Галлеровых.

— Увы, — ответил Вольтер, — ошибка — удел смертных; может быть, и тут мы оба ошибаемся!

Это было всего за неделю до смерти Вольтера. В театре ставили его трагедию «Тит», и один из новых актеров, не будучи осведомлен о болезни автора, пришел к нему, чтобы с ним прорепетировать свою роль.

— Умираю, — сказал Вольтер пришедшему, — простите, не могу оказать вам обычного внимания, подобающего гостю.

— Какая жалость, — воскликнул актер, — а мне завтра надо играть в вашем «Тите».

При этих словах умирающий Вольтер открыл глаза и приподнялся на локте.

— Что вы говорите, мой друг? Вы завтра играете в «Тите»? Ну, коли так, нечего и думать о смерти! Я сейчас пройду с вами вашу роль!

Знаменитый механик, творец удивительнейших, прославившихся по всему свету автоматов, Вокансон, был в одно время с Вольтером представлен какому-то иноземному принцу. Но высочайший гость, надо полагать, большой любитель механического искусства, отдал все свое внимание Вокансону, на Вольтера же почти и не взглянул. Вокансон, чуть не боготворивший Вольтера, был чрезвычайно обеспокоен таким отношением приезжего принца к своему идолу и, желая хоть отчасти загладить невежливость принца, подошел к Вольтеру и сказал ему, что, дескать, принц мне сейчас сказал о вас то-то и то-то — чрезвычайно лестное. Вольтер понял уловку Вокансона и ответил ему:

— Весь ваш талант, господин Вокансон, сказался в этом умении заставить говорить такого автомата, как этот принц.

ЗАПАДНАЯ ЕВРОПА

Как известно, Вольтер одно время жил при дворе Фридриха Великого и пользовался большой дружбой прусского короля, а потом впал в немилость и уехал домой. Говорят, что причиной размолвки послужила одна очень едкая выходка Вольтера. Однажды в комнате у Вольтера сидел генерал Манштейн, автор записок о России, которые Вольтер переводил на французский язык. В это время Вольтеру принесли и подали что-то. Посланное оказалось произведением короля Фридриха, который обычно все свои литературные труды передавал своему гостю с просьбой просмотреть их и поправить. Получив эту посылку, Вольтер сказал Манштейну:

— Друг мой, нам надо теперь отложить нашу работу; вот видите, король прислал мне в стирку свое грязное белье; надо его выстирать.

Эти слова, конечно, сообщили королю, и они послужили причиной разрыва.

Вольтер, присутствовавший при осаде Филипсбурга, с любопытством непосвященного осматривал осадные сооружения. Маршал Бервик, увидев его, пригласил философа, — не хотите ли, мол, пройти вперед, в траншеи, где было уже очень опасно.

— О нет, маршал, — отвечал Вольтер, — я охотно возьму на себя труд воспеть ваши подвиги, но разделить их с вами я не польщусь.

Какой-то автор представил Вольтеру свою трагедию, просил прочитать ее и сказать свое мнение. Прочитав пьесу, Вольтер сказал:

— Написать такую трагедию вовсе не трудно; трудность в том, как отвечать автору такого произведения, когда он спрашивает о нем ваше мнение.

В 1779 году Вольтер отправился из Швейцарии в Париж. На городской окраине его остановили и спросили, не везет ли он чего-либо, подлежащего оплате пошлиной.

— Господа, — отвечал он им, — у меня в экипаже нет никакой контрабанды, кроме самого меня.

Какой-то почитатель преследовал Вольтера своими письмами до такой степени, что философу стало, наконец, невтерпёж и он отправил своему истязателю такую записку:

«Милостивый государь, я умер и, таким образом, впредь уже не в состоянии отвечать на ваши письма».

Вольтер написал трагедию «Орест». Супруга маршала Люксембура немедленно вслед за первым представлением этой трагедии написала Вольтеру длиннейшее письмо, содержавшее её собственный отзыв о пьесе, её критику произведения Вольтера. Просмотрев это послание, Вольтер послал маршальше свой ответ, состоявший всего из одной строки: «Сударыня, Орест пишется через О, а не через Н».

Та в своём письме писала везде Норест, вместо Орест.

Кто-то из назойливых друзей Вольтера переделал несколько стихов в его трагедии «Ирина» и навязывал Вольтеру свою переделку, уверяя, что так будет лучше. И вот однажды к Вольтеру пришёл знаменитый строитель моста Нельи, архитектор Перрона, и как раз в эту минуту у Вольтера сидел его фанатичный друг, переделыватель его стихов. Представляя своих гостей друг другу, Вольтер сказал архитектору:

— Счастливец вы, господин Перрона, что незнакомы с этим господином, а то бы он переделал арки вашего моста!

Однажды, в то время когда Вольтер играл в карты с какой-то очень набожной дамой, случилась сильная гроза. Трусливая богомолка вся затряслась и начала умолять, чтобы закрыли окна, двери, спустили занавески. Главное же, что её ужасало, это то, что она в такую минуту находилась вместе с безбожником и нечестивцем. Что, если Господь в своем праведном гневе избрал этот момент, чтобы поразить злодея-атеиста своими громами? И все это она в припадке страха выкрикивала громко, не стесняясь присутствием самого безбожника.

— Сударыня, — заметил ей Вольтер, — я в одной строке своего стихотворения сказал о Боге больше хорошего, нежели вы мыслили о нем всю вашу жизнь.

Очевидно, философ намекал на свою знаменитую строфу: «Если бы Бог не существовал, то надо было бы его выдумать».

Однажды Ламетри, приглашенный ко двору Фридриха в одно время с Вольтером, в беседе с королем очень свободно заговорил о том, что берлинская публика недовольна сближением короля с Вольтером, что это сближение находят чрезмерным и неприятным. Король на это заметил, что все эти тревоги напрасны, что он умеет извлекать пользу из людей, что для него человек все равно, что апельсин: выдавил сок, а кожуру бросил прочь.

«С этой минуты, — пишет Вольтер в своих записках, — я, конечно, стал подумывать о том, чтобы как-нибудь загодя обезопасить свою апельсинную кожуру».

Кружок враждебных Вольтеру лиц начал распускать слух, что одна из его трагедий, «Альзира», написана не им.

— Я очень желал бы, чтобы так было на самом деле, — заметил некто, слышавший это.

— Почему же так? — спросили его.

— Потому что тогда у нас было бы одним великим поэтом больше.

Какой-то адвокат, явившись к Вольтеру, приветствовал его пышными словами:

— Я пришел поклониться светочу мира!

Вольтер тотчас позвал свою родственницу, г-жу Дени, и попросил ее принести щипцы для снимания нагара со свеч.

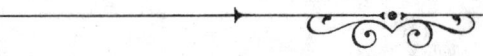

Во время регентства Вольтер был посажен в Бастилию за какую-то эпиграмму, направленную против регента. Его выручил из темницы герцог Бранкас. Он сам приехал за ним в Бастилию и повез его прежде всего к регенту благодарить за помилование. Случилось, что регент заставил их долго ждать. А на дворе стояла отвратительная погода — дождь, снег, слякоть. Вольтер, созерцая в окно эту непогоду, сказал герцогу:

— Глядя на такую слякоть, можно подумать, что на небе тоже учреждено регентство.

До революции податные откупщики во Франции были настоящими шавками, которых народ считал хуже всяких разбойников. И вот однажды у Вольтера, в кругу гостей, затеяли рассказывать поочередно разные истории про разбойников. Когда очередь дошла до Вольтера, он начал свой рассказ так:

— Жил-был в старые времена податной откупщик... — тут он оборвал рассказ и добавил: — Дальше, ей-богу, забыл, господа!

Но и этого было достаточно, чтобы слушатели расхохотались над краткой историей о «разбойниках».

Одно время Вольтер гостил в монастыре Сенон, у его настоятеля Кальме. Его привлекала в монастыре, собственно, прекрасная тамошняя библиотека. Но, живя в монастыре, он не желал входить в него, как говорится, «со своим уставом» и потому усердно выполнял весь обиход монашеской жизни, посещал церковную службу. Однажды он даже участвовал в какой-то духовной процессии, причем шел, опираясь на руку своего секретаря; этот последний, надо заметить, был протестант. Когда это рассказали известному остряку маркизу д'Аржансу, он воскликнул:

— Это, кажется, единственный случай, когда неверие, опираясь на ересь, воздавало почтение церкви!

Посетив однажды свою добрую знакомую, г-жу Шатлэ, Вольтер стал играть с ее маленьким сыном. Он усадил ребенка к себе на колени и говорил ему:

— Милый мой дружок, для того чтобы уметь ладить с людьми, надо всегда иметь на своей стороне женщин; а чтобы иметь их на своей стороне, надо их знать. Вот ты и знай, что все женщины лживы, лукавы, обманщицы.

— Как, — прервала его рассерженная хозяйка, — что вы говорите? Как все женщины?

— Сударыня, — остановил ее Вольтер, — грешно говорить ребенку ложь, детям надо всегда говорить правду!

Отец Вольтера все хотел купить сыну какую-нибудь хорошую почетную должность — в те времена подобное продавалось и покупалось. Но Вольтер всегда, когда заходила об этом речь, говорил:

— Я не хочу почета, который покупают; я сумею приобрести почет, который мне ничего не будет стоить деньгами!

Вольтер умел льстить, когда считал человека достойным. Так, во время посещения Франции Франклином знаменитый американец пожелал видеть Вольтера, слава которого уже давно перешла через Атлантический океан. Вольтер с трудом говорил по-английски, но при встрече Франклина заговорил и некоторое время поддерживал беседу на английском языке. Потом он перешел на французский, но при этом заметил.

— Я не мог отказать себе в удовольствии хоть немножко побеседовать на языке Франклина.

У Вольтера был старший брат, богослов, столь же усердно погруженный в теологическую литературу, как Вольтер в поэзию. Их отец иногда говаривал:

— У меня выросли сынки — два дурака: один дурак в прозе, другой в стихах.

Один аббат, по имени Сюёр, представился Вольтеру в качестве писателя.

— Господин аббат, — сказал ему философ, приветствуя его, — вы носите имя, очень известное в живописи.

Какой-то приезжий гость посетил Вольтера в его замке Фернэ, загостился там и порядочно надоел хозяину. Вольтер говорил про него:

— Этот человек — сущий Дон-Кихот, только навыворот: тот принимал гостиницы за замки, а этот — замки за гостиницы.

Вольтер не ладил с Пироном. Но вот однажды очень удивленный Пирон видит в окно, что к его дому подходит Вольтер и входит в подъезд. Пирон решился принять его по возможности любезно и ждал только звонка, чтобы отворить дверь. Но звонок не раздался, а вместо того послышалось какое-то царапанье, словно бы кто писал на двери. Переждав некоторое время, Пирон отворил дверь и на ее наружной стороне увидал написанные мелом слова весьма неприличного свойства. Пирон решил отомстить. Он сам в парадном туалете явился к Вольтеру как бы с визитом, и когда тот выразил некоторое изумление по поводу его посещения, Пирон ему сказал:

— В моем посещении нет ничего удивительного: я у себя на двери нашел вашу визитную карточку и поспешил отдать вам визит.

У Вольтера одно время жил в качестве приживальщика какой-то отставной иезуит по имени Адам. Вольтер, представляя его посетителям, всегда повторял одну остроту:

— Вот господин Адам, только это вовсе не первый человек!

Вольтер и Пирон однажды поспорили, кто из них искуснее в лаконизме, и решили для состязания написать друг другу письма, которые должны были состоять хотя бы из одной только фразы, но совершенно законченной и осмысленной. Бой был открыт Вольтером, который прислал Пирону записку, содержащую два кратчайших латинских слова: «еду в деревню». Ответ Пирона не замедлил последовать; он состоял всего лишь из одной буквы. Но буква эта по-латыни значит — «иди, поезжай». В настоящем случае эта буква представляла собой вполне законченный и осмысленный ответ на письмо Вольтера.

Во времена Вольтера еще свирепствовали знаменитые «письма с государственной печатью», по которым людей хватали и засаживали в Бастилию. Эти письма сильные мира сего легко доставали по знакомству с высшими сферами, а богатые просто покупали их. Но бывало, что ни в чем не повинных людей сажали в тюрьму и по поддельным письмам.

Однажды случилась очень громкая история именно с подобным письмом. Вольтер, беседуя с полицейским префектом Эро, спросил его, что делают с подделывателями.

— Их вешают, — отвечал Эро.

— И то хорошо, — заметил Вольтер, — до поры до времени, пока не начнут, наконец, вешать и тех, кто подписывает неподдельные.

Вольтер спросил одного молодого человека, кем он хочет быть, к чему себя готовит.

— Хочу сделаться врачом, — отвечал тот.

— Другими словами, хотите выучиться пичкать лекарствами, которых вы не знаете, человеческое тело, которое вы знаете еще меньше.

Вольтер читал свою трагедию пришедшим к нему в гости аббату Вуазенону и Расину (сыну знаменитого поэта). При произнесении одного стиха Расин вдруг остановил чтеца и заметил, что этот стих заимствован у него. И потом он все время бормотал: «А ведь тот стих мой!»

Вуазенону это, наконец, наскучило, и он крикнул Вольтеру:

— Да отдайте вы ему его стих, и пусть он с ним убирается к черту!

Одно время к Вольтеру привязался какой-то скучнейший господин, который истязал его своими бесконечными вопросами. Однажды при входе этого гостя Вольтер, не давая ему открыть рот, сказал:

— Милостивый государь, предупреждаю, что я ничего не знаю и ничего не могу вам отвечать на вопросы, которые вы мне будете предлагать.

Регент засадил Вольтера в Бастилию, а в это время как раз давали Вольтерову трагедию «Эдип». Регенту она чрезвычайно понравилась, и ради удовольствия, какое она ему доставила, он помиловал автора. Когда Вольтер явился благодарить регента, тот сказал ему:

— Ведите себя хорошо, а я буду о вас заботиться.
— Буду бесконечно обязан вашему высочеству, — отвечал Вольтер, — но об одном умоляю: не принимайте на себя забот о моей квартире!

Однажды Вольтер, приветствуя Пирона, сказал ему:
— А, здравствуйте, сердце мое!
— Я вам, кажется, ничего худого не сделал, — сухо отвечал Пирон, — за что же вы меня поносите!

Какая разница между хорошим и прекрасным? — спрашивали Вольтера.

— Хорошее требует доказательств, а прекрасное не требует, — ответил он.

Какой-то бедный духовный, мечтавший о месте аббата, часто в беседах с Буало, с которым был знаком, горячо восставал против распространенной в то время манеры хватать множество мест и должностей; жадные люди брали места, вовсе не заботясь, как они справятся с принимаемыми на себя обязанностями, а заботясь лишь об умножении доходов. Знакомец Буало весьма красноречиво осуждал эту жадность, столь мало совместимую особенно с духовным званием, для себя же, как он уверял, удовольствовался бы аббатством, которое приносило бы две-три тысячи франков, на большее же он никогда не польстится. Но все это был только один разговор; кандидату в аббаты случайно повезло: он получил аббатство с доходом в семь тысяч, скоро потом другое, в пять тысяч, потом третье, тоже в пять тысяч.

— Ну, господин аббат, — сказал ему Буало, встретясь с ним в это время, — где наши разговоры о грехе и соблазне многочисленных должностей и крупных доходов?

— Ах, господин Буало, — отвечал разбогатевший скромник, — если б вы знали, как эти доходы нужны для того, чтобы хорошо жить.

— Знаю, понимаю и нисколько не сомневаюсь, что все это нужно для того, чтоб хорошо жить, но годится ли это для того, чтобы хорошо умереть?

Принц Кондэ был большой любитель литературы и часто собирал у себя писателей, беседовал с ними и высказывал подчас весьма здравые суждения. С ним, конечно, все соглашались, когда его суждения были в самом деле здравые, и в эти минуты он был в высшей степени мил и любезен. Но зато, когда его мнения нельзя было принять без возражений, он совсем преображался, противоречий не выносил, был зол, резок, груб. И вот однажды Буало, присутствовавший при каких-то литературных разглагольствованиях принца, возразил ему. Слово за слово спор разгорелся, и очи принца так злобно засверкали, что Буало живо примолк, оставив спор. Улучив минутку, он наклонился к соседу и шепнул ему:

— Отныне даю заклятье всегда, когда принц не прав, быть одного мнения с его высочеством.

Один знакомый показывал Буало стихи, написанные каким-то маркизом. Сам показывавший отзывался об этих стихах с восхищением, но Буало, просмотрев их, оказался иного мнения.

— Если вам так нравятся стихи маркиза, — сказал он своему знакомому, — то вы мне окажете большую честь, если мои стихи будете считать никуда не годными.

У книгопродавца Барбена, приятеля Буало, была в окрестностях Парижа дача, очень богатая и красивая, но без двора, без сада, так что когда он звал гостей на дачу «подышать свежим воздухом», то над ним смеялись, потому что наслаждаться воздухом на даче было негде. Однажды Буало обедал у него и после обеда сейчас же приказал закладывать лошадей, чтобы ехать домой.

— Куда же вы так скоро? — спрашивал его хозяин.

— Хочу в город, подышать свежим воздухом, — ответил Буало.

Одно время в Париже появился проповедник, отец Летурне, на проповеди которого устремлялся весь город. Кто-то спросил у Буало, что это за новый проповедник и почему к нему публика так усердно идет.

— Вы знаете, — отвечал Буало, — что публика всегда жадна до новизны, а Летурне проповедует совсем по-новому — в евангельском духе.

Академик Грессэ, говоря однажды о Руссо, выразился так:

— Досадно, что такой крупный философ живет таким медведем.

Руссо это узнал. Посетив Грессэ, он долго беседовал с ним, но говорил очень кратко, и все о разных пустяках, тогда как Грессэ хотелось навести разговор на серьезные философские темы. Грессэ, наконец, намекнул гостю на это видимое уклонение от серьезного разговора, а Руссо сказал ему на это:

— Господин Грессэ, можно выучить говорить попугая, но медведя ни за что не выучить.

Философ Ванини на обращенное к нему обвинение в безбожии поднял с земли соломинку и сказал:
— Мне довольно этой былинки, чтобы бесспорно доказать то, в отрицании чего меня обвиняют.
Нечто подобное приписывают и Руссо. Однажды он вошел к г-же Эпернэ, неся в руке большой пук колосьев.
— Вот вам, — сказал он, — целый пук доказательств бытия Божьего.

У Руссо был домик в Монморанси, а рядом с ним — бывшее имение какого-то важного, но очень пустого и тщеславного барина, хвставшегося своей охотой и красной ленточкой своего ордена. Однажды заяц, принадлежавший этому барину, ушел из его садка, пробрался в скромный огородик Руссо и пристроился там к капусте. Садовница Руссо завладела этой случайной добычей, а барин-сосед, узнав об этом, страшно разгневался и грозил садовнице. Тогда Руссо продиктовал ей письмо к соседу; в нем она сначала рассыпалась в извинениях, а в конце заявила:
«Милостивый государь, я питаю к вашим зайцам всяческое почтение, но молю вас, наденьте на них на каждого по красной орденской ленточке, чтобы я могла их отличить от других зайцев».

Однажды Руссо прогуливался с Дидро по берегу пруда в Монморанси. Остановившись около одного места на берегу, Руссо сказал:
— Вот с этого самого места я раз двадцать собирался броситься в воду, чтобы покончить с собой.
— Что ж вас удерживало? — спросил равнодушно Дидро.
— Я пробовал воду рукой, и мне всегда казалось, что она слишком холодна.

У Дидро снисходительность к людям иногда доходила до непостижимых пределов, до самоотверженности. Так, однажды к нему явился какой-то юный шантажист, подал толстую тетрадь и просил ее прочитать. Рукопись оказалась злой и яростной сатирой на Дидро.

— Милостивый государь, — сказал ему Дидро, — я не знаю вас, никакого зла я не мог вам сделать; скажите же, чем я должен объяснить ваше нападение на меня?

— Мне просто-напросто есть нечего, — покаялся юноша.

Он надеялся, что Дидро даст ему денег, чтобы отвязаться от него.

— Ну, что же, — спокойно проговорил Дидро, — вы не первый, прибегший к такому способу пропитания. Многие охотно платят за молчание. Но дело в том, что вы можете извлечь гораздо больше пользы из вашей тетрадки. Обратитесь вы с ней к герцогу Орлеанскому. Он меня терпеть не может и за пасквиль против меня хорошо заплатит, гораздо лучше, чем я сам. Посвятите ему вашу сатиру, переплетите ее хорошенько, поставьте на переплете его герб и поднесите ему; можете быть уверены, что он будет щедр к вам.

— Но я совсем не знаю герцога и не сумею написать ему посвящение, — сказал шантажист.

Дидро сейчас же сел за стол и написал посвящение. Мошенник взял свою рукопись, сделал все так, как ему советовал Дидро, получил от герцога щедрую подачку и пришел даже поблагодарить Дидро.

Знаменитую «Энциклопедию», которую Дидро редактировал, издавал книгопродавец Панкук, человек очень преклонного возраста. Однажды Дидро пришел к нему, чтобы прочесть корректурные листы «Энциклопедии». Панкук в это время одевался и делал это по причине своей старческой неповоротливости очень медленно. Живой и нетерпеливый Дидро, желая помочь ему поскорее покончить со своим туалетом, стал подавать старику верхнюю одежду; Панкук сконфузился и никак не хотел согласиться, чтоб великий писатель прислуживал ему.

— Ничего, ничего, — успокаивал его Дидро, — я не первый автор, одевающий (т. е. обогащающий) издателя.

Однажды Гримм привел к Дидро принца Фердинанда Брауншвейгского, которого Дидро не знал и принял за простого смертного, путешествующего немца. Все трое очень мирно и дружно беседовали несколько часов. На прощанье Гримм пригласил его ужинать в тот же день к герцогу Брауншвейгскому, прибывшему в Париж.

— Увидите героя! — убеждал его Гримм.

— Нет, не пойду, — отвечал Дидро, не любивший принцев. — Я не люблю этих ваших принцев, я с ними глупею, они у меня отшибают здравый смысл, да ведь и сами-то они ничего умного не говорят.

Гримм расхохотался и знаками дал ему понять, что его гость и был сам принц Брауншвейгский. Дидро, нисколько не смутясь, сказал ему:

— Друг мой, преклоните колено перед вашим принцем и попросите у него прощения за все глупости, которые вы меня заставили говорить.

У Дидро спросили, что за человек Эпине.

— Это человек, — ответил философ, — который истребил два миллиона франков, не только не сделав за все это время ни одного доброго дела, но даже и не сказав ни одного доброго слова.

Однажды к Дидро пришел какой-то юноша и принес пук никуда не годных стихов. Дидро откровенно сказал ему, что не только эти стихи его плохи, но, судя по ним, можно сказать с уверенностью, что лучших ему никогда и не удастся написать.

— Ну, что же делать, — отвечал юноша, — буду писать плохие стихи!

Эта выходка заинтересовала Дидро. Он расспросил юношу и услыхал от него, что несчастный был одержим каким-то болезненным жаром к писанию стихов, не мог без этого жить. Но при этом еще оказалось, что злополучный поэт очень беден. Подумав, Дидро посоветовал ему ехать в Индию и там попытать счастья. С тем от него и ушел юный маньяк.

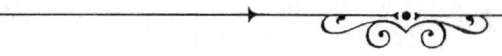

Но через двенадцать лет он снова предстал перед Дидро, на этот раз прекрасно одетый, видимо став богатым человеком. Дидро и не узнал было его, но тот сам напомнил о своих стихах. Помните, дескать, я тот самый, кого вы тогда отправили в Индию; я вас послушался, отправился туда и там разбогател. Теперь я вернулся и опять взялся за стихи!

Дидро прочел эти стихи и увидел, что они еще хуже прежних. Он это откровенно объяснил поэту, но прибавил:

— Вы этим не стесняйтесь, пишите себе ваши стихи сколько угодно. Теперь вы обеспечены, и вам можно развлекать себя чем хотите. Только не печатайте ваших стихов, потому что издатель на них может в прах разориться.

Дидро был рассеян и беззаботен, и у него нередко утаскивали его рукописи, а потом их издавали и продавали. Но в числе этих рукописей были и не разрешенные цензурой; поэтому Дидро иной раз приходилось иметь неприятные объяснения с властями; в этих случаях он всегда отговаривался тем, что он не сам публиковал свое запретное сочинение, что у него украли рукопись. Однажды кто-то из власть предержащих, выслушивая в сотый раз от Дидро это оправдание, очень серьезно и внушительно сказал ему:

— Господин Дидро, отныне и впредь я вам настрого запрещаю, чтобы вас обворовывали.

Шамфор в своих записках вспоминает очень забавную историю, приводящую на память слова Гоголя о великом таланте русского человека разговаривать с людьми, смотря по их чину, званию, общественному положению, богатству. Оказывается, этим талантом щеголяли и современники Шамфора. Так, однажды, когда д'Аламбер был уже на вершине своей ученой славы, ему случилось быть в гостях у госпожи Дюдеффан, где вместе с ним сошлись и разные чиновные тузы. После других пожаловал доктор Фурнье. Он прежде всего подошел к хозяйке и приветствовал ее словами: «Сударыня, имею честь засвидетельствовать вам мое нижайшее почтение!»

Потом он обратился к президенту Эно со словами: «Сударь, имею честь приветствовать вас!»

Потом к богачу Пон-де-Вейлю со словами: «Сударь, ваш покорнейший слуга!», и после всех к д'Аламберу со словами: «Здравствуйте, сударь».

Философ Фонтенель, когда его избрали в члены Академии наук, сказал: «Теперь на всем свете осталось всего тридцать девять человек умнее меня». Число членов французской Академии — сорок.

Однажды Фонтенель сидел за столом между двумя какими-то юношами, очень глупыми, но заносчивыми и решившими потешиться над философом. За обедом между прочим зашел разговор о разных способах выражать одну и ту же мысль на французском языке. Юноши по этому поводу приступили к Фонтенелю с вопросом, как правильнее сказать: «Дайте нам пить» или «Принесите нам пить».

— Для вас, — ответил им философ, — не годятся оба эти выражения; вы должны говорить: «Поведите нас на водопой».

Однажды регент спрашивал у Фонтенеля, как всего правильнее относиться к поэтическим произведениям.

— Ваше высочество, — отвечал философ, — говорите о них обо всех сплошь, что они плохи, и вы рискуете впасть в ошибку разве в одном-двух случаях из ста.

Фонтенель каждый день обедал у кого-нибудь из знакомых, так что у него все дни недели всегда были вперед распределены. Когда его хоронили, Пирон, смотревший из окна на печальное шествие, воскликнул:

— Сегодня в первый раз Фонтенель выходит из дому не на обед к знакомым!

Фонтенель до страсти любил спаржу, и притом приготовленную на прованском масле. Однажды его посетил престарелый аббат Террасон, тоже большой почитатель спаржи, но только не на прованском, а на коровьем масле. У Фонтенеля как раз в этот день готовили спаржу, но запас лакомства был невелик. Однако, желая угостить друга, он решился на жертву и приказал разделить всю партию спаржи на две части и одну часть приготовить на коровьем, другую на прованском масле. И вот внезапно незадолго до обеда со старым Террасоном сделалось нехорошо, потом он вдруг упал и умер. Видя это, Фонтенель мгновенно побежал в кухню, еще издали крича повару:

— Всю на прованском, всю на прованском!

Фонтенель в последние годы жизни (он умер столетним старцем) сначала оглох, а потом начал слепнуть.

Чуя приближение смерти, он говорил: «Я уже понемногу отправляю вперед свой багаж».

У Фонтенеля было смешное приключение с произведением его собственного пера. Однажды сын одного крупного чиновника по секрету попросил Фонтенеля сочинить для него речь, и тот исполнил его просьбу. Но все это осталось в тайне между ними; отец ничего не знал. Спустя немало времени, когда Фонтенель успел уже и забыть об этой речи, отец однажды попросил его послушать речь, которая осталась в копии у него. Фонтенель, ничего не подозревая, стал слушать и скоро вспомнил, что это его собственное произведение. Ему стало неловко. Выдать сына ему не хотелось, очень хвалить свое собственное сочинение было неловко; разрешилось это тем, что он дал о речи очень неопределенный отзыв, которым старик отец остался недоволен.

— Я вижу, что произведение сына вам не по вкусу. И, однако же, оно написано в свободном, естественном стиле, быть может, и не строго правильном, но не надо забывать, что это сочинено светским человеком. А ведь вам, господам академикам, подавай грамматику да фразы!

«Если бы я держал все истины у себя в руке, — говаривал Фонтенель, — я ни за что бы ее не разжал, чтоб показать эти истины людям».

Фонтенелю приписывается один из самых ловких и изящных комплиментов, сказанных женщине. Ему было уже далеко за 90, когда он встретил в одном доме прелестную молоденькую женщину, недавно вышедшую замуж. Он подсел к ней и долго, пользуясь вольностью старческого возраста, рассыпался перед ней в любезностях. Потом он был от нее кем-то отозван, а спустя еще несколько времени рассеянно прошел мимо нее, даже не взглянув на нее.

— Господин Фонтенель, — окликнула его красавица, — таковы-то ваши любезности, которые вы мне недавно расточали! Вы проходите мимо, даже не взглянув на меня!

— Сударыня, — ответил ей умный старец. — Я потому и не взглянул на вас, что мне было необходимо пройти мимо, ибо если бы я взглянул, то разве был бы в силах пройти мимо!

Когда престарелому Иоганну Вольфгангу Гете сообщили, что умер его семидесятилетний друг, он сказал:

— Я удивляюсь, как это у людей не хватает характера жить дольше.

Гете прогуливался в парке Веймара. На дорожке, где мог пройти лишь один человек, ему встретился критик, который остро критиковал его произведения. Когда они сблизились, критик чванливо сказал:

— Я никогда не уступаю дорогу дуракам!

— А я наоборот, — ответил Гете и, улыбаясь, сделал шаг в сторону.

Увидев двух ссорящихся, Гете сказал:
— Из двух ссорящихся виновен тот, кто умнее.

Бомарше был подвергнут герцогом Шонем грубому оскорблению, чуть ли даже не прибит им. Однако он стерпел и не вызвал обидчика на дуэль. Через некоторое время после того его вызвал на дуэль актер Дабдаш.

— Я отказывался драться с людьми почище его, — спокойно сказал Бомарше и отказался от дуэли.

Бомарше был сыном часового мастера и сам долго занимался делом отца. Когда же потом он появился при дворе уже в роли знаменитого писателя, его старались уязвить напоминаниями о его ремесле. Так, однажды, когда он, парадно одетый, проходил по галерее версальского дворца, его остановил кто-то из придворных и сказал:

— Ах, господин Бомарше, как это кстати, что я вас встретил! Взгляните, пожалуйста, что такое сделалось с моими часами.

— С удовольствием, — отвечал Бомарше, — но я, предупреждаю вас, очень неловок, у меня все из рук валится.

Считая эти слова за признак смущения и желание отделаться, придворный стал еще пуще приставать, и Бомарше, наконец, взял его часы, но тотчас же, как бы нечаянно, брякнул их о каменные плиты галереи. Он, конечно, извинился, но напомнил еще раз, что он предупреждал о своей неловкости, и затем спокойно отошел. Шутник оказался чувствительно наказанным за свое желание поиздеваться.

Одна из комедий Бомарше, «Два друга», жестоко провалилась. В это время ему случилось однажды быть в одной компании, где присутствовала знаменитая артистка из оперы, Софи Арну. Желая, ради утешения, пройтись насчет оперного театра, Бомарше сказал ей:

— У вас отличный зрительный зал, но вы со своим «Зороастром» провалитесь, и ваш театр будет пуст.

— Извините, — спокойно ответила Арну, — ваши «Два друга» отправят к нам всю свою публику.

Та же Арну, изумляясь удаче, которая иногда поразительно улыбалась Бомарше, говорила про него:
— Поверьте мне, он будет повешен, но веревка оборвется!

Арну не блистала хорошим голосом. Однажды какой-то врач, слушая ее пение, заметил:
— Это самая блестящая астма, которую мне когда-либо случалось слушать!

У Софи Арну одно время была связь с графом Лорагэ, но ветреный граф влюбился в другую актрису и откровенно признался в своей неверности Софи Арну. Та приняла факт весьма философски, без всяких сцен, напротив, следила с участием за успехами своего друга. И вот однажды граф поведал ей свое горе: каждый раз, когда он бывает у нового предмета обожания, он встречается там с упорным соперником, с каким-то мальтийским рыцарем. Он не скрыл от Софи, что очень боится этого мальтийца.
— Еще бы, — заметила Арну, — как вам его не бояться, ведь мальтийский орден прямо и учрежден для борьбы с «неверными»...

Софи Арну, с ее умом и сценической опытностью, хорошо понимала, что такая вещь, как «Женитьба Фигаро», наверное, станет в ряд знаменитых пьес и обойдет театры всего мира. Но другие, менее опытные или завистливые люди усердно твердили, что комедия Бомарше слаба и, наверное, провалится.
— Да, провалится, — сказала на это Софи, — раз сорок подряд.

Арну однажды пригласила к себе на ужин несколько человек из высшей знати. В то время за сборищами зорко следили, и полицейский префект, узнав об ужине, вызвал актрису к себе и потребовал, чтобы она назвала имена всех приглашенных ею гостей.

— Я забыла, кого звала, — отвечала Арну.

— Ну, полноте, такая женщина, как вы, должна твердо помнить подобные вещи!

— О да, ваше превосходительство, — отвечала Арну, — но перед таким, как вы, я становлюсь уже не такая, как я.

Во времена Арну случилась наделавшая шуму дуэль Бюзасуа с принцем Нассау. Рассказывая о ней, говорили, что первый из них очень долго уклонялся от поединка, и удивлялись этому, потому что он считался настоящим артистом фехтования.

— Что ж тут удивительного, — заметила Арну, — таковы все знаменитости и таланты — любят, чтоб их упрашивали.

У дочери Софи Арну, г-жи Мюрвиль, спросили однажды, сколько лет ее матери.

— Ей-богу, не знаю, — отвечала она, — мама каждый год сбавляет себе по году, так что скоро я буду старше ее!

Вспоминая часто о своей ранней молодости, Софи Арну говорила:

— Славное было время! Я тогда так бедствовала.

Рассорившись со своим возлюбленным, графом Лорагэ, Софи Арну отправила к его жене все, что от него имела: золото, бриллианты, наряды, карету и в ней двух детей, которых она имела от Лорагэ.

Мольеровский «Тартюф» имел при первом представлении большой успех, и когда его поставили на следующий день, зрительный зал был переполнен. Но перед самым представлением явился посланный от президента парламента Ламуаньона с извещением, что пьеса запрещена. Тогда Мольер, выйдя к публике, сказал:

— Милостивые государи, мы хотели сегодня представить вам «Тартюфа», но господин президент не хочет, чтоб мы его представляли.

Это знаменитое слово считается образцовым примером так называемой амбифологии, т. е. попросту говоря, двусмысленности.

Когда появился на сцене мольеровский «Мнимый рогоносец», какой-то злополучный супруг узнал себя в герое и ужасно рассердился на Мольера, собираясь жестоко отомстить ему.

— Полноте, — успокаивал его кто-то из друзей, — подумайте о том, что автор представил вас с наивыгоднейшей стороны: ведь вы не настоящий, а мнимый рогоносец!

Мольер был очень дружен с адвокатом Фуркруа. Этот человек отличался и славился необычайно мощным и зычным голосом. Однажды Мольер заспорил с ним, но его голос буквально исчезал в громовом голосе Фуркруа. Тогда, оборотясь к присутствовавшему при споре Буало, Мольер сказал:

— Ну, что тут возьмешь здравым суждением против такой глотки!

В театре происходила репетиция пьесы Мольера. Молодая, совсем еще неопытная актриса, которой приходилось изображать муки ревности и отчаяния покинутой женщины, передавала эту сцену совсем вяло и безжизненно, приводя этим в отчаяние автора драмы.

— Сударыня, — кричал Мольер ей в раздражении, — вы совсем не понимаете этой сцены. Поставьте же себя на место героини. Представьте себе, что вас покинул ваш любовник. Что бы вы стали делать?

— Взяла бы другого, — спокойно отвечала актриса.

Когда Мольер умер, к принцу Кондэ, очень любившему драматурга, явился какой-то неизвестный поэт, сочинивший эпитафию на гробницу Мольера. Он поднес ее принцу, конечно, в чаянии мзды. Узнав, в чем дело, и прочтя эпитафию, принц воскликнул:

— О боже, сколь безмерно приятнее было бы, если б не вам пришлось писать мольеровскую эпитафию, а Мольеру эпитафию на вашу могилу!

Расин в спорах всегда держался чрезвычайно гордо и надменно, высказывал свои мнения, как непререкаемые истины, и этими манерами часто донельзя раздражал собеседников. Однажды, когда он спорил о чем-то с Деспрео и нападал на его произведения, последний воскликнул:

— Ну, хорошо! Пусть я буду лучше просто не прав, чем так кичливо прав!

Расин часто со смехом рассказывал об одном враче, с которым он советовался. Доктор, выслушав его и исследовав, предписал ему не есть мясного, не пить вина, не читать, вообще ничем усидчиво не заниматься и в заключение прибавил:

— А главное — будьте всегда спокойны, довольны и веселы!

Однажды герцог Орлеанский и кардинал Дюбуа собрались вместе куда-то на костюмированный бал, причем, чтоб их ни за что не могли узнать, оба переоделись самым невероятным образом и условились держаться друг с другом с усиленной фамильярностью. Дюбуа довел, однако, эту фамильярность до того, что пнул регента ногой.

— Друг мой, — заметил ему герцог, — ты уж чересчур стараешься, чтобы меня не узнали!

Регент (герцог Орлеанский) наложил на одну провинцию усиленные налоги. Депутат этой провинции, человек смелый и стойкий, одна из тех суровых личностей, которые в те времена уже появлялись изредка, словно предтечи будущих революционных вождей, чрезвычайно упорно отстаивал перед регентом интересы своих сограждан, почти угрожая регенту, если он не отменит налога. Удивленный и раздраженный такими речами регент сказал ему:

— Но ведь это угрозы! Какими же, однако, силами и средствами вы располагаете, чтобы воспротивиться моей воле? Что вы можете со мной сделать?

— Повиноваться и ненавидеть! — отвечал смелый депутат.

Регент умер внезапно, от удара. Он дал кому-то аудиенцию и, покончив с ней, вошел в свои покои, где его встретила его любовница, герцогиня Фаларне. Он сказал ей:

— Очень рад вас видеть, вы позабавите меня своими рассказами, а у меня ужасно болит голова.

Проговорив эти слова, он вдруг ослаб и вытянулся на кресле без движения. Герцогиня сейчас же позвала людей, вызвали доктора, но было уже поздно: регент умер на руках у своей возлюбленной. Какой-то остряк сказал про него:

— Герцог скончался, напутствуемый своим всегдашним духовником.

Как известно, у регента был любимец, кардинал Дюбуа, пользовавшийся замечательно дружной ненавистью всего парижского населения. Регента всеми силами убеждали не выдвигать этого человека вперед, но он никого не хотел слушать. Между прочим, граф Носэ говорил регенту:

— Ваше высочество, вы можете сделать его, конечно, чем вам благоугодно, но честным человеком вы его не в силах сделать.

Смелый Носэ поплатился за это изгнанием, хотя регент очень любил его. Когда же Дюбуа умер, регент поспешил вернуть Носэ, написав ему при этом чрезвычайно странное собственноручное послание:

«Умер змей, умер и яд. Жду тебя сегодня в Пале-Рояль к ужину».

Лагранж-Шансель написал против регента чрезвычайно злой памфлет, был в этом изобличен и сослан регентом в заточение на острова Св. Маргариты, те самые, где содержалась знаменитая «Железная маска». Перед ссылкой, однако, регент пожелал видеть автора и спросил у него:

— Веришь ли ты сам всему тому, что ты написал про меня?

— Верю! — отвечал Лагранж-Шансель.

— Ну то-то, твое счастье! Если бы ты сам этому не верил, я бы тебя вздернул на виселице!

Фридриху Великому приписывается (хотя иные и оспаривают его авторство) весьма нелюбезное слово относительно прекрасного пола:

— Женщина, — будто бы говаривал он, — все равно что отбивная котлета: чем больше ее бить, тем она становится мягче!

Фридрих был убежденный атеист. Однажды в беседе с Арно-Бакюляром он начал высказывать свои взгляды на религию, а тот стал горячо с ним спорить. Видя в своем собеседнике человека верующего, король сказал ему:

— Как, вы тоже придерживаетесь всех этих отсталых взглядов?!

— Точно так, государь, — отвечал Арно, — мне утешительно думать, что есть существо, стоящее выше королей.

Однажды Фридрих работал у себя в кабинете, а в это время внук его, которому вход в кабинет никогда не возбранялся, играл тут же в комнате, бросая волан. И вот волан вдруг упал королю на стол. Фридрих бросил его мальчику, и тот, продолжая играть, снова пустил игрушку на стол; он и на этот раз получил ее обратно; но когда волан в третий раз упал уже прямо на бумаги, разложенные перед Фридрихом, он схватил волан и спрятал его в карман. Мальчик начал упрашивать отдать ему игрушку, но тот ему сначала сказал, что не отдаст, а потом вовсе ничего не отвечал. Тогда мальчик перешел от просьб к требованиям. Он подошел к столу вплотную, упер руки в боки и сказал громко и решительно:

— Я спрашиваю ваше величество, отдадите вы мне мой волан, да или нет?

Король расхохотался и, отдавая мальчугану его игрушку, сказал:

— Ты храбрый малый, они у тебя не отнимут назад Силезии!

Однажды Фридриху представили для подписи приговор, которым присуждался к смертной казни некто, обвиненный в преступной связи с собственной дочерью. Фридрих написал на приговоре:

«Надо прежде всего доказать и установить, что она ему действительно дочь».

А так как этого не удалось установить с достоверностью, то король просто приговорил его к непродолжительному заключению.

При Фридрихе был отдан приказ, чтобы офицеры королевской гвардии всюду в публичных местах появлялись не иначе как в форменной одежде. Один из гвардейских офицеров вздумал прогуливаться в дворцовом саду в штатском костюме и как раз наткнулся на короля. Тот при встрече сделал вид, что не узнает его, и спросил его, кто он такой.

— Я офицер, но я здесь инкогнито! — развязно ответил находчивый воин.

Фридриху это понравилось, и он отпустил нарушителя дисциплины с миром, посоветовав, однако, «не попадаться на глаза королю».

Один из пажей Фридриха, видя забытую королем на столе драгоценную табакерку, открыл ее, понюхал табаку и начал рассматривать табакерку. Король, видя эту проделку и тихонько подойдя к пажу, спросил его:

— Тебе понравилась моя табакерка?

Бедный паж стоял перед королем, не говоря ни слова от страха.

— Ну, милый мой, — сказал ему король, — для нас двух эта табакерка будет мала; так уж ты лучше пользуйся ею один, возьми ее себе!

Фридрих допускал и терпел со стороны своих приближенных иногда величайшие проявления бесцеремонности на словах. Так, перед боем под Розбахом он говорил своему генералу:

— Если я проиграю эту битву, то брошу все, уеду в Венецию и буду там жить, сделаюсь лекарем!

— Значит, все-таки останетесь человекоубийцей! — заметил генерал.

Один из любимых капралов Фридриха, очень храбрый и лихой солдафон, но большой щеголь, вздумал носить цепочку, чтоб показать, что у него завелись часы, хотя часов у него не было; а чтобы цепочка не выпадала из кармана, он на конце ее вместо часов привесил тяжелую мушкетную пулю. Увидев на нем эту цепочку, Фридрих заметил:

— Ого, капрал, да ты, видно, скопил деньжонок: у тебя часы завелись. Ну-ка, взгляни, который час на твоих. На моих шесть.

Капрал догадался, что король желает над ним подтрунить. Нимало, однако, не смущаясь, он вынул свою пулю и сказал:

— Ваше величество, мои часы не показывают ни пять, ни шесть, а они только напоминают мне каждую минуту, что я должен лечь костьми за ваше величество!

— Хорошо сказано, мой друг, — ответил король. — Возьми же себе эти часы, чтобы тебе знать и тот час, когда придется положить за меня жизнь!

И он отдал ему свои усыпанные бриллиантами часы.

Однажды две придворные дамы заспорили о первенстве мест на каком-то торжестве и не только сами не могли прийти ни к какому соглашению, но и другие, невзирая на все усилия, не могли водворить между ними мир и согласие. Пришлось доложить об этой схватке королю Фридриху.

— Скажите же им, — разъяснил король, — что первое место принадлежит той, у которой муж занимает высшую должность!

— Они это знают, ваше величество, но их мужья занимают одинаковые должности!

— Ну, так первенство принадлежит той, чей муж раньше назначен на должность.

Но и в этом строптивые дамы оказались с равными шансами.

— Ну так скажите им, что пусть первое место займет та, которая глупее, — воскликнул раздраженный король.

Однажды в Потсдаме, на площади перед дворцом, собралась огромная толпа, которая сильно шумела. Фридрих приказал своему адъютанту сходить и узнать, что это за шум. Вернувшийся офицер сообщил королю, что кто-то написал жестокий памфлет на короля и привесил его очень высоко на стене дворца, так что трудно до него достать, и огромная толпа теснится около стены, стараясь прочесть пасквиль. Сообщив об этом, адъютант поспешил прибавить, что дворцовая гвардия уже уведомлена и немедленно рассеет толпу.

— Ничего этого не нужно, — приказал король, — а прикажите снять бумагу и прикрепить ее пониже, чтобы все, кто хочет, могли ее читать без всякого затруднения!

При Фридрихе Великом, который был большим любителем музыки, опера в Берлине процветала, и сам король охотно ее посещал и вообще очень ею интересовался. В то время в числе прочих была у него одна особа в высшей степени талантливая и голосистая, но одаренная от природы ленью в гораздо большой степени, нежели голосовыми средствами. Неудивительно поэтому, что она не столько пела на сцене, сколько жаловалась на нервы да на простуды, которые обеспечивали за ней безнаказанное отлынивание от лицедейства на сцене. Фридрих знал за ней этот порок, долго терпел его, но, наконец, не выдержал и... распорядился с ней по-капральски. Вот как было дело. Однажды вечером король посетил оперу. Занавес поднялся, и перед зрителями предстал режиссер труппы, провозгласивший:

— Милостивые государи и государыни! Дирекция театра с великим сожалением извещает вас, что наша талантливая примадонна по случаю простуды не может принять участие в сегодняшнем представлении.

При этих словах Фридрих подозвал адъютанта, отдал ему потихоньку какой-то приказ, а затем, когда тот, откланявшись, немедленно вышел, король подал знак музыкантам, чтобы они спокойно оставались на своих местах и ждали. Публика тоже ждала, ничего не понимая. Прошло, однако, не более четверти часа, как занавес вновь взвился, и тот же режиссер, но уже с довольной физиономией, возгласил:

— Милостивые государи и государыни! С радостью возвещаю вам, что наша талантливая примадонна внезапно почувствовала полное облегчение и сейчас будет иметь удовольствие предстать перед вами!

И в самом деле, певица вышла на сцену, и хотя все заметили, что она бледна, но пела она в этот вечер превосходно и привела всех в восторг.

Как совершилось это волшебство? Очень просто. Ленивая служительница муз спокойно сидела у себя дома около камина, совсем здоровая, как вдруг перед ней предстал адъютант, командированный королем, да не один, а в сопровождении четырех здоровеннейших гренадеров.

— Милостивая государыня, — возгласил он, — король, мой повелитель, поручил мне справиться о вашем здоровье.

— Я простудилась, — пролепетала певица.

— Королю это известно, и он приказал мне препроводить вас в военный госпиталь, где вас живо вылечат.

Актриса побледнела.

— Что это за странная шутка! — пробормотала она.

— Сударыня, — отвечал ей адъютант, — я явился сюда к вам вовсе не затем, чтобы шутить с вами, а затем, чтобы исполнить повеление короля.

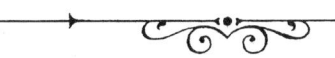

И вот, по знаку, данному офицером, четверо богатырей гренадеров подошли к певице, схватили ее, как перышко, на свои могучие руки, бережно вынесли, посадили в карету. Сами они сели на коней, и экипаж, ими конвоируемый, помчался к лазарету.

Не прошло и пяти минут, как певица объявила адъютанту, что начинает чувствовать себя лучше. Тот ее вежливо поздравил с облегчением, но тут же добавил, что король желает ее полного выздоровления, и притом немедленного, так, чтобы она в тот же вечер могла петь.

— Я попытаюсь, — проговорила злополучная пациентка.

— В театр! — скомандовал офицер.

Карета живо примчалась к опере. Певица наскоро оделась, но перед выходом на сцену сказала своему неожиданному исцелителю:

— Милостивый государь, король требует, чтоб я пела, и я буду петь, но как я буду петь, уж пусть его величество не взыщет!

— Вы будете петь как подобает великой певице.

— Я буду петь как подобает простуженной!

— Никак нет-с!

— Как нет?

— За каждой кулисой у меня будет стоять гренадер, и прошу вас помнить, что при малейшем неудачном звуке солдаты схватят вас, и мы увезем вас в госпиталь!

Однажды кучер Фридриха Великого опрокинул экипаж и вывалил короля на мостовую. Тот пришел в ярость, но кучер спокойно сказал ему:

— Ну, чего ж так гневаться? В кои веки оплошал — эка беда! Разве вам самим не случалось проигрывать сражения?

В другом случае у него вышла уже настоящая, и притом решительно неприличная ругань с маркитанткой. Он ее за что-то выбранил, и выбранил чересчур резко. Бойкая баба начала его стыдить: вы, дескать, король, да еще старый человек, а такие слова говорите. Фридрих отвечал ей еще более крепкой бранью. Тогда раздраженная баба выпустила против него уже без всякого удержу полный лексикон казарменного острословия. Фридриха эта словесная игра очень забавляла, и он продолжал громко отругиваться, постепенно удаляясь от маркитантки, пока они перестали слышать друг друга.

В начале Семилетней войны Фридрих Великий однажды беседовал с английским посланником, которого он высоко ценил за его ум и опытность. В разговоре посланник, между прочим, сообщил королю, что французы отбили у англичан остров Минорку и еще какую-то крепость.

— Новость очень печальная, государь, — прибавил посланник, — но отчаиваться нам не следует; мы вновь начнем вооружения и поправим наши неудачи: нам поможет Бог.

— Бог? — с иронией произнес атеист-король. — Я не знал, что и Бог тоже состоит в числе ваших союзников.

Задетый за живое посланник, припомнив сам и желая напомнить королю, как щедро он пользовался денежной помощью Англии в своих войнах, с живостью отвечал ему:

— Да, государь, Он тоже наш союзник, и притом удобный тем, что ни копейки нам не стоит!

При Людовике XVI славился своими каламбурами и остротами маркиз Карачоли. Однажды, когда его назначили вице-королем Сицилии, Людовик поздравил его, сказав, что на его долю выпало одно из лучших мест в Европе. Король употребил при этом слово place, которое означает место, должность, но также и площадь, плац. Карачоли, пользуясь этим, ответил королю:

— Ах, государь, Вандомская площадь, которую я для этого должен покинуть, гораздо мне милее!

У Людовика XVI был в числе любимцев некто майор Дарланд. Как-то этот господин вздумал совершить полет на воздушном шаре. Король, узнав об этом, сделал ему дружеский и ласковый выговор по поводу страшной опасности, которой тот подвергался.

— Простите меня, государь, — сказал ему в ответ Дарланд, — но ваш военный министр сделал мне столько посулов и обещаний, потонувших в воздушном океане, что я, наконец, решился отправиться за ними туда вдогонку!

Узнав, что, несмотря на свой преклонный возраст, Карачоли все еще ведет любовные интриги, Людовик сказал ему:

— А мне передавали, маркиз, что вы все еще занимаетесь любовью.

По-французски король выразил это обычными словами: «делать любовь».

— О государь, вас ввели в заблуждение, — отвечал игривый старичок. — Я давно уже не «делаю» сам любви, я покупаю ее готовую!

Эпоха Великой французской революции чрезвычайно богата всякими «словами» — свирепыми, кровавыми, патриотическими, возвышенными, но собственно остроумием ее деятели не блистали. Отметим, однако же, кое-что и в этой эпохе.

Дантон, как известно, был одним из основателей революционного судилища. Когда это же судилище приговорило его к смерти, он воскликнул:

— И в такое-то время я, безумец, вздумал учреждать революционное судилище! Я каюсь в этом перед Богом и людьми!

Тот же Дантон перед самым моментом своей казни сказал палачу:

— Ты покажешь народу мою голову, она стоит того!

Сен-Жюст очень разгорячился во время какого-то бурного совещания. Робеспьер сказал ему:

— Успокойся, власть принадлежит спокойным.

Робеспьер погубил у одной женщины двух сыновей. В день казни знаменитого революционного страшилища эта женщина стояла около эшафота, и когда голова Робеспьера пала, она громко вскрикнула: «Бис!»

Очень остроумной была выходка скульптора Шинара, спасшая ему жизнь. Во время террора он попал в список подозрительных, т. е., другими словами, ему угрожал немедленный арест, а затем, конечно, и гильотина. Он переоделся, ловко совершил какую-то ничтожную мошенническую проделку, вроде подлога, был, конечно, схвачен, как обыкновенный мошенник, назвался выдуманным именем, был судим под этим именем за свое мошенничество и приговорен к годовому тюремному заключению. Это его и спасло от гильотины.

Молоденькая 16-летняя девушка во время террора переоделась артиллеристом, принимала участие в военных действиях против революционных войск, была схвачена и осуждена на смерть.

— Как ты не боялась битвы, — спрашивали ее судьи, — и как ты могла решиться направлять пушку против своего отечества?

— Не против его, а в защиту! — отвечала храбрая девушка.

— Веришь ты в ад? — спрашивал президент революционного судилища у одного священника.

— Как же в нем сомневаться, когда попадешь к тебе на суд? — отвечал неустрашимый служитель алтаря.

Другой судья спрашивал у священника, верит ли он в Бога. Несчастный, думая отступничеством спасти свою жизнь, отвечал, что не верует.

— А вот тебе сейчас отрубят голову, тогда ты поверишь!

Лесенка, ведшая на трибуну Конвента, была очень неудобная. Один оратор, всходя по ней, оступился, ушибся и заметил:
— Что это такое, словно на эшафот всходишь!
— А ты приучайся, скоро пригодится! — отвечали ему.

Однажды кто-то застал Верньо, видного деятеля революции, не ладившего с Маратом, очень грустным и расстроенным. На вопрос, что с ним, он ответил:
— Со мной случилось большое несчастье: вчера Марат отзывался обо мне хорошо.

В те времена было, конечно, всего лучше, когда власть предержащие, вроде Марата, вовсе не вспоминали о человеке: ни плохо, ни хорошо.

В Версале, вблизи здания, где заседало Национальное Собрание, какой-то парикмахер в то время придумал себе вывеску:

«Здесь бреют духовенство, причесывают дворянство и делают головные уборы третьему сословию».

Надо заметить, что в простонародной французской речи «брить» — значит разорять, разгромлять, «причесывать» — значит бить, таскать за волосы, а «делать убор, снаряжать» — бить палкой, исполосовать.

Седьмого июля 1792 г. лионский епископ произнес в Национальном Собрании чрезвычайно сильную и прочувствованную речь, в которой призывал все партии собрания к примирению, любви, единению, дружной общей работе на пользу отечества. Речь так сильно подействовала на депутатов, что они все кидались друг другу в объятия и клялись забыть свои распри. Но, увы, через сутки снова началась в собрании поножовщина, и остряки, вспоминая вчерашние объятия, труня, говорили:

— Это ведь не были лобзания любви, а так, нечто вроде летучих поцелуев с уличными нимфами.

Во время революции заставляли духовенство присягать конституции. Часто к этому побуждали священников свои же прихожане в церквах, во время службы. Так случилось в Нормандии с одним кюре.

— Друзья мои, — отвечал он, — я никогда не клянусь.

Но тут нужно разъяснить, что по-французски «клясться, приносить присягу» означает в то же время и «ругаться»; так что слова кюре можно было понимать в том смысле, что он никогда не ругается. В ответ ему с угрозами кричали: «Присягайте» (или «Ругайтесь»).

— Хорошо, — согласился кюре, — вы этого требуете, извольте. Убирайтесь отсюда к дьяволу, черт вас всех побери!

Расхохотались и разошлись миром.

Герцогиня Бирон была в театре в конце 1790 года, когда в успехе революции почти никто уже не сомневался, и простонародье уже не упускало случая оскорблять ненавистных ему «аристократов». В тот вечер в театре толпа вела себя буйно, задевала сидевших в ложах, видя в них аристократов, и швыряла в них яблоками. Одно из этих яблок угодило в голову герцогини Бирон. Она на другой день отправила его к Лафайету с запиской, в которой было сказано: «Препровождаю вам первый плод революции, попавший в мои руки».

В начале террора в одном обществе обсуждали вопрос: нельзя ли устроить какими-нибудь средствами примирение и сближение между монтаньярами (крайними революционерами) и жирондистами (умеренными).

— Это невозможно, — заметил кто-то из присутствующих, — у этих людей преупрямые головы!

(По-французски «упрямый» значит также «затруднительный».)

— Ну, это затруднение можно и устранить, — возразили ему.

Тут игра слов. «Устранить, разрешить затруднение» по-французски выражается словом, которое значит «срезать, отрубить».

Выходило, что если головы жирондистов составят затруднение, то можно их и отрубить.

Как-то раз большая уличная, очень буйно настроенная толпа окружила аббата Мори с обычными в то время криками:

— На фонарь!

Мори спокойно остановился и крикнул толпе:

— Ну, и что же из этого выйдет? Повесите вы меня вместо фонаря, так разве вам от этого светлее станет?

Толпа расхохоталась и бросила его.

Мартенвиль читал во время террора очень деятельную контрреволюционную проповедь, был схвачен и приведен в судилище:

— Подойди сюда, гражданин де Мартенвиль, — крикнул ему председатель.

— Мое имя Мартенвиль, а не де Мартенвиль! — вскрикнул подсудимый. — Вы забываете, гражданин председатель, что ваша обязанность состоит не в том, чтобы удлинять людей, а чтобы укорачивать их (т. е. рубить им головы)! Эта выходка спасла его.

У какого-то путешественника во время террора на границе спросили имя и паспорт. Он подал паспорт и сказал, что его имя «Ни».

— Как Ни? — крикнул на него чин, опрашивавший проезжих. — В паспорте ты назван Сен-Дени.

— Но как же быть, — возразил приезжий, — ведь святые (по-франц. «сен») и «де» (дворянская приставка к имени) теперь упразднены?

Архиепископ Тулузский Ломени де Бриенн славился своими поучениями, удивительно тяжелыми, скучными, малопонятными. Кончил этот мрачный человек тем, что отравился. Известный тогдашний остряк Ривароль сказал по этому поводу:

— Бедняга, он, должно быть, проглотил нечаянно какое-нибудь из своих поучений!

Поэт Флориан напечатал одну из своих поэм на роскошной бумаге с широкими полями.

— Самые блестящие места в этой поэме — поля! — заметил Ривароль.

Встретив однажды того же Флориана, Ривароль, видя, что у него из кармана торчит рукопись, заметил:

— А ведь этак, пожалуй, кто не знает вас, может соблазниться и вытащить из кармана вашу рукопись!

Про одного очень неопрятного человека Ривароль сказал:

— Он на самой грязи оставит пятно!

Ривароль не любил Мирабо. Он говорил про него:

— Нет человека, который был бы так похож на свою репутацию, как Мирабо.

Известно, что Мирабо был очень некрасив собой.

Про него же он сказал:

— За деньги Мирабо на все способен, даже на доброе дело!

Тибо читал в Гамбурге публичные лекции, которые тамошней публикой очень неохотно посещались. Ривароль говорил про него:

— Тибо платит сторожам не за то, чтоб они никого не впускали на его лекции, а за то, чтоб никого не выпускали с них!

Во время одного заседания Конвента Лежандр, затеяв спор с Ланжюинэ, до того увлекся, что едва не ударил своего противника.

— Постой, — остановил его Ланжюинэ, — прежде чем нанести мне удар, ты добейся указа о том, чтобы я был превращен в быка!

Это был намек на специальность Лежандра: он был мясник.

В другой раз они же оба зашли к книгопродавцу, и Лежандр, раскрыв том Монтескье, прочел там фразу: «Кто правит свободными людьми, тот сам должен быть свободен».

— Как вам нравятся эти слова, Ланжюинэ?

— Они бессмысленны, — отвечал Ланжюинэ, — это все равно, как если б сказать: кто хочет убивать откормленных быков, тот сам должен быть хорошо откормлен!

Биевру приписывают каламбур, который потом повторяли несчетное число раз. На вопрос какого-то любителя табачку, где он, Биевр, берет такой славный табак, Биевр отвечал:

— Это вы берете, а я не беру, а покупаю!

— Сколько лет вы дали бы мне? — спрашивала Биевра какая-то дама.

— Сударыня, у вас их и без того достаточно, зачем же я буду вам их еще прибавлять?

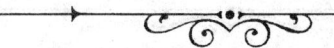

Случалось Биевру и чувствительно страдать за свою неодолимую страсть и к каламбурам. Все, знавшие его, как только он раскрывал рот, заранее приготовлялись хохотать, ожидая от него остроумного словца. И если он говорил вместо каламбура что-нибудь обыкновенное, люди разочаровывались и даже сердились. Так, однажды во время проливного дождя Биевр, насквозь промокший, увидал своего приятеля, ехавшего в закрытом экипаже. Он тотчас остановил его, подбежал к карете и сказал:

— Ради бога, приютите меня, я весь измок!

Приятель минутку подумал, очевидно ища в словах Биевра скрытый яд остроумия, но, ничего не найдя такого, с досадой сказал ему:

— Я не понимаю, что тут остроумного!

И, захлопнув под носом у мокрого Биевра дверцу кареты, крикнул кучеру:

— Пошел!

Мария Антуанетта выбрала очень странный способ для сообщения своему супругу о том, что она собирается осчастливить его наследником.

— Государь, — сказала она, — я прошу у вас правосудия против одного из ваших подданных, который жестоко оскорбил меня.

Введенный в заблуждение ее серьезным тоном, Людовик поспешно спросил, на кого она жалуется и как оскорбил ее дерзкий обидчик.

— Да, государь, — продолжала Мария Антуанетта, — представьте себе, отыскался такой дерзновенный, который позволил себе толкнуть меня в живот!

В таких же выражениях Мария Антуанетта говорила о своем состоянии графу Артуа, брату короля, который до рождения сына у короля был временным наследником трона.

— Ваш племянник, — говорила королева, — ведет себя со мной ужасно буйно и невежливо, толкается, пинается.

— Государыня, он и со мной не церемонится! — отвечал граф Артуа, намекая, конечно, на то, что будущий дофин вытесняет его из претендентов на трон Франции.

Когда чернь шумела под окном Марии Антуанетты, радуясь ее осуждению на смерть, королева громко и спокойно сказала толпе:
— Мои несчастья скоро кончатся, а ваши только начинаются!

Людовик XVII был очень остроумный ребенок. Однажды, во время какого-то урока он начал свистеть. Учитель сурово остановил его, а вошедшая в это время королева в свою очередь сделала ему внушение.
— Мама, — оправдывался маленький дофин, — я очень худо учился, но вот за это сам себя и освистал!

Граф д'Эстен, знаменитый боевой адмирал, отличившийся в войнах против англичан, был во время террора схвачен и предстал перед революционным судилищем. Президент спросил его имя.
— Я полагал, что оно известно французам, — отвечал гордый воин, — но коли вам оно неизвестно, то тогда отрубите мне голову, отошлите ее к англичанам, они скажут вам, как меня зовут!

Роже написал комедию «Адвокат», имевшую громадный успех. Роже был избран в академики и представлен королю Людовику XVIII.
— За вас хлопотал хороший адвокат! — сказал ему король, поздравляя его с избранием.

— Вы любите бобы? — спросил Людовик XVIII, который сам ужасно их любил, у одного придворного.

— Государь, я никогда не обращаю внимания на то, что ем, — отвечал тот.

— Напрасно, — возразил король, — надо быть внимательным к тому, что ешь и что говоришь!

Во время «Ста дней», в течение которых Францией вновь овладел бежавший с Эльбы Наполеон, многие сановники, присягавшие Людовику XVIII, изменили ему и принесли присягу Наполеону. В числе их был и престарелый канцлер Барантен. Потом он раскаялся и бежал из Франции к королю, удалившемуся в Гент. Насчет своей присяги Наполеону он выразился как-то очень неясно: я, дескать, не то чтобы присягал, а так!

— Понимаю, понимаю, — перебил его король, — вы приносили не присягу, а присяжоночку, вы человек старый и многое можете делать уже только наполовину!

При Людовике XVIII, когда он жил в изгнании, состоял на службе один придворный чин, который внезапно получил от наполеоновской полиции приглашение — доставлять постоянные донесения обо всем, что говорится и творится при дворе короля-изгнанника. За это ему предлагалась в вознаграждение пенсия в пятьдесят тысяч франков. Оскорбленный этим предложением, чиновник показал письмо Людовику.

— Ну, и что же вы отвечали? — спросил тот.

— Я счел долгом показать письмо вашему величеству, а отвечу я, разумеется, отказом.

— Ни в каком случае, — решил Людовик, — напротив, соглашайтесь. Пятьдесят тысяч — деньги хорошие. А донесения вам буду составлять я сам.

Шло первое представление какой-то пьесы, к которой музыка была написана Паером. Когда представление кончилось, Наполеон призвал к себе композитора и, вместо любезности, которую тот ожидал услышать, сказал ему:

— Слишком много шума и грома! Не знаю, может быть, ваша музыка и хороша, но я в ней ничего не могу понять, и она меня только утомляет.

— Тем хуже для вашего величества! — спокойно ответил ему композитор.

Анри Брюс, будущий герой войны 1812 года, надевая перед боем военные доспехи, весь дрожал и на насмешливые замечания товарищей отвечал:

— Что же тут удивительного, если мое тело дрожит заранее, предчувствуя, каким опасностям его подвергнет моя безграничная отвага!

— Вот видишь, как нехорошо пьянствовать, — убеждали Анри Брюса. — Вот ты теперь нализался, идешь и спотыкаешься на каждом шагу.

— Вздор вы говорите, — отвечал Брюс. — Я вовсе не в том провинился, что выпил. Это ничего. А вот что выпивши не следует ходить, потому что спотыкаешься, это действительно так.

Анри Брюс брился в парикмахерской. Когда брадобрей приступал к делу, приготовлял мыло, правил бритву и т. д., Брюс заметил, что неподалеку от его стула уселась собака, уставилась на него, видимо насторожившись, не спускала с него глаз и при этом поминутно облизывалась. Брюс заинтересовался этим псом и спросил хозяина:

— Что это за собака и почему она так на меня уставилась?

— А, она уже тут, — улыбаясь, отвечал парикмахер. — Привыкла — ждет своей добычи.

— Какой добычи?..

— А, знаете, иной раз по неосторожности, случается, отхватишь бритвой или ножницами что-нибудь — ну, например, хоть кончик уха, разумеется, бросишь на пол. Она и подхватывает.

Анри Брюс, крепко загулявший, в одну прекрасную ночь явился в парижский морг и начал изо всех сил стучать. Сторожа морга окликнули его: кто там и что надо?

— Это я, — отвечал Брюс. — Я пришел посмотреть, нет ли меня в морге. Я уж восьмой день не являюсь домой и начинаю беспокоится, куда я девался.

— Здорово, приятель! — с радостью вскричал какой-то господин, встретив на улице Анри Брюса. — А я как раз шел к тебе.

— Зачем?

— Мне, брат, до зарезу надо двадцать франков. Одолжи, сделай милость.

— С удовольствием бы дал, да у меня у самого всего пятнадцать...

— Ничего, давай пятнадцать пока; пять франков останутся за тобой.

Брюс, одолеваемый страшным безденежьем, встретился с приятелем, который рассказал ему об одном очень странном случае, произошедшем на дуэли. Пуля попала прямо в грудь одному из стрелявшихся, но угодила как раз в жилетный карман; а в кармане лежала большая серебряная монета, которая и остановила пулю, так что эта монета спасла человеку жизнь.

— Экий счастливец, — сказал со вздохом Брюс. — Будь я на его месте, я был бы убит наповал.

Один человек одолжил деньги Брюсу, и с этих пор тот пропал у него из глаз, перестал к нему ходить и даже, видимо, избегал встречи с ним. Когда же однажды заимодавец встретил Брюса на улице, то остановил его и сказал:

— Слушай, сделай что-нибудь одно — либо отдай мои деньги, либо возврати моего друга.

ЗАПАДНАЯ ЕВРОПА

Анри Брюс шел по улице в чрезвычайно меланхолическом настроении. Встретившийся приятель спросил его, отчего он так грустен.

— Я задолжал большую сумму, теперь пришел срок уплаты, денег у меня нет, платить нечем, поневоле загрустишь!

— Не понимаю, — заметил приятель. — То, что вы говорите, без сомнения, грустно для вашего заимодавца, а вам-то о чем грустить?

Анри Брюс, который всюду занимал деньги и никогда не платил долгов, обратился с просьбой об одолжении денег к одному очень богатому и добродушному лицу, охотно оказывавшему помощь всем, кто к нему обращался. Однако богач, очень хорошо знавший Брюса, был вовсе не расположен помогать ему, зная, что деньги пойдут прахом и что обратно он их не получит, но, обуреваемый своей врожденной добротой, дал ровно половину просимой суммы, сказав при этом:

— Так мы оба будем в выигрыше: вы получите половину того, что просите, а я сберегу половину.

Анри Брюс, прибыв в Париж, прогуливался по городу с каким-то знакомым парижанином. Остановились около собора Богоматери и глазели на него. Вдруг Брюс, подняв руку кверху и указывая на шпиль собора, сказал:

— Подивитесь, какое у меня тонкое зрение. Я ясно вижу муху, которая ходит по шпилю.

— Ну, я не похвастаюсь таким острым зрением; но зато у меня слух уж наверняка тоньше вашего. Представьте, я отчетливо слышу, как ваша муха на ходу шуршит лапками.

Описывая свои путешествия, Брюс говорил: «Я ехал из такого-то в такой-то город, и вдруг на меня среди дороги напало шестеро разбойников. Я в мгновение ока выхватил шпагу, четырех убил на месте, трех ранил, а остальные — давай Бог ноги!»

Анри Брюс явился к парикмахеру, недавно открывшему свое заведение, и заказал ему парик. Гасконец был большой говорун, и парикмахер тоже попался ему под пару. Они разговорились и до такой степени очаровали друг друга, что парикмахер пригласил своего заказчика к обеду. Пообедали они чрезвычайно весело, все время с увлечением разговаривая. Когда пиршество окончилось, парикмахер хотел снять с Брюса мерку парика, но тот сказал, что это совершенно бесполезно, что он раздумал заказывать парик.

— Почему же? — воскликнул чрезвычайно удивленный парикмахер. — Разве вы остались чем-нибудь недовольны? Мы чем-нибудь вас огорчили, я или моя жена?

— Не в том дело, — перебил его Брюс. — Напротив, я вполне доволен вами и вашей супругой и очарован вашим гостеприимством. Поэтому я и не хочу вам заказывать парик, за который не намерен платить и никогда не заплачу. Я закажу другому.

Анри Брюс, напившись, угодил в помойную яму. По счастью, друзья-приятели вовремя заметили его несчастье, немедленно его извлекли из ямы и по возможности отчистили, окатив водой из ведер. После того кто-то из приятелей, не бывший очевидцем происшествия, спрашивал его, глубоко ли он ушел в яму. Тот отвечал, что почти по колени.

— Неужели же ты был до того пьян, что не мог сам выбраться, коли ты говоришь, что увяз только по колени?

— Но ведь я попал в яму-то не ногами, а головой, — разъяснил Брюс.

Незадолго до 18 брюмера (день произведенного Наполеоном переворота) Наполеон гостил у своего брата Иосифа в Морфонтене. Его навестил граф Реньо де Сен-Жан-д'Анжели, который уже был посвящен в планы Бонапарта, знал, что тот замышляет повалить директорию. Он предложил гостю прокатиться верхом, и они отправились. По дороге под ноги лошади Бонапарта попался камень; животное споткнулось, и так как ехали в это время быстро, не удержало равновесия и грохнулось наземь. Бонапарт был с чрезвычайной силой выкинут из седла, отлетел на несколько шагов, упал. Реньо подбежал к нему, осмотрел его, ощупал и подумал, что он расшибся до смерти. Однако Наполеон через несколько минут очнулся.

— Ну, задали вы мне страху, генерал! — воскликнул граф Реньо. — Я ведь думал, что вы убиты!

На это Бонапарт с философским спокойствием ответил:

— Вот видите, от каких пустяков могут зависеть великие планы! Все наши проекты едва-едва не расшиблись в прах о небольшой дорожный камень!

И впоследствии он часто повторял:

— Дорожный камешек едва не изменил судьбы всего мира!

Это напоминает слова Паскаля о Кромвеле: «Кромвель разорил бы весь христианский мир, не будь маленькой песчинки, которая застряла у него в уретре».

Кромвель умер от мочекаменной болезни.

Кстати, сообщим здесь другой эпизод из жизни Наполеона, когда смерть тоже витала вокруг него. В то время он был уже императором. Однажды ему случилось спускаться вниз по Рейну в сопровождении майнцского префекта Сент-Андрэ и графа Беньо. Сент-Андрэ и Беньо сидели на одном конце лодки, Наполеон на другом, так что первые два могли беседовать между собой, не будучи слышимы Наполеоном. Случилось, что он подошел к самому краю судна и, наклонившись, смотрел на воду. Сент-Андрэ тихонько толкнул Беньо и сказал ему:

— Смотрите, какой удивительный момент! Судьба всего мира в эту минуту зависит от одного доброго пинка!

Он, конечно, намекал на то, что стоило только толкнуть Наполеона, и он полетел бы в воду. Беньо при этих словах весь содрогнулся, у него даже горло перехватило от ужаса, и он едва имел силы пробормотать:

— Что вы говорите! Молчите ради бога!

Но Сент-Андрэ равнодушно ответил:

— Э, не беспокойтесь, решительные люди большая редкость!

Поездка закончилась благополучно. Вышли из лодки, направились во дворец (в Майнце). Сент-Андрэ и Беньо шли по лестнице рядом, а Наполеон впереди них на несколько ступеней. Не опасаясь, что он услышит, Беньо тихонько сказал Сент-Андрэ.

— А знаете, ведь вы меня жестоко напугали!

— Знаю, как не знать! — отвечал Сент-Андрэ. — Я еще удивляюсь, как вы теперь-то овладели своими ногами; я думал, что они у вас отнялись! Только, поверьте, нам кровавыми слезами придется плакать о том, что сегодняшняя прогулка кончилась для него благополучно!

— Вы с ума сошли! — воскликнул Беньо.

— А вы, — ответил Сент-Андрэ, — не во гнев будь сказано вашему превосходительству, просто-напросто дурак!

Вероятно, немало было таких упущенных случаев отделаться от великого воителя, о которых люди потом жалели...

Однажды, в 1798 году, Бонапарт давал обед, во время которого с увлечением рассказывал гостям о своих итальянских походах. Обед давно уже кончился, пили кофе, и, по французскому обычаю, надо было встать из-за стола и перейти в другую комнату. А Наполеон, увлекшийся рассказами, продолжал сидеть за столом и держал всех гостей. Жозефина много раз делала ему знаки, но он не обращал на них внимания. Наконец она встала, подошла к нему и ударила его по плечу.

— Господа, — пошутил Наполеон, — будьте свидетелями, жена меня бьет!

Тогда один из гостей, Коллеи д'Арлевиль, подхватил:

— Но известно всем и каждому, что этим преимуществом только она одна и пользуется.

Во время русского похода в обозе французской армии следовало множество экипажей, принадлежавших офицерству, заключавших в себе их частное имущество и чрезвычайно стеснявших движения армии. Наполеон знал об этом и дал приказ удалить из обоза все, что не представляло собой чисто военного багажа. И вот однажды сам император как раз наехал на страшную толкотню и сумятицу, царившую посреди дороги, по которой двигался французский обоз. Экипажи, повозки сгрудились, люди кричали, бранились; это был настоящий хаос. Наполеон подъехал, расспросил, увидал в середине обоза какую-то огромную фуру явно не военного вида и распорядился немедленно ее сжечь тут же, на дороге. Ему доложили, что эта карета принадлежит его любимому адъютанту Нарбонну, но он ничему не внял, не позволил даже ничего выгружать из кареты и приказал сжечь ее целиком. Потом Наполеон раскаялся и захотел наградить Нарбонна, которого знал как человека без всяких средств. Он приказал Дюроку выдать Нарбонну в награду довольно крупную сумму. Дюрок из деликатности спрятал деньги в шкатулку, а сверху положил несколько книг в хороших переплетах и в таком виде отправил шкатулку к Нарбонну. Тот книги оставил себе, а деньги велел все отдать солдатам своего полка, которые страшно голодали. После того при встрече Наполеон потихоньку спросил у него:

— Ну что, Нарбонн, твой багажный убыток пополнен, ты получил?

— Да, государь, благодарю вас, — отвечал Нарбонн. — Но не прогневайтесь, я из вашей посылки оставил у себя только книги, которые оказались удивительно подходящими к обстоятельствам; эти книги — два рассуждения Сенеки: одно «О наградах», другое «О терпении». В военных походах это наилучшие печатные путеводители.

В то время как Наполеон составлял из разных областей новое Вестфальское королевство для своего брата, случилось, что в его состав пришлось включить крошечные владения какого-то немецкого принца; их, конечно, и забрали без всякой церемонии. Но принц оказался человеком очень сердитым и упрямым. Он примчался в Париж, заявился к главе кабинета и требовал, чтоб ему возвратили его владения. Министр сказал, что это не от него зависит, что такова была воля императора и что он одно только и может для него сделать — устроить ему аудиенцию у Наполеона. Наполеон посмеялся, когда министр доложил ему об этом казусе, но аудиенцию дал и притом приурочил ее к одному из своих больших выходов. Необыкновенная пышность этого выхода смутила было немного непокладистого немецкого принца, но он живо оправился и овладел собой. Наполеон, увидав его, подошел к нему с улыбкой и спросил:

— Я слышал, принц, что вы недовольны?

— Да, государь, мои владения... — начал принц.

— За утрату их вы должны быть и будете вознаграждены, но возвратить их вам невозможно. Только неужели же ничто не в состоянии вознаградить вас за вашу утрату? Выбирайте что вам угодно: высшую должность в министерстве, новую область, графство или герцогство в Италии.

— Но я хочу, чтоб мне вернули то, что мне принадлежало, мои владения! — настаивал принц.

— А, вы хотите решить дело по-царски? — подхватил Наполеон. — Ну что ж, начинайте со мной войну. Ведь у вас есть войско? Помнится, в рейнскую конфедерацию вы доставили трех солдат...

Старые французские короли такого примера не подавали. Генрих IV, устраивая свое имение в Фонтенбло, хотел купить дом у какого-то горожанина, но тот не согласился на продажу, несмотря на двойную цену, предложенную Генрихом, и добродушный король оставил его в покое. Этот дом так и врезался клином в удельное имение и был выкуплен уже впоследствии у наследников упрямого владельца.

У Наполеона, когда он был еще первым консулом, произошла удивительнейшая история со шпионом. Это было во время войны с Австрией. Ему доложили о прибытии лазутчика, которого он хорошо знал, потому что и раньше пользовался его добрыми услугами.

— А, тебя все еще не расстреляли? — приветствовал Бонапарт старого знакомого.

Лазутчик стал ему рассказывать о своих делах. Когда Наполеон уехал в египетскую экспедицию, лазутчик остался не у дел и предложил свои услуги австрийцам. Те его взяли и скоро оценили его и многое ему доверяли. Когда началась война с Наполеоном, ловкий шпион предложил австрийскому главнокомандующему выведать о французской армии все, что только тому нужно знать: расположение, численность, имена командиров, провиантную часть и пр. Ему дали разрешение действовать и обещали награду. Тогда он явился к Наполеону и откровенно ему рассказал все это, то есть что он австрийский шпион и ему надо добыть сведения о французской армии. Дайте, дескать, мне эти сведения, а я сообщу вам сейчас же подробнейшие сведения об австрийской армии. Наполеон рассудил, что ему нечего бояться, если австрийцы будут знать о нем все, что им угодно, поэтому он призвал своего начальника штаба и приказал дать лазутчику точные и подробные сведения о своей армии. В то же время, со слов шпиона, он записал у себя все сведения об австрийской армии и собственноручно разметил по карте все позиции австрийцев. Сведения, доставленные шпионом, оказались совершенно точны, и Наполеон после войны выдал ему чрезвычайно щедрую награду. С другой стороны, австрийский главнокомандующий тоже остался в восторге от подробных и верных сведений о французской армии, доставленных ему лазутчиком, и в свою очередь щедро наградил его. Угодил обоим! Удивительный пример удачного служения «нашим и вашим», особенно на таком гибельном поприще!

Однажды Наполеон, еще будучи простым генералом, был в гостях у г-жи де Сталь. Талантливая и умная хозяйка, одна из образованных женщин того времени, очень горячо и блестяще говорила о быстрой тогдашней смене во Франции политических партий, заправлявших делами государства, о роли и значении каждой из них. Многочисленные гости принимали живое участие в разговоре и вполне разделяли мысли хозяйки. Один генерал Бонапарт сидел все время молча и был сумрачен.

— А вы, генерал, — обратилась к нему г-жа де Сталь, — вы со мной не согласны?

— Сударыня, — отрезал Наполеон, — я не слушал, я вообще не люблю, чтобы женщины вмешивались в политику.

— Вы правы, генерал, вообще говоря. Но все же согласитесь, что в такой стране, где женщинам рубят головы, у них, естественно, является желание знать, за что с ними так поступают.

Однажды генерал Бонапарт совершенно неожиданно явился в гости к Дюроку, с которым жил в одном доме. У Дюрока были гости, все сидели и весело обедали, и приход генерала, которого все уже крепко побаивались, очень смутил всю компанию; все встали из-за стола и как-то растерялись, не знали, что делать. Да и сам Наполеон был смущен. Очевидно, затрудняясь, о чем заговорить, он спросил:

— Вы что это, артишоки кушали?
— Да, генерал.
— Вы, Раап, едите их, кажется, с прованским маслом?
— Да, генерал.
— А вы, Савари, с соусом? Я их ем с солью.
— Ах, генерал, — подхватил Савари, — вы поистине великий человек, потому что даже в манере кушать артишоки неподражаемы.

В то время, когда Наполеон был комендантом Парижа, в городе свирепствовал голод, и чернь, которой не хватало хлеба, устраивала нередко очень бурные сцены на улицах. Ради соблюдения внешнего порядка по городу ходили и ездили патрули, и сам Наполеон со своим штабом иногда проезжал по главным улицам. В один из таких объездов он наткнулся как раз на бурную сцену. Перед булочной стояла толпа простонародья, страшно озлобленная, голодная, осыпавшая бранью проходящих мимо буржуа. В этой толпе особенно выделялась своими криками, жестами и всяческими неистовствами одна чрезвычайно толстая женщина. Увидав Наполеона с толпой блестящих офицеров, она во все горло закричала:

— Вся эта куча офицерья со своими эполетами насмехается над нами; им бы только самим есть да пить, да жиреть, а что народ с голоду мрет, им горя мало!

А Наполеон в то время был чрезвычайно тощ, женщина же, как выше сказано, была чудовищно толста. Выслушав ее брань, Наполеон громко крикнул ей:

— Милая моя, взгляни на меня и скажи сама, кто из нас жирнее!

Хохот, встретивший эту выходку, обезоружил раздраженную толпу.

Наполеон часто бывал страшно груб и невежлив с дамами. Так, однажды, увидав жену дивизионного генерала Лоржа, родом немку, он сказал ей:

— О сударыня, что это за ужас такой вы на себя напялили, что это за платье! Это, должно быть, в немецком вкусе.

Один из присутствовавших при этой сцене потихоньку сказал своим соседям:

— Платье-то, я не знаю, может быть, и немецкое, но комплимент-то уж во всяком случае не французский!

Вообще все современники Наполеона, оставившие записки, единогласно свидетельствуют о его грубости с дамами. Редко он говорил какой-нибудь из них что-либо лестное, а чаще у него вырывались замечания либо прямо невежливые, либо странные.

«Какие у вас красные руки!», «Что эта за нелепая прическа!», «Кто это вам так перепутал волосы?», «Вы, сударыня, всю жизнь намерены носить это платье?» и т. д. в подобном роде.

Однажды, когда он был уже императором, он, увидев на придворном балу изящную красавицу, герцогиню Шеврез, сказал ей с грубым хохотом:

— Какая вы рыжая, я таких и не видывал!

— Очень может быть, государь, — ответила герцогиня, — но только я первый раз в жизни слышу об этом из уст мужчины!

И она говорила правду, потому что была вовсе не рыжая, а светлая блондинка, с ярким золотистым отблеском.

Однажды Наполеон долго беседовал с одной актрисой. Польщенная вниманием, она попросила пожаловать ей его портрет. Но эта была милость особая и исключительная, и, чтобы показать ей, что ее просьба была чересчур смела и неуместна, он вынул из кармана наполеондор со своим отчеканенным профилем и, подавая ей его, сказал:

— Извольте, вот вам мой портрет.

Парижский архиепископ Беллэ дожил до девяноста шести лет. Однажды Наполеон, вспомнив его годы, пошутил, что он проживет ровно целый век.

— Ваше величество, — отвечал веселый старец, — неужели вы мне даете всего четыре года жизни?

Некто Панье, отец очень известного во времена империи художника, был простым почтальоном. Однажды, в то время как он сопровождал почту, на него напали и почту разграбили какие-то разбойники. Панье судили и лишили места. Многие, ближе ознакомившиеся с делом, знали, что он не был виноват и пострадал напрасно, жалели его и искали случая как-нибудь устроить ему встречу с Наполеоном. Но если Панье-сын был хорошим живописцем, то Панье-отец уж вовсе не был хорошим оратором. Его друзья и близкие знали, что, представ перед Наполеоном, он не сумеет и рта раскрыть и из этой аудиенции ровно ничего не выйдет. Надо было сочинить ему речь и заставить выучить ее наизусть. Речь ему сочинила жена, и сочинила хорошо — кратко, ясно, вразумительно и красноречиво. Представ перед Наполеоном, Панье начал свою речь:

— Государь, я злополучный почтальон, которого предательски ограбили на Лионской дороге в ночь на пятнадцатое число прошлого месяца...

Говорил он эту речь, как ученик на экзамене, и это бросилось в глаза Наполеону.

— Кто это тебя выучил так говорить? — спросил он Панье, по своему обыкновению отрывисто и сурово.

— Моя жена, государь, — пробормотал Панье, сразу утративший равновесие. Наполеон улыбнулся и отвернулся. На этот раз так ничего и не вышло. Но скоро нашли новый случай; отставной почтальон снова очутился лицом к лицу с владыкой Франции.

— Кто это такой? — спросил Наполеон, уже позабывший Панье.

— Государь, — начал вновь Панье вызубренную речь, — я злополучный почтальон, которого... и т. д.

— Ах да, помню! — проговорил Наполеон. — Хорошо, я распоряжусь.

И в самом деле, Панье был снова принят на службу. Но теперь настала другая беда; надо было снова предстать перед Наполеоном и благодарить его. Значит, надо было жене сочинить, а ему вызубрить новый текст. Сочинили и вызубрили. Когда же пришел момент говорить эту речь пред Наполеоном, она целиком выпала у Панье из памяти и он машинально начал декламировать прежнее:

— Государь, я злополучный почтальон, которого предательски ограбили...

— На Лионской дороге в ночь на пятнадцатое число прошлого месяца! — подхватил Наполеон. — Знаю, выучил наизусть, ну тебя!

В 1814 году, во время горячего боя, генерал Себастиани прислал к Наполеону своего адъютанта за инструкцией. Наполеон стоял, глубоко задумавшись, и не слышал или сделал вид, что не слышит, что говорит посланный. Тот настойчиво повторил свои слова.

— Убирайтесь вы к... — вскричал Наполеон, который в горячие минуты не был особенно разборчив в выражениях.

Адъютант оказался не из робких. Он обратился к начальнику штаба Бертье, стоявшему рядом, и громко спросил его:

— Ваше превосходительство, как мне понять приказание, отданное его величеством?

Тут только Наполеон одумался, выслушал адъютанта и передал ему свой приказ.

Для того чтобы отвлечь внимание образованного круга общества от своих тягостных и разорительных войн, Наполеон придумал особые премии, которые выдавались каждые десять лет ученым, художникам, литераторам. Разумеется, в литературе из-за этих премий поднималась ужасная кутерьма, образовывались враждующие партии, которые затевали друга против друга травлю, очень забавлявшую публику и действительно отвлекавшую внимание общества от самого Наполеона и его планов. Уловка отлично удалась. Однажды Наполеон спросил Бугенвиля, что он думает об этих изобретенных им состязаниях.

— Государь, — отвечал тот, — в древности заставляли зверей (по-французски «зверь» и «дурак» звучат одинаково) драться для забавы умных людей, а теперь побуждают умных людей к потасовке, чтобы позабавить дураков.

Наполеон, подобно Суворову, имел привычку задавать внезапные вопросы и очень не любил, чтобы вопрошаемый запинался. Военные это, конечно, знали.

— Сколько людей у вас в полку? — спрашивает он у командира.

— Одна тысяча двести двадцать пять, ваше величество! — отчеканивает полковник.

— А сколько в лазарете?

— Одна тысяча триста десять!

— Хорошо! — говорит Наполеон и отходит.

Быстрота и точность ответов так его успокоили, что ему и в голову не пришло сопоставить числа.

Как известно, 18 фруктидора V года (1 сентября 1797 г.) часть директоров во главе с Барра устроила переворот, отняв власть у других членов директории. В деле принимал участие, хотя и негласное, Наполеон. Впоследствии он спросил у Карно (одного из поверженных членов директории), как это он тогда стерпел обиду и простил вероломному Барра.

— Вам следовало, — говорил он, — пронзить этого Барра шпагой насквозь.

— Я так и хотел сделать, — отвечал Карно, — но побоялся, чтоб вас не задеть, так как мне думалось, что вы стоите сзади него.

— Государь, — говорил Наполеону граф Молэ, — вы окончательно уничтожили революционный дух.

— Неправда, — возразил Наполеон, — я только закладка в книге революции, на той странице, где она приостановилась. Когда меня не будет, революция перевернет эту страницу и отправится дальше!

Став императором, Наполеон обращался с коронованными особами с удивительной бесцеремонностью. Так, однажды он обедал с тремя королями; те сидели за столом с обнаженными головами, а он в шляпе. В другой раз он ехал в одном экипаже с королями саксонским, баварским и вюртембергским. По дороге он заехал в Мальмезон к Жозефине и оставался у нее целый час, а короли сидели в карете и ждали его. Веселый и жизнерадостный баварский король сказал своим спутникам:

— Коли с нами обращаются, как с лакеями, то давайте и развлекаться по-лакейски!

Он приказал принести в карету вина, закусок, ел, пил и рассказывал анекдоты. Положение было таково, что с всесильным воителем никакая борьба была невозможна.

Кювье, знаменитый натуралист, однажды прибыл в Сен-Клу во главе какой-то академической депутации. Наполеон встретил его чрезвычайно любезно и тотчас спросил, чем в последнее время были заняты члены Академии наук. Кювье отвечал, что все это время академия разрабатывала вопрос о возделывании сахарной свеклы во Франции.

— Ну и что же, — спросил Наполеон, — годится ли климат и почва Франции для возделывания свеклы?

В ответ на это Кювье начал целую лекцию о геологическом строении французских почв, о климате, о свойствах свеклы. Наполеон с первых же слов перестал его слушать и думал о другом. И только когда Кювье умолк, он вспомнил о том, что ведет беседу с ученым академиком и тотчас с большим интересом спросил его:

— Так что же вы думаете, годится ли климат и почва Франции для возделывания свеклы?

Кювье, порешив, что властелин, занятый другими мыслями, не слушал его, снова начал свою лекцию и прочитал ее всю с начала до конца. Наполеон слушал его еще меньше, чем в первый раз, и вновь оторвался от своих мыслей только тогда, когда ученый умолк.

— Благодарю вас, господин Кювье, — сказал он с прежней любезностью. — Меня очень интересует этот вопрос. Как только увижу вашего ученого собрата Вертело, спрошу его, годится ли климат и почва Франции для возделывания свеклы.

Однажды за столом, рассказывая о египетском походе, Наполеон подробно описывал одно из сражений, причем точно, по номерам, перечислил все войсковые части, принимавшие участие в бою.

— Как можете вы, государь, удерживать эти подробности в памяти столько лет подряд! — с изумлением воскликнула г-жа Бертран.

— Сударыня, ведь любовник удерживает же в памяти имена своих бывших возлюбленных! — возразил Наполеон.

При дворе Станислава II, который держался лишь покровительством России, русский посланник Штакельберг был, конечно, первым лицом. Однажды австрийский посол, барон Тугут, на торжественной аудиенции принял Штакельберга за короля и отвесил ему положенные по этикету поклоны. Это очень раздосадовало Станислава. Вечером, играя в карты, он, быть может, не без намерения, сделал грубую ошибку, и, когда она обнаружилась, с жаром воскликнул:

— Что такое со мной сегодня! Я все принимаю валетов за королей!

Жена одного поставщика, очень хорошенькая, богатая, нарядная, явилась на бал во время Первой империи в очень открытом платье. Какой-то офицер кидал на ее прелести чрезвычайно бесцеремонные взгляды, которые ее ужасно смущали. Наконец, предприимчивый воин подошел к ней вплотную, не сводя глаз с ее плеч.

— Господин Аркамбаль, — взмолилась хорошенькая поставщица, — отойдите, ради бога, ведь знаете, что мы, поставщики, недолюбливаем, чтоб наш товар слишком внимательно разглядывали!

В начале революции, в эпоху генеральных штатов, герцог Монморанси предложил собранию уничтожить дворянские привилегии. На другой день, повстречавшись с ним, Талейран сказал ему:

— Герцог, вы первый в вашем знаменитом роду храбрецов, решившийся сложить оружие.

Талейрана, бывшего до революции епископом, уговаривали рукоположить версальского епископа, избранного уже по революционному порядку. Талейран хотя и принес присягу в верности конституции, но от рукоположения отклонился.

— Присягать я могу сколько угодно, но посвящать в сан не могу.

Эти на вид невинные слова имели весьма острый задний смысл. Присягать, значит также ругаться, а посвящать, помазывать, значит тоже ругаться, но в еще более решительном смысле.

Какая-то герцогиня должна была принести присягу, а принимал эту присягу Талейран. Герцогиня предстала перед ним в роскошном, но донельзя откровенном костюме.

— Герцогиня, — заметил ей, улыбаясь, Талейран, — вы не находите, что для клятвы в верности такая юбка коротковата?

Один из директоров, Ревбелль, еще во время Конвента грубо оскорбил Талейрана, крикнув ему во время одной из его речей:

— Подлый эмигрант, у тебя здравый смысл так же хромает, как нога!

Талейран прихрамывал.

Во время Директории Ревбелль однажды спросил у Талейрана, бывшего тогда министром иностранных дел:

— Как идут внешние дела, господин министр?

— Да вкривь и вкось, как вы видите.

Ревбелль был сильно кос.

Про одного поставщика военного ведомства Талейрану сказали, что он собирается куда-то принимать лечебные ванны.

— Да уж все они таковы, — заметил Талейран. — Им все надо что-нибудь принимать!

Когда Талейран опасно занемог, среди придворных шли разговоры, как он поладит с духовенством. Талейран был епископ, самовольно оставивший духовный сан и женившийся; все это ему благополучно сошло с рук под шум революционного урагана; но в спокойное время Реставрации духовенство могло, например, обращаться с ним, как с отлученным, и вообще отказаться хоронить его.

— Не беспокойтесь, — говорил тогда Людовик XVIII, — господин Талейран достаточно хорошо умеет жить, чтобы знать, как надо получше умереть!

Палата депутатов 1815 года в начале Реставрации представляла весьма жалкое зрелище.

— Неужели кто-нибудь поверит, что такой сброд спасет отечество? — сказал кто-то при Талейране.

— Почем знать, — возразил он, — ведь был же Рим спасен гусями!

Талейран, несмотря на неимоверное количество приписываемых ему острот (большей частью непереводимых, основанных на игре французских слов, полных намеков на современные текущие события), был человек вовсе не болтливый; он гораздо охотнее молчал и слушал, чем сам говорил. Он был вероломен, продажен, и, однако же, все признавали и признают, что своему отечеству он оказал громадные услуги. Один злой и остроумный враг сказал про него:

— Талейран продал всех, кто его покупал!

В 1802 году Наполеон поручил Редереру составить уставную грамоту для одной республики. Редерер составил ее в двух редакциях — краткой и подробной. Передавая обе рукописи Талейрану, он сказал, что, по его мнению, лучше было бы выбрать краткую редакцию.

— Посоветуйте первому консулу остановить свой выбор на ней. Лучше всего, когда конституция изложена кратко и...

Он хотел добавить «ясно», но Талейран перебил его и докончил за него:

— Кратко и неясно.

Милостивый государь, — взывал к Талейрану один из его кредиторов, — я хотел бы знать, когда же, наконец, вы со мной расплатитесь?

— Экий вы любопытный! — отвечал Талейран.

Карно говорил про Талейрана:

— Он слишком глубоко изучил сам себя, как же ему не презирать людей?

Талейран очень любил графа Нарбонна. Однажды он с ним прогуливался, а Нарбонн декламировал стихи собственного сочинения, очень плохие. Повстречав какого-то прохожего, который зевал во весь рот, Талейран заметил своему другу:
— Нарбонн, ты всегда на улице кричишь во все горло. Говори тише; посмотри, этот человек, очевидно, слышит твои стихи, потому что не может удержать зевоту.

Когда Талейран вышел из духовного звания, он женился, стал министром, дипломатом, при революции, при Наполеоне, при Реставрации. Кто-то, уже при Людовике XVIII, удивлялся, как это король терпит такого нехристя — женатого епископа!
— Королю трудно было бы найти более прочного христианина, чем Талейран, — возразила одна умная дама, — подумайте, ведь он удостоился всяческих таинств и помазаний, в том числе пострижения и брака!

Когда Талейран умер, кто-то из дипломатов сказал:
— Я уверен, что теперь Талейран уже предстал перед сатаной, и тот говорит ему: «Ну, брат, ты перемахнул за пределы моих инструкций!»

В 1797 году один из членов Директории, Левельер-Лепо, вздумал основать новую религию, которую он назвал «теофилантропией». Талейран, выслушав его доклад, сказал:
— Позволю себе сделать вам одно замечание: Иисус Христос, чтобы основать свою религию, умер на кресте и воскрес; я полагаю, что вам надо попытаться сделать то же самое.

Какой-то молодой чиновник государственного совета много говорил Талейрану о своей искренности и прямодушии. В ответ на его пылкие речи Талейран будто бы и сказал свое знаменитейшее слово: «Вы еще молоды; знайте, что слово дано человеку затем, чтобы скрывать свои мысли».

Некто Севонвиль, королевский секретарь, отличался тем, что решительно ничего никогда не делал без какой-нибудь задней мысли. Однажды при Талейране говорили о том, что Севонвиль сильно простудился.
— Простудился, — задумчиво пробормотал Талейран, — гм!.. Зачем бы это ему понадобилось?

Однажды, в Тюильри, в присутствии огромной толпы придворных, Наполеон принялся отчитывать Талейрана во весь голос и без всякой церемонии. Министр выслушал все его грубости, не сморгнув глазом и не раскрывая рта. Когда Наполеон кончил и, повернувшись, отходил, Талейран обратился к присутствовавшим и громко — нарочно, чтобы Наполеон мог услышать его, — сказал:
— Вы слышали, господа? Не досадно ли, что такой великий человек получил такое дурное воспитание?

Талейран ухаживал за г-жой де Сталь и в то же время еще за другой дамой. Де Сталь, желая испытать его преданность, задала ему коварный вопрос: что, мол, если бы мы обе, я и моя соперница, упали в воду, кого бы вы кинулись спасать?
— Я уверен, сударыня, что вы плаваете божественно хорошо! — вывернулся Талейран.

Талейран умел придумывать остроумные выходы из затруднений, неразрешимых для обыкновенного смертного. Однажды, например, он давал большой и парадный обед. Время стояло такое, когда в Париже трудно было достать хорошую рыбу, и это очень озаботило Талейрана: ему именно и хотелось щегольнуть рыбой в нерыбное время. И вот, на его счастье, ему доставили двух колоссальной величины лососей. Его повар заметил, что две таких рыбы сразу подавать невозможно, что это будет угощение очень дурного тона, потому что и одной такой рыбы девать некуда. Талейран был вынужден согласиться с поваром, который в своем роде был такой же знаменитостью у плиты, как Талейран в дипломатии. Но ему вовсе не хотелось, чтобы один из его редкостных лососей пропал даром, не произведя должного эффекта. Он на минутку призадумался, потом... шепнул два слова своему кухонному шефу. Тот понял, улыбнулся: будьте, дескать, спокойны...

В день обеда лосось был торжественно внесен величественным лакеем на громадном серебряном блюде. Лакей выступал медленно и важно. Гости невольно обратили взоры на блюдо, которое выступало с такой торжественностью, и со всех сторон посыпались слова восторженного изумления: «Это единственный лосось в мире!..», «Только вы один, господин Талейран, и могли ухитриться достать такое чудо!..» и т. д.

Но вдруг человек, несший рыбу, запнулся, пошатнулся, клюнул носом, и громадное блюдо вместе с рыбой полетело на пол.

— Экий ты, братец, разиня! — как бы невольно вырвалось у Талейрана грубое слово и все гости понимали и извиняли его раздражение. Но он тотчас оправился, успокоился и, уже улыбаясь, сказал:

— Ну, ступай, ступай, и неси другого!

Можно судить, какой эффект произвела другая такая же, даже еще более великолепная рыба!

У Талейрана был друг Монрон, который часто соперничал с ним в острословии. Граф Вирарден долго не решался признать своего сына Эмиля, впоследствии знаменитого писателя Эмиля Золя.

— Поспеши признать его, — советовал ему Монрон, — а то, смотри, потом, позже, он тебя не признает.

— Дела — это чужое добро! — говаривал Монрон. Впоследствии Гаварни, знаменитый карикатурист, видоизменил эту формулу.

— Дела, — говорил он, — это чужие деньги!

У Людовика XVIII был министр Корбиер, человек немножко грубоватый, неутонченный, но прямой и бескорыстный. Придя в первый раз в кабинет короля, он спокойно вынул из карманов и положил королю на стол платок, табакерку, очки.

— Вы намерены опорожнить свои карманы? — спросил его король, несколько задетый этой бесцеремонностью.

— А ваше величество разве предпочли бы, чтобы я их набивал? — возразил Корбиер.

Во время египетского похода солдаты иногда принимались роптать. Генерал Кафарелли, инвалид с деревянной ногой, охотно произносил перед ними увещевательные речи.

— Вам легко разговаривать, генерал, — возразил ему однажды какой-то солдат-краснобай, — вы в одно время и здесь, и у себя на родине!

— Как так? — вскричал генерал.

— У вас одна нога здесь, другая осталась во Франции.

Когда принц Эжен Богарнэ собирался жениться на баварской принцессе, один солдат говорил другому:

— Жаль, что у него зубов-то совсем нету!

— На баварке-то жениться?.. На что же тут зубы!.. (считалось, что баварки готовят еду из рук вон плохо).

Принц Шварценберг, беседуя в 1814 году о Реставрации во Франции, высказал мнение, что она, созданная исключительно штыками, едва ли окажется прочной.

— Видите ли, — объяснял он свою мысль, — конечно, штыками можно все сделать, нельзя только сесть на них!

Маршал Бюжо, узнав про одного пожарного, что он принимал очень деятельное участие в подготовке возмущения уличной толпы, призвал его и сказал:

— Ты пожарный, твоя обязанность — тушить огонь, а не поджигать! Исполняй же свой долг, а то, смотри, я исполню свой!

Какой-то актер, очень нравившийся Людовику XVIII, получил от короля в дар серебряный сервиз на восемнадцать приборов.

— Восемнадцать приборов! — сказал актер, рассматривая подарок. — Это потому, что сам король восемнадцатый Людовик. Эх, жаль, отчего он не тридцать шестой!

Какой-то молодой, глуповатый франт, усаживаясь однажды в середине, между г-жой де Сталь с одной стороны и г-жой Рекамье — с другой, вздумал сказать дамам любезность:

— Помещаюсь между умом и красотой.

— Хотя и не обладаете ни тем, ни другим, — подхватила де Сталь.

Этот же анекдот рассказывают еще иначе. Дело в том, что хотя г-жа де Сталь была бесспорно умна, но зато г-жа Рекамье вовсе не отличалась красотой. Поэтому де Сталь будто бы ответила любезнику:

— В первый раз в жизни слышу комплимент моей красоте!

Кто-то однажды отозвался, что в доме родителей г-жи Сталь (т. е. знаменитого министра Людовика XVI Неккере) царила вечная скука.

— Он прав, — заметила г-жа де Сталь, — у нас скучно, потому что все заняты своим: отец — прошедшим, мать — настоящим, а я — будущим.

Говорят, что Сен-Симон сделал г-же де Сталь брачное предложение в следующих словах: «Вы первая женщина нашего времени, а я величайший философ; поженимся и посмотрим, какое потомство даст наш союз».

Впрочем, и сама г-жа де Сталь тоже однажды сделала очень забавное брачное предложение кавалеру. Этот кавалер был знаменитый историк Гиббон. Он часто посещал ее отца, Неккере, который чрезвычайно его любил. Дочь (ей было тогда двенадцать лет), видя привязанность отца к ученому, и придумала выйти за Гиббона замуж, «чтобы он всегда жил у нас».

— Париж — это такое место, где всего легче обойтись без счастья, — говорила г-жа де Сталь. Любопытно, что это место в ее сочинениях было при Наполеоне вычеркнуто цензурой на том основании, как заметила сама де Сталь, «что в то время Париж столь утопал в счастье (под владычеством Наполеона), что этого счастья хватало на всех».

— А что, любовь действительно смертный грех? — спрашивала у известного остряка, кардинала Дюперрона, красивая и очень легкомысленная дама.
— Если б это было так, дочь моя, то вы уж давно были бы мертвы! — отвечал Дюперрон.

У епископа Бетюпа был очень длинный нос. Однажды герцог Роилор (обладавший, наоборот, крошечным носиком) трунил над носом епископа и надоел тому ужасно.
— Оставьте вы в покое мой нос, — сказал он в нетерпении герцогу-насмешнику, — что вам до него, ведь не от вашего носа отняли долю, чтобы придать ее моему носу!

Амьенский епископ Ламотт однажды во время бритья был порезан своим цирюльником, но сначала этого не заметил, а увидал у себя на лице кровь только тогда, когда брадобрей уже уходил от него, получив свой гонорар.

— Подожди, мой друг, — остановил его Ламотт, — я заплатил тебе за бритье, а вот и за кровопускание!

Аббат Гальяни ненавидел музыку. Однажды при нем говорили о том, что новый зал оперы неудачно устроен, что он глухой.

— Экий счастливец! — воскликнул Гальяни.

Старый и богатый маркиз, человек бездетный, написал завещание, по которому уступал все свое имущество Кармелитскому монастырю. Зная это и осведомившись, что старик маркиз плох и проживет недолго, настоятель известной церкви Св. Сульпиция в Париже, остроумный отец Лангэ, пошел к маркизу и без труда уговорил его переделать завещание в пользу благотворительного общества своего прихода. Но и кармелиты тоже не дремали и, зная о близкой кончине маркиза, явились к нему для напутствия и укрепления его в прежнем его намерении насчет завещания. Случилось, что кармелиты входили в дом как раз в ту минуту, когда победоносный Лангэ выходил из него. В самых дверях произошла встреча и усиленный обмен учтивостями — кому первому пройти в дверь. После многочисленных поклонов и вежливостей Лангэ, наконец, воскликнул:

— Достопочтенные отцы, вам первыми надо проходить, вы старше Ветхого Завета (т. е. старого завещания), а я Нового.

Из врачей времен Революции славился своими острыми выходками Бувар. Некто Бастард, бывший каким-то крупным интендантским чином, крепко проворовался, но как раз в то время, когда его собирались отдать под суд, который мог окончиться для него совсем нехорошо, он расхворался и умер. Бувар, который его лечил, с улыбкой говаривал потом, после его смерти:

— Видите, как ловко я его вызволил из беды!

ЗАПАДНАЯ ЕВРОПА

Одна дама спрашивала доктора Бувара о каком-то новом лекарстве, только что входившем в моду, — хорошо ли ей будет принимать это снадобье.

— О да, сударыня, — отвечал доктор. — Но только поторопитесь, пользуйтесь им, пока оно еще излечивает.

Как известно, на Венском конгрессе карту Европы без всякой церемонии переделывали и перекраивали по вдохновению Меттерниха. Многим монархам сделали очень щедрую прирезку земель и народонаселения; последнее тогда на дипломатическом языке называлось «душами», как у нас в крепостное время. Но конгресс не ко всем венценосцам был щедр, и в числе обделенных был, между прочим, датский король Фридрих IV. Но, обидев его «душами», австрийский император пожелал вознаградить его особой любезностью обращения, ласковыми комплиментами.

— Ваше величество, — говорил он королю, — привлекли к себе в Вене все сердца.

— Сердца, пожалуй, а вот зато «души» мне не удалось привлечь! — отвечал остроумный король.

Во времена Реставрации славился своим остроумием композитор Паер. Однажды какая-то дама, очень кичившаяся своим знатным происхождением, рассказывала при нем длинную историю, причем поминутно поминала своего отца, говоря о нем каждый раз: «отец мой, маркиз такой-то...» Паер, наконец, прервал ее и вежливо спросил, кто ее другие отцы, так как из этого подчеркивания надо заключить, что кроме отца-маркиза есть еще и прочие...

Академик Ансело с удивительной покорностью нес иго господства над собой своей супруги. Но зато и она много постаралась для него, так что, быть может, всей своей ученой карьерой он был обязан ей; так, благодаря, главным образом, ее хлопотам, он попал в члены Академии наук. Говорят, что по этому поводу он сказал:

— Жена моя решительно что хочет, то со мной и делает; даже сделала из меня академика!

При Луи-Филиппе состоял в качестве брадобрея и куафера некий Ришар, а у него был друг, дантист Дезирабол, человек очень тщеславный, желавший во что бы то ни стало сделаться кавалером ордена Почетного легиона. Ришар, любимец короля, горячо хлопотал за своего друга-дантиста, и король был вынужден обещать Дезираболу орден, которого он домогался. Король сказал об этом министру внутренних дел; тот в первую минуту смутился этим щекотливым поручением, — придумать предлог украсить дантиста орденом! — но потом сейчас же сообразил и извернулся; он ответил королю, что дантисты не в его министерстве, а в министерстве народного просвещения. Король стал побуждать тогдашнего министра просвещения Сальванди дать орден дантисту. Сальванди долго откладывал это неловкое и щекотливое дело, а король все наседал на него и однажды, выведенный из терпения, сказал министру:

— Чего ж вы откладываете? Вы хотите, чтобы Дезирабол бросился к вашим ногам?

— Как, — спросил остроумный Сальванди, — разве он также и мозольными операциями занимается?

Наполеону III приписывается несколько острых слов, но достоверным считается только одно. Кто-то из его родни вечно приставал к нему, выклянчивая денежные подачки. Так как это повторялось очень часто, то, наконец, в один прекрасный день Наполеон отказал просителю наотрез. Тот ужасно озлился и сказал Наполеону:

— У вас нет ничего общего с вашим дядей! (т. е. с Наполеоном I Бонапартом).

— Вы ошибаетесь, — возразил тот, — у нас с ним одинаковая родня.

Известно, что родня Наполеона I тоже страшно досаждала ему своей жадностью.

Когда, после страсбургского покушения захватить власть, Наполеон (будущий III) бежал в Америку и жил в Нью-Йорке, случилось, что однажды он увидал в окне одной меняльной лавки объявление: «Требуются наполеоны (т. е. монеты наполеондоры) за соверены (т. е. фунты стерлингов)». Но вся фраза в то же время имела и другой смысл, а именно: «Требуются Наполеоны в качестве суверенов, т. е. государей». Прочитав объявление, Наполеон усмехнулся и сказал: «Я охотно отозвался бы на такое требование».

Ближний человек Наполеона III, герцог Морни, накануне знаменитого государственного переворота 2 декабря 1851 года говорил будущему императору:

— Теперь уж все равно, удастся ли ваш замысел или нет, а завтра у ваших дверей будет стоять часовой! (То есть либо почетный, как у главы государства, либо караульный, как у преступника и арестанта.)

Тот же Морни и в тот же день вечером, будучи в театре, встретил там свою знакомую г-жу Лиадиер, которая сказала ему, что в городе ходят слухи о намерениях Наполеона.

— Говорят, что президент намерен вымести всю палату депутатов, — сказала ему Лиадиер. — Что вы тогда думаете делать, господин Морни?

— Сударыня, — ответил Морни, — если президент начнет орудовать метлой, то я попытаюсь держаться в стороне рукояти.

Переворот, осуществленный Наполеоном, начался с того, что все депутаты были арестованы и заперты в Мазасе и по другим местам. Между прочим, Кремье попал сначала в Мазас, а потом его переместили в Венсен, где уже сидело несколько депутатов. Один из них, Лаборд, встретил Кремье гневными словами:

— Ну, что теперь скажете? Не вы ли все время твердили, что народ стоит невидимым стражем, оберегающим палату?

— Конечно, невидимым! — отвечал Кремье. — Кажется, вы и сами могли в этом убедиться?

Однажды в театре рядом с Дюпеном уселся какой-то господин, который все время напевал и мешал Дюпену слушать знаменитого певца Депрэ. Дюпен не сдержал досады, а сосед сейчас же это заметил и спросил, что значит этот жест, не к его ли пению это относится?

— О нет, — отвечал ему Дюпен, — напротив, я досадую на этого дурака Депрэ, который мешает мне слушать ваше пение.

Однажды Дюпен обедал у одного важного сановника. Приглашенные собирались медленно, обед все откладывался, гости проголодались. Тогда хозяин подошел к Дюпену и спросил, как он полагает, сесть ли за стол или же подождать запоздавших?

— Я думаю сесть, — отвечал Дюпен. — Ведь, начав обед, мы не перестанем их ждать, значит, они ничего не потеряют, тогда как, продолжая всех ждать, мы сидим голодные.

Критик Сен-Бёв однажды дрался на дуэли. По дороге к месту поединка он был застигнут проливным дождем, который не прекратился и в то время, когда пришлось стать к барьеру. Сен-Бёв, предупредительно захвативший с собой зонтик, так с зонтиком в руке стал и на позицию. Когда же против этого запротестовали противник и секунданты, Сен-Бёв с жаром вскричал:

— Я вовсе не боюсь быть убитым, но не желаю, чтоб меня промочило насквозь!

Нориак одно время издавал журнальчик «Силуэт», и вот к нему повадился ходить какой-то господин, который изъявлял намерение подписаться на журнал, и под этим предлогом выпрашивал номер за номером, чтобы ознакомиться с журналом, узнать, как выражаются французы, какого он цвета или оттенка, т. е. направления. Нориак спустил ему этот маневр раз, другой, третий. Но когда он явился в четвертый раз, Нориак схватил ножницы и отхватил ими кусок его сюртука.

— Что вы делаете? — вскричал подписчик.

— Делаю то же самое, что и вы. Беру образчик посмотреть, подойдет ли мне этот цвет!

Однажды композитора Обера спросили, какого он мнения об ученых женщинах, которых повсюду, а во Франции в особенности, принято называть синими чулками.

— Да что ж, чулок, чулок!.. — отвечал Обер. — Чулок ничего не значит сам по себе, надо видеть, что в нем!

Как-то Обер спускался с лестницы с кем-то из друзей. Оба были уж очень немолоды, и это было видно по их манере спускаться.

— Эге, друг мой, — заметил спутник Обера, — мы с тобой начинаем стареть!

— Что делать, — ответил Обер, — старость — это единственный способ долго жить!

Актер-комик Левассор однажды был приглашен участвовать в каком-то благотворительном увеселении, устроенном в окрестностях Парижа одним священником в пользу своих бедных прихожан. Благодаря его участию, сбор был превосходный, и признательный устроитель-священник преподнес Левассору гонорар, но тот наотрез отказался. Тогда кюре пригласил его к себе на завтрак. Подали вареные яйца, и вот Левассор, разбив свое яйцо, увидал, что оно наполнено золотом.

— Извините, господин кюре, — сказал он, обращаясь к хозяину, — я желтков не переношу.

Инспектор театров в Париже, Перпиньяк, слыша рассказ о каком-то дуэлянте, который был спасен от смерти тем, что пуля ударилась в пятифранковую серебряную монету, лежавшую у него в кармане, сказал:

— Вот что значит уметь хорошо поместить свой капитал!

Однажды один маркиз решил одолжить денег у капиталиста Бернара. Щекотливая сторона его предприятия состояла в том, что он вовсе не был знаком с капиталистом, и сверх того, сам он был очень известный мот, всюду занимавший, но никогда никому не отдававший, что, как он мог опасаться, было небезызвестно осторожному богачу. Явившись к Бернару, маркиз с отвагой отчаяния прямо приступил к делу.

— Я очень удивлю вас, милостивый государь, — сказал он. — Я маркиз, я вас не знаю, и вот я являюсь к вам, чтобы занять у вас пятьсот луидоров.

— А я еще больше удивлю вас, — отвечал Бернар. — Я вас хорошо знаю и все-таки одолжу вам эти деньги.

Финансовому тузу Попелиньеру приписывается выходка, которая потом повторялась на разные лады. Однажды какой-то придворный подошел к нему, сначала внимательно в него всмотрелся, как бы что-то припоминая, и, наконец, сказал:

— Мне кажется, что я кое-где встречал вас.

— Очень может быть, — отвечал с большим равнодушием Попелиньер, — я там иногда бываю.

Знаменитый английский адмирал Бембоу выбился в люди из простых матросов и, кажется, кроме личной отваги, не обладал особыми духовными сокровищами. Про него в английском флоте сохранились рассказы, которые характеризуют его как человека донельзя простодушного, чтобы не сказать глуповатого. Так, однажды, во время жаркого боя, у матроса, стоявшего рядом с ним, оторвало ногу.

ЗАПАДНАЯ ЕВРОПА

Раненый попросил Бембоу дотащить его до лекаря, сказав, разумеется, при этом, что у него оторвало ногу и что он не может ни идти, ни стоять. Добродушный Бембоу взвалил его на плечо и понес. Но дорогой другое ядро оторвало у раненого голову, а Бембоу в грохоте битвы этого не заметил. Когда же он доставил убитого к врачу, тот с досадой крикнул ему, на кой черт несет он к нему мертвого. Бембоу с наивным удивлением оглядел своего товарища и пробормотал:

— Он же сам мне сказал, что у него только ногу оторвало!

Венский художник Фриц Лаллеманд прикомандировался к армии во время Прусско-австрийской войны с целью делать наброски на месте для батальных картин. Но, как известно, пруссаки с самого начала стали везде и всюду колотить австрийцев. Лаллеманд в один прекрасный день собрался уезжать в Вену.

— Но вы прикомандировались на всю кампанию, — заметил ему главнокомандующий австрийской армией.

— Да, — отвечал Лаллеманд, — но для того, чтобы рисовать картины битв, а не отступлений!

Какой-то прожектер подал английскому министру Вальполю проект налога на собак. Вальполь, рассмотрев проект, сказал ему:

— Ваш проект мне нравится, но я не рискну ввести такой налог: на меня залают все собаки Великобритании.

Сенатор князь Понятовский, который охотно занимался сочинением музыки, прислал однажды композитору Оберу письмо, начинавшееся словами: «Дорогой мой собрат...»

— Какой я ему собрат! — осердился Обер. — Разве я сенатор?

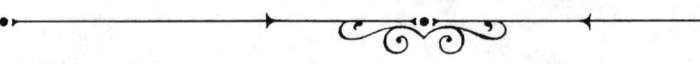

Итальянский епископ граф Каносса был большой любитель и собиратель художественно исполненных серебряных вещей. Была у него, между прочим, какая-то миска высокоценной работы, ручки которой были сделаны в виде тигра. Кто-то из его знакомых однажды попросил его одолжить ему на время эту миску, чтобы заказать для себя такую же. Вещь была ему дана, и он держал ее у себя целых три месяца, так что Каносса, наконец, послал за ней. Через некоторое время тот же знакомый опять попросил у Каноссы другую художественную вещь — солонку, сделанную в виде рака.

— Скажи своему барину, — сказал Каносса посланному, — что если тигр, проворнейшее из животных, целых три месяца шел от твоего барина ко мне назад, то сколько же времени на это потребуется неповоротливому раку?

Английский король Георг IV затеял против своей супруги Каролины чрезвычайно скандальный процесс по поводу ее супружеской измены. Одним из самых ожесточенных врагов королевы был лорд Клейфорд. Лондонская чернь, сочувствовавшая королеве, была враждебно настроена против ее врагов, и вот однажды, когда Клейфорд попался на глаза бушующей уличной толпе, она остановила его экипаж и с угрозами принуждала его кричать: «Да здравствует королева Каролина!» Видя, что всякое сопротивление будет опасно, он высунулся из кареты и во все горло возопил:

— Да, друзья мои, да здравствует королева Каролина, и пусть все ваши жены станут такие же, как она!

Английский поэт Уильям Девенант утратил свой нос вследствие сифилиса. Однажды на улице к нему пристала какая-то нищая, неотступно за ним следовала, прося милостыню, и при этом все повторяла:

— Да сохранит Господь ваши глаза.

Девенант, наконец, чтобы отвязаться от нее, подал ей, и она, поблагодарив его, снова сказала:

— Да сохранит Господь ваши глаза, сэр!

Удивленный этим своеобразным пожеланием, Девенант спросил ее, чего ради она так хлопочет о его глазах; зрение, дескать, у меня, слава богу, хорошее, я не слеп.

— О нет, — отвечала нищая, — я знаю, что не слепы, я о том и прошу Бога, чтобы зрение у вас не ослабевало и вам не было надобности носить очки; ведь вам не на что их надевать!

Арно Бакюляр, писатель с весьма посредственным талантом, однажды зашел к графу Фриежу, большому остряку в то время, когда тот занимался туалетом. Желая сказать графу что-нибудь любезное, Арно заговорил о волосах графа, находя их совершенно особенными, такими, какие обыкновенно бывают только у гениальных людей.

— О Арно, — отвечал ему граф, — если б я был уверен, что мои волосы обладают такими качествами, то охотно бы их остриг и заказал бы из них парик для вас!

Поэт Ложон, автор довольно посредственных песенок, вздумал попасть в члены Академии наук, когда ему было уже восемдесят три года. Но его литературные заслуги были очень незначительны, и его избранию академики противились.

— Эх, господа, — уговаривал Делиль своих коллег, — ведь мы все знаем, куда лежит его путь; ему пришла фантазия пройти туда через академию; ну и пусть идет, пропустим его!

Английскому сатирику Донну говорили:
— Громите пороки, но щадите порочных.
— Не понимаю, — отвечал Донн. — Это все равно что громить карты и щадить шулеров!

Однажды Лист и Рубини давали концерт в каком-то французском городе. К их крайнему удивлению и обиде, на концерт явилось всего лишь около полусотни слушателей, да и те держали себя удивительно холодно. Несмотря на это, и Лист играл превосходно, и Рубини пел, как ангел. По окончании концерта Лист вышел на эстраду и обратился к публике с оригинальным приглашением:

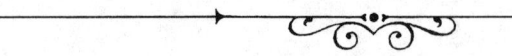

— Милостивые государи и милостивая государыня (потому что на концерте присутствовала всего одна дама), я полагаю, что музыки с вас было уже достаточно; осмеливаюсь теперь просить вас оказать нам честь — отужинать с нами!

Публика с минуту колебалась, потом любезно приняла приглашение. Листу этот ужин обошелся в 1 200 франков. Виртуозы не пожелали повторять концерта в этом городе.

— И напрасно, — заметил на это известный критик Жюль Жанен, — надо было повторить. Публика могла остаться холодной к музыке, но ее могла прельстить перспектива ужина.

С Жюлем Жаненом случилось в Англии чрезвычайно забавное происшествие. Вся соль того случая зиждется на том, что у англичан высшего круга строго соблюдается чопорный обычай — никогда не заговаривать с людьми, которые не были им представлены; нельзя обращаться к человеку, не называя его по имени.

Жанен, будучи в Лондоне, сидел в одном ресторане, содержавшемся французом, и мирно читал газету. Недалеко от него сидел весьма спокойной внешности англичанин и пил грог. Вдруг англичанин этот посмотрел на Жанена, подозвал гарсона и спросил у него, ломая французский язык по обычной манере англичан:

— Гарсон, как зовут этого господина (т. е. Жанена), который курит свою сигару, читая свою газету у печки?

— Не знаю, милорд, — отвечал гарсон.

Издав обычное «оа!» — англичанин встал, подошел к кассирше и обратился к ней:

— Мисс, как вы зовете этого господина, который курит свою сигару, читая свою газету у печки?

— Он не из постоянных наших посетителей, милорд, — отвечала кассирша, — и я, к сожалению, не могу вам ничего о нем сообщить.

Опять «оа!» Затем неугомонный англичанин изъявил твердое желание видеть самого хозяина ресторана. Того вызвали, и он предстал с вопросом:

— Чем могу служить?

— Скажите, господин хозяин, вы не знаете, как зовут этого господина, который курит свою сигару, читая свою газету у печки?

— Не знаю, милорд; в первый раз вижу его у себя.

— Оа!..

На этот раз англичанин направился уже прямо к самому Жансну.

— Сударь, курящий свою сигару, читая свою газету у печки, мне надо знать, как вас зовут.

— Сударь, — ответил вежливый француз, — мое имя Жюль Жанен.

— Так вот что, господин Жюль Жанен, вы сидите слишком близко к огню и ваш сюртук давно уж горит.

Жанен, не замечая того, спалил чуть не всю полу своего сюртука. Но как же мог порядочный джентльмен сказать ему об этом, не зная, как его назвать?..

Лагарп был очень груб и бесцеремонен с женщинами. Рассказывают про него, что однажды на вопрос, почему он рассорился с одним из своих друзей, он отвечал:

— Я бросил его жену, вот он и не может мне этого простить.

В другой раз, когда его поздравляли по случаю получения им доходного места, он заметил:

— Да, двенадцать тысяч франков... Можно бы жить хорошо, кабы подвалило счастье и жена умерла.

Князь Каунитц отличался удивительной слабостью: он не желал сделаться старым, а о смерти решительно не хотел слышать, так что в его присутствии никто этого слова и не произносил. Он запрещал при себе говорить даже о болезнях. Он видел королеву в оспе, и с этих пор самая мысль об оспе стала ему невыносима. Когда надо было ему сообщить о чьей-либо смерти, то приходилось заводить об этом речь намеками, а прямо сказать нельзя было. Так, когда умер его близкий друг барон Биндер, то секретарь Каунитца, Райдг, не смел прямо сказать ему об этом, а выразился так:

— Барона Биндера нигде не стало видно.

Художник Ланкре был отличнейший пейзажист, но зато совсем не умел рисовать фигуры. Однажды ему заказал картину какой-то богатый любитель, и на этой картине непременно следовало представить церковь.

Ланкре написал церковь, написал чудный пейзаж вокруг нее; но людей, конечно, за неумением, на картине не изобразил. Когда он показал картину заказчику, тот пришел в восторг от пейзажа, но сейчас же спросил, где же люди, идущие в церковь?

— А они все в церкви, там идет обедня, — пытался отшутиться художник.

— А, хорошо, — сказал заказчик, — так я подожду, когда отойдет обедня и они выйдут из церкви, тогда уж и приму от вас картину.

Однажды во французской академии обсуждался какой-то вопрос, который разжег страсти членов почтенного собрания до такой степени, что они начали говорить все разом, не слушая друг друга. Тогда один из них, Меран, кое-как восстановив тишину, предложил товарищам:

— Господа, попробуем говорить не более как четверо разом!

Мабли уговаривали баллотироваться в академики. Он отказался, сказав:

— Попади я в академики, станут, пожалуй, спрашивать: как он туда пролез? А пока я не академик, могут только спрашивать: отчего он до сих пор не в академии? А ведь это более лестно!

В какой-то пьесе играли вместе актер Тельяд и актриса Сюзанна Лежье. Тельяд был тощий и слабосильный человек, Лежье же была очень плотненького телосложения. По ходу пьесы Тельяд, герой, должен был похитить героиню, Лежье, т. е. просто-напросто схватить ее в охапку и унести. Но, увы, герой не мог не только поднять, но даже как следует обхватить свою возлюбленную. Он делал отчаянные усилия, так что пот лил с него ручьями, но, увы, безуспешно! Видя его беспомощное положение, какой-то сострадательный зритель из райка крикнул ему:

— Сразу не унесешь! Раздели на две охапки!

В Париже одно время были два актера, которые когда играли вместе, то устраивали друг другу разные шутки. Так, однажды один из них, Гобер, играл роль Наполеона. В одном месте пьесы ему подают письмо и он его читает вслух. Обыкновенно это письмо им писалось на подаваемой бумаге, чтобы его не заучивать, но в этот раз другой актер, Готье, игравший роль адъютанта, подающего императору это письмо, вместо заготовленной бумаги с текстом подал Гоберу чистую бумагу, зная очень хорошо, что тот письма наизусть не помнит. Однако он рассчитал плохо, Гобер нашелся. Видя пустую бумагу и поняв, чья это шутка, он величественно протянул ее Готье со словами:

— Читайте вслух, генерал!

Готье, не помнивший ни единого слова из этого письма, смутился, растерялся самым жалким образом и был торжественно освистан.

Лорд Гамильтон остановился однажды в какой-то гостинице, напился почти до потери сознания и в этом состоянии убил кого-то из служителей гостиницы. На шум прибежал хозяин гостиницы и, видя поверженного человека, вскричал:

— Что вы сделали, милорд, вы убили человека!

— Поставьте мне в счет, я заплачу! — пробормотал лорд, едва ворочая языком.

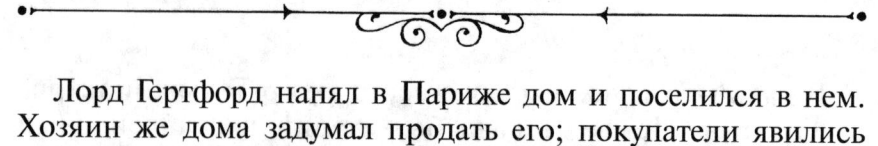

Лорд Гертфорд нанял в Париже дом и поселился в нем. Хозяин же дома задумал продать его; покупатели явились и пожелали осмотреть дом. Сказали об этом лакею лорда, а тот разбудил барина — дело было утром — и доложил, что пришли осматривать дом.

— Как осматривать, зачем? Ведь я же нанял его, я его занимаю.

— Точно так, но хозяин продает дом, и это пришли покупатели.

— Скажи хозяину, что я покупаю дом, и пусть меня оставят в покое.

Глава 3

Человек отличается от всех других созданий способностью смеяться.

Д. Аддисон

Когда французский писатель Оноре де Бальзак был еще начинающим литератором, он часто жил в безденежье. Почти каждую неделю он приходил к своему скупому издателю и просил у него денег в счет будущего гонорара.

Как-то раз, когда Бальзак хотел в очередной раз войти в кабинет издателя, бдительный секретарь остановил его у двери и решительно сказал:

— Извините, господин Бальзак, но издатель сегодня не принимает.

— Это ничего, — весело ответил писатель, — главное, чтобы давал.

Какой-то господин приводит Бальзака в знакомый дом и, представляя его хозяйке, говорит:

— Позвольте представить моего друга. Ручаюсь вам, что он совсем не так глуп, как кажется.

— В этом и заключается разница между им и мной, — поспешил заметить Бальзак.

Бальзак, будучи еще малоизвестным начинающим писателем, однажды очутился за столом между двумя юными франтами, которые все время задирали его. Он долго молча и терпеливо выслушивал их колкости и, наконец, сказал им:

— Я вижу, господа, что вы надо мной издеваетесь. Но вы ошибаетесь относительно меня, вы составили обо мне совсем неверное мнение. Я вам скажу, что я, в сущности, собой представляю. Я вовсе не дурак и не болван, а я посредине между тем и другим.

Один поэт умеренного таланта, человек тщедушный и трусоватый, в своих стихах задел амбицию Бальзака. Тот обиделся и вызвал стихотворца на дуэль, поэт отвечал ему на вызов:

— Извините, сударь, нам драться невозможно, потому что у нас силы неравные. Вы человек большой, я маленький. Вы храбрый, я трус. Вы чего, собственно говоря, хотите? Вы хотите меня убить? Ну, и прекрасно. Будем считать, что я уже убит.

К Бальзаку пришел сапожник, чтобы получить деньги за работу.

— Зайди завтра, — сказал Бальзак. — Сегодня у меня нет ни гроша.

— Когда я прихожу за деньгами, то вас никогда нет дома, — стал ругаться сапожник, — а когда вы единственный раз оказались дома, у вас нет денег.

— Это вполне понятно, — сказал Бальзак. — Если бы у меня были деньги, то, наверное, меня бы теперь не было дома.

Как-то ночью в квартиру к Бальзаку забрался вор. Убедившись, что хозяин спит, злодей подошел к столу и начал открывать ящик. Неожиданно раздался громкий смех. Вор обернулся и в лунном свете увидел писателя. Несмотря на испуг, злоумышленник нашел мужество спросить:

— Почему вы смеетесь?

— Я смеюсь потому, что ты в темноте ищешь то, что я не могу найти днем.

В Париже есть много больших любителей генеральных репетиций в театрах. Попасть на эти репетиции можно, конечно, только по знакомству с автором пьесы, или директором театра, или с кем-нибудь из актеров. В числе этих любителей репетиций особенно отличался некто Доманж. Это был человек сам по себе очень почтенный, образованный, большой знаток театра. Но не это доставило ему обширную известность по всему Парижу, а его коммерция, без сомнения благодетельная, но не особенно благоухающая: он держал ночной санитарный обоз, и при одном упоминании о «доманжевых каретах» каждый невольно морщил нос... Вот этот-то Доманж-очиститель и напросился к Дюма на репетицию одной из его комедий. Увлекшись своей страстью к театру, Доманж не вытерпел, и в то время как знаменитая Марс говорила свой монолог, он вдруг вскочил с места и крикнул ей:

— Сударыня, тысячекратно извиняюсь, что прерываю вас, но не лучше ли бы вам в этой сцене выходить справа, а не слева?..

— Э, господин Доманж, — крикнул ему Дюма своим веселым и крепким голосом, — вы уж это, пожалуйста, оставьте. Я не трогаю вашего товара, вы не трогайте моего!

Однажды к Дюма кто-то обратился с просьбой дать двадцать пять франков на похороны судебного пристава, умершего в нищете. Дюма, имевший свои причины очень не любить представителей этой почтенной профессии, вынул из стола триста франков и, подавая их просителю, сказал:

— Вот возьмите все, что у меня есть; тут хватит денег, чтоб похоронить не одного, а целую дюжину судебных приставов!

Дюма с одним греком спорил о преимуществах и исторических заслугах своих отечеств. Грек, чтобы доказать, что его родина должна быть превознесена над всем человечеством, упомянул о том, что из Греции вышли знаменитейшие мудрецы и философы.

— Вот именно, что вышли, — подхватил Дюма. — Поэтому-то теперь у вас и не осталось ни одного мудреца.

Портной принес счет Дюма и застал его еще в постели. Осведомившись, зачем он пришел, хозяин сказал:

— Подойдите, пожалуйста, к моему бюро и откройте ящик.

Портной начал выдвигать ящики бюро один за другим; Дюма долгое время, указывал ему, какой именно ящик надо выдвинуть. Наконец нужный ящик был найден и выдвинут.

— Ну вот, этот самый. Загляните в него, что вы там видите?

— Вижу кучу каких-то бумажек, — отвечал портной.

— А это все разные счета, — пояснил ему Дюма. — Я их все собираю в этот ящик. И вы свой сюда же положите. А затем честь имею кланяться.

И писатель преспокойно повернулся на другой бок.

В присутствии Дюма, который занимал деньги направо и налево, была однажды произнесена обычная фраза из области житейской премудрости: «Кто платит свои долги, тот обогащается».

— Эх, — воскликнул Дюма, обремененный долгами, — не верьте этому; эту поговорку выдумали кредиторы.

Дюма шел по улице и беседовал с приятелем. Тот был завзятый курильщик, не выпускавший трубки изо рта, Дюма же в то время не курил. Курильщик говорил:

— Хорошая вещь этот табачок. Скверно только одно, что он стоит денег, и чем больше куришь, тем накладнее для кармана.

— Это ты верно говоришь, — отвечал Дюма. — В самом деле, подумай-ка, если бы ты не курил и все деньги, которые тратишь на табак, откладывал и копил, так ведь у тебя давно был бы свой дом, а может быть, и целое имение.

— Так, так, — отвечал курильщик. — Ну-ка, ты, некурящий, много ли ты отложил? Где твой дом, где имение?

Поставщик-купец явился к своему постоянному покупателю, Александру Дюма, и представил счет.

— Разве вы еще до сих пор ничего не получили? — с удивлением спросил его романист.

— До сих пор, ваша милость, я получал только пощечину от вашего управляющего, а денег не получал, — отвечал поставщик.

Один приятель говорил Дюма:

— Друг мой, если б собрать все то, чего ты не знаешь, то вышла бы добрая книга!

— А если б собрать все то, — отвечал Дюма, — что ты знаешь, то вышла бы прескверная книга.

Дюма путешествовал по Испании и попал в такую область страны, где в то время свирепствовали разбойники. Он обратился к местному начальству и просил дать ему охрану. Спустя некоторое время к нему явилось двое жандармов. Но когда путешественник взглянул на их физиономии, его пробрала дрожь. Он сейчас же опять пошел к начальству и сказал ему:

— Будьте добры, не можете ли вы прислать ко мне пару добрых воров, разбойников, мошенников или чего-нибудь в этаком роде?

— Зачем же вам? — вопросило удивленное начальство.

— Как зачем! — отвечал Дюма. — А кто же будет защищать меня от ваших жандармов?

Служанка, простая деревенская баба, по приказанию барыни пошла звать Дюма на обед. Она застала его в то время, когда он чистил зубы щеткой. Баба, никогда в жизни не видавшая этой операции, придала ей очень своеобразное толкование. Когда она вернулась домой и барыня ее спросила, придет ли тот господин, она отвечала:

— Придут-с, они уж точат зубы.

Александр Дюма разговорился с крестьянином о погоде, урожае и т. д. Крестьянин сказал, между прочим:

— Если бы еще прошел такой хороший теплый дождь, как вчера, то так бы все и полезло из земли.

— Ну, это сохрани Бог, — заметил Дюма, — у меня в земле-то две жены зарыты.

Одна из пьес Александра Дюма имела блестящий успех. Директор театра, где шла пьеса, Дартуа, чтоб поощрить автора, обещал ему, что если пьеса выдержит шестьдесят представлений подряд и общая сумма сбора будет не меньше шестидесяти тысяч франков, он получит премию в две тысячи франков.

— Только — уговор дороже денег — помните, если сбор будет меньше шестидесяти тысяч хоть на одно су, вы ничего не получите! А если будет ровно шестьдесят тысяч или больше, вы получите ваши две тысячи вечером 29 сентября, когда должно состояться тридцатое представление.

И вот накануне рокового вечера, т. е. 28 сентября, Дюма забежал в кассу и узнал, что сбор за тот вечер равнялся двум тысячам тремстам пятидесяти семи франкам, а за двадцать девять представлений собрано пятьдесят семь тысяч девятьсот девяносто девять франков. Оставалось, значит, 29 сентября собрать всего лишь около двух тысяч франков; а так как накануне сбор был много больше двух тысяч, то Дюма был спокоен за свой успех; премия, очевидно, его не минует!

И, однако, слепой случай устроил так, что 29 сентября сбор ограничился цифрой одна тысяча девятьсот девяносто четыре франка. Дюма наскоро совершил сложение: 57 999 + 1994 выходит 59 993! Не хватает семи франков до шестидесяти тысяч. Из-за этих семи франков он лишался премии.

— Ну, господин Дюма, вы помните наш уговор, — говорил ему Дартуа. — Одним су меньше шестидесяти тысяч франков, и премия улетучивается. Очень, очень сожалею, но...

— Ну, что ж делать, где наша не пропадала! — сказал Дюма. — Вот только одно досадно, — пробормотал он, — я рассчитывал на эти деньги, и в этом расчете все свои деньги раздал и теперь остался без единого су...

— О, это мы устроим! — прервал его великодушный директор. — Вам много ли нужно?

— Франков двадцать, не больше!

Дартуа немедленно выдал деньги, а Дюма немедленно же побежал, отыскал у театра посыльного и велел ему купить в кассе театра три кресла. Сбор сразу превысил роковую цифру — на пять франков! Неосторожный Дартуа не сообразил, что выдал эти двадцать франков как раз на пополнение своего сбора, которое обязывало его к выдаче премии!

Александр Дюма, рассказывая о необычайной быстроте курьерского поезда, на котором он ехал, говорил: «Вы меня знаете, я человек раздражительный, вспыльчивый и быстрый на расправу. Поезд остановился в Лионе. Я стоял на площадке вагона, а около, на платформе, стоял начальник станции. Я ему что-то сказал; он ответил грубостью. Слово за слово, мы повздорили, и я в бешенстве замахнулся, чтобы дать ему пощечину. Но как раз в этот момент поезд тронулся. Я уже размахнулся, не мог удержать руку и... моя плюха досталась начальнику станции в Марселе. Конечно, пришлось извиняться».

В один из периодов жизни Александр Дюма, весь промотавшийся, услышав о необыкновенном добродушии местного епископа, смело явился к владыке и попросил у него в долг. Епископ, очень хорошо зная, с кем имеет дело, сначала было отказал, но потом поддался своему врожденному добродушию и дал просимую сумму, причем, однако же, твердо решил, что деньги эти пропали безвозвратно и что он так и должен считать их потерянными. Но к его несказанному изумлению, Дюма через некоторое время принес и уплатил свой долг сполна. Прошло несколько месяцев, и Дюма вновь явился к епископу и вновь попросил в займы. «Ну, нет, — отвечал ему епископ, — я не из тех, которые дают надуть себя два раза подряд!»

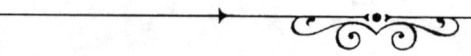

Какой-то господин смотрел долгое время в упор на Дюма. Тот вышел из терпения и спросил его, чего он на него уставился.

— Нельзя разве на вас смотреть? — возразил господин. — Собака преспокойно смотрит на епископа, и ей это в вину не ставится.

— Но с чего вы взяли, что я епископ? — спросил Дюма.

Александр Дюма путешествовал по Испании. В Мадриде на улице к нему протянул руку нищий испанец, драпировавшийся в свои живописные лохмотья. Путешественник был раздосадован его приставаниями и вместе с тем поражен бодрой и крепкой внешностью.

— Как тебе не стыдно клянчить и бездельничать, — сказал он нищему. — Ты такой здоровенный мужчина и мог бы честно зарабатывать свой хлеб.

Испанец тотчас принял самый гордый и надменный вид и отвечал:

— Милостивый государь, я прошу подаяния, а вовсе не совета.

Какой-то хвастун и враль рассказывал Дюма, что он объехал весь свет и видал всякие чудеса и что он очень удивляется, как это ни один автор не упоминает о капусте, которую он видел где-то в Африке или Америке. Капуста эта, по его словам, была так колоссальна, что под тенью ее листа могли укрываться пятьдесят всадников, построенных в боевом порядке, и даже совершать военные действия. Как только он кончил свое повествование, Дюма принялся с самым серьезным и невозмутимым видом рассказывать, как, будучи в Японии, он видел большой котел, над изготовлением которого работали триста человек. Из них полтораста были внутри котла и полировали его.

— Но к чему же такой огромный котел, что в нем варить? — насмешливо возразил враль.

— Как что варить? — спокойно возразил Дюма. — А ваша капуста, о которой вы сейчас рассказали, в какой же другой котел она поместилась бы?

Французский писатель Виктор Гюго однажды отправился за границу.

— Чем вы занимаетесь? — спросил у него жандарм, заполняя специальную анкету.

— Пишу.

— Я спрашиваю, чем добываете средства к жизни? — уточнил свой вопрос пограничный страж.

— Пером.

— Так и запишем: «Гюго — торговец пером», — сказал жандарм.

Один литературный критик явно бросал вызов Гюго, выступив в печати со статьей о нем, написанной на чрезвычайно низком уровне грамотности. Прочитав статью, Гюго ответил критику: «С радостью принимаю вашу перчатку и даю свое согласие на дуэль. Так как я — пострадавшая сторона, то право выбора оружия принадлежит мне. Я выбираю грамматику, и вы можете себя считать убитым на месте».

Патер Дебре однажды в постный день ел скоромное блюдо. Едва успел он проглотить две-три ложки, как служитель почтительно доложил ему:

— Сегодня постный день, ваше преподобие.

Патер мгновенно вознаградил его за это усердие пощечиной со словами:

— Дурак, ты выскочил со своим замечанием не вовремя. Надо было либо предупредить меня заранее, когда я еще не начинал есть, либо дать мне доесть. А теперь вышло ни то ни се.

Какой-то человек на исповеди у аббата Дебре признался, что украл у своего соседа сто снопов пшеницы. Исповедник спросил его, совершал ли он кражу много раз, ведь трудно сразу утащить сотню снопов. Мужик разъяснил, что он ходил воровать четыре раза и каждый раз утаскивал по двадцать снопов.

— Но ведь это выходит восемьдесят снопов, а ты говоришь — сто?

— А я еще сегодня собираюсь утащить двадцать снопов, так уж заодно и каюсь.

Молодая дама-католичка была на исповеди. Патер Дебре, задав несколько вопросов, заинтересовался ею и пожелал завести с ней знакомство. Поэтому он и обратился к даме с вопросом, как ее имя.

— Мое имя вовсе не грех, — отвечала дама. — Зачем же я буду вам его сказывать?

Ростовщик Дибук был очень опечален тем, что его доходы день ото дня уменьшаются. Он приписывал это тому, что в городе, где он жил, завелось слишком много ростовщиков, которые и отбивают у него хлеб. Он отправился к патеру Дебре, который славился как очень искусный и убедительный проповедник, и усердно просил его произнести слово против ростовщичества. Патер, хорошо знавший его, конечно, подумал, что старый скряга сам прежде других покаялся в своем ремесле, и начал его поздравлять и хвалить. Но ростовщик холодно остановил его.

— Вы совсем не так меня поняли, — сказал он. — Я прошу вас сказать проповедь потому, что у нас в городе развелось слишком много ростовщиков и это занятие перестало приносить доход. Ко мне, например, почти совсем перестали ходить. Я и думаю, что, если вы вашим словом проймете хорошенько ростовщиков и они все бросят дело, тогда опять весь народ повалит валом ко мне.

В 1854 году было полное солнечное затмение, видимое во Франции. Слух о нем заранее распространился по деревням и, как это часто бывало, возбудил чрезвычайные опасения среди народа. В одной деревне жители порешили, что 31 июля, в день, назначенный для затмения, наступит светопреставление, и все люди погибнут. Поэтому вся деревня от мала до велика кинулась к патеру Дебре исповедоваться. Злополучный священник не знал покоя ни днем ни ночью и совершенно выбился из сил. И вот, чтобы успокоить своих взволнованных прихожан, он собрал их и сказал:

— Дети мои, не спешите, времени для исповеди всем хватит, потому что затмение отложено на две недели.

Мужичок исповедовался у патера Дебре. Пришел он на исповедь первый раз в жизни, и когда патер спросил его, какие за ним есть грехи, он начал без всякого порядка рассказывать один за другим разные случаи и приключения в своей жизни.

— Мне ничего этого не надо знать, — с нетерпением перебил его Дебре. — Я говорю тебе, чтобы ты сказал мне свои грехи.

— Почем я знаю, что грех, что не грех, — отвечал крестьянин. — Я человек неученый. Я рассказываю все, а вы уж сами выбирайте, что вам надо.

Какой-то молодой человек, редкостно тупоумный, должен был держать экзамен для поступления в духовное звание. Патер Дебре, желая позабавиться, задал ему вопрос:

— У Ноя было три сына: Сим, Хам и Иафет. Кто их отец?

Глупый малый был поставлен в тупик и совсем ничего не ответил. Его, конечно, прогнали, и, вернувшись домой, он рассказал отцу о своем приключении.

— До чего ты глуп! — воскликнул отец. — Как же ты не мог этого сообразить? Ну, подумай сам. У нашего соседа мельника три сына: Пьер, Жан и Якоб. Кто их отец?

— Конечно, мельник! — вскричал сынок.

— Ну, понял теперь!

Сын вновь пошел на экзамен, и патер Дебре, предчувствуя новую забаву, задал ему тот же самый вопрос: кто был отец сыновей Ноя?

— Наш сосед мельник.

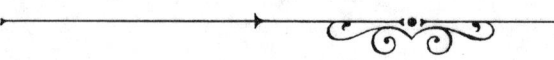

Патер Дебре ехал в карете по большой дороге, а навстречу ему попался воз, чем-то нагруженный, около которого шел молодой, очень плотный на вид деревенский парень. Кучер Дебре еще издали кричал ему, чтобы он посторонился, но парень спокойно вел воз, не сворачивая в сторону. Патер, слыша громкую брань своего кучера, высунулся из кареты и, посмотрев на здоровенного парня, сказал ему:

— Друг мой, судя по наружности, ты, кажется, гораздо лучше упитан телесно, нежели духовно.

— Чего мудреного, святой отец, — отвечал умный парень. — Ведь телесно мы сами себя кормим, а духовную-то пищу от вас получаем.

Патер Дебре во время обеда протянул руку к блюду, не приняв в расчет, что блюдо было очень горячее, и, разумеется, сильно обжегся, при этом не мог удержаться и весьма энергично выбранился, употребляя выражения, в высшей степени неподобающие духовному сану. Один из его гостей сейчас же вынул карандаш и бумажку и начал записывать.

— Что это вы пишете? — спросил его патер.

— Я записываю на всякий случай ту молитву против ожогов, которую вы сейчас изволили произнести.

У ростовщика Дибука была дочь, до такой степени некрасивая, что надо было сосредоточить в себе всю отеческую нежность к собственному детищу, чтобы любить ее. Но отец, как и подобало, очень дочь любил и, желая пристроить замуж, порешил выдать ее не иначе как за слепого. Женихи, без сомнения, нашлись бы и зрячие, потому что невеста была страшно богата, но любящий отец хотел избавить свою дочку от того неизбежного отвращения, которое питал бы к ней всякий зрячий муж. И вот через некоторое время после свадьбы в ту местность, где жили молодые, заявился какой-то знаменитый окулист, который, по слухам, совершал настоящие чудеса, делал зрячими слепорожденных. Многие начали тогда советовать богачу-тести, чтобы он обратился к этому целителю и поручил ему своего слепого зятя, авось он его вылечит.

— Никогда я этого не сделаю, — отвечал Дибук. — С какой стати? Доктор вернет зрение зятю, а зять вернет мне дочку. Нет, пусть лучше все останется так, как есть.

Умирающий ростовщик Дибук уговаривал свою молодую жену, чтобы она после его смерти выходила замуж за кого ей угодно, только не выходила бы за такого-то, потому что тот человек причинил ему при жизни много огорчений.

— О, будь спокоен, мой друг, — сказала жена, — за него я не выйду, потому что я уже дала слово другому.

Купец продавал свое торговое заведение. По объявлению к нему явился Дибук, осмотрел лавочку и остался совершенно доволен.

— Мне ваш магазинчик нравится. Он такой маленький, уютный, скромный на вид. Я человек уже пожилой, мне не по возрасту возиться с большим предприятием. Мне надо занятие тихое, спокойное.

— О, милостивый государь, — утешил его продавец, — ручаюсь вам, что не найдете лавочки спокойнее нашей: к нам иной раз целыми днями никто и не заглянет.

Однажды министр Пасси, рассердившись на двух служащих в его ведомстве, назвал одного из них сумасшедшим, другого вором. Этот отзыв, конечно, поспешили передать обоим чиновникам, но вышло как-то так, что невозможно было с точностью разобрать, кого именно из них назвали сумасшедшим, кого вором. Оба ужасно обиделись, долго судачили о министре, совещались, что им предпринять. Один из них особенно горячился и настаивал на объяснении, другой же держался осторожно.

— Во всяком случае я этого так не оставлю, — шумел первый.

— Однако что же, в сущности, вы можете сделать с министром?

— Как что? Потребую объяснений, вызову, наконец, на дуэль.

— Да вы с ума сходите!

— Что, что?.. Как вы сказали?..

— Я говорю, что вы сумасшедший.

— А ну, коли так, то и не о чем объясняться с министром.

— Как так? Что вы хотите этим сказать?

— Господин Пасси сказал, что один из нас сумасшедший, другой вор. Вы сами говорите, что сумасшедший я; следовательно... вор не я. Мне не на что обижаться.

Марешаль издал очень странную книгу «Словарь атеистов». В ней он причислял к числу безбожников Паскаля, Боссю, Фенелона и даже Иоанна Златоуста! Для доказательства же безбожия он выбирал из этих авторов отдельные слова и фразы, не стесняясь и переделывать их по мере надобности. Так, к числу безбожников им был между другими притянут известный поэт Делиль. У него в стихотворении, посвященном птичке колибри, есть такая строфа:

— Если боги имеют капризы, то она (т. е. колибри) — очаровательнейший из этих капризов.

Марешаль же изменил эту строфу так:

— Если есть боги, то колибри — очаровательнейший из их капризов.

В таком виде он и послал свою книгу Делилю. Тот, прочитав искажение своего стиха, написал Марешалю письмо, в котором говорит:

— Что же делать с вами, коли вы на небесах не видите того, что там есть, а в моих стихах видите то, чего там нет.

Георг II (английский король) однажды остановился дорогой в гостинице, в глухом местечке, и спросил себе на закуску яиц. Хозяин спросил с него по гинее за яйцо.

— У вас тут яйца, должно полагать, большая редкость? — спросил, улыбаясь, король.

— Нет, ваше величество, яиц у нас сколько угодно, а короли — редкость.

Герцог Мекленбургский часто глубоко задумывался. Если в это время кто-нибудь его спрашивал, что с ним, он отвечал:

— Ничего, я даю аудиенцию своим мыслям.

Шатобриан был враг компромиссов.

— Моя жена, — говорил он, — обедает в пять часов, я же никогда не чувствую аппетита раньше семи часов. И вот, чтобы угодить друг другу, мы условились обедать в шесть часов. И выходит, что она садится за стол уже очень голодная, а я еще вполне сытый. И это называется — жить счастливо, делая взаимные уступки!

Шатобриан в старости жил отшельником, ни с кем не видясь но, однако, страстно желая, чтоб о нем не забывали и говорили; он был очень тщеславен. Зная его нрав, остроумный Сальванди говорил про него:

— Шатобриану теперь хотелось бы жить в келье, но только чтобы эта келья была на сцене, в театре.

Один из племянников Шатобриана, заботясь о славе дяди, которого глубоко уважал, очень ловко провел своего учителя, аббата Юре. Это был очень ученый человек, великий знаток классической литературы. К Шатобриану он относился свысока, не любил его за склонность к новшествам в стиле и даже не признавал в нем литературного дарования, чем чувствительно обижал его племянника, искавшего случая отомстить за дядюшку. Этот случай ему представился, когда Юре однажды задал ученикам сочинение на тему «Праздник плоти Господней». Племянник Шатобриана, знавший чуть не наизусть сочинения дяди, вспомнил, что в «Гении христианства», капитальном произведении Шатобриана, как раз есть место, заключающее рассуждение на эту тему. Он и выписал целиком это место и выдал его за собственное сочинение, будучи глубоко уверен, что Юре не вспомнит, откуда сделано заимствование, так как был свысока невнимателен к Шатобриану и просмотрел его сочинения весьма поверхностно. Племянник не ошибся. Юре, прочитав его сочинение, пришел от него в восторг, прочитал его перед всем классом как образец и, обратясь к юному автору, воскликнул:

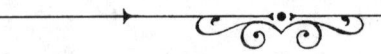

— Молодой человек, вы гораздо талантливее вашего дядюшки!

Знаменитый Буаст, автор известнейшего французского толкового словаря, был человек строгих нравов и в своем словаре исключал все неприличные слова. И вот однажды какая-то дама вздумала его с этим поздравить и похвалить за то, что он свое сочинение очистил от «яда всяких нецензурных слов».

Но Буаст был человек грубый и с дамами необходительный, а потому на похвалы дамы брякнул ей:

— Да как же вы узнали, что этих слов там нет? Вы, значит, их искали?

При Бюффоне садовником академического сада был некто Туэн, великий знаток и мастер своего дела. Однажды выписали откуда-то в сад особой породы фиговое дерево, и Туэн ухаживал за ним, как за родным детищем. В первый год дерево принесло всего лишь пару винных ягод, но они были превосходны, и Туэн выхаживал их со всем усердием, а Бюффон с нетерпением ждал, когда они созреют, чтобы попробовать их и по ним судить о достоинствах новой фиговой породы. Наконец, наступил давно ожидаемый момент. Фиги созрели, Туэн их снял, положил на тарелочку и отправил с мальчиком-учеником Бюффону. Дорогой мальчуган никак не мог одолеть искушения и съел одну фигу, другую же доставил Бюффону в целости. Тот прочитал записку, при которой Туэн посылал фрукты, и, видя, что на тарелке лежит одна фига, спросил:

— Где же другая?

Пойманный врасплох мальчуган должен был признаться и пробормотал, что виноват.

— Злодей ты этакий, да как же ты мог это сделать?

— Вот так! — отвечал озорной мальчуган и, взяв другую фигу, отправил ее в рот.

Один из друзей известного художника Кутюра однажды сказал ему:

— Знаешь ли что, Кутюр? У меня есть один знакомый, который дорого бы дал, чтобы видеть картину, которую ты теперь пишешь.

Кутюр был человек угрюмый, притом он был проникнут своего рода художественной гордостью. Любитель, желавший видеть его картину, представлялся ему в виде невежественного буржуа, ничего не понимающего в искусстве, и потому он ответил приятелю резким отказом.

— Жаль, — заметил тот, — а мой буржуа охотно отсыпал бы пять сотен франков за то, чтоб только видеть твою картину; заметь, только видеть.

Кутюр на минутку призадумался, соблазнившись суммой в пятьсот франков; но скоро художественная гордость преодолела корыстолюбие, и он снова отказал еще свирепее прежнего. Прошло несколько дней. Приятель снова приступил к нему:

— А знаешь, Кутюр, мой буржуа-то, о котором я тебе говорил, ведь он согласен бы дать и всю тысячу франков, чтоб только видеть твою картину.

— Тысячу, черт возьми!.. — воскликнул на этот раз уже готовый уступить Кутюр. — Ну, ладно, коли даст тысячу, пусть приходит и смотрит... Да кто он такой?

— Жак Арого.

— Жак Арого? Писатель? Автор «Воспоминаний слепого»? Да ведь он же слепой!

— В том-то и суть. Поэтому-то он и дал бы с удовольствием тысячу франков, чтобы видеть твою картину.

Про знаменитого математика Штурма рассказывают, что, лежа на смертном одре, он впал в забытье, перестал слышать, и домашние не могли добиться от него ни слова. Но вот случилось, что его посетил кто-то из друзейпрофессоров. Домашние со слезами рассказали ему, что умирающий уже ничего не слышит и на вопросы не отвечает.

— А вот мы сейчас еще попытаемся, — сказал гость и, обращаясь к умирающему, громко крикнул ему: — Ну-ка, Штурм, двенадцать в кубе сколько будет?

— Одна тысяча семьсот двадцать один! — ответил не медля Штурм и тут же испустил дух.

Лорд Максуэлл однажды выиграл удивительный процесс против страхового общества. Он застраховал от огня все свое движимое имущество и в том числе весь бывший у него запас сигар и рома. Сигары он, разумеется, с течением времени выкурил, ром же выпил в виде жженки. Прикончив то и другое, он подал заявление в страховое общество, требуя страховую премию за сигары и за ром на том основании, что они погибли от огня. Дело дошло до суда, и суд признал иск Максуэлл правильным.

Здесь, кстати, можно провести еще и другой образчик соломоновой мудрости британского судопроизводства. В 1837 году один из парижских корреспондентов, прибывших на коронование королевы Виктории, несколько запоздал и не мог найти себе пристанища в битком набитых гостиницах Лондона. После долгих и мучительных поисков он добился только, что ему в каком-то трактире предложили ночевать на бильярде, благо нашелся свободный матрац, который можно было возложить на стол. У француза другого выбора не было, и он с радостью согласился. При расплате ему подали счет за бильярд не как за ночлежное помещение, а как за игру, да притом еще, согласно лондонскому обычаю, двойную, потому что там игра на бильярде в ночные часы оплачивается по удвоенной таксе. Француз не хотел платить, и дело дошло до суда. Британский «Соломон» сначала несколько затруднился в таком необычайном иске, но потом обдумал, сообразил и дал мотивированное решение.

— Хозяин гостиницы оставил ли при бильярде шары? — спросил он у француза.

— Шары были в лузах, — признался француз.

— А когда так, то никаких сомнений и быть не может! — решил судья. — Вам сдали бильярд со всеми принадлежностями для игры, и вы им в таком виде всю ночь пользовались, значит, и должны платить за игру. Вы наняли бильярд, а не кровать. Играть или спать на нем — это была ваша добрая воля.

У художника Мюзара был роскошный плодовый сад в одной деревеньке близ Парижа. И вот однажды он заметил убыль груш из сада, начал следить и, наконец, поймал вора — местного жителя — с поличным. Мюзару очень не хотелось отдавать человека под суд, и он пошел с ним на сделку.

— Слушай, я тебе добровольно дам отступного, только не грабь моего сада. Сколько тебе надо? Хочешь, я буду тебе ежегодно давать в дань сотню груш?

— Ну, нет, это мне не расчет, — ответил откровенный хищник, — я ворую у вас куда больше!

Знаменитый композитор Буальдье был человек в высшей степени миролюбивый и скромный. Он как лицо, близко причастное к сцене, имел свободный вход в театр «Французской Комедии», но редко пользовался этой льготой. Однако случилось однажды, что он повел туда какую-то даму: для нее он взял в кассе билет, а сам пошел так; но его остановил контролер. Буальдье назвал себя, но контролер ядовито возразил:

— Это недурно придумано, милостивый государь! Буальдье действительно имеет у нас право свободного входа, но он почти каждый вечер и пользуется этим правом, да и сейчас сидит на своем обычном месте. Вон он!

Буальдье очень спокойно перенес весь позор, спокойно пошел в кассу, взял билет и уселся со своей дамой. Друзья, узнав об этой истории, дивились потом спокойствию Буальдье и упрекали в потворстве какому-то проходимцу, которого он был обязан изобличить.

— Да зачем же это? — спокойно оправдывался Буальдье. — С какой стати беспокоить человека? Вы поймите, я вздумал пойти в театр в кои веки, да и то не для себя, а для дамы; а тут человек каждый вечер ходит в театр. Очевидно, он любит театр, не может жить без него. Ну и пусть ходит!

Казимир Бонжур вздумал добиться академического кресла и, как водится, посещал академиков одного за другим, стараясь привлечь их избирательный голос. Приходит он к одному из них, звонит: девушка отворяет дверь и спрашивает его имя.

— Бонжур, — говорит он с ласковой улыбкой.

Девушка, конечно, принимает это слово за обычное французское приветствие — «добрый день», «здравствуйте» и вежливо отвечает:

— Бонжур, месье. Как прикажете доложить о вас?

— Я вам говорю — Бонжур.

— И я говорю вам бонжур! Но как вас зовут, как о вас сказать барину?

Известный укротитель зверей Фан-Амбург, заключая договор с дирекцией театра Порт-Сен-Мартен, особенно хвалился тем, что его звери приручены в совершенстве, так что публика может быть вполне спокойна, у него не может никогда произойти никакого несчастья, его звери безопасны.

— Э, господин Фан-Амбург, — сказал ему директор Арель, — вы на безопасность-то не очень налегайте. Оставьте публике хоть слабую надежду на то, что ваши питомцы вас могут растерзать, а иначе у публики может пропасть всякий интерес к зрелищу, и тогда мы с вами сядем на мель.

Однажды Александр Дюма-отец вдруг взялся за своего сына и начал его отчитывать за бесшабашную жизнь.

— Пора тебе остепениться, взять жену...

— Жену?.. Чью же? — перебил его сын.

Про актера Розамба, который одно время страшно бедствовал, рассказывали, что он не раз прибегал к уловкам, чтобы уложить своих ребятишек спать без ужина. Он возглашал:

— Дети, кто не хочет ужинать, тот получит су.

Ребята обычно соглашались, рассчитывая на другой день купить на свое су сластей, но утром раздавался новый возглас:

— Кто хочет завтракать, давай су.

Какой-то французский суд вынес приговор, возбудивший общее негодование своей явной несправедливостью; особенно возмущался им знаменитый парижский законовед Дамуаньон.

— Что делать, — урезонивал его кто-то из друзей, — нет коня, который бы не споткнулся ни разу.

— Да ведь тут не один конь, а целая конюшня! — вскричал негодующий юрист.

Известный врач Бувар однажды успокоил больного удивительно простым и остроумным способом. В числе его постоянных пациентов была престарелая графиня Эзбдиньяк, особа крайне мнительная. Бувар, чтобы занять ее воображение, предписал ей утром, перед шоколадом, выпивать стакан воды, а затем другой стакан немедленно после шоколада. И вдруг однажды графиня забыла выпить, да притом не второй, а первый стакан воды. Полная ужаса она немедленно послала за доктором и, чуть не рыдая, рассказала ему про свою оплошность.

— И хорошо сделали, что послали за мной, — сказал ей Бувар. — Вы действительно сделали большую неосторожность, но, по счастью, теперь еще не поздно и можно поправить дело. Видите, ведь задача в том, чтобы ваш шоколад пришелся между двух порций воды одна впереди, другая позади. Заднюю вы выпили, ну а переднюю мы поставим на место... просто-напросто в виде клизмы. Вот у нас шоколад и попадет меж двух вод!

Герцогиня Девонширская обладала прелестнейшими глазами, которые в особенности поражали своим жгучим блеском. Однажды во время путешествия она заметила, что какой-то матрос уставился на нее и долгое время смотрел неподвижно, с восхищением, которое он как простой человек не умел бы и скрыть, если бы и захотел. Когда кучер герцогини поднялся на козлы и приготовлялся тронуться в путь, матрос быстро подошел к коляске и просил герцогиню оказать ему милость.

— Какую же? — спросила она.

— Я хотел бы, миледи, чтобы вы были так добры, позволили мне закурить трубку от ваших глаз.

Герцогиня всю жизнь помнила этот наивный комплимент, и, когда ей другие говорили любезности, она говорила:

— Нет, лучше моего матроса никто не сумеет любезничать!

Одно время в начале прошедшего столетия среди английских врачей вошла в моду дегтярная вода, которой, как и каждому модному лекарству, приписывали совсем уж чудесную силу. В это же время случилось, что известный в то время доктор Хилль, ужасно обиженный тем, что его не хотели избрать в члены лондонского Королевского медицинского общества, решил отомстить этой почтенной корпорации. Дегтярная вода свирепствовала в своей славе, и Хилль на ней подцепил своих недругов. Он под вымышленным именем послал в названное общество сообщение о чудесном исцелении дегтярной водой. В сообщении рассказывалось, что один матрос сломал себе ногу, но что, по счастью, доктор, автор записки, случился на месте происшествия; он сейчас же сложил обломки ноги, плотно перевязал, скрепил неподвижно и всю рану оросил дегтярной водой. Матрос скоро поправился и стал пользоваться сломанной ногой, как прежде. В ученом собрании чтение этой записки вызвало ожесточенные споры; писали «за», писали «против»; случай с матросской ногой сделался главным предметом рассуждений в Королевском обществе. Выждав некоторое время, Хилль прислал вторую записку от имени того же врача, в которой было сказано:

«В нашем первом сообщении мы сделали одно существенное упущение, забыли упомянуть, что сломанная нога у того матроса была деревянная».

Английский богослов Самуэль Клерк однажды попросил у своего знакомого какую-то книгу. Тот отвечал, что никогда ни одной своей книги он не дает уносить из дому, а что если Клерку угодно, он может приходить к нему и читать нужную ему книгу сколько душе угодно. Спустя некоторое время ревнивый владелец книги возымел надобность в мехах для раздувания огня и послал к Клерку, прося одолжить ему ненадолго эту вещь.

— Скажи своему барину, — говорил Клерк посланному, — что я никогда не позволяю выносить меха из моей комнаты; а если ему надо, пускай приходит сюда и дует сколько душе угодно.

Маршал Вильеруа был командирован в Лион умиротворить вспыхнувшее там народное волнение. Все знали, что маршал большой любитель прекрасного пола, и интересовались, за которой из лионских красавиц он будет ухаживать. Одна парижская дама, очень этим вопросом заинтересовавшаяся, писала своей приятельнице в Лион, прося сообщить ей немедленно, «кому маршал бросит платок» — намек на известный гаремный обычай. Лионская дама, очень ядовитая и острая, увидев это письмо, заметила:

— Какой там платок... он уж давно не сморкается.

Известнейший английский ученый, историк Гиббон, обладал весьма непредставительной физиономией. Он был небольшой, плотненький человек, с мясистым лицом. Щеки у него были ужасно пухлые, сильно выдающиеся вперед, так что между ними образовалась глубокая ложбинка, и в этой ложбинке ютился ничтожного размера носик. Однажды он посетил Париж и, конечно, был там принят учеными с величайшим почетом. Один из них вздумал его представить госпоже Дюдеффан. Знаменитая красавица и умница в то время уже ослепла и, по обыкновению многих слепых, когда ей кого-нибудь представляли, проводила рукой по лицу человека. Благодаря тонкому осязанию, свойственному всем слепым, составляла себе путем ощупывания ясное понятие о чертах лица своего нового знакомца. Так она поступила и с представленным ей Гиббоном. Но, проведя перстами по его лицу, она вдруг отняла руку и обиженным тоном воскликнула:

— Что за глупая шутка!

Епископ Камю узнал, что очень благочестивая девушка из хорошей семьи, воспитывавшаяся в монастыре и желавшая постричься там в монахини, была вынуждена выйти из монастыря, потому что по уставу от поступавших в монахини требовался большой денежный взнос. Главный же курьез этого происшествия состоял в том, что монастырь принадлежал к одному из тех орденов, в которых обязателен обет нищенства. Камю, после того как узнал о приключении помянутой девицы, взойдя на кафедру после богослужения, обратился к прихожанам со словами:

«Братия, представляю вашему милосердию молодую девицу (имя), которую сестры (такого-то) монастыря не находят достаточно богатой, чтобы принять от нее обет нищеты».

Известный портретист Латур писал однажды портрет какой-то дамы. Его модель отличалась неимоверно большим ртом и во время сеансов делала большие усилия, чтобы уменьшить его размеры. Художник, видя ее старания, в сущности совершенно бесплодные, а ему в работе немало мешавшие, сказал ей:

— Сударыня, вы, пожалуйста, не затрудняйте себя напрасно; вы только скажите мне, и если угодно, я могу вас изобразить хоть и совсем без рта.

Автор «Путешествий Гулливера» Джонатан Свифт любил ходить пешком. Однажды он поздно вечером пришел в какую-то гостиницу, и ему объявили, что все комнаты заняты и поместить его негде. Ему могли только предложить разделить ложе с каким-то фермером. Он принял это предложение, за неимением лучшего. Фермер еще не спал. Свифт улегся рядом и сейчас же вступил с ним в беседу. Фермер разболтался и начал рассказывать, как он хорошо сделал все свои дела на ярмарке, которая происходила в том местечке.

— Ну, а я, со своей стороны, не могу похвастаться, — начал Свифт, выслушав его. — С тех пор как начались заседания суда, я всего еще только шестерых вздернул.

— Как вздернули? — спросил несколько оторопевший фермер. — Да вы по какой части?

— Не советую вам близко ознакомляться с этой частью. Разве что сами станете мастером, как я. Может быть, тогда вам это ремесло и понравится; хотя подчас таки и трудненько приходится.

— Да кто же вы такой, наконец?

— Я палач. Еду теперь в Тайберн, надо там вздернуть с десяток джентльменов большой дороги.

Фермер мгновенно спрыгнул с кровати и был таков, а Свифт преспокойно растянулся на просторном ложе.

Свифт был груб с прислугою, и своею, и чужою. Кто-то из его друзей прислал ему лосося в подарок. Лакей, принесший рыбу, уже не раз бывал у Свифта и знал, что от него не добьешься не только на чай, но даже и приветливого слова. Он подал ему рыбу со словами:

— Вот, барин прислал вам лосося.

— Ты что же это, — прикрикнул на него Свифт, — разве так делается подношение?.. Сядь сюда на мое место, а я возьму рыбу и научу тебя, как следует это делать, а ты смотри и учись.

Лакей уселся в кресло, а Свифт, держа рыбу, с почтительным поклоном подошел к нему и сказал:

— Милостивый государь, мой барин приказал свидетельствовать вам свое почтение и просить вас соблаговолить принять от него этот маленький подарок.

— Хорошо, мой милый, — отвечал лакей, в свою очередь входя в роль барина. — Передай своему барину, что я его благодарю, и вот тебе полкроны!

Свифту пришлось в свою очередь воспользоваться уроком.

К знаменитому трагическому актеру Кину однажды явился какой-то молодой человек, одержимый жестокой и неодолимой страстью к актерству. Кин пригласил его что-нибудь продекламировать, и кандидат в артисты некоторое время выл и ломался перед ним, истощая его терпение.

— Да вы раньше играли где-нибудь? — спросил его Кин.
— Как же, я исполнял роль Авеля.
— Скажите лучше Каина, — поправил его Кин, — потому что своей игрой вы, без сомнения, убили Авеля.

Однажды у известного поэта Шапеля с одним из французских маршалов произошла забавная ссора. Шапель был в гостях у этого маршала. Они сидели за ужином, беседуя в высшей степени мирно. Мало-помалу обильная выпивка настроила их на грустный лад. Начали они беседовать о горестях и суете бренной земной жизни, о неверности и неизвестности жизни загробной. Договорились и до того, что трудно жить на свете, оставаясь истинным христианином в строгом смысле слова, и что блаженны были великие мученики за веру Христову, которые, претерпев несколько ничтожных мгновений страдания, получили за то вечную награду на небесах. И вот Шапель, воспламененный возлияниями и предметом беседы, предложил маршалу: отправимся, дескать, в Турцию и будем там открыто проповедовать христианскую веру.

— Турки нас, конечно, схватят, — разглагольствовал он, — заточат в тюрьму. Потом отведут нас в какому-нибудь паше. Сначала я стану перед ним исповедовать веру без страха и трепета; потом вы сделаете то же; нас обоих посадят на кол, и вот мы оба и попадем рай!

ЗАПАДНАЯ ЕВРОПА

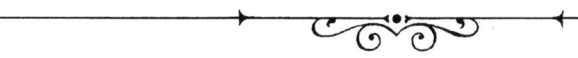

— Позвольте, милостивый государь! — внезапно вспылил охмелевший маршал. — Каким же это манером может случиться, что вы первый, впереди меня, выступите перед мучителем? Какой-то жалкий поэтишка, рифмоплет, выскочит впереди меня, герцога, пэра и маршала Франции. Ах ты, червь ничтожный!

— Знать я не хочу пэров и маршалов! — орал в свою очередь пьяный Шапель.

Взбешенный маршал схватил бутылку и швырнул ее в поэта. Тот, в свою очередь, бросился на конкурента, осмелившегося загораживать ему дорогу в рай. Началась яростная потасовка. На неистовые крики борцов и на грохот и звон посуды и мебели вбежали слуги и с величайшим трудом разняли драчунов.

Известный французский писатель Жерар Нерваль однажды, завтракая в ресторане, увидел на своей тарелке таракана. Он подозвал официанта и внушительно сказал ему:

— Гарсон, на будущее прошу вас тараканов мне подавать отдельно!

Один герцог, желая выразить свое презрительное отношение к кому-нибудь, обычно говорил:

— Это предпоследний из людей!

— Почему же не последний? — спрашивали его.

— А чтоб никого не обескураживать! Может, найдется кто-нибудь и еще похуже!

Герцогу Мальборо однажды доктор прописал какое-то лекарство и настаивал, чтоб он его принял немедленно, а тот не хотел. Тогда вступилась в дело супруга герцога, женщина очень пылкого нрава, от которой бедный герцог немало потерпел на своем веку. Со свойственным ей жаром, отличавшим все ее действия, она кричала мужу:

— Пусть меня повесят, если это лекарство не принесет тебе пользы!

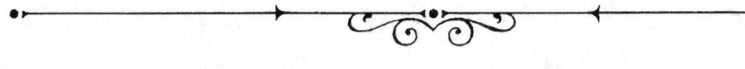

— Принимайте же, — шепнул ему доктор. — Вы слышали, что сказала миледи... значит, так или иначе, подействует лекарство или нет, вы все же будете в прямом выигрыше.

В канцелярии д'Аргу, министра внутренних дел при Луи-Филиппе, был чиновник, отличавшийся удивительно красивым, а главное, быстрым и разборчивым почерком. Д'Аргу его заприметил и взял к себе в секретари, постоянно диктовал ему, когда бывал у себя в министерстве. И вот однажды, когда он приказал, чтоб к нему прислали этого борзописца, министру доложили, что тот теперь не ходит на службу, потому что у него умер отец. Министр, конечно, преклонился перед таким ударом судьбы; занятый делами, он вспомнил о своем любимом секретаре лишь недели через две после того.

— Он не ходит, у него умер отец! — докладывают ему.

— Ах, да, помню... отец! — пробормотал д'Аргу, чем-то поглощенный в ту минуту.

Прошло еще недели две-три. Д'Аргу, наконец, заметил, что его писаря что-то уж очень давно не видно. Он вновь приказал его позвать.

— Он не ходит, у него умер отец.

— Позвольте! — вскричал министр. — Когда же этому будет конец? Он, значит, явится на службу, когда его отец воскреснет, а пока тот мертв, не будет ходить!

Герцог Оссоне однажды вздумал посетить каторжную тюрьму в Неаполе. Как только он вошел туда, к его ногам бросился один из арестантов и начал молить, чтоб он за него вступился, что он тут безвинно страдает уже много лет. Герцог спросил, за что он попал на каторгу.

— Сам не знаю, за что, — рыдал арестант. — Я всегда жил честно и благородно; меня оклеветал мой лютый враг, подговорил негодяев, и те сделали на меня ложный донос!

Едва арестант кончил свои жалобы, как в ноги герцогу повалился другой, тоже невинно пострадавший, потом третий, четвертый, чуть не вся каторга! Наконец, герцог подошел к какому-то здоровенному детине, который стоял навытяжку перед начальством и глядел козырем.

— А ты за что сюда попал? — спросил его герцог.

— Поделом, ваша светлость! — гаркнул в ответ добрый молодец. — И за кражу, и за грабеж, и за убийство. Со мной еще милостиво обошлись!

— Ах ты, висельник! — вскричал герцог с поддельным гневом и, обратясь к тюремному смотрителю, продолжал: — Сейчас же немедленно выгнать отсюда этого негодяя! Помилуйте, как можно держать такого изверга среди людей совершенно праведных, невинно пострадавших! Он, как паршивая овца, заразит все стадо.

Этот анекдот приписывали разным коронованным особам, между прочим, и императору Николаю I, с которым будто бы был такой случай при посещении им Литовского замка.

Один незначительный актер попросил знаменитого комика Потье присутствовать на представлении пьесы, в которой Потье когда-то создал главную роль. Эту самую роль должен был исполнять тот актер, и ему хотелось, чтоб Потье видел его игру и дал ему свои наставления, замечания, поправки.

По окончании пьесы Потье, встретив актера, прежде всего спросил его, чего ради он все время, когда играл, держался за бок.

— Но, господин Потье, — отвечал актер, — я видел, как вы исполняли эту роль (тогда-то и там-то), и я хорошо помню, что вы тоже все время держались за бок, даже нарочно с силой упирались в него. И я так же делал, хотя, признаться, это меня очень стесняло, и я, право, не знаю, зачем так нужно делать в этой роли?

— Дурак! — крикнул Потье, вспомнив и поняв, в чем дело. — У меня тогда был ревматизм, ломило весь бок, и я от боли хватался за него!

Однажды Свифт, собираясь сесть на коня куда-то ехать, заметил, что сапоги его не чищены. Он кликнул своего лакея и строго спросил его, почему сапоги не чищены.

— Чего их напрасно чистить! — грубо отвечал лакей. — Все равно поедете, опять их и забрызгаете грязью!

Сказав это, лакей тут же спросил у Свифта ключ от буфета.

— Зачем это? — спросил Свифт.

— Я хочу завтракать, — отвечал лакей.

— Ну вот, стоит завтракать, когда через два часа снова захочется есть! — ответил Свифт и, не дав ключа, пришпорил коня и ускакал.

Знаменитый наполеоновский генерал Жюно, когда был еще мальчуганом, отличался от всех своих школьных товарищей ленью и шаловливостью, приводившими в отчаяние все начальство. Однажды по возвращении из египетского похода Жюно вздумал посетить Монбар, где протекло его детство и где он учился. Ему удалось отыскать в городе несколько своих старых школьных товарищей, и он весело проводил с ними время, вспоминая свое детство и школьные проказы. И вот однажды, прогуливаясь с этой компанией по городу, Жюно увидал на улице старичка строгого вида, важно и медленно прогуливавшегося с тросточкой в руках. Он тотчас в нем узнал своего бывшего воспитателя, одного из тех, кому он особенно досаждал своей ленью и шалостями. Жюно мгновенно подбежал к нему и едва его не задушил в своих объятиях. Старичок, видя перед собой блестящего генерала, ничего не понимал и никак не мог узнать Жюно.

— Неужели вы меня не узнаете! — кричал ему генерал.

— Виноват, гражданин генерал, в первый раз в жизни вижу вас и не в состоянии припомнить...

— Как, дражайший учитель, да неужели вы забыли самого ленивого, самого непослушного, упрямого, негодного из ваших бывших питомцев?

— Жюно! — внезапно вскричал старичок, сразу узнавший его по этим приметам.

Нечто подобное рассказывают о школьных годах Наполеона. В лицее, где Бонапарт воспитывался, учителем немецкого языка был толстый Бауер, который имел довольно обычную учительскую слабость — считать никуда не годными тех, кто не отличается успехами по их предмету. А Наполеон был худшим учеником по немецкому языку, и Бауер относился к нему с глубочайшим презрением, будучи убежден, что из этого корсиканца никогда ничего путного не выйдет. Однажды, не видя его на уроке, Бауер спросил, где Бонапарт? Ему отвечали, что он сдает экзамен по артиллерии.

— Да разве он годен на что-нибудь? — спросил немец с едкой иронией.

— Помилуйте, господин Бауер, — отвечали ему, — Бонапарт у нас считается лучшим математиком во всем лицее.

— Ах, математиком! — успокоился Бауер. — Ну, это другое дело, математики ведь все идиоты; на это-то он годится!

Известный поэт Лагранж-Шансель однажды сочинил стихи к новому модному мотиву, который все напевали. В одном из парижских кафе вскоре после того появился какой-то франт, который выдавал стихи Лагранжа за свои; его все хвалили и поздравляли. Но случаю угодно было, чтобы как раз в этот же час в тот же ресторан зашел и сам Лагранж. Едва он вошел, как один из посетителей, знавший его, знавший, что и стихи сочинены им, но до времени молчавший, сейчас же указал ему на франта со словами:

— Вот этот господин сейчас утверждал, что стихи сочинены им.

— Ну, что ж, — спокойно сказал Лагранж. — Почему же этот господин не мог их сочинить? Ведь я же их сочинил, мог и другой сочинить!

Португальский король Иосиф высоко ценил в людях ум. Однажды, например, его министр, маркиз Понтелейна, вывернулся из большого затруднения благодаря своей остроумной выходке. У него с королем зашел щекотливый разговор о пределах власти короля над своими подданными. Маркиз утверждал, что эта власть должна все же иметь свои границы, король же полагал, что она беспредельна. Беседа обострялась, и король начал гневаться и в пылу раздражения крикнул маркизу:

— Я, если мне вздумается, могу повелеть вам броситься в море, и вы обязаны без колебания это исполнить.

Маркиз, ничего на это не отвечая, повернулся и пошел из комнаты.

— Что это значит? — окликнул король. — Куда вы?
— Пойду учиться плавать на всякий случай!

Один из друзей знаменитого художника Эжена Делакруа однажды пошел к нему, но запутался и попал не в тот дом.

— Вы к кому? — окликнул его дворник.
— К Делакруа.
— Такого у нас нет, не живет. Да он кто?
— Живописец.
— Маляр, стало быть. Нету у нас, мы в дом мастеровых не пускаем.

Маршал Кастеллан имел привычку спрашивать своих офицеров о их происхождении и родне. Офицерам это очень надоело, и они сговорились давать все один и тот же ответ на вопросы маршала. Он обычно спрашивал: «Кто ваш отец? Кто ваша мать? Кто ваша сестра?» И ему порешили отвечать стереотипными фразами:

— Мой отец сапожник; моя мать прачка; моя сестра девица легкого поведения.

И вот однажды на смотру, получив такой ответ уже от трех офицеров подряд, он обратился к четвертому, и едва тот ответил на первый вопрос: «Мой отец сапожник», как маршал перебил его:

— Знаю, знаю, а ваша мать прачка, а сестра девица легкого поведения. А что касается до вас самих — вы отправитесь на две недели под арест!

ЗАПАДНАЯ ЕВРОПА

Поэт Сент-Аман однажды очутился в одной компании, где присутствовал какой-то господин с совершенно черными волосами на голове, но с совершенно седою бородою. Все на него дивились, а Сент-Аман не вытерпел и сказал ему:

— Отчего это у вас так случилось, что борода поседела много раньше, чем голова? Верно, вы много больше работали на своем веку челюстями, нежели мозгами?

Художник-портретист Риго не любил писать портреты дам.

— Им не угодишь, — говаривал он, — напишешь как следует, жалуются, что некрасивы; напишешь красиво — жалуются, что непохоже.

Одна дама, беспощадно румянившаяся, была недовольна тем, что на портрете Риго у нее румянец вышел недостаточно ярко.

— Где вы это покупаете такие краски, господин Риго? — с упреком спрашивала она его.

— Там же, где и вы, — отвечал Риго, — краска у нас одна и та же.

Однажды архиепископ Кентерберийский встретил в лесу, через который ему доводилось нередко проходить, какого-то человека. Тот сидел на земле перед шахматной доской с расставленными фигурами и казался глубоко погруженным в игру.

— Ты что тут делаешь? — спросил его владыка.

— Играю в шахматы, ваше преосвященство.

— Сам с собою?

— Нет, с Господом Богом.

— Ну, должно полагать, проигрыши тебе не дорого обходятся.

— Извините, ваше преосвященство, мы играем в большую игру, и проигрыши свои я плачу аккуратно. Да вот не соблаговолите ли подождать одну минутку, может, вы мне принесете счастье, а то мне сегодня не везет... Вот посмотрите — мне шах и мат.

Архиепископа эта игра ужасно рассмешила. Игрок же спокойно вынул из кошелька тридцать гиней и протянул их владыке со словами:

— Владыка, когда я проигрываю, Бог всегда посылает мне кого-нибудь, кто получает выигрыш. И этот выигрыш идет в пользу бедных. Поэтому прошу вас принять от меня эти деньги и раздать их бедным; это мой сегодняшний проигрыш.

Архиепископ долго отнекивался, но потом, видя в этом человеке чудака-благотворителя, каких немало было в Англии, взял тридцать гиней и роздал их бедным.

Спустя месяц архиепископ снова проходил через лес и снова наткнулся на чудного шахматного игрока. Тот издали окликнул архиепископа, и когда он подошел, сказал:

— Ваше преосвященство, все это время мне жестоко не везло, но сегодня я поправился, сейчас выиграл триста гиней.

— Кто же тебе все выплатит? — спросил архиепископ.

— Надо полагать, вы, владыка. Я же вам докладывал, что, когда я выигрываю или проигрываю, Бог мне посылает кого-нибудь, кто принимает мой проигрыш либо отдает мне выигрыш. Вот так и сегодня, очевидно, вы посланы именно за этим. Уверяю вас, что это всегда так бывает, а если мне не верите, я сейчас кликну товарищей; их у меня тут, в лесу, несколько человек, они вам подтвердят...

Конечно, архиепископ не стал дожидаться товарищей из лесу.

Ученый Будэ спокойно работал, сидя в своем кабинете, как вдруг к нему вбежал чрезвычайно встревоженный слуга с криком:

— Пожар!

— Доложите об этом барыне, — спокойно сказал ему Будэ. — Ведь вы знаете, что я в хозяйственные дела не вмешиваюсь.

Знаменитый баснописец Лафонтен был, вроде нашего дедушки Крылова, человек очень мирный, ленивый и спокойный. Но когда ему случалось взволноваться, он часто разражался удивительно забавными речами. Так, на первом представлении своей же собственной оперы «Астрея» он внезапно впал в страшное неудовольствие собственным произведением и начал его вслух бранить на чем свет стоит. Какие-то дамы, его соседки по ложе, вздумали его умиротворить и начали его убеждать, что опера вовсе не так плоха, да и не может быть плохою, потому что написана самим знаменитым Лафонтеном.

— Э, сударыни, это вовсе не препятствует тому, что пьеса все-таки ни к черту не годится. Да и что такое Лафонтен? Что вы мне рассказываете о Лафонтене? Поверьте, что я лучше вас знаю, что он дурак, потому что я сам и есть Лафонтен!

После первого же акта он ушел из театра, отправился в ресторан, забрался там в угол и уснул. Кто-то из знакомых увидел его мирно почивающим, разбудил и выразил крайнее удивление, что он в такой вечер, когда его пьеса идет в первый раз, не полюбопытствовал даже взглянуть на нее, а спит в ресторане.

— Был я, видел, — ответил, зевая, Лафонтен. — Такая скверность, что я только дивлюсь, как это парижане смотрят и переносят ее. Удивительно невзыскательный народ!

Знаменитый актер-комик Дезире играл в оперетке Декока «Чайный цветок». Он в тот день очень плотно поел, да вдобавок засиделся за обедом, и прибыл в театр впопыхах. Первый акт прошел благополучно, но во втором роковые последствия плотного и трудноваримого обеда обнаружились самым выразительным манером... Несчастный Дезире побледнел, как полотно; для него не оставалось сомнения, что публика заметила, в каком он состоянии обретается. Дезире старался овладеть собой, но пьеса шла вяло: публика хранила гробовое молчание. По ходу пьесы в конце акта на сцену выбегает актер и, поздоровавшись с Дезире, хлопает его по животу — обычная французская вольность. Едва актер приготовился совершить это, как Дезире схватил его за руку и спокойно сказал:

— Сегодня нельзя!

Публика разразилась бешеным хохотом, и ее раздражение против Дезире сразу прошло.

Про знаменитого романиста Понсон дю Террайля, автора всесветно известного «Рокамболя», один литератор говаривал: «Он чудесный малый, я его знаю, встречаюсь с ним и очень его люблю; а чтоб не портить с нам добрых отношений, я никогда не читаю его романов».

Франсуа Гизо говорил про одного назойливого кандидата в Академию наук:

— Я ему охотно дам свой голос. Что бы про него ни говорили, у него все-таки есть драгоценные качества настоящего академика. Он умеет обойтись с людьми, у него прекрасные манеры, орден, у него нет никаких политических мнений. Чего ж еще? А что он там что-то такое написал, так ведь и на солнце есть пятна. Нельзя же требовать совершенства!

Губернатор Амьена Сен-Прель во время осады города Арраса придумал очень смелый план овладения этим городом. Но для исполнения плана ему нужен был очень надежный человек. Выбор пал на некоего Курселя.

— Я избрал вас, Курсель, — говорил ему губернатор. — Я знаю вас как самого неустрашимого и ловкого человека и уверен, что вы удачно исполните то, что я задумал. Надо овладеть Аррасом хитростью, и вот что мы сделаем. Вы переоденьтесь крестьянином, возьмите с собой что-нибудь, ну хоть зелень, и явитесь в город будто бы продавать эту зелень. Вас, конечно, свободно пропустят на рынок. И вот вы, выбрав время, затеете с кем-нибудь ссору, раздеретесь и в конце концов убьете того, с кем подеретесь. Вас, разумеется, схватят. Время военное, в городе осадное положение. Значит, вас немедленно будут судить и приговорят к смерти. Вы сами знаете, что у аррасцев существует обычай — совершать казни за городом. Вот на этом-то и основан весь мой план. Около ворот, через которые вас поведут на казнь, я устрою засаду. Как только мои люди увидят, что публика зазевалась на вашу казнь, они тотчас кинутся в город через эти ворота. Я брошусь вслед за ними, овладею городом, а затем, само собою разумеется, поспешу вам на выручку. Вот мой план. Что вы на него скажете?

— Превосходный план, только все-таки надо подумать, — ответил Курсель.

— И прекрасно, подумайте. А завтра скажете мне, на чем порешите, согласны или нет.

На другой день Курсель пришел к Сен-Прелю и сказал ему:

— Видите ли, господин губернатор, я опять-таки повторяю, что ваш план превосходен. Но только я предпочел бы обменяться с вами ролями. Вы переодевайтесь и идите в город, а я буду командовать засадою.

Генерал Кюстин отличался неподражаемым хладнокровием во время боя. Случилось раз, что в самый разгар сражения один из его адъютантов читал ему вслух какую-то бумагу. Вдруг пуля просвистела между рук адъютанта и прорвала бумагу, которую он читал. Адъютант невольно остановился и, взволнованный этим случаем, безмолвствовал.

— Читайте же дальше, — сказал ему Кюстин, — бумага уцелела, пуля вырвала всего лишь одно-два слова.

Доктор Экке, навещая своих богатых пациентов, иногда наведывался к ним на кухню и здесь, обнимая поваров, говорил им:

— Милые мои друзья, нам, докторам, нельзя не любить и не благодарить вас, поваров, наших благодетелей. Если бы не ваше искусство, нам, докторам, пришлось бы идти побираться...

Маркиз Риварод лишился в бою ноги, которую ему оторвало ядром. Он выздоровел и сделал себе деревянную ногу. Но случилось, что у него и эту ногу отшибло ядром.

— На этот раз, — шутил он, — неприятель меня не застал врасплох, как в первый раз: у меня с собой в чемодане запасная деревянная нога.

В числе весьма многих проделок знаменитого вора Картуша нижеследующая может считаться гениальнейшею по своей удивительной простоте и непосредственности.

Зашел он вечером в какой-то магазин и что-то спросил. Пока ему искали его товар, он присоединился к компании хозяина магазина и его гостей, которые оживленно беседовали о каком-то ловком мошенничестве. Послушав их некоторое время, Картуш сказал:

— Все, что вы рассказываете, господа, не выдерживает никакого сравнения с проделкою одного вора, который унес два серебряных подсвечника, вот вроде тех, какие у вас стоят на прилавке, и это, заметьте, на глазах хозяина, приказчиков и еще нескольких посторонних свидетелей, которые все это видели, смотрели на него и все-таки не могли ему помешать.

Присутствующие в один голос разразились возгласами недоверия и сомнения:

— Этого не может быть! Это невероятно! Вы шутите!

— Позвольте, господа, да я сам при этом присутствовал, — возражал им Картуш, — и могу вам рассказать и показать, как он это сделал.

— Очень любопытно, сделайте одолжение! — просили хозяин магазина и его гости.

— Нет ничего проще, — сказал Картуш и, делая вид, что он описывает действия того вора, продолжал: — Он взял подсвечники — вот так! — спрятал их под плащ — вот так! — потом потушил лампу — вот так! — и вышел вон.

И с этими словами он выскользнул из магазина и мгновенно исчез из глаз ошеломленного хозяина магазина, его приказчиков и гостей. Когда же они, наконец, очнулись и пришли в себя, его и след простыл.

Вор Картуш встречается с другим вором.
— У тебя хорошенькая цепочка, — говорит Картушу приятель.

— И часы недурны, — ответил Картуш, вытаскивая часы из кармана. — Они в самом деле хороши.

— Сколько же ты дал за них?

— Не знаю, купец спал, когда я их покупал.

Известный английский актер Фут бражничал в гостях у лорда Сандвича. Лорд любил выпить, выпил и на этот раз и вздумал пошутить над Футом.

— Знаете, Фут, — сказал он, — я часто думаю, как и отчего вы скончаетесь, и мне думается, что вы непременно покончите жизнь либо от дурной болезни, либо на виселице.

— Я сам так думаю, милорд, — подхватил ядовитый и злой Фут. — И, знаете, это будет зависеть от того, что я позаимствую у вас: вашу любовницу или ваш образ жизни.

Фут путешествовал по Англии и остановился в гостинице пообедать. При расчете хозяин вежливо спросил его, доволен ли он.

— О, я отобедал так, как никто во всей Англии сегодня не обедал! — восторженно вскричал сытый Фут.

— За исключением лорда-мэра! — внушительно поправил хозяин.

— Без всяких исключений! — возразил Фут.

— Извините, милостивый государь, вы должны исключить лорда-мэра!

— Никого я не желаю исключать, даже самого лорда-мэра! — заупрямился Фут.

Слово за слово, спор перешел в ссору, и трактирщик потащил Фута к местному лорду-мэру.

— Господин Фут, — внушал ему мэр, — вы должны знать, что в здешнем городе существует с незапамятных времен обычай всегда и во всем делать исключение для лорда-мэра и всегда об этом упоминать. А чтобы вы тверже запомнили этот обычай, я приговариваю вас к штрафу в один шиллинг или к аресту на пять часов; выбирайте сами, что хотите.

Фут, нечего делать, уплатил штраф, но, выходя из судилища, сказал трактирщику:

— Я не знаю во всем крещеном мире человека глупее этого трактирщика... Разумеется, за исключением лорда-мэра, — добавил он, обращаясь к этому сановнику с поклоном.

Папа Бенедикт XIV зло покарал кардинала, заведовавшего внешним благоустройством Рима. Этот кардинал страшно запустил улицы города, так что во многих из них стояла непролазная грязь. И вот однажды, разузнав, что кардинал должен проезжать по одной из грязнейших улиц, папа внезапно сам как раз в эту минуту появился на улице. По тогдашнему обычаю кардиналы при встрече с папой на улице должны были становиться на колени и в таком положении принимать от папы благословение. Волей-неволей небрежному кардиналу довелось преклонить колени посреди им же созданной грязи. А папа еще нарочно продержал его в этой позиции с полчаса.

Лорд Абингтон отличался грубостью в обхождении с людьми и в то же время большою требовательностью по части знаков внешнего почтения перед его собственной персоной. Ехал он как-то раз через деревню и повстречал крестьянского парня, который с большим трудом волочил за собою теленка, рвавшегося с веревки. Увидав лорда, парень остановился и посмотрел в упор на лорда.

— Ты ведь знаешь, кто я? — спросил тот.
— Знаю, ваша милость! — отвечал парень.
— Как меня зовут?
— Лорд Абингтон.
— А коли знаешь, почему же ты не снял передо мной шапки?
— Охотно сниму, ваша милость, только вы потрудитесь, покуда я буду ее снимать, подержать моего теленка, потому что он уже три раза вырывался и убегал.

Лорд нахмурился и проехал мимо.

Архиепископ бордоский Сансэ держал пари с одним из своих викариев; тот проиграл пари и по условию должен был угостить архиепископа индюком с трюфелями. Время шло, приближался Великий пост, а викарий все уклонялся от расплаты. Архиепископ, наконец, приступил к нему с требованием.

— Ваше преосвященство, — сказал ему викарий, — нынешний год ведь трюфели не уродились.

— Знаем мы эти отговорки! — возразил архиепископ. — Это все ложные слухи, и их распускают индюки!

Тот же архиепископ, будучи однажды во дворце, имел надобность пройти из одного зала в другой, но у дверей ему встретились две придворные красавицы в чрезвычайно пышных платьях, которые загораживали дорогу. В то время носили шлейфы неимоверные и декольте такие же. Увидев духовного сановника, дамы поспешили подобраться и, смеясь, сказали ему:

— Попытайтесь как-нибудь пройти, ваше преосвященство. Как видите, теперь наши портнихи тратят столько материи на юбки, что...

— Что на корсаж ничего не остается! — подхватил архиепископ.

При папе Григории XVI в Риме блистала красотою одна княгиня, очень богатая женщина и щеголиха. Однажды она шла мимо Ватикана. Ее роскошная грудь была открыта, и на ней красовался очень дорогой золотой крест. Папа как раз в это время смотрел в окно; около него был кардинал.

— Ваше святейшество, — сказал кардинал, — благоволите взглянуть, какой чудный крест на княгине.

— Что крест! Вы взгляните лучше на Голгофу!

Однажды композитор Глюк, проходя мимо лавочки, нечаянно разбил в ее окне стекло. Он спросил у лавочника, сколько стекло стоит, и, узнав, что полфранка, подал лавочнику экю (два франка). Но у того не случилось сдачи, и он хотел пойти к соседу попросить его разменять экю.

— Не стоит тратить времени, — остановил его Глюк, — оставьте весь экю у себя, а я вот лучше еще одно стекло разобью!

Делапорт написал и сдал в театр «Варьете» в Париже водевиль «Дочь Грегуара». Пьеса была плохая, и ее освистали. Между прочим, одно из главных действующих лиц в пьесе был горбатый. И когда кто-то из актеров или публики, желая подшутить над злополучным Делапортом, спросил у него: «Что это сегодня так свистят, господин Делапорт?» — тот отвечал: «Очень простая вещь! Главное действующее лицо горбатый, а в публике собралось несколько горбатых, вот они и свистят!»

Однажды драматург Кудерк пришел в театр «Варьете» и попросил у директора Рокплана ложу.

— Спуститесь в кассу, я отсюда скажу кассиру.

Кудерк отправился, а Рокплан подбежал к разговорной трубе (телефонов еще не было) и крикнул кассиру, что «сейчас Кудерк идет просить ложу, так вы поднесите ему фигу».

Но он слишком громко крикнул, и Кудерк все слышал. Он в кассу вовсе не пошел, а постоял на лестнице, потом вернулся к Рокплану и доложил ему:

— Фиги все распроданы, дайте мне какое-нибудь другое место.

Рокплан расхохотался и дал.

Кому не известны прелестные сказки, собранные знаменитыми немецкими учеными братьями Гримм? Есть в их сборнике, между прочим, сказка о пройдохе-портном. Сказка оканчивается присказкой: «Кто этой сказке не поверит, тот должен заплатить талер».

И вот однажды к старшему из братьев Гримм, жившему в Берлине, пришла девчурка лет восьми и велела о себе доложить: мне, дескать, надо видеть господина профессора. Ее ввели в кабинет к почтенному старичку.

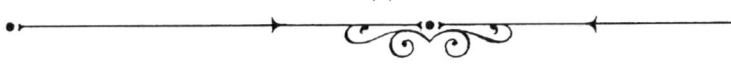

— Это ты — Гримм, профессор? — спросила девчурка.

— Я, милое дитя.

— Ну, так вот что. Я все твои сказки прочитала, и ту, которая о портном, тоже прочитала. И я ей не верю. А ты говоришь, что кто ей не верит, тот должен заплатить талер. Вот тебе пять зильбергрошей, у меня теперь больше нет. Я тебе потом понемногу отдам все, ты не беспокойся.

Французский романист Монье был склонен к злым шуткам.

Однажды, например, его остановил на улице, в Париже, какой-то провинциал и попросил указать дорогу в главное полицейское управление (префектуру).

— Это очень далеко отсюда, — ответил Монье. — А вам туда скоро нужно, по спешному делу?

— Очень нужно, и немедленно, насчет паспорта.

— Так что чем скорее туда попадете, тем лучше?

— Именно.

— Ну, так вот что я вам посоветую. Перейдите бульвар, потом улицу, вот эту, видите?

— Вижу. Затем?..

— Видите вон там вывеску золотых дел мастера?.. Так вот, идите прямо туда, отворите дверь, войдите...

— Хорошо-с. Потом?

— Потом возьмите что попадет под руку: ну, там, брошку, браслет, серьги, ложку, бокал, что придется...

— Ну-с, и что же?..

— Ну, разумеется, хозяин закричит караул, прибегут приказчики, дворники, явится городовой, и не пройдет получаса, как вас доставят в префектуру, да еще в казенном экипаже.

Писатель Шарль Нодье одно время продавал свои произведения Бюлозу, который его ужасно раздражал своею скаредностью и мелочностью при расчетах. Один раз в составленном Бюлозом счете значилось: «За столько-то строк, полустрок, четверть строк причитается девяносто семь франков пятьдесят сантимов».

— Извините, тут у вас сделан пропуск, — сказал Нодье. — Вот, смотрите, тут еще половина строчки, а вы ее на счет не поставили.

— Это еще что за новости? Тут ваша подпись, и больше ничего. Вы требуете, чтобы я вам платил за подпись?

— Ничего я не требую, а только заявляю вам, что коли вы не хотите за мое имя платить, так ведь недолго его и снять; печатайте без него.

Быстро разбогатевший буржуа заказал известному скульптору Прео большую группу, долженствовавшую представлять Полифема, раздавившего скалою Акиса. Скульптор занят был другими работами и не исполнил заказа к сроку. Заказчик начал ему надоедать, и Прео, выведенный из терпения, однажды, когда тот опять пришел, подвел его к куче лепной глины и объявил, что вот, дескать, готово, получайте.

— Где же Акис?.. — недоумевал заказчик, оглядывая кучу со всех сторон.

— Как где? Ведь он же задавлен! Он под скалою, его не видно.

— А Полифем?

— Полифем сделал дело, навалил скалу и ушел. Что же ему еще тут делать? Стоять над скалой, караулить ее?

Герцог Омон был чрезвычайно ленив и, когда долго не брился, говаривал: «Омон, Бог создал тебя дворянином, король сделал тебя герцогом. Все это сделали для тебя другие. Сделай же что-либо и сам для себя — побрейся!»

С графом Мерлем, когда он был назначен португальским посланником, случилось очень забавное происшествие. Он был человек весьма недалекого ума, и потому к нему приставили очень смышленого и умного дипломата, аббата Нарли. Граф знал, что при первом представлении необходимо сказать королю приветственное слово. Нечего и говорить, что сам он не в силах был сочинить это слово и попросил сделать это за него аббата Нарли. Но, увы, даже готового приветствия Мерль не в силах был выучить наизусть: он зубрил его всю дорогу от Парижа до Лиссабона, но при проверке постоянно сбивался. Кончилось тем, что, по совету Нарли, он переписал всю речь так, что она помещалась на дне его шляпы. Он рассчитывал при представлении королю, держа перед собою шляпу, простонапросто прочитать речь по рукописи. Но граф забыл или не знал, что по придворному лиссабонскому этикету посланники представляются королю в шляпе. Посему, едва успел он отвесить поклон королю, держа свою шляпу перед собою дном книзу, чтобы сейчас же начать читать речь, едва выговорил первые слова: «ваше величество», как король обратился к нему со словами:

— Господин посол, наденьте шляпу!

Бедный Мерль сначала не понял, в чем дело, и повторил свой поклон; но король вновь приказал ему надеть шляпу. Мерль впал в такое замешательство, что вся его речь и окончилась на словах: «ваше величество».

Одно время в Англии в кругу высшей аристократии вращался Бруммель, считавшийся образцом истого джентльмена, конечно, с чисто внешней стороны: одежды, моды, манеры и т. д. Однажды в большом обществе, в присутствии принца Уэльского, кто-то начал смеяться над Бруммелем, вздумавшим похвастать своей силою. Принц Уэльский тоже присоединился к насмешникам. Тогда Бруммель, обращаясь к принцу, сказал ему:

— Держу пари, что пронесу ваше высочество на своих плечах от ворот парка, что в конце улицы Пикадилли, до самой Башни (государственная тюрьма), притом бегом и ни разу не остановившись.

Пари понравилось, было принято; порешили на двух тысячах фунтов стерлингов. Время назначили на другой день, в полдень. Принц заметил, что лучше бы выбрать другой час дня, потому что в полуденное время такое зрелище, как путешествие принца Уэльского на чужих плечах, привлечет пропасть зевак. «Впрочем, — утешился тут же принц, — Бруммель уйдет недалеко, и все это, значит, в одну минуту окончится!»

На другой день, в полдень, принц, Бруммель и их свидетели аккуратно прибыли на условное место.

— Ну, я готов, — сказал принц.

— Не совсем, ваше высочество. Вы еще не сняли сюртука.

— Да зачем же это?

— Как же, помилуйте, сюртук лишний груз. По точному смыслу условий пари, я должен нести вас, а не ваши вещи.

— Извольте, я скину сюртук, — проговорил принц, быстро скидывая одежду и еще не подозревая, куда клонит Бруммель. — Ну-с, отправимся!

— Никак нет-с, ваше высочество, вы еще не готовы. Осмеливаюсь еще раз поставить вам на вид, что я, по условиям нашего пари, должен нести вас и больше ничего!

— Значит, мне придется снять и жилет, и галстук, и белье, и...

— Непременно, ваше высочество.

Понятно, что при таком толковании условий, которое, однако же, нельзя было не признать правильным, пари выиграл Бруммель.

Английский врач Абернети был мрачен, суров, а главное, ужасно молчалив и ценил в людях лаконизм превыше всех других добродетелей. Одна дама, знавшая это его свойство, будучи укушена собакой, пришла к нему за советом и молча протянула ему укушенную руку. Абернети осмотрел рану и затем между врачом и пациенткой произошел такой разговор:

— Царапина? — спрашивает врач.
— Укус.
— Кошка?
— Собака.
— Сегодня?
— Вчера.
— Болит?

— Нет.

Доктор пришел в такой восторг от этой пациентки, что почти обнял ее.

Он не любил также, когда его беспокоили по ночам. Один раз он только что вернулся с ночного визита и улегся в постель, как опять раздался звонок и чей-то встревоженный голос требовал немедленно доктора.

— Что случилось? — крикнул рассерженный Абернети.

— Доктор, ради бога поспешите, мой сын проглотил мышь, помогите!..

— Ну так дайте ему проглотить кошку и оставьте меня в покое!

Лорд Честерфилд сохранил свойственные ему от природы веселость и шутливость почти до самого смертного часа. За несколько дней до смерти он кое-как собрался с силами и сделал небольшую прогулку в экипаже.

— Вы прокатились по свежему воздуху, милорд? — спросил его кто-то, когда он возвратился с прогулки.

— Нет, это я уже приступил к репетициям моих похорон, — отвечал шутливый лорд.

Однажды перед папою Бенедиктом XIV предстал какой-то монах и, заливаясь слезами, долго не мог вымолвить ни слова.

— В чем дело? — спросил его папа.

— Мне было откровение, — сообщил монах, рыдая, — что народился Антихрист.

— Сколько же ему теперь лет?

— Года три или четыре.

— Так чего же ты плачешь? Покуда он вырастет, мы с тобой умрем. Ведь не нам с ним возиться!

Папе Клименту XIV его садовник преподнес корзину с роскошными плодами. Папа понимал, что садовник ожидал вознаграждение, вынул из кармана пук индульгенций (отпущение грехов умирающему) и сказал ему:

— Твое внимание ко мне заслуживает награды. Вот тебе награда, самая ценная для человека; с этим ты умрешь как подобает.

— Ваше святейшество, — ответил ему садовник, — чтобы умереть как подобает, надо жить как подобает. Будьте милостивы, возьмите обратно половину этих индульгенций и вместо них выдайте мне то, что они стоят. На эту половину я, стало быть, буду как подобает жить, а с этою половиной как подобает скончаюсь.

Про того же папу рассказывают, что на вопрос одной дамы, не опасается ли он излишней болтливости со стороны своих секретарей, он отвечал: «О нет, сударыня, они у меня скромные и никогда не выдадут моих тайн, хотя у меня их три», — и при этом он показал ей три пальца своей правой руки. Он всегда писал собственноручно, и секретарей у него не было.

Знаменитый романист Чарльз Диккенс беседовал у себя на даче с одним из друзей, человеком весьма положительным. Суровый враг всякой фантазии, этот господин громил поэзию и особенно нападал на детские сказки.

— Никогда, — говорил он, — не следует детям рассказывать никаких чудесных историй; надо, чтобы они вступали в жизнь свободными от всяких предрассудков!

Диккенс ничего не говорил, только улыбался. В это время в окно влетела бабочка с прелестными пестрыми крылышками. Диккенс поймал ее и стер пальцем цветную пыльцу, из которой состояли узоры на ее крылышках

— О, какой же вы варвар, мой друг! — воскликнул его собеседник. — Зачем вы это сделали?

— Следуя вашему мнению, — отвечал Диккенс. — Я освободил насекомое от бесполезного украшения, которое ему только мешает летать.

Свирепый английский судья Джеффрис однажды, подняв трость, указывал на человека, который в то время сидел перед ним на скамье подсудимых, и при этом говорил:

— У конца моей трости сидит бестия и каналья, каких свет не производил.

— У которого же конца, милорд? — спросил подсудимый, человек не робкого десятка.

У принца Гастона Орлеанского борода была яркого рыжего цвета. Будучи однажды у себя в имении, он увидал какого-то человека, у которого совсем не было бороды, не росла, и это придавало его физиономии очень смешной «бабий» облик. Принц подтрунивал над ним и все приставал к нему с вопросом, отчего у него нет бороды.

— Я вам объясню, ваша светлость. Видите, когда Господь Бог раздавал людям бороды, то я запоздал, и когда явился, то оставались уже только одни рыжие бороды; ну, я и подумал: пусть уж лучше я совсем останусь без бороды, чем у меня будет рыжая.

Известный английский литератор Юнг был хороший музыкант. Однажды он отправился из Лондона по Темзе на лодке в компании с несколькими дамами, которых ему надо было проводить. Дорогой, для услаждения своих спутниц, он начал играть на флейте. Скоро их лодку догнала другая, на которой было несколько молодых офицеров. Юнг, поиграв некоторое время, спрятал флейту в карман.

— Отчего вы перестали играть? — спросил его один из офицеров.

— По той же причине, по какой начал играть, — хладнокровно ответил Юнг.

— Но по какой же именно?

— Такова моя добрая воля.

— А моя добрая воля такова, чтоб вы сейчас же вновь начали играть! — крикнул ему офицер. — А если не будете играть, я швырну вас в Темзу!

Ссора чрезвычайно напугала дам. Чтобы положить ей мирный конец, Юнг покорился, вынул флейту и заиграл. Офицеры успокоились.

Когда прибыли, куда было надо, Юнг высадил дам. Офицеры вышли там же, и Юнг сейчас же, простившись с дамами, догнал их, остановил своего обидчика и затем очень спокойно и решительно сказал ему:

— Милостивый государь, я должен вам заявить, что уступил перед вашим нахальством, ради того, чтобы прекратить неприятную сцену и успокоить встревоженных дам. А для того чтобы доказать вам, что истинное мужество может оказаться в такой же мере под черною одеждою (Юнг был духовный), как и под красною, я покорнейше прошу вас завтра в десять часов пожаловать в Гайд-парк. Я полагаю, что нам нет надобности в секундантах; ссора наша касается только нас, и посторонних незачем в нее вмешивать. Вы, конечно, не забудете захватить с собой свою шпагу.

Офицер должен был принять вызов. На другой день оба явились на место поединка в условленное время. Офицер извлек шпагу, но в то же мгновение Юнг прицелился в него из пистолета.

— Вы заманили меня сюда, чтобы убить? — спросил офицер.

— Нет, — спокойно ответил Юнг. — Благоволите только вложить вашу шпагу в ножны и протанцевать менуэт. А иначе — смерть вам!

Офицер немножко поупрямился, но безграничное спокойствие и самоуверенность Юнга скоро убедили его, что тот вовсе не шутит. Он был вынужден повиноваться и протанцевал менуэт.

— Милостивый государь, — сказал ему Юнг по окончании танца, — вчера вы заставили меня против воли играть на флейте, а сегодня я принудил вас против вашего желания протанцевать. Мы квиты. Но, однако, если вы недовольны, я к вашим услугам и дам вам удовлетворение, какое вы потребуете.

Офицер был так восхищен этой твердостью, что вместо ответа бросился Юнгу на шею и просил быть его другом. И они хранили эту дружбу до самой смерти поэта.

Знаменитый художник Пуссен имел много неприятностей у себя на родине, и это побудило его перебраться в

Рим, где он и жил постоянно. Жил он очень скромно, держал всего одного служителя. Однажды его посетил какой-то итальянский епископ. Провожая гостя поздно вечером, Пуссен сам нес лампу, чтобы светить на лестнице.

— Жалею вас, господин Пуссен, — говорил ему епископ, — и удивляюсь, как это вы обходитесь с одним слугою.

— А я вас жалею, монсиньор, — у вас их целая толпа!

Префект полиции в Париже Сартин однажды очень ловко и остроумно изобличил вора, против которого не было ровно никаких улик. Дело в том, что в Париж приехал из глухой провинции какой-то богатый человек, захватив с собою пятьдесят тысяч франков. Опасаясь столичных хищников, он тотчас по приезде отправился к одному из своих парижских друзей и попросил его подержать эти деньги у себя. Покончив с делами, ради которых приезжал, провинциал потребовал у друга свои деньги, но тот подлейшим образом их себе присвоил и разыграл сцену недоумения: «Какие деньги? Ничего я от тебя не получал! Что ты такое выдумываешь?..» и т. д.

Злополучный простофиля кинулся к префекту Сартину.

— Вы разве не взяли с него расписки? — спросил Сартин.

— Ничего не брал. Я считал его другом, на которого можно положиться. Я отдал ему деньги без посторонних свидетелей. Знают только он да жена его, но она с ним, разумеется, заодно.

Что тут было делать? Сартин подумал, подумал и велел обворованному выйти в другую комнату и там ждать. В то же время он послал за вероломным другом и, когда тот явился, сказал ему:

— До моего сведения дошло, что вам были переданы на хранение пятьдесят тысяч франков, а вы отказываетесь отдать их владельцу.

Тот, конечно, отнекивался.

— Пусть будет так, — сказал Сартин. — Но ведь мы можем это сейчас же проверить. Садитесь сюда и пишите, что я вам продиктую: «Моя дорогая (имя вашей супруги) прошу тебя передать подателю этого письма те самые 50 000 франков, которые отдал мне на хранение такой-то тогда-то». Теперь подпишитесь.

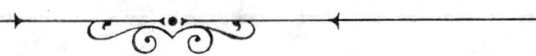

Когда письмо было готово, Сартин призвал одного из своих служащих, объяснил ему, в чем дело, и отправил с этим письмом. Тот скоро вернулся и привез деньги. Тогда Сартин вызвал из соседней комнаты обворованного, и вероломному другу уже невозможно было отпираться.

Профессор юридического факультета в Париже Руайэ-Коллар был обременен долгами и в этом смысле был так же знаменит, как и своими учеными трудами. Однажды на экзамене он спросил у студента, что такое вексель. Ленивый и ровно ничего не знавший юноша долго мялся и, наконец, откровенно сказал:

— Не знаю.

— Экий счастливец! — вздохнул профессор и поставил «отлично».

Богатый банкир Жюль Эркю вел знакомство с представителями высшей аристократии, по преимуществу молодыми людьми, живущими на широкую ногу. Один из них, посетив его однажды, попросил ссудить ему несколько тысяч в долг.

— Сию минуту, — сказал Эркю очень спокойно. Он достал какую-то тетрадь, развернул ее и написал: «Такому-то выдано столько-то, такого-то числа и месяца».

Потом захлопнул тетрадь, поставил ее на место и как ни в чем ни бывало продолжал прерванный разговор. Приятель, несказанно обрадованный таким легким успехом, долгое время оживленно поддерживал беседу, но, наконец, соскучился и осторожно напомнил о деньгах.

— Какие деньги? — изумился Эркю.

— Как какие? Которые я у тебя просил... Ведь ты сам записал уже, что выдал их мне.

— Друг мой, — спокойно возразил Эркю, — я такими операциями не занимаюсь, не даю денег взаймы первому, кто на это изъявит желание. А записываю я такие просьбы просто ради любопытства. Мне хотелось знать, много ли я раздал бы денег, если бы давал взаймы всем, кто попросит; и вот посмотри, — продолжал он, показывая приятелю ту же тетрадь, — за текущий год у меня просили взаймы уже около десяти миллионов.

Банкир Жюль Эркю в большом обществе рассказывал, что у него была с кем-то ссора и что он получил пощечину.
— Пощечину! — вскричал один из присутствующих. — Но ведь я полагаю, что она не могла остаться без всяких последствий?
— Еще бы! — отвечал Эркю. — У меня восемь дней болела щека.

Жюль Эркю, очень гордившийся своими деньгами, имел обыкновение говорить, что он согласен считать порядочным человеком только того, у кого имеется не менее десяти тысяч годового дохода. Однажды, когда при нем говорили о ком-то, кого банкир мало знал, он спросил:
— Кто это такой, порядочный ли он человек?
— Ну где там, ему далеко до полной порядочности. Ему для этого не хватает тысяч пяти или шести.

Один в высшей степени пустой и тщеславный франт явился к банкиру Жюлю Эркю и просил руки его дочери. В самой своей речи он уже давал понять, что нисколько не сомневается в успехе своего ходатайства. Закончил же он такими словами:
— Сударь, я льщу себя надеждой, что предложение такого человека, как я, будет вами принято благосклонно.
— Да, милостивый государь, — отвечал Эркю, — вы действительно льстите себе.

Английский философ Бэкон говаривал, что для женитьбы найдутся достаточные резоны во всяком возрасте жизни: для молодого человека женщина является любовницей;

для человека в зрелом возрасте — другом; для человека престарелого — няней.

Эркю держался совсем иного взгляда. Как только сын его подрос, он сейчас же начал деятельно хлопотать о том, чтобы его женить. Друзья указывали ему на молодость и незрелость юноши, советовали обождать, дать малому время образумится.

— Ну нет, — отвечал им отец. — Дожидаться, пока он образумится, так это надо все дело бросить. Образумится, с какой же стати он женится!

Жюль Эркю оставил завещание, в котором, между прочим, было выражено желание, чтобы труп после смерти был вскрыт. «Ибо, — говорилось в завещании, — я непременно желаю знать причину моей смерти».

Рассказывают, что парижский актер Поль Теньер, остановившийся в гостинице, заказал двум сапожникам по паре сапог и приказал им принести заказы к себе в гостиницу — одному в 9, другому в 10 часов утра. Когда явился первый сапожник, Теньер одобрил левый сапог, а правый велел унести обратно, что-то в нем поправить и принести обратно ровно в 6 часов вечера. Денег, конечно, не отдал. После того явился другой сапожник. У этого он одобрил правый сапог, а левый велел поправить и принести в 6 часов вечера. «Деньги тоже после, — сказал он, — когда принесешь другой сапог». Таким образом, у него составилась добрая пара даровых новых сапог, с которой он и поспешил улизнуть из гостиницы, разумеется, задолго до 6 часов вечера.

Испанский дворянин, весь насквозь пропитанный обычной гордостью испанских идальго, однажды ночью постучался в какую-то гостиницу, собираясь переночевать там. На оклик хозяина: «Кто там?» — он отвечал:
— Дон Хуан-Педро-Хернандес-Родриго де-Вальянова, граф Малафра, кавалер Сантьяго и Алькантара.

— Где же нам поместить столько народа, у нас и для одного едва найдется место, — проворчал хозяин, отходя от ворот.

Какой-то господин, большой охотник до живописи, во что бы то ни стало желавший прославиться как живописец, на самом же деле только пачкун, вздумал сам расписать потолок в своем доме и сейчас же возвестил об этом всех, в том числе известного художника Тулуз-Лотрека.

— Я сначала побелю потолок, — говорил он. — А потом по белому фону сам собственноручно распишу его.

— Знаете что, — посоветовал ему Тулуз-Лотрек, — вы лучше сначала распишите потолок, а потом его хорошенько забелите.

По поводу известного библейского силача Самсона, убившего льва ослиной челюстью, существует несколько анекдотических рассказов. Приводим один из них. Несколько мальтийских рыцарей беседовали между собой о притеснениях христиан турками и о том, что надо идти на неверных войной. В числе собеседников был один рыцарь, по имени Самсон, человек очень маленького роста и весьма тщедушный на вид. Один из компаньонов, желая над ним пошутить, сказал:

— Что нам бояться турок, когда между нами есть Самсон, который один перебьет целое войско!

Эта выходка вызвала дружный смех. Однако желчный карлик не смутился и тотчас же ответил своему обидчику:

— Конечно, перебью, как библейский Самсон, но только для этого мне нужна ваша челюсть.

Французский писатель Эжен Леруа добивался чести попасть во французскую академию. Им была написана какая-то историческая книга, которая и составляла то, что французы называют «литературным багажом кандидата». Это произведение, как он надеялся, и должно было открыть перед ним врата святилища науки. Он, конечно, озаботился вручить экземпляр своей книги академикам, на голоса которых рассчитывал при своей баллотировке. Через некоторое время он зашел к одному из этих академиков, чтобы узнать его мнение о своей книге.

— Я прочел вашу книгу, — сказал ему академик, — и нашел в ней много верного и много нового. Но только вот в чем беда: все, что в вашей книге есть верного, то не ново, а что в ней есть нового — то неверно.

Студент-медик сдавал экзамен. Профессор Лерже, тогдашний светило медицинской науки, спросил его, какими средствами будет он вызывать у больного испарину. Студент назвал несколько потогонных средств.

— Ну, а если эти средства не подействуют?

Студент назвал еще несколько средств. Но профессор Лерже вновь задал ему тот же вопрос. И эта игра повторилась несколько раз, так что самого экзаменующегося ударило в пот, а профессор все повторял свой вопрос:

— Ну, а если это не подействует, тогда что?

— Тогда я пошлю своего больного к вам на экзамен! — воскликнул приведенный в отчаяние студент.

Однажды на большом океанском пароходе, шедшем из Европы в Америку, ехала большая оперная труппа, законтрактованная директором в театр Нового Орлеана. Выдалась тихая погода, певцы, до того времени истязаемые морской болезнью и лежавшие на своих койках, вышли на палубу и от нечего делать стали пробовать голоса. Запел сначала один и оказался тенором. Вслед за ним затянул арию другой — тоже тенор. Потом третий, четвертый, пятый... И все тенора. Вышло, что импресарио Марнеф пригласил в одну в ту же труппу пять теноров. Все они тотчас же налетели на него с криками, упреками и угрозами, потому что он каждому из них при найме гарантировал, что у него не будет соперников на сцене.

— Господа, успокойтесь, пожалуйста, и выслушайте меня, — урезонивал их импресарио. — Я дал вам обещание и хорошо помню его, будьте спокойны. В первую же неделю по прибытии в Новый Орлеан по меньшей мере двое из вас схватят желтую лихорадку и умрут. Так что, из пяти останется уже только трое. Затем, пока будут идти репетиции, желтая лихорадка унесет еще двоих, и останется только один. Так что, мои обещания вполне и оправдаются. Поверьте, я очень хорошо знал, что говорил. Я человек опытный.

Марнеф однажды услышал рассказ о том, что содержатель трактира дал пощечину своему посетителю, а тот притянул его к суду, и трактирщика присудили к штрафу в десять экю. Марнеф старательно расспросил обо всех подробностях дела, вообще удостоверился в полной справедливости рассказа. После того он направился к этому самому трактирщику, поселился у него, жил, ел и пил три дня и задолжал шесть экю. Затем потребовал счет и, просмотрев его, сказал хозяину: «Ну, сударь мой, я должен вам признаться, что у меня нет ни су. Но мы с вами можем рассчитаться вот каким манером. Вы знаете по собственному опыту, что пощечина стоит десять экю. Итак, дайте мне пощечину, а затем вычтите те шесть экю, которые я вам должен, а мне пожалуйте четыре экю сдачи».

Актера Поля Теньера много раз обворовывали и грабили на улице. Однажды, когда он на это жаловался, ему посетовали: зачем же он, выходя из дому в ночное время, не берет с собой пистолетов.
— Покорно вас благодарю, — отвечал тот. — Мало еще меня грабили, вы хотите, чтобы у меня и пистолеты отняли.

Как-то сановник Фальконе, человек весьма недалекий, в одном обществе принялся разглагольствовать о том, какими церемониями сопровождаются совещания о государственных делах у разных диких народов.

— Представьте, — говорил он, — у одного негритянского племени существует такой обычай: члены совета все собираются в особую постройку, где поставлены огромные посудины с водой. Советники входят в этот зал заседаний совершенно голые, и каждый из них влезает в одну из этих посудин и погружается в воду по самую шею. И вот в такой позе они принимаются рассуждать о государственных делах.

Заметив, однако, что его рассказ был принят слушателями с некоторым недоумением, он обратился к одному из них с вопросом, неужели, дескать, вы не находите этого забавным.

— Я не нахожу этого забавным, — отвечал спрошенный, — потому что знаю вещь, еще гораздо более забавную. Я знаю, что существует страна, где в зале заседаний ставят одни только посудины с водой, и эти посудины между собой и держат совет.

За границей во многих местах в прежнее время существовали академии и разные другие учебные учреждения, отличавшиеся большой неразборчивостью при выборе своих членов, в число которых, разумеется, за деньги, попадали люди, которым просто из тщеславия было желательно облечь себя академическим статусом. Про такие академии рассказывали много забавных случаев. Так, сохранилось предание об одной из этих академий, находившейся во Франции и принимавшей за пятьдесят франков кого угодно в число своих членов. В эту академию изъявил желание поступить какой-то извозчик. Он внес свои пятьдесят франков и был принят. По наивности ли или желая посмеяться над ученым учреждением, извозчик просил заодно зачислить в академию и свою лошадь, предлагая внести за нее ту же сумму.

— Лошадей мы не принимаем, — серьезно отвечал ему председатель академии, — мы принимаем только ослов.

Какой-то человек из простонародья захворал. Врач Лерже прописал ему лекарство в порошке, который он должен был принимать через два часа по кофейной ложке. Но Лерже был человек очень осторожный и потому распорядился, чтобы жена больного показала ему, какие у нее есть ложки. Осмотрев эти ложки, врач увидал, что они не годятся: одна мала, другая велика, а лекарство надо было принимать в определенной дозе, потому что оно принадлежало к числу сильнодействующих. Поэтому Лерже распорядился, чтобы больной принимал количество порошка, равное по весу одному дукату — ни больше, ни меньше. Посетив на другой день больного, Лерже с удивлением и беспокойством заметил, что ему стало гораздо хуже. Он, конечно, тотчас же накинулся на жену и спросил, как она давала больному лекарство.

— Давала, как вы приказали, — отвечала женщина. — Отвешивала порошка на дукат.

Лерже заглянул в коробку, где был порошок. Она была пуста. Между тем порошка должно было хватить на несколько дней. На вопрос, как она отвешивала порошок, жена показала доктору целую кучу серебряных денег со словами:

— Вот, извольте посмотреть сами. Пересчитайте, тут ровно на один дукат серебра. А золотого дуката у нас не было в доме.

Перед премьерой оперы «Фауст» у Гуно спросили, сколько лет Фаусту.

— Нормальный человеческий возраст, — ответил он, — шестьдесят лет.

Самому Гуно было тогда сорок. Спустя двадцать лет Гуно задали тот же досужий вопрос.

— Нормальный человеческий возраст: примерно восемьдесят лет, — ответил композитор.

После первого же представления «Фауста» популярность Гуно среди парижан росла с каждым днем. Издательство не успевало выпускать клавиры этой оперы. Однако материальное благополучие композитора не повышалось...

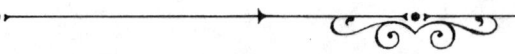

Однажды владелец музыкального издательства пригласил Гуно покататься на санях по Булонскому лесу. Создатель «Фауста» явился в старом, изрядно потертом зимнем пальтеце. Издатель, ожидавший его в загородной вилле, был одет в новую, с иголочки, элегантную шубу. Гуно пощупал пальцами дорогую вещь.

— Поздравляю, — сказал он, улыбаясь, — подарок от Фауста, не так ли?

Известный ученый Андре Ампер с сыном остановились в Авиньоне передохнуть и подкрепить силы. Рассеянный Ампер никак не мог сосчитать, сколько следует уплатить крестьянину, у которого они остановились, за еду и ночлег.

Наконец с помощью крестьянина это удалось сделать.

— Да, сударь, — заметил добродушный авиньонец, — вы немного умеете считать, но вам бы следовало поучиться арифметике у нашего кюре. Уже сколько лет минуло с тех пор, как он меня обучал цифрам, а я, как видите, до сих пор кое-что помню.

Датский писатель-сказочник Ханс Кристиан Андерсен, по свидетельству современников, не обращал внимания на свой внешний вид и одевался довольно небрежно. Его старый поношенный плащ и помятую шляпу знал весь Копенгаген.

Однажды, когда Андерсен гулял по улицам аккуратного и чопорного Копенгагена, какой-то прохожий бесцеремонно спросил его:

— Скажите, этот жалкий предмет на вашей голове вы называете шляпой?

Андерсен не растерялся, посмотрел на задавшего вопрос и спокойно поинтересовался:

— А этот жалкий предмет под вашей модной шляпой вы называете головой?

Иоганн Себастьян Бах играл на органе одну из своих прелюдий ученику, пришедшему его проведать. Ученик стал восхищаться превосходной игрой маэстро. Бах, прервав его, сказал:

— В этом нет ничего удивительного: надо только своевременно нажимать соответствующие клавиши, а все остальное сделает орган!

Как-то раз французский химик Пьер Бертло, всегда отличавшийся исключительной аккуратностью и пунктуальностью, взял к себе в ассистенты одного весьма рассеянного молодого человека, который постоянно опаздывал и всякий раз ссылался на неточность хода своих часов. В конце концов выведенный из себя Бертло решительно заявил неаккуратному помощнику:

— Вот что, сударь! Решайте — или вы смените свои часы, или я сменю вас.

Однажды в Лондоне Гайдн дирижировал своей симфонией. Любопытные лондонцы покинули места, чтобы вблизи посмотреть на знаменитого человека. Внезапно с потолка упала люстра и со страшным грохотом разлетелась на тысячи осколков. Зрители, столпившиеся у сцены, были спасены по воле случая.

Глубоко взволнованный случившимся, Гайдн сказал оркестрантам:

— Все-таки музыка моя чего-то стоит, если она спасла жизнь, по меньшей мере, тридцати людям.

Немецкий математик Петер Густав Дирихле был очень неразговорчив. Когда у него родился сын, он послал своему тестю телеграмму, пожалуй, самую короткую за всю историю телеграфа: «2 + 1 = 3».

Венгерскому композитору Ференцу Легару однажды молодой композитор сказал:

— Лучше всего мне работается ночью. Музыка будто сама рождается в моей голове.

— Тут нет ничего удивительного, — ответил Легар, — ведь большинство краж совершается ночью.

В начале своей карьеры Легар в разговоре с друзьями упомянул, что дает уроки музыки своей квартирной хозяйке и за это получает бесплатный обед.
— И что, она обнаруживает дарование? — спросил один из друзей.
— Безусловно, — ответил Легар. — Особенно ей удаются пирожки.

Как-то в гостях у Легара был венгерский композитор Имре Кальман. Он уже собрался было уходить, но в прихожей его остановил хозяин.
— Дорогой Имре, — сказал он весело, — ты можешь брать из моих оперетт любые мелодии, но мое единственное пальто, сделай милость, оставь мне.

В молодости немецкий художник Вильгельм Лейбль был пастухом. Много позже в компании художников некто спросил его:
— У вас, кажется, господин художник, была тяжелая деревенская жизнь в молодости?
— Откуда вам известно? — спросил Лейбль.
— Вы пасли овец?
— Совершенно верно.
— Но ведь это, как известно, не очень-то приятное для человека занятие?
— Смотря для кого, — ответил Лейбль. — В моем занятии были и хорошие стороны. С тех пор, например, я научился распознавать бараньи головы с первого взгляда.

Однажды, находясь в Нюрнберге, немецкий ученый Готфрид Вильгельм Лейбниц узнал, что в городе существует общество алхимиков. Шутки ради он направил в адрес общества огромное послание, представлявшее бессмысленный набор научных терминов. Каково же было удивление Лейбница, когда через некоторое время он получил пространный ответ, в котором давалась высокая оценка мыслям, высказанным в его письме. Общество с почтением сообщало, что на последнем собрании великий ученый избран почетным членом общества, ему назначен солидный оклад.

Друзья и почитатели Лейбница решили торжественно отметить день его рождения и поднесли ему его бюст, выполненный известным скульптором. Лейбниц долго разглядывал бюст и наконец произнес:
— Так вот, значит, то лицо, которое я ежедневно брею.

Английского хирурга Джозефа Листера неожиданно среди ночи вызвал один богатый пациент. После осмотра Листер сказал:
— Надеюсь, вы написали завещание?
Испуганный вопросом врача, пациент спросил, в самом ли деле его состояние такое, что надо писать завещание.
— Сейчас же вызовите адвоката и обоих сыновей.
— Я сделаю это, но вы скажите, неужели со мной так уж плохо? — шептал оторопевший от страха больной.
— Нет, ваше состояние вообще не вызывает опасений. Но я не хочу быть единственным глупцом, которого разбудили сегодня ночью просто из-за пустяка.

Листеру достался в наследство старенький жилой дом. Он его решил продать и обратился к маклеру. Маклеру с большим трудом удалось найти покупателя. Он привел его к Листеру и начал расхваливать продаваемый дом. Когда покупатель уже согласился его купить, Листер вдруг заявил, что передумал продавать дом.
После ухода покупателя Листер сказал удивленному маклеру:

— Вы так убедительно и красочно расписали покупателю планировку дома, удобство места его расположения, а также прекрасный внешний вид, что мне самому захотелось стать его владельцем.

Немецкого писателя Георга Лихтенберга попросили дать отзыв об одном произведении. Однако он написал рецензию, состоящую из нескольких строк: «Я испытал огромную радость, закрыв книгу. Подобного удовольствия во время чтения я не испытывал».

Однажды Марк Твен получил анонимное письмо, в котором было лишь одно слово «Свинья». На следующий день он в своей газете поместил ответ: «Обычно я получаю письма без подписи. Вчера я впервые получил подпись без письма».

На одном из приемов Твен беседовал с дамой. У него было веселое настроение, и он сказал:
— Вы очаровательны.
Нелюбезная особа ответила:
— К сожалению, я не могу вас отблагодарить таким же комплиментом.
Твен засмеялся:
— А вы сделайте, как я: соврите!

У вернувшегося из путешествия по Европе Твена кто-то попросил поделиться своими впечатлениями о Франции. Он сказал:
— Во Франции нет зимы, нет лета и нет нравственности. За вычетом этих недостатков — прекрасная страна.

Твен зашел в купе, в котором сидел единственный пассажир, хотя вагон был переполнен. Пассажир сказал Твену:

— Я должен вас, сэр, предупредить, чтобы вы не садились в это купе. Дело в том, что у меня острые формы скарлатины и дифтерита.

— Ничего, — сказал Твен, устраиваясь поудобнее. — Я все равно решил покончить жизнь самоубийством в одном из ближайших туннелей.

Когда Твен стал известным писателем, к нему начало приходить много писем с просьбой о помощи. Как-то из одного городка к нему пришло письмо, в котором магистрат просил прислать денег на строительство стены для городского кладбища. Твен ответил:

— Считаю ваш проект ненужным. Те, кто на кладбище, уже не могут его покинуть, а те, кто за его стенами, не имеют никакого желания туда попасть.

В одном обществе зашел разговор о человеческих недостатках. Твен по этому поводу сказал:

— Но ведь человек был создан в последний день творения, когда Бог уже утомился.

Твен был болен. Врач прописал ему диету.

— Сухарики и стакан молока в день. И это все, — предупредил врач.

— Но почему так мало? — пытался сопротивляться писатель.

— Больше нельзя. Вы на диете.

— Гм... гм... — проворчал Твен. — В таком случае прошу мне дать почтовую марку. Я хочу немного почитать на ночь.

В редактируемой им газете Твен напечатал очень острую статью об одном проходимце. Статья заканчивалась: «Мистер Н. не заслуживает и того, чтобы ему плюнуть в лицо».

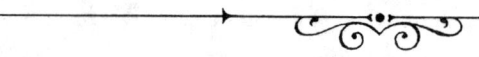

Мистер Н., естественно, обиделся и подал на Твена в суд, который постановил, чтобы газета дала опровержение. Выполняя волю суда, Твен напечатал такой текст: «Что касается статьи о мистере Н., помещенной в нашей газете, то мы изменили свое мнение и заявляем: «Неправда, что мистер Н. не заслуживает того, чтобы ему плюнуть в лицо, наоборот, мистер Н. заслуживает того, чтобы ему плюнуть в лицо».

Как-то спросили Твена, в чем он видит разницу между ошибкой и заблуждением.

— Если вы возьмете чужой шелковый зонт вместо своего хлопчатобумажного, это будет ошибкой, — ответил Твен. — Если же вместо собственного шелкового прихватите чужой хлопчатобумажный — это будет заблуждением.

Приехав в одну из лондонских гостиниц, Твен увидел в книге записей приезжающих отметку: «Лорд Л. с камердинером». Твен, в свою очередь, написал: «Марк Твен с чемоданом».

Твен писал одному юноше, который жаловался, что родители его «малопонятливы»: «Потерпите! Когда мне было четырнадцать лет, мой отец был так глуп, что я с трудом переносил его. Но когда мне исполнилось двадцать один год, я был изумлен тем, насколько этот старый человек поумнел».

Один из знакомых Марка Твена постоянно надоедал ему рассказами о своей бессоннице.

— Вы понимаете, — жаловался он в который раз, — мне ничего не помогает, абсолютно! Право же, не знаю, что и делать...

— А вы не пробовали разговаривать с самим собой? — спросил его Твен.

ЗАПАДНАЯ ЕВРОПА

На одной из встреч с читателями Твена спросили:
— Как пишутся популярные книги?
— О, это очень просто! — ответил писатель. — Для этого достаточно иметь перо и бумагу, а потом вы без всяких усилий пишете все то, что вам приходит в голову. Немного хуже обстоит дело с тем, что именно приходит в голову.

Путешествуя по Франции, Твен ехал в поезде в город Дижон. Поезд был проходящим, и он попросил разбудить его по прибытии в Дижон. При этом писатель сказал проводнику:
— Я очень крепко сплю. Когда вы меня начнете будить, может быть, я стану кричать. Так не обращайте на это внимания и обязательно высадите меня в Дижоне.
После сказанного Твен пошел спать. Когда он проснулся, было уже утро, и поезд подъезжал к Парижу. Писатель понял, что проехал Дижон, и очень рассердился. Он побежал к проводнику и стал ему выговаривать:
— Я никогда не был так сердит, как сейчас, — кричал он.
Проводник посмотрел на писателя с удивлением.
— Вы не так сильно сердитесь, как тот американец, которого я ночью высадил в Дижоне, — сказал он.

Один богатый человек купил у английского художника Уильяма Тернера картину, за которую заплатил сто фунтов. Вскоре он узнал, что эту картину художник писал всего два часа. Богач рассердился и подал на Тернера в суд за обман. Судья спросил художника:
— Скажите, сколько времени вы работали над этой картиной?
— Всю жизнь и еще два часа, — ответил Тернер.

Увлечение спиртными напитками отрицательно отразилось на здоровье французского художника Мориса

Утрилло. Однажды он обратился к парижскому извозчику:

— Вот вам, добрый человек, франк и выпейте за мое здоровье!

Извозчик посмотрел на бледнолицего и изможденного художника и сказал:

— Я думаю, сударь, что вам придется еще добавить. У вас такой болезненный вид, что, пожалуй, одного франка будет маловато.

Английский драматург Ричард Шеридан как-то позволил себе в одной из своих пьес резко отозваться о деятельности парламента. В наказание за это его заставили явиться в парламент, встать на колени и принести публичные извинения. Шеридан исполнил этот приговор, но, поднимаясь с пола и отряхивая платком одежду, воскликнул:

— Боже, какая здесь грязь!

Английский писатель-фантаст Герберт Уэллс начал свою литературную карьеру без особого успеха. Он и его друг основали еженедельник, у которого было только четыре подписчика.

Как-то друзья увидели в окно похоронную процессию. Взволнованный Уэллс сказал своему другу:

— Только бы это был не наш подписчик.

Уэллса попросили рассказать, что такое телеграф.

— Представьте себе гигантскую кошку, — объяснил писатель, — хвост ее в Ливерпуле, а голова в Лондоне. Когда кошке наступают на хвост — раздается мяуканье. Точно так же работает телеграф.

— А что такое беспроволочный телеграф? — спросил один из слушателей.

— То же самое, — ответил Уэллс, — но только без кошки.

В букинистическом магазине Бернард Шоу увидел одну из книг со своей надписью: то была книга, которую он подарил своему другу. Шоу выкупил книгу, написал на ней: «С обновленным приветом» и послал ее вновь своему другу.

Шоу отозвался довольно критически о живописи в присутствии одного художника.

— Почему вы разрешаете себе быть таким непримиримым? — вознегодовал художник. — Ведь вы же, сэр, не написали в жизни ни одной картины!

— Что верно, то верно, — спокойно согласился с ним писатель. — Однако я могу же высказать свое мнение об омлете, хотя не снес в своей жизни ни одного яйца.

Однажды Шоу пришел в театр, но опоздал к началу спектакля. Его попросили пройти в ложу и сесть тихо на свое место. Шоу спросил:

— А что, зрители уже спят?

Шоу как-то попросили высказать свои взгляды на брак. Он сказал:

— Тут дело обстоит так же, как в обществе франкмасонов. Те, кто не вступили в него, ничего не могут сказать. Те же, кто уже вступил, вынуждены молчать навеки.

Как-то Шоу получил странное приглашение, гласившее: «Лорд X. будет у себя дома в следующий вторник между четырьмя и шестью часами».

На оборотной стороне приглашения Шоу скромно написал: «Бернард Шоу тоже».

В бытность свою студентом Шоу явился на экзамен. Не выдержав его продолжительного молчания, профессор вскипел:

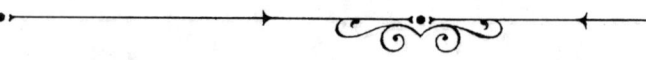

— Знаете, молодой человек, на экзамене — как в театре. Вы — актер, а я — зритель.

— Согласен, профессор, — покорно согласился Шоу. — Тогда следует пригласить моего однокурсника Джима.

— А он-то тут при чем?

— Мне нужен суфлер!

Шоу был приглашен как-то в один богатый дом. Не успел он войти в гостиную, как дочь хозяина дома села за рояль и принялась играть какую-то салонную пьеску.

— Вы, кажется, любите музыку? — спросил его хозяин дома.

— Конечно, — ответил Шоу, — но пусть это не мешает вашей дочери музицировать.

Однажды во время беседы о достижениях современной техники Шоу сказал:

— Теперь, когда мы уже научились летать по воздуху, как птицы, плавать под водой, как рыбы, нам не хватает только одного: научиться жить на земле, как люди.

Шоу часто любил сам вести машину, забирая руль у личного шофера.

Однажды, когда он вел машину по очень неровной и извилистой дороге со многими поворотами, у него неожиданно возникла тема для новой пьесы.

— Что вы думаете о моей идее? — спросил возбужденный Шоу шофера, который сидел рядом, и с юношеским азартом стал развивать перед ним сюжетные хитросплетения задуманного им произведения.

Неожиданно шофер вырвал у восторженного Шоу руль.

— Что вы делаете? — воскликнул от неожиданности писатель.

— Извините, сэр, — ответил шофер, — но у вас получается такое прекрасное произведение, что я не хочу позволить вам помереть раньше, чем вы его напишете.

Шоу встретился с очень толстым джентльменом. Взглянув на худого Шоу, толстяк сказал:

— У вас такой вид, что можно подумать, будто Англия голодает.

— А посмотрев на вас, — ответил Шоу, — можно подумать, что вы являетесь причиною этого голода.

Чувство юмора не покидало Шоу даже в последние дни его жизни. Его экономка вспоминала: «Одна из ирландских радиостанций прервала программу, чтобы спросить, какую мелодию он хотел бы услышать. Они знали о его любви ко всякой музыке и, наверное, ожидали, что он выберет что-нибудь классическое, а он удивил их всех и выбрал ирландскую мелодию, которая называется «Помирает старая корова».

Шоу никогда не позволял режиссерам сокращать текст своих пьес. Однажды директор одного из лондонских театров, поставивших его комедию, после генеральной репетиции послал драматургу телеграмму следующего содержания: «Разрешите сократить пьесу, в противном случае зрители из провинциальных городов опоздают на последний поезд».

«Сокращать запрещаю. Измените расписание поездов», — гласила ответная телеграмма.

Как известно, Шоу отказался в свое время принять Нобелевскую премию. Когда его спросили, почему он это сделал. Шоу ответил:

— Это спасательный круг, брошенный утопающему в тот момент, когда он уже доплыл до берега.

Во время прогулки Шоу был сбит велосипедистом. К счастью, оба отделались легким испугом и небольшими ушибами. Когда смущенный виновник столкновения стал сконфуженно извиняться, престарелый драматург прервал его словами:

— Да, вам не повезло. Прояви чуть больше энергии — и вы бы заработали себе бессмертие, став моим убийцей.

Как-то один бойкий репортер спросил у американского изобретателя Томаса Эдисона:

— Скажите, сэр, ведь это вы изобрели первую в мире говорящую машину?

— Нет, нет, — поспешно ответил Эдисон. — Первая говорящая машина появилась очень давно. Если говорить по существу, то она была создана еще в библейские времена...

Выдержав паузу, он опасливо огляделся и, заговорщически наклонившись к репортеру, шепотом закончил:

— ...из ребра Адама!

Известный южноафриканский специалист по пересадке сердца профессор Кристиан Барнард читал цикл популярных лекций в ряде городов Южной Африки. Его шофер, смышленый и достаточно образованный парень, сидя в зале, всякий раз очень внимательно слушал своего патрона — все, что он говорил на лекциях, знал наизусть. Заметив это, Барнард как-то решил пошутить и попросил шофера прочитать очередную лекцию вместо него.

В этот вечер профессор Барнард, облаченный в форменную одежду шофера, сидел в зале среди слушателей, а его шофер делал доклад и отвечал на разнообразные вопросы слушателей. Но, как всегда бывает, нашлась все-таки одна слушательница, которая задала ему весьма каверзный вопрос, на который докладчик затруднился ответить. Однако находчивый «лектор» не растерялся.

— Прошу меня извинить, мадам, — сказал он, — но я немного устал. На ваш впорос я попрошу ответить моего шофера.

Американский физик Роберт Вуд начинал свою карьеру служителем в лаборатории. Однажды его шеф зашел в помещение, наполненное грохотом и лязгом насосов и оборудования, и застал там Вуда, увлеченного чтением детективного романа. Возмущению шефа не было пределов.

— Мистер Вуд! — вскричал он, распаляясь от гнева. — Вы... вы... позволяете себе читать детектив?!

— Простите, — смутился Вуд. — Но при таком шуме поэзия просто не воспринимается.

Однажды Вуд заметил, что большая оптическая труба заросла внутри паутиной. Как очистить ее — непомерно длинную?

Не раздумывая, Вуд схватил кошку и засунул ее в трубу. Кошка сопротивлялась, но вынуждена была ползти по трубе. Она вылезла вся в паутине, но оптическая труба была очищена.

Румынский писатель Караджале встретил депутата Титу. Тот сразу же принялся расхваливать свое новое меховое пальто.

Караджале спросил его:

— А сколько стоит твое пальто, Титу?

— Больше трех тысяч, — ответил тот.

Караджале посмотрел на свое старенькое пальто и, покачав головою, мягко сказал:

— Что поделаешь, Титу? Я вот не могу себе позволить носить пальто, которое стоит больше, чем я...

Знаменитую детскую сказку «Алиса в Стране Чудес» написал известный английский математик Льюис Кэрролл.

Прочитав эту сказку, королева Англии Виктория пришла в восторг и приказала немедленно купить для нее все сочинения Кэрролла. Каково же было удивление и разочарование королевы, когда оказалось, что это труды по высшей математике.

Один начинающий композитор принес свою симфонию немецкому композитору Феликсу Мендельсону. Через несколько дней он снова зашел к нему, чтобы услышать его мнение.

— Это ваша первая симфония, не так ли? — спросил композитор.

— Да, — ответил молодой человек.

— В таком случае напишите еще одиннадцать! Когда я написал двенадцатую, только тогда осмелился написать партитуру «Первой симфонии».

Однажды американский киноактер Адольф Менжу, обновляя свой гардероб, заказал у лучшего портного брюки. Выполнение заказа затянулось. Только через месяц, после нескольких примерок, портной наконец выполнил заказ.

Забирая брюки, Менжу с раздражением сказал портному:

— Богу понадобилось семь дней, чтобы сотворить мир, а вы мне тридцать дней шили брюки.

На это портной ответил:

— Сэр, посмотрите, пожалуйста, на этот мир и посмотрите — на эти брюки!

На дверях своего деревенского дома датский физик Нильс Бор повесил подкову, которая якобы приносит счастье.

Увидев подкову, один из гостей Бора спросил с удивлением:

— Неужели вы, такой великий ученый, верите, что подкова над дверью приносит счастье?

— Нет, — ответил Бор, — конечно, не верю. Но вы знаете, она приносит счастье даже тем, кто в это не верит.

На званом обеде одна дама настойчиво просила немецкого физика Макса Борна в нескольких словах объяснить теорию относительности.

— Извольте, — ответил ученый. — Но сначала маленькое предисловие.

Как-то ко мне приехал коллега из Франции. Он плохо говорил по-немецки, а я не лучше по-французски. Впрочем, о физических проблемах мы с ним беседовали на языке формул и понимали друг друга. Но однажды мы пошли гулять, устали, и я предложил:

— Давайте купим молоко.

— Молоко? А что такое молоко?

— Жидкость. Белая жидкость.

— Жидкость? А что такое белое?

— Вам незнаком белый цвет? Лебедя видели?

— А что такое лебедь?

— Лебедь — это большая птица с изогнутой шеей.

— С изогнутой шеей?

— Так вы не знаете, что такое изогнутая шея? Посмотрите на мою руку. Я изогнул ее.

— Ах, вот что такое изогнутая шея. Теперь я понял, что такое молоко...

Собеседница Борна перевела разговор на другую тему.

Датский литературный критик Георг Брандес получил от короля орден второй степени.

— Ну, и вы отблагодарили короля? — узнав об этом, спросили его знакомые.

— Конечно. Я ему даже сказал, что этот орден — единственное, что у меня есть второй степени.

Как-то к немецкому писателю и режиссеру Бертольту Брехту пришел молодой человек и сказал:

— У меня в голове полно творческих замыслов, и я могу написать хороший роман. Писать мне мешает только одно — я не знаю, как начать.

Брехт улыбнулся и посоветовал:

— Очень просто. Начните с левого угла на чистом листе бумаги.

Брехт получил от одного своего знакомого по почте пакет. После вскрытия пакета оказалось, что он заполнен только оберточной бумагой, к которой была приложена коротенькая записка: «Дорогой друг! Я жив и здоров, чего и тебе желаю».

Через некоторое время этот знакомый получил извещение, что ему пришла посылка. Он быстро побежал на почту, где ему выдали тяжелый ящик. Знакомому пришлось взять извозчика, а потом с большим трудом втащить ящик на четвертый этаж.

Когда он наконец открыл ящик, то с изумлением увидел, что в нем лежит большой камень с запиской: «Дорогой друг! Посылаю тебе тот самый камень, который ты снял с моего сердца своим письмом».

Однажды немецкий физик Густав Кирхгоф рассказывал популярно об открытиях в области спектрального анализа, который помог определить наличие золота на Солнце. Один из присутствующих в компании банкир, внимательно слушавший ученого, с иронией заметил:

— Ну, скажите, какая же мне польза от золота на Солнце, которое я никогда не смогу оттуда достать?

На вопрос своего сомневающегося собеседника Кирхгоф в тот раз ничего не ответил.

Но вот прошло несколько лет, и Кирхгофа за большое научное открытие в области спектрального анализа наградили массивной золотой медалью. Ученый принес ее показать и сказал:

— Смотрите, уважаемый, вы ошиблись! Я все-таки добился своего и достал золото с Солнца!

Один начинающий писатель принес Томасу Манну кипу своих рукописей и попросил высказать о них свое мнение.

— Вы должны как можно больше читать, — сказал Манн, просмотрев рукописи.

— Разве это обязательно? — удивленно спросил молодой человек.

ЗАПАДНАЯ ЕВРОПА

— Конечно! Чем больше вы будете читать, тем меньше у вас останется времени для писания.

Когда зашел разговор о больших успехах английского физика Эрнеста Резерфорда, последовавших один за другим, кто-то из его друзей заявил ему:
— Вы всегда на гребне волны!
— Верно, но это ведь я и поднимаю эту волну, — ответил Резерфорд.

Однажды вечером Резерфорд зашел в лабораторию. Хотя время было позднее, в лаборатории склонился над прибором один из его многочисленных учеников.
— Что вы делаете так поздно? — спросил физик.
— Работаю, — последовал ответ.
— А что вы делаете днем?
— Работаю, разумеется, — отвечал ученик.
— И рано утром тоже работаете?
— Да, профессор, и утром работаю, — подтвердил ученик, рассчитывая на похвалу из уст уважаемого ученого.
Резерфорд помрачнел и раздраженно спросил:
— Послушайте, а когда же вы думаете?

На лекции датского астронома Ремера один из его слушателей спросил:
— Скажите, профессор, куда я попаду, если, допустим, из этого зала просверлю дыру через весь диаметр Земли?
— Вы, молодой человек, непременно попадете в психиатрическую больницу, — ответил Ремер.

Американский писатель Эрнест Хемингуэй был страстным охотником и рыбаком. Однажды ему прислали из Англии письмо с вопросом: «Правда ли, что если нести впереди факел, то лев не набросится?»
«Это зависит от того, с какой скоростью нести факел», — ответил писатель.

Хемингуэя однажды спросили, что такое счастье.
— Счастье — это крепкое здоровье и слабая память, — последовал ответ писателя.

Собеседник Хемингуэя пытался убедить его в том, что в Соединенных Штатах долларам нет числа и их нетрудно заработать.
— Действительно, Америка — страна, полная денег, — согласился Хемингуэй, — только каждый должен их другому.

Однажды Хемингуэй летел в Англию самолетом. Во время полета вдруг отказал один из двигателей. Писатель обернулся к своей соседке, весьма почтенной пожилой даме, и осведомился, не страшно ли ей?
— Ничуть! — воскликнула путешественница. — Ведь с той стороны, где мы с вами сидим, мотор в полной исправности.

Одной галантерейной фирме очень хотелось привлечь в число своих клиентов Хемингуэя, поэтому фирма прислала ему галстук с письмом, в котором было написано: «Наши галстуки всюду пользуются успехом. Надеемся, что вы охотно пришлете нам два доллара за этот экземпляр».
Через несколько дней фирма получила от писателя такой ответ: «Мои книги всюду пользуются успехом. Надеюсь, что вы охотно приобретете экземпляр повести, которую я вам посылаю. Книга стоит два доллара восемьдесят центов, так что вы должны мне восемьдесят центов».

Одна американская кинофирма решила поставить фильм, посвященный жизни английского политического деятеля Уинстона Черчилля. В фильме предполагалось показать шестидесятипятилетнего Черчилля. Роль Черчилля была поручена восьмидесятипятилетнему киноактеру Чарлзу Клофтону. Узнав, что Клофтон получит за исполнение его роли крупную денежную сумму, Черчилль рассердился и ядовито заметил:

— Во-первых, этот парень слишком толст, во-вторых, слишком стар. А в-третьих, за такие деньги я бы и сам с удовольствием сыграл эту роль.

Как-то раз шофер Черчилля сбился с дороги и заехал неизвестно куда. Крайне раздосадованный Черчилль, высунувшись из окошка, окликнул прохожего и спросил:

— Извините, не могли бы вы, пояснить, где я нахожусь?

— В автомобиле! — буркнул прохожий и зашагал дальше.

— Вот ответ, достойный нашей палаты общин, — сказал Черчилль, обращаясь к шоферу. — Во-первых, краткий и хамский. Во-вторых, совершенно ненужный. И в-третьих, не содержащий ничего такого, чего спрашивающий не знал бы сам.

Когда Черчилль был на встрече в верхах в Крыму, он жил в красивом старинном дворце царских времен. Черчиллю очень понравился дворец. Однажды он обратился к Сталину:

— Нельзя ли купить этот дворец? Он мне очень понравился.

Сталин долго молчал, курил. Потом спросил:

— Какой палец у вас в Англии считается средним?

Черчилль показал: средний палец — этот.

— А у нас этот, — сказал Сталин и сложил фигу.

Разносторонний ученый Альберт Швейцер имел три докторские степени по различным отраслям знания. Один из его случайных знакомых, подвизавшихся в науке, но без особых успехов, спросил однажды с плохо скрываемой завистью:

— Как вам удалось получить три докторские степени?

— Ах, — ответил ученый таким тоном, словно речь шла о пустяке, о котором не стоило даже говорить, — все делается очень просто. Третью степень я получил потому, что имел до этого уже две. Вторую получил за то, что имел уже звание доктора наук, а первую степень мне присвоили потому, что я к тому времени не имел ни одной.

Приступая к опытам с хлором, шведский химик Карл Вильгельм Шеель обратился к студентам с такими словами:

— Хлор, как известно, ядовитый газ. Если я потеряю сознание, прошу вынести меня на свежий воздух. После этого вы можете разойтись. На всякий случай напоминаю, что следующее занятие в четверг.

Часть IV
РОССИЯ

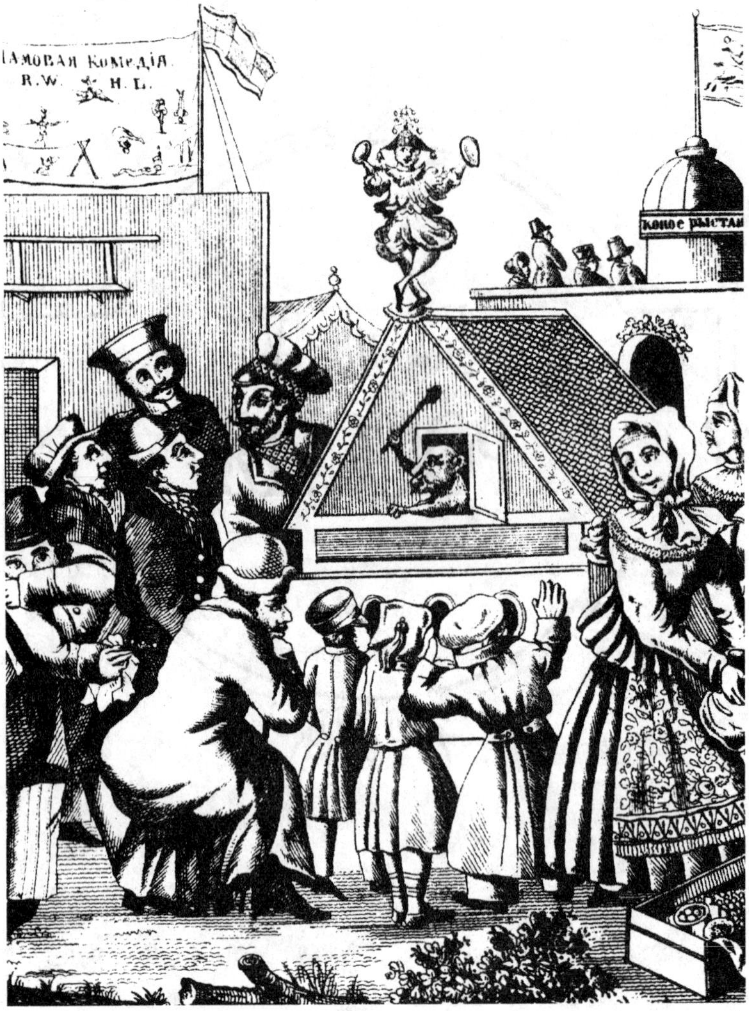
ІАМОВАЯ КОМЕДІЯ
R.W. H.L.
КОНОЕ РЫСТА

Глава 1

Дурной признак, когда перестают понимать иронию, аллегорию, шутку.

Ф. Достоевский

Русское остроумие, особенно в петровскую и екатерининскую эпохи, во многом отличалось от западноевропейского, и то, что нашим предкам казалось смешным и остроумным, на взгляд современного читателя может показаться наивным и простодушным.

Строго говоря, остроумие не всегда должно было вызывать взрыв смеха, порой это просто проявление находчивости в трудной ситуации, или же способность человека принять единственно верное решение в критический момент, или же, наконец, просто мудрое решение государя.

Однажды Петр I заседал в Сенате и слушал дела о разного рода хищениях и воровстве, случившихся за последний месяц. Дел было настолько много, что император пришел в неописуемый гнев и поклялся немедленно пресечь в государстве всякое воровство. Обращаясь к присутствующему генерал-прокурору Павлу Ивановичу Ягужинскому, Петр сказал:

— Сейчас же пиши от моего имени указ о том, что, если кто-нибудь украдет на сумму, за которую можно купить веревку, тот без всякого следствия и суда будет повешен!

Генерал-прокурор выслушал строгое повеление и взялся было уже за перо, но, помешкав, заметил монарху:

— Подумайте, ваше величество, каковы будут последствия вашего указа...

— Пиши, — перебил государь, — что я тебе приказал.

Ягужинский писать, однако, не торопился и с улыбкой сказал монарху:

— Всемилостивейший государь! Неужели ты хочешь остаться императором один, без служителей и подданных? Все мы воруем, с той только разницей, что одни больше, другие меньше, в зависимости от своей должности и возможностей...

Петр I засмеялся и махнул рукой.

— Ладно, — сказал он, — пес с вами всеми, воруйте и дальше...

Один монах у архиерея, подавая водку Петру I, споткнулся и опрокинул полную чарку на одежду императора. Петр в гневе стал уже приподниматься с места, но находчивый монах ловко ему польстил:

— На кого капля, а на тебя, государь, излияся вся благодать!

Петр I рассмеялся и тотчас простил провинившегося.

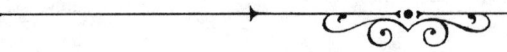

Император весьма любил и жаловал Ивана Михайловича Головина и послал его в Венецию изучать кораблестроение и итальянский язык. Головин прожил в Италии четыре года. По возвращении оттуда он представился государю и вместе с ним отправился в Адмиралтейство. Там государь повел его на корабельное строение и в мастерские, расспрашивал о занятиях и, между прочим, экзаменовал. Оказалось, что Головин ничего не знает.

— Выучился ли ты хоть по-итальянски? — спросил государь, раздраженный полным невежеством Головина в морском деле.

— Виноват, государь, и в этом успел мало.

— Так что же ты делал?!

— Всемилостивейший государь! Я курил табак, пил вино, веселился, учился играть на басу и редко выходил со двора.

Как ни вспыльчив был Петр, но такая откровенность ему очень понравилась. Он дал любимцу прозвище князя Баса и велел изобразить его на картине сидящим за столом с трубкою в зубах, окруженного музыкальными инструментами, а под столом валяются металлические приборы.

Царь любил Головина за прямодушие, верность и таланты, он постоянно называл его в шутку ученым человеком, знатоком корабельного искусства.

Окончив курс лечения в Карлсбаде, Петр на обратном пути посетил Теплиц, славящийся также своими целебными минеральными источниками. Владетели этих источников, графы Вальдеки, встретили государя и просили его сделать им честь посещением их замка и там пообедать. Государь согласился и после осмотра источников явился в замок. Хозяева употребили все старания к наивозможно великолепному приему такого знаменитого гостя. Обед был роскошный и продолжался очень долго. Все это нисколько не соответствовало простым вкусам и привычкам нашего великого государя, и он порядком соскучился. По окончании пиршества хозяева пригласили его осмотреть замок. Петр осматривал все со свойственным ему любопытством. После осмотра старший из графов, желая знать его мнение, спросил, как понравился ему замок. Петр отвечал, что замок великолепен, только есть в нем один недостаток.

— Какой же? — спросил граф.
— Слишком велика кухня, — ответил ему Петр.

В 1706 году Петр отдал приказ генерал-адмиралтейцу Апраксину «послать молодых дворян из математической школы за границу для обучения навигации и корабельному делу».

Молодые люди были набраны и отправлены. Большей частью они принадлежали к знатным фамилиям. Многие не знали другого языка, кроме родного; царь ни на что не обращал внимания, лишь бы скорее дать России знающих моряков и корабельных мастеров.

Когда после четырехлетнего плавания по разным морям 22 мая 1820 года несколько из молодых навигаторов вернулись в Россию, царь пожелал их видеть на другой же день. В числе представляемых был и известный впоследствии Неплюев.

Перед смотром была ассамблея, Петр почти совсем не спал и потому выглядел невесело.

— Есть ли аттестаты командиров? — спросил он и, получив ответ, повелел явиться всем на экзамен 1 июня.

В день экзамена, ровно в восемь часов утра, подъехала государева одноколка, и царь появился перед фронтом экзаменующихся.

— Здорово, ребята! — крикнул он и тотчас приступил к проверке знаний. Дошла очередь до Неплюева. — Всему ли ты научился, для чего был послан? — строго спросил император.

— Всемилостивейший государь! — отвечал Неплюев. — Прилежал я по всей моей возможности, но не могу похвастаться, что всему научился, и прошу, как перед Богом, вашей ко мне щедрости.

— Покажи ладони, — приказал царь.
Неплюев протянул руки вперед, Петр пощупал и похвалил:

— Молодец! А у меня ведь тоже, братец, хоть я и царь, да на руках мозоли, а все от того, чтоб показать вам пример. Вижу мне достойных помощников и слуг отечеству.

Произведя подробный экзамен Неплюеву, государь тут же пожаловал его в морские поручики галерного флота.

Петр любил повторять:
— Я могу управлять другими, но не могу управлять собой.

Предок знаменитого археолога Снегирева — Иван Санин — рассказывал, что в его присутствии Петр убил слугу палкой за то, что тот слишком медленно снял шляпу. Генералиссимусу Шеину на обеде, данном имперским послом Гвариеном, в присутствии иностранцев, Петр кричал:
— Я изрублю в котлеты весь твой полк, а с тебя самого сдеру кожу, начиная с ушей.

У Ромодановского и Зотова, попытавшихся унять Петра, оказались тяжелые раны — у одного перерублены пальцы, у другого раны на голове.

Полубояров, слуга Петра, пожаловался ему, что его жена отказывается под предлогом зубной боли исполнять свои супружеские обязанности.

Петр немедленно позвал Полуброярову и, несмотря на ее крики и вопли, немедленно вырвал ей зуб.

Увидев в Копенгагенском музее мумию, Петр выразил желание купить ее для собственной Кунсткамеры. Получив отказ, Петр вернулся в музей, оторвал у мумии нос, всячески изуродовал ее и сказал:
— Теперь можете хранить.

Главной целью первого путешествия Петра за границу было посещение Голландии и изучение там кораблестроения. От голландцев, которые служили в России, Петр наслышался много хорошего об их стране и особенно о городе Саардаме, откуда родом была большая часть этих голландцев. Поэтому понятно, что, прибыв в Голландию, Петру прежде всего хотелось побывать в Саардаме, куда он и отправился водою на боте всего лишь с шестью спутниками из своей свиты. При этом Петр с целью скрыть свое звание оделся простым матросом.

Подъезжая к Саардаму, Петр увидал в заливе в лодке голландца, ловившего рыбу, и узнал в нем старого знакомого Киста, корабельного кузнеца, работавшего прежде в Воронеже. Петр окликнул его по имени и объявил, что жсласт посслиться в сго домс под чужим имснсм, а чтобы не привлекать внимания, вышел на берег, как простой матрос, с веревкою в руке, чтобы привязать лодку. На другой день он оделся в тамошнее рабочее платье, состоявшее из простой байковой красной куртки, белых холстинных шаровар и лакированной шляпы с большими полями, и записался в плотники на корабельную верфь под именем Петра Михайлова.

Каждый день ходил он на работу с топором в руках и делал все, что ему приказывали. Работал он так усердно и успешно, что скоро был удостоен звания баса, то есть мастера, и это звание доставляло ему тогда больше удовольствия, чем все царские титулы.

— Человек есть то, что он сам из себя сделал, — говорил Петр Великий. — В том, что я царь, моей заслуги нет, на то воля Божья. А вот звание корабельного мастера я сам себе добыл своими руками.

Будучи в Архангельске, Петр Великий любил в минуты отдыха гулять по берегу реки Двины, которая и тогда уже была оживлена морской торговлей. Массы лодок и прочих судов представляли громадный лес мачт и снастей, между которыми суетился торговый и рабочий люд, выгружая и нагружая разный товар. В конце этих судов стояло несколько лодок особенной постройки и вида. Царь, увидев их, подошел узнать, откуда они.

— Это лодки холмогорских людишек, ваше царское величество, они привезли на продажу изделия, — объяснил какой-то старик.

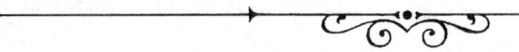

Царь этим объяснением не удовольствовался и пошел к лодкам порасспросить их хозяев. Государь переходил с лодки на лодку по перекинутым доскам, расспрашивая крестьян, и вдруг, оступившись, упал на дно одной лодки, нагруженной горшками. При падении он перебил в черепки столько посуды, что хозяин за голову взялся при виде такого ущерба.

— Не много же, батюшка, выручу я за свой товар теперь, — вздыхая, сказал он и запустил руку в затылок.

— А что бы ты за него взял? — полюбопытствовал Петр.

Мужик смекнул, что тут можно поживиться:

— Да ежели бы все было благополучно, червонец, а пожалуй, и больше бы взял.

Император безропотно достал из камзола червонец и подал его крестьянину.

— Вот тебе за твои убытки, — сказал он, — тебе весело, что втридорога за ущерб взял, — и мне весело, что не вдесятеро!

Один из московских купцов просил взыскать со своего должника сто рублей и пять тысяч рублей убытку, причиненного неуплатою этих ста рублей. Началось расследование. Купца спросили:

— Как могли образоваться из такой ничтожной суммы столь большие убытки?

Купец ответил, что выстроил себе дом, в постройку коего вложил весь свой капитал, но и то не мог докончить. Окна и двери должен был оставить без запоров. Между тем случился пожар, и дом вместе с кладовой, в которой было товару на пять тысяч рублей, сгорел.

— Я теперь стал совсем нищим, — жаловался купец, — а будь у меня те сто рублей, я сделал бы затворы, злоумышленники не забрались бы в мой дом и не подожгли.

Петру донесли о жалобе купца. Государь велел расследовать причины пожара и каковы действительные убытки потерпевшего.

Оказалось, что пожар произошел у соседей, а дом купца не был еще отделан, и сгорели только доски, приготовленные для настилки пола, с сараем, в котором они лежали; кладовые целы все, и уцелевшее имущество оказалось по оценке выше двадцати тысяч рублей.

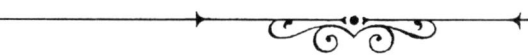

Государь постановил: просьбу истца уважить, ответчика принудить уплатить истцу пять тысяч сто рублей, а имущество и дом, якобы сгоревшие, взять ответчику себе.

На Белом море разыгрался шторм. Пассажиры и команда небольшого кораблика, на котором находился и Петр, потеряли голову от страха и отчаяния. Гибель казалась неизбежной. Только два человека не теряли присутствия духа: молодой царь и крестьянин — кормчий Антип Панов. Последний, управляя рулем, ловко лавировал между подводными камнями. Петр стал было давать советы кормчему.

— Поди прочь, дурак, и не мешай, коли жить хочешь! — грозно возразил старик. — Я больше твоего смыслю и знаю, куда правлю...

Петр молча отошел, а судно скоро действительно пристало к берегу у Петроминского монастыря.

Царь подошел тогда к Антипу и сказал:

— Помнишь ли, брат, как ты отпотчевал меня на судне?

— Прости, батюшка! — воскликнул старик и упал на колени.

— Ничего, брат, — успокоил его Петр, — по мне так лучше стерпеть «дурака», да остаться при этом в живых, нежели быть царем, да утопнуть...

Затем царь снял с себя мокрое до нитки платье и передал его старому кормчему на память, а сверх того определил ему пожизненную пенсию.

Будучи однажды на Каспийском море, Петр вздумал всех, не бывавших еще на нем, купать. Себя он тоже не исключал при этом. За ним последовали адмирал и другие. Многие побаивались трижды окунаться в морские волны, сидя на доске. Особенно много смеху было при погружении Ивана Михайловича Головина, которого царь величал большей частью адмиралтейским басом. Царь собственноручно погружал его в воду, причитая:

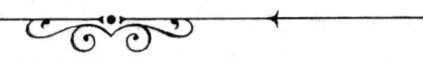

— Опускается бас, чтобы похлебать каспийский квас.

Во время пребывания своего на Олонецких марциальных водах Петр получил какое-то важное известие и должен был немедленно ехать в Петербург. Обыкновенно лошадей государю поставлял богатый крестьянин деревни Кончезеро Иван Федоров. И на этот раз лошадей подал Федоров.

— Ехать надо скоро. Устоят ли лошади до Шуи? — спросил государь.

— Устоят, ваше царское величество, — ответил Федоров. — Ну, с Богом!

Лошади тронули, экипаж быстро понесся по пыльной дороге. На пятнадцатой версте левая пристяжная сдала. Ямщик, не задумываясь, соскочил с облучка, отпряг лошадь и снова за вожжи... Верст за шесть до Шуи на берегу озера Укшезера и правая пристяжная стала.

— Не довезти тебе, — серьезно заметил государь, когда Федоров и эту лошадь выпряг и бросил на дороге.

— Довезу, ваше царское величество, эта лошадь стоит десяти тех! — уверенно ответил ямщик.

В самом деле, добрый конь и один понесся с горы и через несколько минут доставил государя к перевозу.

Петр был доволен находчивостью своего ямщика, вышел из тарантаса, снял с себя рабочий, вышитый серебром колпак и надел его на голову Федорова.

— Вот тебе подарок, приеду — награжу, — сказал он.

Федоров не знал, что делать с колпаком: и подарок царский, и страх, и удивление... С низкими поклонами проводил он государя и в тот же день к вечеру вернулся потихоньку в родное Кончезеро.

Долго ждал Федоров обещанного приезда государя и не дождался. Великий монарх неожиданно захворал, а затем и умер. В память царского подарка род Ивана Федорова получил в деревне новую фамилию — Колпаков.

Однажды Петр Великий проезжал через село Мегрецкое, в двенадцати верстах от Олонца, к Лодейному Полю. Между деревнями Заручне-Кабдева и Верхняя-Толмачева царь встретил человека высокого роста, с окладистой седоватой бородой, который пробирался в сторонке к деревне, лежащей близ дремучего леса. У старика за поясом торчал большой нож, а за плечами было ружье.

Петр заинтересовался путником, подъехал к нему поближе и спросил:

— Кто ты такой и куда идешь?

— Я грешный иерей Бога Вышнего по фамилии Окулин, — отвечал путник, — а держу свой путь к больному, желающему перед смертью покаяться и причаститься.

— Если ты служитель Божий, — возразил царь, — то зачем одет в мужицкую сермягу и еще носишь при себе оружие, наподобие охотников, воров и разбойников? Я не верю, старик, твоим словам и званию.

Затем, обернувшись к сопровождающим его, Петр повелел арестовать старика и представить в канцелярию Олонецкого воеводства «на спрос и суда по закону».

— Ваше царское величество, — сказал спокойно Окулин, — делайте со мною, что хотите, я тут весь. А суд воеводы на Олонце я видал, да и по его суду оправдан бывал. Поведаю же теперь вашему светозарному уму, государь, что в дремучих лесах нашей волости водятся воры и разбойники, кои посягают на мое праведно нажитое достояние, заключающееся более в металлах (деньгах). Поэтому я не из скопидомства, когда ухожу из дома, тогда и металлы свои уношу от их лому, а в защиту себя, да и для острастки этих недобрых людей ношу, аки воин, оружие на своих чреслах и раменах, облаченных от ненастья в рубище серого цвета.

— Когда такую речь ведешь, — перебил царь, — то скажи мне: сколько денег у тебя и на что ты их бережешь? Разве не знаешь того, что в положении воина наши молитвенники нарушают правила святой православной церкви Христовой?

— Я Божий закон читал, — ответил на это Окулин, — но деньгам своим счету не давал, однако, государь, прими их от шестидесятилетнего старца с усердием и доброю волею великому царю-батюшке на русскую флотилию и армию.

Петр Великий принял дар старца Окулина, а по возвращении в Петербург вызвал его к себе и назначил членом высшей духовной коллегии...

---

22 июня 1715 года прибыл Петр I на галерах в Гапсаль и, осмотрев город, через Линден и Падис направился в Ревель. По пути объявил он дворянину Рамму, что будет обедать у него. Дворянин ответил, что не желает этого посещения, но государь тем не менее прибыл к нему, собственноручно наказал его своею тростью и очень вкусно пообедал.

За едой и питьем царь пригласил к столу побитого хозяина и даровал ему бившую его царскую трость.

Вещественный документ этот еще долго хранился у потомков Рамма, а впоследствии был продан обнищавшими праправнуками на лондонском аукционе за громадную сумму.

Петр Великий издал закон:

«Кто на правого бьет челом, и то сыщется, то поступит с челобитчиком так, чему бы достоин был ответчик, если бы оказался виновным».

Один московский купец просил взыскать со своего соседа 300 рублей за то, что корова его, ворвавшись к нему в огород, поела и перепортила там капусту и тем причинила ему убыток на 300 рублей. Государь был в то время в Москве и, узнав об этом деле, приказал освидетельствовать огород истца. Оказалось, что капусты съедено очень мало, а весь убыток простирается не более как на 3 рубля. Когда о результате освидетельствования донесли государю, он постановил: взыскать с истца 300 рублей и отдать их ответчику, кроме того, взыскать с того же купца 3 000 рублей на мундиры солдатам Преображенского полка. А чтобы московское купечество помнило это решение, повелел называться вышеупомянутому купцу Капустиным.

Петр начал свою военную карьеру в скромном звании барабанщика и получал дальнейшие повышения не иначе как по заслугам. Скромность его и уважение к чинам как отличию доходили до высоконравственного педантизма. Чин полковника Преображенского полка он получил после многих заслуг и геройских подвигов: когда его хотели произвести в генералы, Петр долго отказывался, не считая себя достойным, и только после Полтавской победы согласился на это.

Море и морская служба составляли слабую сторону великого императора. Он очень гордился своими познаниями в морском деле и действительно был «самый сведущий и опытный в России моряк». Ничто не льстило царю так, как признание за ним этого достоинства.

Однажды царь подал в Адмиралтейств-Коллегию челобитную о производстве его в вице-адмиралы и... получил отказ. Коллегия нашла, что рано. Петр был очень огорчен, но безропотно перенес эту служебную неудачу.

Князь Федор Юрьевич Ромодановский, известный под названием князя-кесаря, заведовал Преображенским приказом. При своей страшной жестокости этот человек был набожен и особенно почитал Николая Угодника. Раз, накануне Николина дня, один колодник, содержавшийся в приказе за убийство, объявил, что имеет сообщить князю нечто очень важное. Ромодановский велел привести к себе арестанта. Тот бросился в ноги и начал просить, чтобы его отпустили в деревню к родным провести с ними последний раз праздник и проститься, так как его, вероятно, скоро казнят. Кесарь был озадачен такою неслыханною дерзостью.

— Да как ты смеешь просить об этом, злодей! — закричал наконец князь, придя в себя от изумления.

— Помилуй, отец мой! Святой Никола Чудотворец воздаст тебе за это сторицею.

— Кто же будет за тебя порукою? — спросил, уже смягчившись, князь Ромодановский.

— Сам святой угодник. Он не допустит мне солгать.

Начальник приказа задумался, потом заставил разбойника поклясться в том, что он непременно вернется, а затем отпустил его в деревню, которая находилась где-то недалеко от Москвы.

Враги князя тотчас же донесли об этом государю. Петр приехал к его кесарскому величеству и спрашивает:

— Правда ли, что ты отпустил разбойника?

— Отпустил, но только на пять дней, чтобы он простился с родными.

— Да как же ты мог это сделать и поверить злодею, что он вернется?

— Он дал мне в том порукою великого угодника Божия, который не допустит его солгать.

— Но когда он мог убить человека, то что стоит ему солгать святому, и тем более что он уличен в убийстве и знает, что будет казнен.

Но князь стоял на своем.

— Ну, дядя, как бы не ответить за него тебе, если он не будет в срок, — сказал государь.

В назначенный день преступник явился в приказ, благодарил князя и сказал, что теперь готов с радостью принять заслуженную казнь.

Обрадованный князь поехал к государю и доложил об этом. Петр удивился и потребовал к себе арестанта.

— Знаешь ли ты, что за убийство, совершенное тобою, ты должен быть казнен?

— Ведаю, надежа-царь.

— Как же, ведая, возвратился ты на верную смерть?

— Я дал в том порукою святого чудотворца Николая. К тому же я заслужил смертную казнь и приготовился к ней покаянием. Да если бы я и вздумал бежать, то святой Николай не допустил бы мне того, и я рано или поздно был бы пойман и еще большую потерпел бы муку.

Петр всегда оказывал милосердие, когда видел чистосердечное раскаяние, и прощал всех, кроме убийц, но на этот раз он так был тронут, что приказал заменить смертную казнь для этого преступника солдатскою службою в одном из сибирских полков.

Перед неудачной турецкой кампанией в 1711 году молдавский господарь князь Кантемир отдался под покровительство Петра. При заключении мира с турками государю передали одно из условий, предложенных великим визирем: выдать Кантемира.

— Я лучше уступлю туркам землю до самого Курска, нежели соглашусь на это, — сказал император. — Мне останется еще надежда отданное опять завоевать, но не сдержать должного слова — значит навсегда потерять веру и верность. Мы имеем своею собственностью одну только честь. Отречься от нее — то же, что перестать быть государем.

Первый голландский корабль прибыл в Петербург в конце 1703 года. Государь несказанно обрадовался. Петербург только что возник, Европа не имела о нем понятия, путь к нему не был достаточно известен, да и сам город не на всех еще картах был отмечен. Как было не обрадоваться первому торговому судну, явившемуся как бы провозвестником развития тех торговых сношений с Европой, на которые надеялся и рассчитывал преобразователь Руси.

Петр сам, нарядившись матросом, выехал в шлюпке и провел голландский корабль мимо Котлинских мелей. Явившись на палубу корабля, царь назвался посланным губернатора. На пристани, находившейся на Васильевском острове, у самого дома губернатора Меншикова, иностранные гости были встречены последним и приглашены к столу. Для охраны корабля назначили команду гвардейцев.

Губернаторский посланный ввел голландцев в дом и разместил за обеденным столом между российскими вельможами. Тут только гости узнали царя и вначале очень смутились. Однако простота его, обильное возлияние и угощение скоро рассеяли их робость. Нашлись такие, которые видели Петра в Амстердаме и Саардаме. Рассказам и воспоминаниям не было конца.

На другой день Петр внимательно просмотрел список груза, и хоть половина товаров была не нужна, приказал русским купцам скупить весь товар оптом за большие деньги, что и было беспрекословно исполнено. Тем же русским купцам он приказал продать голландцам свои товары по самой низкой цене.

Все это было сделано, как выразился Петр I, — «ради почина».

Вот это самое роковое «ради почина» с тех пор, очевидно, и повелось и осталось на Руси по сей день — купить ненужное и втридорога, а продать необходимое и по бросовой цене.

Петр Великий нередко устраивал свидания с королями польским и датским. В одно из таких свиданий, после обеда, на котором много было выпито всевозможных вин, государи заспорили о том, чьи солдаты храбрее и дисциплинированнее. Каждый, понятно, хвалил своих.

— Ну, тебе лучше понимать про твоих саксонцев, — сказал Петр королю польскому, — я их отлично знаю: они немногим лучше трусов-поляков... А ваши, — продолжал он, обращаясь к датскому королю, — как ни стары, но против моих новых не годятся.

Собеседники не уступали, и потому было решено произвести опыт.

— Велите призвать сюда по одному из ваших солдат, — сказал Петр, — самого храброго и верного, по вашему мнению, и велите броситься из окна. Посмотрим, окажут ли они беспрекословную готовность исполнить ваше повеление, а я в своих уверен, и если бы хотел из тщеславия обесчестить себя, пожертвовав человеком, то каждый беспрекословно исполнил бы приказание.

Начали с датчан. Призвали одного из самых неустрашимых и преданнейших королю гренадеров. Король приказывает ему броситься из окна, которое было высоко от земли, так как государи беседовали на третьем этаже.

Гренадер падает на колени и умоляет о пощаде. Но король непреклонен и повторяет приказание. Солдат плачет и просит по крайней мере сказать ему его вину и дать время на покаяние. Петр засмеялся и сказал королю:

— Полно, брат, дай ему время на покаяние. А с твоими саксонцами и пробы делать не стоит — только осрамишься.

Затем Петр призвал офицера и велел ввести первого попавшегося солдата. Входит русский гвардеец.

— Эй, молодец, — сказал Петр солдату, — выбросься сейчас из окна... Слышишь!

— В какое прикажете, ваше величество? — спросил солдат и, не дожидаясь указания, бросился к среднему окну.

Стой! — как раз вовремя воскликнул государь. — Ступай себе, ты больше не нужен.

Собеседники Петра были поражены и просили наградить солдата офицерским чином.

— Кто же солдатом останется? — возразил император. — Может быть, хотите еще испробовать? Выбирайте сами любого. Я уверен, что и этот поступит точно так же.

Но короли не хотели продолжать опыта, а настаивали на производстве героя в офицеры. Петр наконец согласился на их просьбы, потребовал солдата снова к себе и поздравил офицером. Короли пожаловали новому офицеру на память славного события по сто червонцев.

В Англии Петр основательно изучал кораблестроение и работал неустанно. Английский король удивлялся его неутомимой деятельности; он подарил ему яхту и ради него назначил морские маневры, которые привели Петра в восторг.

— Если бы я не был русским царем, то хотел бы быть английским адмиралом, — сказал он королю.

Первый английский корабль, посетивший новую столицу, постигла неудача. Он сел на мель у острова Котлина. Петр, узнав о том, немедленно отправился в шлюпке на помощь. Сам он оделся шкипером, а своих вельмож нарядил матросами и посадил на весла. Много потрачено было времени и труда, пока удалось снять корабль. Признательный шкипер предложил спасителю, не зная, кто он, штуку прекрасной английской материи на платье и так упрашивал, что Петр согласился, но с условием, чтобы шкипер и команда пожаловали к нему на обед.

На следующий день за английскими гостями приехал посланный и повел их прямо во дворец. Гвардейский караул отдал честь, и удивленные моряки спросили:

— Чей это дом?

— Это дворец государя, — ответил провожатый.

— Так куда же ты нас ведешь?

— К шкиперу, только я вас проведу ближайшей дорогой через дворец.

Гости удивились, но последовали за провожатым, который привел их прямо в зал, где находился государь с государыней и блестящей свитой придворных.

Англичане узнали спасшего их корабль шкипера и, конечно, были несказанно изумлены. Они стояли, не смея тронуться с места. Государь сам подошел к шкиперу, взял его за руку и подвел его к государыне. Затем гостей пригласили в столовую. Царь сам усадил их, милостиво расспрашивал и усердно угощал. Тосты следовали за тостами. Пили за государя, государыню, за английского короля, за оба государства, за флот, за торговлю... Конца не было шумным здравицам... Под конец обеда гости еле ворочали языками, а подняться могли только с посторонней помощью. Их перенесли на шлюпку и отправили на корабль, где уже стоял гвардейский караул.

Священник Троицкого собора просил государя оказать ему милость — быть восприемником новорожденного сына его. Царь обещал и сам назначил время крестин.

— Кого благоволите, ваше величество, кумой назначить? — спросил обрадованный священник.

— Какую ты изберешь из твоих родственниц, — ответил Петр.

К назначенному часу все было готово у священника, но государь, сверх обыкновения своего занявшись важными государственными делами, забыл данное слово и вспомнил о нем уже в постели.

— Ах! — сказал он царице. — Я забыл данное мною слово священнику. В каком должны быть беспокойстве он и весь дом его, прождав меня столь долго, и я думаю, что они теперь еще ждут меня!

Был одиннадцатый час ночи, время стояло осеннее и ненастное, но царь все-таки встал с постели, оделся и приказал найти перевозное судно через Неву. На простой верейке, в сопровождении дежурного денщика Татищева переправился он на другую сторону и пришел к священнику, который, не дождавшись царственного кума, отпустил приглашенную куму и уже спал.

На стук отперли ворота. Хозяин и его домашние были крайне изумлены приходом государя. Священник, едва успев накинуть верхнюю одежду, встретил его у дверей спальни, не находя слов на приветствие.

Государь просил его не гневаться на поздних гостей за принесенное беспокойство.

— Я, — говорил он, — за суетами забыл, что обещал быть к тебе!.. Здесь ли еще кума? Я виноват перед нею, заставив ее так долго ждать себя!

Узнав, что кума уже ушла, Петр велел послать за ней. Через полчаса она приехала, и государь еще раз повторил свои извинения.

Ребенка окрестили. Царственный кум взял его на руки, и сам отнес к матери. Затем он поцеловался с нею и кумой, выпил стакан пива, наградил новорожденного и, пожелав спокойной ночи, возвратился домой.

В бытность свою в Лондоне Петр Великий вместе с английским королем осматривали великолепное здание — госпиталь для призрения инвалидов — матросов и солдат. После осмотра король пригласил Петра на обед.

За обедом, желая услышать похвалу знаменитого гостя, король обратился к царю с вопросом:

— Как вам, ваше величество, нравится госпиталь?

— Так, — ответил Петр, — что я советовал бы вашему величеству сделать его своим дворцом, а свой теперешний дворец очистить для живущих в госпитале матросов.

Князь Репнин упорно отказывался следовать новым обычаям, вводимым Петром, и оставался самым сильным приверженцем старинного образа жизни. Петр, уважая его заслуги, не стеснял его в домашней жизни, но охотно иногда над ним подшучивал.

— Не хочешь ли, Ягужинский, получить хороший подарок? — обратился однажды государь к своему денщику.

— Как не хотеть? — отвечал Ягужинский.

— Так слушай: старик Репнин нынче не совсем здоров, поезжай к нему и спроси его от меня о здоровье, да постарайся угодить его старинной боярской суетности: оставь свою лошадь у ворот, взойди на двор пешком и без шляпы и вели доложить, что ты прислан от государя спросить о здоровье его сиятельства. Тебя будут просить к нему, но ты скажи, что недостоин увидать очей боярских, и не прежде взойди, как он во второй и в третий раз пригласит тебя, а взойдя, с раболепным видом стань у двери и поклонись пониже ему. Если старик велит тебе сесть, отнюдь не садись, говоря, что недостоин такой чести. Я уверен, что не отпустит он тебя с пустыми руками.

Ягужинский в точности исполнил, как советовал ему государь. Репнин был несказанно тронут уважением, оказанным ему Ягужинским.

— Пьешь ли что-нибудь, друг мой? — ласково спросил князь.

— Не пью, ваше сиятельство, — был смиренный ответ.

Репнин начинает спрашивать, давно ли служит Ягужинский у государя, отличают ли его службу и так далее. Тот отвечает Репнину тем же униженным тоном. Старик хвалит его за то, что он умеет почитать людей старых и заслуженных.

— Я буду хвалить тебя и государю, — обещает князь.

Ягужинский чуть не в ноги кланяется и говорит, что он сам всю жизнь будет хвалиться тем, что удостоился заслужить одобрение его сиятельства. Откланиваясь, он спросил:

— Что прикажете, ваше сиятельство, донести государю?

— Донеси, друг мой, что мне теперь, кажется, получше и что я сам лично буду благодарить его величество, что вспомнил меня, старика. Да побудь еще, друг мой, — промолвил князь, — мы потолкуем о том о сем.

— Не смею ослушаться повеления вашего сиятельства, — низко кланяясь, отвечает Ягужинский.

Князь вне себя от удовольствия обращается к толстому дворецкому, стоявшему у него за креслами, и приказывает:

— Поди, там в шкафе в ящичке лежит мешочек с червонцами, возьми его и принеси ко мне.

Дворецкий пошел.

— Стой! — кричит князь. — Неси сюда еще поднос серебряный.

Дворецкий пошел было, но князь снова его остановил:

— Погоди, на поднос поставь кубок позолоченный с крышкой, высыпь в него червонцы и подай мне.

Между тем Ягужинский продолжает еще униженней льстить князю. Старик снова зовет к себе дворецкого.

— Да поставь, — приказывает он, — на подносе еще чару золотую.

Дворецкий точно исполнил приказания. Князь берет поднос, подзывает к своему креслу Ягужинского и говорит:

— За то, что ты, друг мой, так умен, возьми это себе и с моей легкой руки разживайся, да и вперед не переставай почитать людей старых и заслуженных.

Ягужинский с низкими поклонами отказывается принять подарок.

— Ваше сиятельство, вы приводите меня в замешательство такой неслыханной милостью. Я боюсь и ваше сиятельство оскорбить отказом, и государя прогневить принятием такого драгоценного и незаслуженного подарка.

— Возьми, возьми, друг мой, и ничего не бойся, как только я начну выходить, пойду к государю и скажу, что я тебя принудил взять этот подарок.

Возвратясь к государю, Ягужинский показал полученные им от старого князя подарки и передал свою с ним беседу. Петр долго хохотал над суетностью таких стариков, зараженных боярскою спесью.

— Не говорил ли я, — заметил он Ягужинскому, — что ты получишь хороший подарок?!

Петр Великий был неутомимым тружеником, который для отдыха только переменял занятия, часто переходил от напряженной умственной работы к занятию ремеслами — токарным, резным и пр. До сих пор сохранилось много произведений его токарного станка, в котором он достиг замечательного совершенства. Работая, Петр не любил, чтобы ему мешали. Однажды он приказал часовому никого не допускать к своей особе, а сам принялся за токарную работу. Приехал любимец государя князь Меншиков.

— Здесь государь? — спрашивает часового.

— Здесь, только пускать никого не приказано.

— Ну, меня можно.

— Не приказано, не пущу, — твердит солдат.

— Да знаешь ли ты, кто я?

— Знаю, а все-таки не пущу.

— Я имею до государя важное дело.

— Не могу пустить — не приказано.

— Ах ты, грубиян! Я велю тебя сейчас сменить и жестоко наказать! — вскричал князь в запальчивости.

— После ты волен со мною сделать что хочешь, но и тому, кто меня сменит, я передам приказ государя.

Меншиков в досаде оттолкнул часового и силой хотел отворить дверь, но часовой в эту минуту приставил штык к груди князя и грозно крикнул:

— Отойди от двери — или я тебя заколю!

Царь, услышав происходивший шум, открыл дверь и, увидев штык часового, направленный прямо в грудь князя, поспешно спросил:

— Это что такое?

Взбешенный Меншиков жаловался, что его чуть было не закололи.

— За что хотел ты убить князя? — обратился Петр к солдату.

— Государь, я получил от тебя приказ никого не допускать, а он, не слушая твоего приказа, хотел войти силой и даже меня от двери оттолкнул, мне только и оставалось, что колоть.

Государь, выслушав обе стороны, улыбнулся.

— Данилыч, — сказал он, обращаясь к Меншикову, — он лучше знает свою должность, чем ты. Мне было бы жаль, если бы он тебя заколол... А тебе спасибо, — продолжал царь, милостиво кивнув часовому, — жалую тебе в награду пять рублей.

Однажды зимою, это было 16 декабря 1723 года, Петру Великому донесли, что один из плотников, некий Гаврило Смирной, нашел на берегах Невы, выше Охтинских слобод, против Александро-Невского монастыря, самородную краску. Государь, узнав об этом, немедленно отправился на означенное место, чтобы лично убедиться в справедливости сообщенного известия. Оказалось, что Смирной действительно нашел самородную краску, вполне пригодную для флота.

Государь похвалил Смирного, подарил ему полтину и приказал ему добывать эту краску в свою пользу.

Прошла зима, весна, и наступило лето. В один прекрасный день Петр Великий, переправляясь через Неву на Охту, увидал посреди реки плавающего человека.

Царя это обстоятельство весьма заинтересовало, так как в то время людей, привыкших к воде, было очень мало.

Поэтому государь немедленно направил свою верейку к пловцу, чтобы ближе разглядеть смельчака. Но каково же было удивление Петра, когда он в пловце узнал Гаврилу Смирного, у которого все тело было вымазано густой темной краской.

— Куда это ты, Гаврило, плывешь? И почему ты весь в краске испачкан?

— Прости, царь-батюшка, это я краску пробую, — ответил Гаврило. — Ежели Нева не смоет ее с меня, стало быть, краска добрая.

Государь весело рассмеялся, но, смекнув в то же время, что Гаврило неспроста пустился вплавь, спросил его:

— Ну, а как же твои дела идут с краской?

Этого только и ожидал Смирной.

— Ах, царь-батюшка, ожидают меня, и краску мою, всяк, кто хочет, берет! — воскликнул Гаврило и поплыл к берегу.

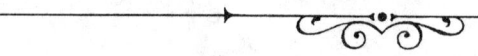

В тот же день Петр Великий издал следующий указ: «Охтянину Гавриле Смирному добывать найденную им краску преимущественно для продажи и продавать беспошлинно, а посторонним никому в оных местах краски не брать; буде же из охтинских плотников, кто пожелает оную краску, то дозволить им это с тем, однако, чтобы изыскателю Смирному брать с них за этот труд по нескольку денег с пуда».

Благодаря этому указу Гаврило Смирной вскоре сделался богачом.

Веселым и злым на язык был И. А. Балакирев. Он служил при Петре Первом, при Екатерине Первой был поручиком лейб-гвардии Преображенского полка, при Анне Иоанновне — придворным шутом. Вот несколько его шуток.

— Как ты, дурак, попал во дворец? — насмешливо спросил Балакирева один придворный.

— Да все через вас, умников, перелезал! — ответил Балакирев.

Приглашенный на обед к одному иностранцу, Балакирев увидел стол, заставленный множеством мисок с супами. Когда их начали поочередно подавать, Балакирев после первого снял галстук, после второго — кафтан, после третьего — парик, затем — жилет, башмаки. Дамы, не ожидая дальнейшего обнажения, поспешили удалиться. Хозяин дома с негодованием закричал Балакиреву:

— Что ты собираешься делать?

— Да ничего. Готовлюсь переплыть это страшное море супов.

Когда при дворе говорили, что народ очень ропщет на новые налоги, введенные Бироном, то Балакирев заметил:

— Нельзя на это сердиться: надобно же и народу иметь какое-нибудь утешение за свои деньги.

Страдающий зубной болью один придворный спросил Балакирева:
— Не знаешь ли ты, отчего у меня так немилосердно болят зубы?
— Оттого, — ответил Балакирев, — что ты непрестанно колотишь языком.

— Знаешь ли ты, Алексеич, — сказал однажды Балакирев Петру Первому в присутствии многочисленной царской свиты, — какая разница между колесом и стряпчим, то есть вечным приказным?
— Большая разница, — сказал, засмеявшись, государь, — но ежели ты знаешь какую-нибудь особенную, то скажи, и я буду ее знать.
— А вот видишь какая: одно — криво, а другое — кругло, однако это не диво, а то диво, что они, как два братца родные, друг на друга походят.
— Ты заврался, Балакирев, — сказал Петр, — никакого сходства между стряпчим и колесом быть не может.
— Есть, да и самое большое, — продолжал Балакирев.
— Какое же это?
— И то и другое надобно почаще смазывать...

Многие вельможи и придворные нередко жаловались Петру Первому на то, что Балакирев ездит во дворец, как и они, на паре лошадей и в одноколке, и просили его это обидное для них сравнение запретить. Петр пообещал выполнить их просьбу.

На другой день Балакирев подъехал ко дворцу в коляске, запряженной двумя козлами, и без доклада въехал в зал, где находилось множество вельмож. Петр посмеялся этой острой выходке Балакирева, однако в связи с тем, что козлы издавали неприятный запах, запретил ему в другой раз являться на козлах.

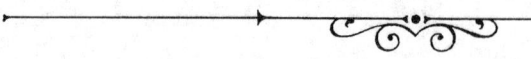

Спустя некоторое время, когда в приемной Петра было много придворных, Балакирев подъехал в тележке, в которой была запряжена его жена.

После этого Петр позволил Балакиреву ездить во дворец на паре лошадей и в одноколке.

Однажды Балакирев вез Петра Первого в одноколке. Вдруг лошадь остановилась посреди лужи для известной надобности. Балакирев хлестнул ее и пробормотал:

— Ну, точь-в-точь ты, Алексеич!
— Кто? — в изумлении переспросил Петр.
— Да вот эта кляча, как ты.
— Почему так? — вспыхнул Петр.
— Да так вот. Мало ли в этой луже дряни, а она еще добавляет. Мало ли у Меншикова всякого богатства, а ты все еще ему пичкаешь.

Однажды осенью в петергофском парке сидели на траве какие-то молоденькие дамы. Мимо проходил Балакирев, уже старик, седой как лунь.

— Видно, уж на горах снег выпал, — сказала одна из дам, смеясь над его седою головою.
— Конечно, — ответил Балакирев, — коровы уже спустились с гор на травку в долину.

На обеде у князя Меншикова хвалили обилие и достоинства подаваемых вин.

— У Данилыча во всякое время найдется много вин, чтобы виноватым быть, — сказал Балакирев.

Один придворный, задетый шутками Балакирева, в раздражении сказал ему:

— Тебе люди, как скоту какому-нибудь, дивятся.
— Неправда, — отвечал Балакирев. — Даже подобные тебе скоты удивляются мне, как человеку.

Раз Балакирев, упав в ноги царю, сказал:

— Воля твоя, Алексеич, мне прискучило быть придворным шутом. Перемени это звание на другое.

— Да какое же тебе дать звание? — спросил Петр. — Дурака? Ведь это, чай, будет хуже.

— Вестимо, хуже. Назови меня царем мух — и выдай мне указ за твоей царской подписью.

Петр исполнил просьбу Балакирева. Однажды в дворцовом застолье, на которое у царя собралось много вельмож, шут важно расхаживал с хлопушкой, которою он бил мух. Вдруг, подойдя к одному придворному, ведавшему дворцовым хозяйством и обкрадывавшему царскую казну, Балакирев изловчился и хлопнул по лысине казнокрада.

— Это что значит? — спросил Петр.

— Ничего, Алексеич, — сказал Балакирев, — одна из моих подданных крала твои царские запасы, и я ее казнил на лысине вот его милости.

Раз Петр спросил Балакирева:

— Ну-ка, умник, скажи, что говорит народ о новой столице?

— Царь-государь! — отвечал шут. — Народ говорит: с одной стороны море, с другой — горе, с третьей — мох, а с четвертой — ох!

Царь закричал:

— Ложись!

И тут же наказал его дубинкой, приговаривая:

— Вот тебе море, вот тебе горе, вот тебе мох, а вот тебе и ох!

Петр назначил только что аккредитованному при русском дворе бранденбургскому посланнику аудиенцию в четыре часа утра. Посланник явился во дворец в пять, но императора уже не застал, он уехал в Адмиралтейство. Посланник принужден был отправиться туда же, так как имел весьма спешные поручения.

Царь был наверху мачты строящегося корабля, когда ему доложили о прибытии бранденбургца.

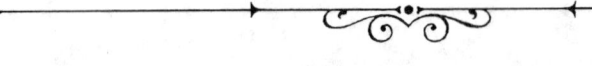

— Пусть побеспокоится взойти сюда, — сказал Петр, — если не успел найти меня в назначенный час в аудиенц-зале.

Посланнику ничего не оставалось, как взобраться по веревочной лестнице на грот-мачту, где, вручив императору верительные грамоты, долго беседовал с ним о важных политических вопросах, сидя под открытым небом на бревне.

Среди охтинских плотников был один по имени Андрей Тарасов, человек был заносчивый, злой и крайне ленивый. Но зато язык имел он острый и всегда ухитрялся улизнуть от работы. Называл он себя не иначе как царским плотником и с пренебрежением относился к своим собратьям. Узнал как-то об этом плотнике государь и однажды, увидав на верфи, подозвал к себе.

— Ты кто такой? — спросил его царь.

— Андрей Тарасов, царский плотник, — бойко ответил тот.

— Ага, во сколько встаешь и сколько часов работаешь?

— Встаю в семь, а работаю, когда по девять, когда по десять часов...

— Ну так вот, слушай же, что я тебе скажу: ежели ты царский плотник, то ты должен пример брать с царя. Будешь вставать, как и я, в четыре утра и работать дотемна. Я работаю днем и ночью, а посему и тебе приказываю то же самое делать.

Петр Великий любил посещать иностранных моряков, осматривал их суда, расспрашивал о путешествиях, часто принимал их угощение, пил вино и водку. Он и их приглашал к себе во дворец, где с чисто русским радушием поил гостей допьяна. Однажды Петр встретил голландского матроса, только что прибывшего в Петербург из Архангельска.

— А ну-ка, скажи, приятель, где лучше: в Петербурге или в Архангельске? — спросил государь. — Не правда ли, сюда вы охотней будете ездить?

— Нисколько, — ответил матрос с присущей морякам прямотою.

Петру, однако, это не понравилось, и он поморщился. Известно, что Петербург был любимым детищем его, и равнодушный, даже пренебрежительный ответ иностранца раздосадовал царя.

Матрос спохватился и сделал попытку поскорее исправить свою резкость.

— В Архангельске мы получали по приезде хорошие оладьи, а здесь нет, — промолвил он.

— Постой, на это есть средство: приходи назавтра с товарищами во дворец, — сказал Петр, — ты увидишь, что и здесь пекут оладьи не хуже Архангельска.

На другой день голландские матросы явились во дворец. Государь встретил их и тотчас приказал повару Фельдшену приступить к делу и угостить матросов настоящими голландскими оладьями. Пока повар месил тесто, Петр, усадив гостей за стол, принялся их потчевать русской водкой. Делал он это столь энергично, что вскоре гости с трудом могли пересчитать собственные пальцы на руках, а не то что различать закуски. Они так и свалились с ног, не попробовав приготовленных оладий. Тем не менее при следующей встрече английский матрос заверил царя, что в Петербурге оладьи гораздо вкуснее тех, что приготовляют в Архангельске.

Петр Великий страдал припадками меланхолии, которой обыкновенно предшествовали молчаливость и грустная задумчивость. Если удавалось рассеять эти первоначальные признаки приближавшегося недуга, последний благополучно устранялся.

Однажды, сидя в глубокой задумчивости в кабинете, государь слышит у окон мычание коров. Удивленный, государь выглядывает в окно и видит несколько десятков быков с привязанными на рогах бумагами. Тотчас приказано было узнать, что это значит, и тут Балакирев явился с одной из бумаг. Это было прошение всего рогатого скота, состоявшее в жалобе на немцев в том, что они поедают корм их, то есть траву, называя ее салатом, отчего они терпят недостаток и ожидают еще большей напасти, если царь не защитит их от этих травоедов.

Это прошение развеселило государя, и опасность благополучно миновала.

По совету докторов Петр I отправился в Германию на Пирмонтские воды. Приехав в Данциг, он пожелал осмотреть город и, между прочим, зашел в кирку, где в то время пастор говорил проповедь. Бургомистр посадил государя на самое удобное место. Речь пастора затянулась, Петр почувствовал, что в голову ему дует. Он без церемонии снимает с бургомистра парик и надевает себе на голову. Бургомистр был крайне оскорблен поступком русского царя и успокоился только тогда, когда ему объяснили, что царь всегда так поступает с первыми своими вельможами, если замечает, что его голове холодно.

Петр Великий, заметив, что люди, имевшие к нему челобитные, бросаются перед ним на колени, не разбирая места, во дворце и на улице, в пыль и грязь, отменил такой обычай, сказав:

— Я хочу народ мой поставить на ноги и из грязи вытащить, а не заставить его при мне валяться в грязи.

Один солдат из новобранцев стоял на карауле в таком месте, куда, думал он, не скоро придет его командир; всего же менее ожидал он самого государя, так как была обеденная пора. Пост был на самом берегу Невы, и так как время было жаркое, то часовой и вздумал выкупаться. Но только что он разделся и вошел в воду, как увидал идущего в его сторону государя, и так уже близко, что успел он только, выскочив из воды, надеть на себя второпях исподнее платье, шляпу и перевязь, и, подхватив ружье, вытянулся на своем посту и отдал честь.

По строгости, с какою Петр относился к нарушениям воинской дисциплины, можно было ожидать, что он велит наказать виновного по всей строгости закона, но вместо того, смотря на виновного, не мог он не расхохотаться и сказал сопровождавшим его:

— Хоть гол, да прав!

Затем спросил солдата, давно ли он в службе.

— Недавно, — отвечал тот.

— Знаешь ли ты, — продолжал государь, — что велено делать с теми часовыми, которые оставляют пост свой и бросают ружье, как сделал ты?

— Виноват, — сказал часовой.

— Ну, быть так! — заключил государь. — Прощается это тебе как новичку, но берегись впредь дерзнуть что-либо подобное сему сделать.

Петр I запретил снимать шапку перед его дворцом, говоря по этому поводу:

— Какое различие между Богом и царем, когда будут воздавать равное обоим почтение? Оказывать дому моему бесплодную почесть, в жестокие морозы обнажая голову, вред для здоровья, которое мне в подданных милее всяких пустых поклонов. Менее низости, более усердия к службе и вот почести, верности к государству, и по мне которых я хочу.

Когда строилось Адмиралтейство, на дворе здания накопилось множество щеп, которые страшно затрудняли проход и тормозили работу. Жителям Петербурга было объявлено, что желающие могут даром брать щепы в Адмиралтействе. Съехалось много телег, и возникла толчея. В это время показался в своей одноколке государь, приехавший поглядеть работы.

При въезде на подъемный мост, ведущий в Адмиралтейство, царский денщик закричал встречному возу с щепами:

— Эй, ты, поворачивай назад!

— Молчи! — остановил Петр. — И того-то не можешь рассудить, что нам с одноколкой гораздо легче повернуть назад, чем ему.

Тотчас же государь слезает с одноколки и с помощью денщика поворачивает ее назад, пропускает воз, садится снова и уезжает.

С возом щеп ехал слуга одного секретаря по имени Ларион. Спустя некоторое время Петр снова встретился с ним на том же мосту. Ларион по-прежнему вез щепы. Государь уже въехал на мост, а Ларион только еще подъезжал к нему, и Петр поэтому начал кричать, чтоб он остановился. Ларион не останавливается и продолжает путь. Поравнявшись с возом, государь узнал Лариона и спросил:

— Ведь, кажется, для тебя на днях я поворотил с одноколкой, чтобы возможно было нам разъехаться?

— Для меня, государь. Я и подумал, что ты всегда так поступать будешь.

— Но тогда ты первый въехал на мост и поворотиться тебе было уже неудобно, а теперь ты видел, что я прежде тебя въехал, между тем ты только что подъезжал к мосту, и поворотиться мне было уже неудобно, да я же и кричал, чтобы ты остановился и пропустил меня. Однако ты, несмотря на это, не останавливаясь, все едешь.

— Виноват! — отвечал слуга. — Я думал, что ты всегда уступать мне решил...

— Так надо, чтобы ты так не думал и не озорничал впредь, — сказал государь и тут же дал ему несколько ударов палкою, приговаривая: — Не озорничай, не озорничай, пропускай того, кто прежде тебя въедет на мост.

Петр терпеть не мог, если прохожие останавливались перед ним, не имея к нему никакого дела.

— Эх, брат, — говорил он ротозею, — у тебя свои дела, у меня — свои, зачем тратить время по-пустому? Ступай-ка своей дорогой.

И если прохожий мешкал, то получал тотчас увесистого пинка под зад.

Император Петр Великий очень заботился о благоустройстве городов, сам наблюдал за возведением различных построек, разбивкой садов и т. д. В Ревеле он приказал разбить прекрасный сад с прудами, фонтанами и назвал его в честь императрицы Екатерины — Екатериненталем.

Приехав спустя несколько лет в Ревель, государь отправился посмотреть сад и нашел его пустым.

— Почему никого нет? — обратился он к стоявшему у садовых ворот часовому.

— Приказано никого не пускать, — ответил солдат.

— Кто приказал?

— Начальство.

Император очень рассердился и, потребовав представителя городской администрации, сказал ему:

— Я не для себя развел этот сад, а для жителей. От сего числа пускать в него всех!

После этого городская администрация распространила среди полицейских тайное указание, чтобы всех праздношатающихся жителей немедленно хватали на улицах и свозили в сад, дабы в этом саду составилось изрядное число гуляющих.

Петр в начале основания Петербурга, который он называл своим «парадизом», был сильно озабочен устройством новой столицы. Он даже издал указ, которым «накрепко» запрещалось в течение нескольких лет строить какие бы то ни было каменные здания во всем государстве, чтобы привлечь и сосредоточить строительные силы и средства в Петербурге. Он был крайне доволен, когда кто-нибудь по собственной инициативе строил в городе или окрестностях какое-либо выдающееся по величине или красоте здание.

Однажды, в отсутствие царя, — это было в 1715 году — императрица Екатерина задумала сделать своему державному супругу сюрприз. С помощью архитектора Феретера в двадцати пяти верстах от Петербурга выбрали удобное место и возвели увеселительный замок с садом. Государыня назвала эту дачу «сарским селом», по имени бывшей владелицы лифляндской баронессы Сары. Когда Петр возвратился, Екатерина сказала ему, что в его отсутствие она нашла, «хотя пустое, но весьма приятное» здоровое место недалеко от столицы, на котором, наверное, он захочет построить себе увеселительный замок. Государь пожелал видеть это место.

В одно прекрасное утро вместе с Екатериной он отправился в экипаже по ее указанию. Он был радостно изумлен, когда, подъезжая к замку, они въехали в ровную, гладкую аллею, просеченную через густой лес, но когда перед глазами его появился и самый, заново отделанный замок, его удовольствие было безгранично. Царь в присутствии всех горячо обнял Екатерину и сказал ей:

— Превосходное строение! Но с сожалением вижу в нем два больших недостатка — первый, что нельзя взять и тотчас перенести его в Петербург, дабы украсить город, а другой — что нельзя и Петербург перенести на это место.

Однажды на Истицких заводах, в 90 верстах от Москвы, он собственноручно выковал восемнадцать пудов железа. Возвратясь в Москву, царь посетил хозяина этих заводов иностранца Миллера и потребовал от него платы за работу. В то время рабочему платилось по алтыну с пуда, но смущенный Миллер предложил императору в десять раз больше, говоря, что такому работнику меньше никак нельзя заплатить.

— Не хочу я твоих червонцев, — сказал Петр, — я не лучше других работал, подай мне, что следует.

Получив деньги, государь тотчас отправился в торговый ряд и купил себе новые башмаки, потому что его старые башмаки уже едва держались на ногах от ветхости.

— Вот башмаки, которые я приобрел на трудовую копейку, — хвалился потом великий император, показывая обновку вельможам.

Однажды корабельный мастер Гур Иванович Гурьев, любимый Петром за исправность и усердие, подал ему бумагу.

— Что это? Челобитная на Сенат?
— Да, государь.
— А знаешь ли ты закон: что бывает тому, кто жалуется на Сенат?

— Знаю: кто просит неправильно, тот подвергается смертной казни.

— И ты все-таки просишь?

— Да, бью тебе челом, государь.

Петр недоверчиво покачал головой.

— Эй, Гур, — сказал он, — возьми назад просьбу, покажи ее знающим людям и посоветуйся с ними, на это даю тебе три дня сроку. Мне будет жаль тебя лишиться.

Через три дня Гурьев опять подает ту же челобитную.

— Казал ты ее знающим? — спросил государь.

— Показывал, и они находят ее правильною.

— Боюсь, Гур, чтобы ты не ошибся; поищи более сведущих, потолкуй с ними подробнее и через три дня скажи мне об этом.

Прошло три дня. Гурьев, несмотря на сомнение царя, подал свою просьбу снова. Петр принял ее, но заметил:

— Дай Бог, чтобы ты был прав.

Дело Гурьева состояло в том, что его сосед, знатный и богатый человек, завладел частью его земли. Дело прошло все инстанции и наконец было прослушано в Сенате. Сенат по знакомству решил дело в пользу противника Гурьева.

Государь рассмотрел жалобу последнего, призвал обер-секретаря со всем делом и, проработав над ним ночь, нашел Гурьева правым.

— Чего ж ты смотрел? — разгневался царь на докладчика.

— Виноват, государь, ошибся, — дрожа всем телом, ответил тот.

— Ошибся, так я тебя вразумлю!

И царь вразумил обер-секретаря Сената традиционной дубинкой.

Назначен был пересмотр дела на следующий день. Вразумленный обер-секретарь прямо от государя, несмотря на поздний час, бросился к старшему сенатору, князю Якову Федоровичу Долгорукову, тоже подписавшему неправильное решение. Долгоруков, в свою очередь, рассмотрел дело, нашел ошибки и наутро вместе с ним приехал в Сенат.

Приехал государь и тотчас же приказал подать дело Гурьева. Долгоруков подошел к царю и доложил, что дело истца правильное, что Сенат решил его не по совести и что сам он подписал дело у себя на дому, так как по нездоровью в заседании не участвовал, а подписал, доверившись честности своих сотоварищей. В заключение он просил государя простить ему неумышленную вину.

Петр, ничего не отвечая, велел перерешить дело: Гурьеву вернуть отнятое да отобрать от соперника в его пользу столько же земли и пятьдесят душ крестьян; с обер-секретаря и сенаторов по двести рублей с каждого взыскать штрафу в пользу госпиталей. Царская резолюция заканчивалась так:

«Так как по закону тому, кто будет неправильно жаловаться на Сенат, назначена смертная казнь, то и сенаторы за неправое решение подвергаются той же казни, от которой он не может их избавить, если их не простит Гурьев».

По выходе из Сената Петр увидел Гурьева, ожидавшего у крыльца решения, и, потрепав его по плечу, сказал шутливо:

— Поди домой и ешь щи с чесноком.

Сенаторы были поражены приговором государя, думали, рядили и ничего иного придумать не могли, как призвать Гурьева и просить у него прощенья.

Долгоруков послал за ним собственную одноколку. Недоумевающий Гурьев вошел в парадную залу в доме князя и был еще более поражен, когда важные вельможи-сенаторы окружили его и с поклонами стали упрашивать отпустить им всю вину.

Растерявшийся Гурьев кланялся на все стороны и каждому дому порознь несвязно лепетал:

— Бог простит, ваши сиятельства и ваши превосходительства.

Сенаторы одарили Гурьева за снисхождение подарками, а князь Долгоруков поехал доложить государю.

— Хорошо, — сказал Петр, — счастливы вы, что попали на доброго человека, а то я показал бы вам, как нужно поступать с теми, которые, вместо того чтобы быть примером правосудия, сами его нарушают.

Потом государь послал за Гурьевым. Думая, что царь прогневался на него за прощение сенаторов без его воли, Гурьев, войдя к царю в кабинет, упал на колени.

— Виноват, государь, я их простил! — воскликнул он тоном раскаяния.

— Не о том речь, — засмеялся Петр, — что простил да как простил? Не грозили ли они тебе, если не простишь?

Гурьев подробно передал сцену в доме Долгорукова. Петр очень смеялся, обласкал Гурьева и отпустил домой.

Адмиралтейская коллегия опубликовала однажды вызов на торги подрядчиков для поставки необходимых Адмиралтейству материалов. Явилось много соискателей, но к концу торгов конкурентов осталось только трое, которые наперебой старались удержать подряд за собою.

Один из них объявил, что возьмет по десять копеек с рубля, другой нашел возможным взять только пять копеек, а третий вызвался «токмо для ради усердия и ревности» к государю поставить подряд без барышей, в надежде, что впредь оставлен не будет.

Коллегия доложила о таковых предложениях императору. Петр положил следующую резолюцию:

— Отдать тому, который требует по гривне за рубль; другому отказать, понеже пяти копеек не из чего трудиться; а третьего аки плута отдать на два месяца на галеру, сказав ему, что государь побогаче его.

В молодости Петр Великий воспитывался у образованного по тогдашнему времени дьяка Зотова и ученого иностранца Циммермана. Затем всю жизнь свою он не переставал работать и приобретать полезные знания. Однако не раз у него вырывались горькие сожаления по поводу того, что в молодые годы учение его не было направлено, как должно, и что он не имел случая основательно изучить хотя бы одну науку.

Тщательно следил поэтому великий государь за образованием своих дочерей Анны и Елизаветы, часто заходил в их комнату и присутствовал на уроках. Он делал замечания, поощрял молодых царевен, хвалил их за успехи.

Он любил повторять:

— Я лучше желал бы не иметь на руке ни одного пальца, нежели остаться без учения в молодости. Я ежедневно вижу, чего мне недостает и чему бы в юности я мог научиться! Впрочем, — добавлял он, — учение полезно только умному человеку, дураку же излишнее учение не приносит ничего, кроме вреда. И не приведи Господь, когда такому ученому дураку вдруг достается власть!..

Как-то кум и денщик Петра Великого Афанасий Данилович Татищев сильно прогневал государя неисполнением какого-то приказания. Петр велел наказать его батожьем перед окнами дворца. Офицер, которому было поручено исполнение экзекуции, приготовил все, что следовало, расставил барабанщиков и ждал только прихода виновного. Но Татищев медлил, рассчитывая, авось гнев государя пройдет. Однако дольше откладывать уже было нельзя, и он тихонько поплелся вокруг дворца к ожидавшим его барабанщикам. По дороге встретился ему писарь кабинета его величества, некто Замятин. У Татищева вдруг мелькнула блестящая идея поставить под батоги вместо себя Замятина.

— Куда ты запропастился?! — крикнул он, сделав вид, будто давно его ищет.

— А что?

— Государь тебя уже несколько раз спрашивает и страшно гневается. В чем ты провинился?

— Не знаю, — с трепетом ответил Замятин.

— Ну, это твое дело. Мне велено только тебя найти. Пойдем скорее.

И повел его к барабанщикам. Государь, увидев в окно Татищева, крикнул экзекуторам:

— Раздевайте!

Он повернулся и ушел во внутренние покои, а экзекуторы остались в недоумении, кого же раздевать?

Татищев, видя их замешательство, сказал, указывая на Замятина:

— Что ж вы стали? Принимайтесь!

Беднягу раздели, положили и начали исполнять приказание, а Татищев благоразумно спрятался.

Скоро крики наказываемого надоели Петру. Выглянув из окна, он закричал:

— Полно! — и поехал в Адмиралтейство.

А преступник между тем отправился к Екатерине. Государыня выразила ему свое сожаление по поводу наказания и сказала:

— Как ты дерзок! Забываешь исполнять то, что приказывает государь.

Татищев, не входя в дальнейшее рассуждение, бросился ей в ноги:

— Помилуй, матушка-государыня! Заступись и спаси. Ведь секли-то не меня, а подьячего Замятина.

— Как Замятина? — спросила государыня с беспокойством.

— Так, Замятина! Я, грешник, вместо себя подвел его.

— Что ты наделал! Ведь нельзя, чтобы государь твоего обмана не узнал: он тебя засечет.

— О том-то я тебя и молю, всемилостивейшая государыня! Вступись за меня и отврати гнев его.

— Да как это случилось?

— Ведь под батожье-то ложиться невесело, — отвечал Татищев, стоя на коленях, и рассказал все, что было.

Государыня долго его журила, но обещалась похлопотать.

Из Адмиралтейства государь возвратился очень веселый. Во время обеда Екатерина заговорила о Татищеве и просила простить его.

— Дело уже кончено. Он наказан, и гневу моему конец, — сказал государь.

Надо заметить, что ежели Петр Великий говорил кому-нибудь: «Бог тебя простит», — то уже все забывалось, будто ничего не было. Этих-то слов и добивалась государыня.

Немного погодя она опять попросила, чтоб государь не гневался на Татищева. Петр промолчал. Она в третий раз заговорила о том же.

— Да отвяжись, пожалуйста, от меня! — сказал наконец государь. — Ну, Бог его простит.

Едва были произнесены эти слова, как Татищев уже обнимал колени монарха, который подтвердил свое прощение. Тогда Татищев признался, что сечен был не он, а Замятин, и в заключение прибавил:

— И ничто ему, подьячему крючку.

Шутка эта, однако, не понравилась государю.

— Я тебе покажу, как надобно поступать с такими плутами, как ты! — сказал он, берясь за дубинку.

Но тут Екатерина напомнила, что он уже именем Божьим простил виновного.

— Ну, быть так, — согласился Петр, останавливаясь, и приказал рассказать, как было дело.

Татищев чистосердечно, не утаивая ничего, все рассказал. Призвали Замятина, и он подтвердил, что все это правда.

— Ну, брат, — сказал ему государь, — прости меня, пожалуйста! Мне тебя очень жаль, а что делать? Пеняй на плута Афоньку. Однако ж я сего не забуду и зачту побои тебе вперед.

Впоследствии Петру Великому пришлось сдержать свое слово. Замятин попался в каком-то преступлении, за которое следовало жестокое наказание, но император решил так, что хотя подсудимый и заслуживает казни, но так как некогда он невинно понес наказание, то и зачесть ему последнее за нынешнее преступление.

Для Адмиралтейства потребовалась пенька, которую положено было доставлять из внутренних городов. Часть, приходившуюся на Калугу, доставил в Петербург купец Алферов. Браковщик Адмиралтейства, голландец, вздумал сорвать с Алферова хорошую взятку и забраковал пеньку. Как раз в эту минуту в амбар вошел государь и, узнав все происшедшее, стал лично принимать от купца пеньку. Последняя оказалась самого высокого качества. Государь весьма разгневался и обратился к браковщику со словами:

— Бездельник! У нас нет такого хорошего шелку, как эта пенька.

— Да она мне показалась гнилая, — попытался оправдываться голландец.

— А вот мы сейчас на твоей шее испробуем, коли желаешь, — пригрозил Петр.

Голландец, разумеется, отказался. Немедленно же мздолюбивый голландец был уволен со службы и выслан за границу, а Алферов получил искреннюю благодарность царя с поручением передать таковую и своим согражданам.

Петр прибыл в сопровождении корабельного мастера на корабль «Петр и Павел», который он заложил собственноручно в 1697 году в Голландии. Капитаном корабля был некто Мус, голландец, прежде простой матрос, сумевший понравиться государю и приглашенный им на русскую службу. Осмотрев корабль, Петр обратился к капитану:

— Ну, брат, в войске сухопутном я проходил все чины, позволь же мне научиться и морской службе и затем быть под твоей командой.

Изумленный капитан не знал, что отвечать.

— С какой должности начинают морскую службу? — продолжал государь.

— С каютного юнги, — промямлил бедный Мус, служивший раньше только на частных судах.

— Хорошо. Теперь я заступаю его место, — сказал Петр.

— Помилуйте, ваше величество!..

— Я теперь здесь не ваше величество, я начинающий морскую службу с звания каютного юнги!..

Мус все еще думал, что государь шутит, и крикнул, стараясь попасть ему в тон:

— Ну, так полезай же на мачту и развяжи парус!

Петр немедленно исполнил приказание. Экипаж обомлел, увидев отважность совершенно еще неопытного в морской службе юного царя. Между тем ветер сильно покачивал корабль. Во всякую минуту можно было ожидать несчастья. Все были в каком-то оцепенении, стоя внизу на палубе и глядя, как царь работает наверху мачты.

Наконец, окончив свое дело, Петр благополучно сошел на палубу. Мус дал ему новое приказание:

— Поскорее принеси мне бутылку пива из каюты.

Царь бегом бросился в каюту и вернулся с бутылкой и стаканом.

Тогда Мус взглянул на Петра, призадумался, потом кинул высоко вверх свою шапку и крикнул:

— Да здравствует величайший из царей!

При возвращении из Англии в Голландию корабль Петра выдержал ужасную четырехдневную бурю. Самые опытные моряки объявили царю, что положение очень опасное.

— Чего боитесь, господа? — отвечал Петр весело. — Слыханное ли дело, чтобы царь русский утонул в немецком море?

Петр обладал даром узнавать и выбирать людей. Однажды он заметил на часах солдата Преображенского полка. Солдат очень понравился государю и был зачислен им в личные ординарцы. Звали его Александром Ивановичем Румянцевым, родом он был из бедных дворян. Преданностью и смышленостью Румянцев сумел заслужить доверие монарха, был произведен в капитаны и получал нередко весьма серьезные поручения.

Румянцев был очень беден и часто жаловался на это царю, но всегда получал в ответ:

— Подожди.

— По крайней мере объясните мне, ваше величество, что же за причина, что, удостоивая меня вашей доверенности, в то же время заставляете меня стесняться в самом необходимом?

— Надобно научиться терпению, — отвечал государь, — я уже тебе не раз говорил: подожди, и теперь тоже скажу, подожди, пока моя рука развернется, и тогда на тебя посыплется всякое изобилие.

Между тем Румянцев задумал жениться. Многие, предчувствуя, что он пойдет далеко, не прочь были с ним породниться, и один из них предложил Румянцеву жениться на его дочери и давал тысячу душ приданого. Бедняк Румянцев был на седьмом небе от счастья и с восторгом поведал о том Петру, прося согласие на сговор.

— Видел ты свою невесту? Хороша она? — спросил государь.

— Не видал, ваше величество, но говорят, что она недурна и неглупа.

Тут же Румянцев доложил, что будущий тесть дает бал, на котором должен произойти сговор.

— Слушай, Румянцев, — сказал Петр, — балу быть дозволяю, а от сговора удержись; я сам буду на балу и увижу невесту, и если она тебя достойна, то не стану препятствовать твоему счастью.

В назначенный день у отца невесты состоялся бал; гостей было множество, но государь долго не приезжал. Прождав его до десяти часов, хозяева решили, что, видно, царь не приедет, и дали сигнал к танцам. Между тем Петр приехал и смешался незаметно с толпой гостей. Разглядев невесту, он сказал как бы про себя, но так громко, что все слышали:

— Ничему не бывать.

Потом повернулся и ушел с бала. На другой день Румянцев огорченный явился к Петру.

— Нет, брат, невеста тебе не пара, — сказал государь, — и свадьбе не бывать. Но не беспокойся: я — твой сват; положись на меня, я найду гораздо лучше. А чтобы далеко не откладывать, приходи сегодня вечером, и мы с тобою поедем туда, где ты увидишь, правду ли я говорю.

В тот же день вечером государь повез Румянцева к графу Матвееву.

— У тебя есть невеста, а я привез ей жениха, — объявил государь хозяину.

Заметив, что гордый боярин оскорбился предложением, царь добавил:

— Ты знаешь, что я его люблю и что в моей власти сравнять его с самыми знатнейшими вельможами. Отныне он жалуется чином бригадира и богатыми волостями.

Пришлось покориться желанию царственного свата, и скоро графиня Марья Андреевна стала супругою Румянцева.

В числе дворян, отправленных Петром за границу для обучения морским наукам, находился некто Спафириев, при котором неотступно во все время его учения состоял дядька из калмыков, человек умный и способный. Учение не пошло впрок господину, но слуга им воспользовался вполне.

Возвратились в Петербург, государь сам экзаменовал всех возвратившихся и определял каждому должность по успехам. Спафириев почти ни на один вопрос не ответил, а что и знал, то только благодаря подсказу стоящего сзади дядьки. Государь скоро это заметил и подозвал подсказчика к себе.

— Ты кто такой?

Тот сказал.

— Зачем же ты здесь?

— Да вот, чтобы помочь своему господину, если в чем ошибется.

— Да разве ты что разумеешь?

Калмык рассказал, каким образом он выучился наукам. Царь проэкзаменовал его и остался доволен. Он тут же записал дядьку-калмыка мичманом во флот, а его барина под его команду простым матросом.

Впоследствии калмык этот дослужился до контр-адмиральского чина и прозывался Калмыковым.

Вернувшись из Западной Европы, Петр на первом же торжественном приеме в Преображенском стал сам резать боярские бороды и укорачивать боярские кафтаны.

Патриарх упрекнул Петра, сказав ему:

— Ты русский царь, а дома ходишь в иноземной одежде.

На это Петр грубо ответил:

— Чем заботиться о моих портных, думай лучше о делах церкви.

Надо, впрочем, внести ясность в вопрос о резании бород. Почему это вызывало столь ожесточенное сопротивление в русском народе? Дело, оказывается, обстояло гораздо сложнее, и сопротивление было столь ожесточенным вовсе не потому, что народ был упрям в своих привычках и погряз в косности. В ту эпоху все нормальные и полноценные мужчины не брили усов и бород, а с бритыми лицами ходили исключительно пассивные педерасты, которые изображали из себя женщин даже и внешне. Так что бритый мужик попадал как бы, говоря современным языком, в категорию «опущенных».

В числе средств, которыми Петр преследовал остатки старомосковской рутины, существовали кроме беспощадно строгих наказаний еще и сатирические. Известно, например, одно из таких средств, носящее название «выкуп бороды».

Каждый раз, когда в столице давались официальные маскарады, в числе масок непременно фигурировал Нептун с длинной натуральной бородой, отращиваемой специально для этой роли по особому царскому указу.

К концу маскарада Нептун обязан был продавать свою бороду, а в покупке ее должны были участвовать все гости, не исключая дам. Каждый подходил и припечатывал к злополучной бороде морского бога сургучом сколько хотел червонцев. Тут же стоял один из гвардейских капитанов, который записывал, кто и сколько заплатил за бороду. Список представлялся государю, а потому никто на червонцы не скупился. Когда торг заканчивался, Петр собственноручно брал ножницы и лишал Нептуна его украшения. Впрочем, последний едва ли бывал в претензии, так как все припечатанные червонцы перемещались в его карманы.

Крюков канал в Петербурге был прорыт при императоре Петре I и название свое получил благодаря следующему обстоятельству. Петр Великий, покровитель наук и искусств, ежегодно отправлял за границу молодых людей для изучения той или другой науки, того или другого искусства. Таким образом, был отправлен за границу некто Никитин, подававший надежды художник.

Возвратясь на родину, в Петербург, Никитин очень бедствовал, так как общество не понимало его картины, покупателей не являлось. Узнав о невеселом положении художника, Петр I повелел ему явиться во дворец с произведениями своей кисти.

Никитин явился и увидел во дворце много собравшейся знати. Государь показал им картины художника. Несколько произведений тотчас же было куплено за ничтожную сумму. Тогда Петр объявил, что остальные он продает с аукциона. Одна была продана за двести, другая за триста.

Осталась непроданной одна картина, и государь сказал:

— Ну, господа, эту картину купит тот, кто меня больше любит.

— Даю пятьсот! — крикнул Меншиков.

— Восемьсот! — крикнул Головин.

— Тысячу! — накинул Апраксин.

— Две! — перебивает Меншиков.

— Две с половиной тысячи! — закричал Балакирев, тоже присутствовавший на аукционе.

— Три тысячи! — сказал дородный дворянин Крюков.

Государь дал знак об окончании аукциона. Картина осталась за Крюковым. Государь подошел к нему, поцеловал и сказал, что в награду за поддержку художника Никитина канал, прорываемый в Петербурге, будет называться именем Крюкова.

5 ноября 1704 года Петр заложил в Петербурге Адмиралтейскую верфь. При заложении находившийся в русской службе голландец, якорный мастер, представил государю одного из своих русских учеников как наиболее способного, объявил его своим подмастерьем и просил о прибавке ему жалованья. Государь ничего не имел против прибавки, но просил мастера последить еще за новым подмастерьем, чтобы вполне убедиться в его умении.

Через некоторое время подмастерье сам подал государю просьбу об обещанной прибавке. Петр милостиво принял просьбу, но, прочитывая ее, увидел, что подмастерье, хвалясь своим искусством в ковке якорей, прибавлял, что теперь государь не имеет нужды в голландце-мастере и может ему отказать и таким образом сберечь платимое ему большое жалованье.

Великий государь считал неблагодарность одним из самых презрительнейших пороков и потому сильно прогневался на просителя, бросил бумагу ему в лицо и грозно сказал:

— Негодный человек! Это ли твоя благодарность твоему добродушному мастеру и благодетелю, который не только тебя обучил, но еще и мне столь усердно одобрял и просил о прибавке жалованья? Никогда я его не отпущу из моей службы, покамест сам он от нее не откажется. А тебе, неблагодарный раб, не скоро еще придется получать прибавку к жалованью.

Потом велел этого подмастерья перед всеми его товарищами и учениками высечь и отослать на другой якорный завод.

Как-то небогатая вдова одного заслуженного чиновника долго ходила в Коллегию и в Сенат с просьбою о выдаче ей пенсиона за службу ее мужа, но ей всегда отвечали: приди завтра!

Шут Балакирев узнал об этом и на другой же день, нарядив ее в черное платье, нашил на платье бумажные ярлыки с надписью «приди завтра» и в таком наряде поставил ее в сенях, через которые должен был проходить император. Это явление обратило внимание монарха, и он спросил, что это значит.

— Завтра узнаете, ваше величество, — сказал бывший тут же Балакирев.

— Я хочу знать сегодня, а не завтра.

— Невозможно, государь, приди прежде в Сенат да спроси, государь, секретаря, и если он не скажет тебе завтра, так сегодня узнаешь, что это такое.

Император догадался, пошел в присутствие и грозно спросил секретаря, о чем просит женщина в черном платье. Секретарь побледнел и признался, что давно уже ходит эта вдова, но что ему не было времени доложить об ее деле.

Государь приказал отдать вдове все годовое жалованье секретаря.

После этого происшествия ни в Сенате, ни в Коллегии долго не было слышно: приди завтра.

После взятия Азова армией генерала Громова, в которой сам царь занимал простое офицерское место, Петру приносили поздравления с победой и хвалили его мужество.

— Не я победил, — отвечал царь, — а корабли; но если с малым количеством мы сделали много, что же будет с большим? Поэтому я решился учредить флот из шестидесяти кораблей, который, с Божьей помощью, надеюсь устроить в три года; я сам буду смотреть за работами. На свой счет я построю десять, на счет патриарха — шесть, на счет духовенства — пять, на счет бояр — тридцать четыре и на средства городов — пять.

Действительно, через три года у русских было 66 кораблей и несколько тысяч пушек, таким образом, начало русского флота было положено в 1696 году, в честь чего и была выбита медаль с надписью: «Что задумал, почитай совершенным».

Однажды во время похода солдаты у котлов ели кашу. Один из них громко выражал неудовольствие по поводу прогорклости крупы.

— Вот какую кашу дают нам за нашу службу! — говорил он.

Петр проходил в это время мимо, услыхал слова солдата и подошел к котлу.

— Хлеб да соль, товарищи!

— Хлеба кушать милости просим.

Царь взял у ближайшего ложку и, как бы ничего не замечая, сказал:

— Каша-то, ребята, хороша, ешьте на здоровье.

Когда государь отошел, другой из солдат заметил роптавшему:

— Слышишь, что говорит государь? Ему не показалась противною каша, а ты ропщешь. Конечно, она немного горьковата, да что делать, в походе нельзя, чтобы все было свежее.

— Правда, брат, мне и самому стыдно стало, как царь-то кашу похвалил, — согласился недовольный.

А Петр между тем отправился искать комиссара, недосмотревшего за свежестью провианта, и сделал ему внушение при помощи традиционной дубинки.

Петр Великий при подписании приговора, которым решалась судьба людей, принял за правило, что ежели он замарает чернилами или чем-нибудь такой приговор, то это относилось к суду Божию, который, верно, не одобрил его, и тогда приговор уничтожался. Кроме того, чтобы внимательнее рассмотреть дело, он запирался в кабинете и всегда долго раздумывал прежде подписания приговора.

Однажды во время такого размышления над приговором, которым какой-то важный сановник приговаривался к лишению прав, клеймению и ссылке в Сибирь, царский кот, привлеченный царапаньем мышей, прыгнул на стол, опрокинул чернильницу и залил приговор чернилами. Петр тотчас же разорвал его на кусочки, а назавтра объявил вельможе прощение.

Должность обер-секретаря Сената, приравнивавшаяся в табели о рангах к чину полковника, в материальном отношении была обставлена несравненно лучше многих генеральских должностей, что объяснялось стремлением закона оградить занимающее ее лицо от взяточничества.

Однажды, когда государь ехал в Сенат, он случайно услышал разговор двух своих денщиков, стоящих на запятках. Денщики разговаривали довольно громко, может быть, и не без умысла, об одном из обер-секретарей Сената, слывшего замечательно усердным дельцом и добросовестным человеком.

— Дом-то себе какой выстроил, — говорил один из них, — что твой дворец.

— Мудрено ли? — возразил его товарищ. — Ты бы послушал, что говорят о его взяточничестве: с живого и мертвого шкуру дерет.

Петр виду не показал, что он подслушал их беседу, а, проезжая мимо дома обер-секретаря, объявил, что очень прозяб и хочет заехать погреться. Хозяин был на службе, а жена его крайне смутилась и перепугалась, увидев царя, въехавшего во двор. Петр успокоил ее милостивой и ласковой улыбкой и сказал:

— Не прогневайтесь, хозяюшка, что я заехал к вам обогреться.

Он осмотрел с позволения хозяйки весь дом, все покои и спальню, очень хвалил прочность строения и великолепную мебель. Поблагодарив, он уехал в Сенат, где позвал обер-секретаря и сообщил о своем визите.

— Едва ли даже имеющий тысячу душ мог бы завести себе такой дом, — заметил монарх и кивнул смущенному обер-секретарю, приглашая его в отдельную комнату.

Там он потребовал от него искреннего признания, из каких доходов он мог воздвигнуть такие хоромы. Обер-секретарь принялся уверять, что на сооружение он употребил собственные сбережения из жалованья, говорил также, что ему помогли друзья.

Государь не выносил лицемерия и лжи. Разгневанный, он приказал обер-секретарю отправиться в крепость, куда и сам немедленно приехал.

Видя, что дело принимает худой оборот, взяточник бросился царю в ноги и повинился в своих незаконных деяниях, указав, от кого и сколько получил «благодарностей».

— Тебе бы такое признание учинить должно в Сенате, — строго сказал Петр, — не допуская до этого места, а из этого видно, что ты бы никогда и не учинил признания, не видя перед собою кнута.

И он приказал тотчас наказать виновного несколькими ударами кнута.

Наказанный обер-секретарь, как уже упомянуто, считался, да и на самом деле был весьма знающим дело человеком. Ему часто поручались важные и запутанные дела.

Через два дня после экзекуции Петру встретилась в нем надобность. Он велел призвать его в кабинет. Доложили, что обер-секретарь на службу по болезни не пришел. Петр улыбнулся, понимая его болезнь. Через несколько дней царь потребовал обер-секретаря во дворец. Тот явился. Государь объявил, что намерен дать ему важное поручение.

— Ваше величество, — сказал обер-секретарь, — по закону я не имею права не только носить на себе свое звание, но и между честными людьми считаться. Если же вашему величеству благоугодно, чтобы все было по-прежнему, то из монаршего милосердия прикажите покрыть меня знаменем, да снимется с меня позор.

— Дурак, — смеясь, ответил Петр, — теперь никто не ведает того, что ты наказан, а тогда всякий узнает, что ты бит кнутом, — и сделал ему увещание забыть о наказании и проступке.

— Но помни, я прощаю тебя не по правосудию и не по милосердию, а потому, что ты мне нужен. Если же впредь узнаю о подобных незаконных деяниях — будешь бит публично и нещадно, без милосердия.

В 1700 году, отправляясь под Нарву, царь остановился в доме одного посадского, сын которого, бравый молодой парень, приглянулся ему. Петр упросил старика отдать ему сына, обещая заботиться о нем. Прибыв в армию, он определил молодого человека в Преображенский полк. В несчастном бою под Нарвой новобранец попал в плен, и двадцать лет о нем не было никакой вести. Опечаленный отец, не имея других наследников, отстал от торговли и совсем опустился, но вдруг неожиданно он получает известие о сыне через освободившегося из плена князя Долгорукова. Старик ободрился, составил челобитную на царя и ему же самому подал. Петр не принял, так как не были соблюдены известные формальности, но тут же сам составил от имени истца новую челобитную, не упоминая имени, повелел Сенату решить дело «по всей правости».

Сенат решил дело так: ответчик обязан выкупить пленника, а во-вторых, уплатить истцу все понесенные им потери и убытки.

Петр точно и беспрекословно исполнил решение Сената.

Однажды Петр, приехав в Олонец к воеводе, застал его как бы врасплох.

— Какие у тебя есть челобитные дела? — спросил он у воеводы.

Старик упал царю в ноги.

— Прости, государь, никаких нет.

— Как никаких?

— Я, государь, никаких челобитных не допускаю, всех челобитчиков мирю, а следов ссоры в канцелярии не оставляю.

Петр остался очень доволен. Через несколько времени, узнав о несогласии между членами Адмиралтейств-коллегий Чернышевым и Крейцом, государь вытребовал олонецкого воеводу указом в Петербург.

— Старик, — сказал ему царь, — я хочу, чтобы ты и здесь столько же был виновен, как в Олонце, и, не принимая объяснений, мирил.

Против Петра был организован заговор. Во главе заговорщиков стали: окольничий Алексей Соковнин, стрелецкий полковник Циклер и стольник Федор Пушкин. Кроме них в заговоре участвовали еще несколько лиц, и в том числе стрелецкие пятисотенные Елизаров и пятидесятник Силин. Последние двое, раскаявшись, поспешили к Петру в село Преображенское и открыли умысел злодеев.

Государь тотчас же приказал гвардейскому капитану Лопухину собрать свою роту и ровно в одиннадцать часов вечера окружить дом Соковнина, в котором, как сообщили Елизаров и Силин, собрались заговорщики, и перевязать всех, кого там застанет.

Позабыв о времени, к которому приказал явиться Лопухину, государь сам прибыл в Москву и в десять часов зашел в дом Соковнина. Царь весьма удивился, не найдя ни Лопухина, ни его роты, но отступать было уже поздно, и потому он смело вошел в покои.

— Мир дому честному, — сказал весело Петр, обращаясь к хозяину и его гостям, испуганным неожиданным появлением царя. — Проезжая мимо и видя в окнах большой свет, я угадал, что у хозяина пирушка, а как мне спать еще рано, то я и заехал на перепутье.

Со знаками величайшей радости принял хозяин высокого гостя. Подали вина. Все пили за здоровье императора, который и сам не отставал от других, стараясь продлить время до прихода Лопухина.

Положение Петра было крайне опасно. Беседа клеилась плохо. Хозяин и гости многозначительно переглядывались. Кое-кто, как бы случайно, поместился между царем и выходом, чтобы отрезать путь отступления. Наконец, терпение заговорщиков достигло своего апогея, они перестали стесняться.

— Пора, братец! — громко сказал Циклер Соковнину.

— Подождем еще... — ответил тот, колеблясь и прислушиваясь к шуму в сенях.

В эту минуту Лопухин с ротой вошел в комнату.

— Нет уж, Циклер прав — пора! — грозно воскликнул император, вскочил со стула и мощным ударом сбил Соковнина на землю.

Бывая в Москве, Петр часто посещал старика Полуярославцева, владельца шелковой фабрики. Он непременно заходил в ткацкие и прочие помещения, иногда садился за станок и сам прял разные материи.

Однажды государь спросил Полуярославцева:

— А что, любезный, есть у тебя хорошее русское пиво?

— Есть, государь.

— Ну-ка, вели дать отведать.

Пиво принесли. Государь выпил жбан и сказал:

— Пиво очень хорошо, и я буду к тебе заезжать.

Вскоре Петр снова приехал. Полуярославцева на фабрике не было.

— Где хозяин? — спросил государь надсмотрщика.

— После обеда спит, — ответил надсмотрщик, прибавив, что его сейчас разбудят.

Петр велел подать себе пива, а будить хозяина запретил. Впрочем, тот скоро сам проснулся и был страшно перепуган, узнав, что государь сидит у него в саду и ожидает. Упав к ногам царя, старик со слезами просил прощения, что не встретил, как подобает, его царское величество.

— Я, друг мой, — сказал Петр, — наоборот доволен тем, что ты так крепко спишь среди бела дня. Тому могут быть две причины: либо пиво твое настолько хорошее, что валит с ног, либо ты хорошо потрудился и усталость свалила тебя с ног. И то и другое хорошо, и в извинениях не нуждается!

Петр Великий очень интересовался производством сукна для армии. В Москве одной из первых суконных фабрик была фабрика Серикова, для которой царь приобрел все нужные машины и повелел к назначенному сроку представить пробную половину сукна.

В то же время и государыня, желая угодить мужу, покровительствовала другому фабриканту — Дубровскому и приказала ему представить также образчики своего изделия.

Случайно оба фабриканта явились со своими образцами во дворец одновременно. Сериков, рассмотрев пробы Дубровского, нашел их несравненно лучше принесенных им и очень смутился, ожидая страшного царского гнева. Государь вместе с государыней вошли в зал к фабрикантам и милостиво ответили на их приветствия. Петр был в канифасовой фуфайке с костяными пуговками. Он подошел к образцам Серикова и внимательно ощупал их руками.

— Посмотрите, батюшка, каково-то вам покажется сукно моего фабриканта? — сказала императрица.

Петр подошел и стал осматривать столь же внимательно образцы Дубровского.

— Дубровский, из какой шерсти делал ты сукно свое?

— Из отборной шерсти, ваше величество, — похвастался Дубровский.

— Коли из отборной, то результат худой. А ты, Сериков, из какой?

— Из обыкновенной стригушки, — отвечал тот трепещущим голосом.

— Вот видишь, — сказал Петр, — из отборной шерсти и дурак сделает недурное сукно, а ты молодец, что из обыкновенной стригушки исхитрился сделать добротную материю. Будешь и впредь поставлять мне сукно для армии.

Глава 2

Самый веселый смех — это смеяться над теми, кто смеется над тобой.

В. Ключевский

Однажды А. Д. Татищев, генерал-полицмейстер времен Елизаветы Петровны, объявил придворным, съехавшимся во дворец, что государыня чрезвычайно огорчена донесениями, которые получает из губерний о многочисленных побегах заключенных.

— Государыня велела мне изыскать средство для пресечения этого безобразия, и я это средство изыскал. Оно у меня в кармане.

— Что же это за средство? — спросили любопытные.

— Вот оно, — сказал генерал-полицмейстер, вынимая из кармана штемпель для клеймения лбов, на котором было написано слово «вор». — Теперь преступника, даже если он убежит, будет легко обнаружить по слову «вор», выжженному на его лбу.

— Но, — возразил ему один из присутствовавших, — бывают случаи, когда иногда невиновный осуждается. Как же быть, если такая ошибка обнаружится?

— О, у меня и этот случай предусмотрен, — ответил Татищев с улыбкой и вытащил другой штемпель, на котором вырезано было «не».

Вскоре новые штемпеля были разосланы по всей империи.

Старый генерал Шестаков, никогда не бывавший в Петербурге, не знавший в лицо императрицы Екатерины II, был впервые представлен ей. Екатерина долго милостиво с ним беседовала и, между прочим, в разговоре заметила, что совсем его до сих пор не знала.

— Да и я, матушка-царица, не знал вас, — наивно и добродушно ответил старый воин.

— Ну, меня-то, бедную вдову, где же знать! — со смехом сказала императрица.

Старый воин, адмирал, после какого-то блестящего боя, в котором он одержал победу, был представлен Екатерине II, и та просила его рассказать подробности этого боя. Адмирал начал рассказывать, и рассказывал складно; но постепенно воспоминания увлекли его, — человек же он был очень пылкий, притом всю жизнь проведший среди своих матросов; тонкое обращение придворной сферы было ему неведомо, — и вот, в жару воспоминаний, он на некоторое время забыл, что перед ним императрица, и из его уст начали вырываться такие слова и фразы, «сделавшиеся классическими», как выражался Гоголь, что все присутствующие помертвели от ужаса. Опомнился, наконец, и сам повествователь и со слезами на глазах стал просить у императрицы прощения.

Екатерина, слушавшая его, глазом не моргнув, очень спокойно отвечала:

— Продолжайте, продолжайте, пожалуйста, я ведь этих ваших морских слов и названий все равно не понимаю!

Под фамилией Кульковский был известен в XVIII веке князь Михаил Алексеевич Голицын, которого иногда еще называли Квасник. Он был придворным шутом императрицы Анны Иоанновны. Между прочим, его свадьба, на потеху царскому двору, на дворовой девке справлялась с весельем и фейерверками в специально построенном ледяном доме и описана писателем И. И. Лажечниковым в романе «Ледяной дом».

Когда об одном живописце говорили с сожалением, что он пишет прекрасные портреты, а дети у него некрасивы, то Кульковский сказал:

— Что же тут удивительного: портреты он делает днем...

Пожилая дама уверяла, что ей не более сорока лет. Кульковский, хорошо зная, что ей уже за пятьдесят, сказал:

— Можно ей поверить, потому что она больше десяти лет в этом всех уверяет.

Один генерал восьмидесяти лет от роду женился на молоденькой и хорошенькой девушке. Однажды он пожаловался Кульковскому:

— Конечно, я уже не могу надеяться иметь наследников.

— Конечно, не можете надеяться, — отвечал шут, — но всегда можете опасаться.

Бирон однажды спросил Кульковского:
— Что думают обо мне россияне?
— Вас, ваша светлость, — отвечал он, — одни считают Богом, другие сатаною и никто — человеком.

Одна престарелая вдова, любя Кульковского, оставила ему после смерти богатую деревню. Но ее молодая племянница начала с ним судебный спор за такой подарок, не по праву ему доставшийся.

— Вам, сударь, — сказала она в суде, — досталась эта деревня за очень дешевую цену!

Кульковский ей ответил:
— Сударыня, если угодно, я вам ее с удовольствием уступлю за ту же цену.

У Кульковского спросили, почему богиня любви — Венера — всегда изображена нагой?

— Потому, — ответил Кульковский, — что она делает почти нагими тех, кто чрез меру пленяется ее веселостями.

Кульковский часто посещал одну вдову, к которой ходил и один из его приятелей. Он лишился ноги в бою под Очаковом, а потому имел вместо нее деревяшку.

Когда вдова стала ждать ребенка, то Кульковский сказал приятелю:

— Смотри, братец, ежели ребенок родится с деревяшкою, то я тебе и другую ногу перешибу.

Поэт В. К. Тредиаковский, желая поддеть и сконфузить Кульковского, спросил его:

— Какая разница между тобою и дураком?

— Дурак спрашивает, а я отвечаю, — сказал ему на это Кульковский.

На приеме у Бирона одна молодая и хорошенькая дама во время разговора о нарядах сказала:

— Нынче все стало так дорого, что скоро нам придется ходить нагими.

— Ах, сударыня, — подхватил Кульковский, — это было бы самым вашим дорогим нарядом!

Оказавшись в кругу петербургских академиков, среди которых находился и Михаил Васильевич Ломоносов, как-то молодой и хвастливый князь Иван Куракин решил напомнить, что и он «величина».

— А вот я — Рюрикович! Мое генеалогическое древо уходит корнями к Владимиру Красное Солнышко. Кто еще здесь может заявить такое о себе? Вот ты, Михайло сын Васильев, способен что-нибудь подобное сказать о своих предках?

— Увы, нет, — с грустью ответил Ломоносов. — Дело в том, что все метрические записи нашего рода пропали во время Всемирного потопа.

Будучи уже известным ученым, Ломоносов до последних дней испытывал нужду.

Однажды придворный вельможа, заметив у Ломоносова маленькую дыру в кафтане, из которой выглядывала рубаха, ехидно спросил:

— Ученость, сударь, выглядывает оттуда?

— Нисколько, — ответил Ломоносов. — Глупость заглядывает туда.

Генерал-прокурор князь А. А. Вяземский представил раз Екатерине II сенатское решение по какому-то делу. Государыня утвердила решение подписью «быть по сему». Подписанный указ перешел от генерал-прокурора к обер-прокурору, потом к обер-секретарю, секретарю и, наконец, к дежурному чиновнику для отсылки по назначению. Чиновник этот был горький пьяница и, когда остался один в экспедиции, послал сторожа за водкой и напился пьян. При разборе бумаг ему попалось на глаза решение, подписанное императрицей. Прочитав надпись «быть по сему», он сказал:

— Врешь! Не быть по сему!

Затем взял перо и исписал всю страницу словами: «врешь! не быть по сему!», «врешь! не быть по сему!» и т. д.

На следующее утро, когда он уже проспался и ушел домой, в экспедиции нашли эту бумагу и обмерли со страху. Дали знать князю Вяземскому, который тотчас поехал с этой бумагой к императрице и бросился к ней в ноги.

— Что такое? — спросила она.

— У нас несчастье, — ответил Вяземский, — пьяный дежурный испортил подписанный вами указ.

— Ну так что ж? — сказала Екатерина. — Я подпишу другой, но я вижу в этом перст Божий. Должно быть, мы решили неправильно. Пересмотрите дело.

Дело пересмотрели, и в самом деле оказалось, что оно было решено неправильно.

Однажды, в Царском Селе, императрица, проснувшись раньше обыкновенного, вышла на дворцовую галерею подышать свежим воздухом и увидела, что лакеи несут из дворца на фарфоровых блюдах персики, ананасы и виноград. Чтобы не встретиться с ними, Екатерина повернула в сторону, сказав окружающим:

— Хоть бы блюда мне оставили.

Встретив как-то своего бежавшего слугу, Разумовский остановил его и сказал:

— Ступай-ка, брат, домой.

Слуга повиновался. Когда граф возвратился, ему доложили о случае и спросили, как он прикажет его наказать.

— А за что? — отвечал Разумовский. — Ведь я сам его поймал...

Однажды император Петр III, благоговевший перед королем прусским Фридрихом II и восторгавшийся им, хвастал фельдмаршалу К. Г. Разумовскому, что король произвел его в генерал-майоры прусской службы.

— Ваше величество, можете с лихвой отомстить ему, — отвечал Разумовский, — произведите его в русские генерал-фельдмаршалы.

Московский генерал-губернатор князь Прозоровский, расследовавший дело известного Новикова, арестовал последнего с особенной торжественностью. Придавая этому событию важное значение, Прозоровский с гордостью и самодовольством рассказывал Разумовскому о тех мерах, которые были приняты им для ареста Новикова.

— Вот расхвастался, — отвечал Разумовский, — словно город взял: старичонка, скорченного геморроидами, схватил под караул! Да одного бы десятского или будочника послал за ним, тот бы и притащил его.

М. В. Гудович, почти постоянно проживавший у Разумовского и старавшийся всячески вкрасться ему в доверенность, гулял с ним как-то по его имению. Проходя мимо только что отстроенного дома графского управляющего, Гудович заметил, что пора бы сменить его, потому что он вор и отстроил дом на графские деньги.

— Нет, брат, — возразил Разумовский, — этому осталось только крышу крыть, а другого возьмешь, то станет весь дом сызнова строить.

Раз главный управляющий с расстроенным видом пришел к Разумовскому объявить, что несколько сот его крестьян бежали в Новороссийский край.

— Можно ли быть до такой степени неблагодарными! — добавил управляющий. — Ваше сиятельство — истинный отец своим подчиненным!

— Батька хорош, — отвечал Разумовский, — да матка-свобода в тысячу раз лучше. Умные хлопцы: на их месте я тоже ушел бы.

В Москве, как и в Петербурге, у Разумовского бывал ежедневно открытый стол для званых и незваных. Кроме того, он любил давать и праздники как в городе, так и на даче. Под старость на свои парадные обеды и балы он являлся в ночном колпаке и шлафроке с нашитой на нем Андреевской звездой. В последний проезд Потемкина через Москву он заехал навестить Разумовского. На другой день последний отдал ему визит. Потемкин принял его, по обыкновению, неодетый и неумытый, в халате. В разговоре, между прочим, граф просил у князя Тавриды дать в честь его бал. Тот согласился, и на другой день Разумовский созвал всю Москву и принял Потемкина, к крайней досаде последнего, в ночном колпаке и шлафроке.

У Кирилла Григорьевича Разумовского был сын Андрей Кириллович, в царствование императоров Павла и Александра I чрезвычайный посланник в Вене. Своими блестящими способностями он поражал наставников. Получив затем образование за границей, Андрей Кириллович на двадцать третьем году был произведен в генерал-майоры. Красивый, статный, вкрадчивый и самоуверенный, он кружил головы всем красавицам Петербурга в царствование Екатерины II, любезностью и щегольством превосходя всех своих сверстников. Не раз приходилось его отцу, дела которого в это время были несколько запутаны, уплачивать долги молодого щеголя. Однажды к графу Кириллу Григорьевичу, и так уже недовольному поведением сына, явился портной со счетом в двадцать тысяч рублей. Оказалось, что у графа Андрея Кирилловича одних жилетов было несколько сотен. Разгневанный отец провел его в свой кабинет и, раскрыв шкаф, показал тулуп и поношенную мерлушковую шапку, которые носил он в детстве.

— Вот что носил я, когда был молод, не стыдно ли тебе безумно тратить деньги на платье? — сказал Кирилл Григорьевич.

— Вы другого платья носить не могли, — хладнокровно отвечал граф Андрей Кириллович. — Вспомните, что между нами огромная разница: вы — сын простого казака, а я — сын российского генерал-фельдмаршала.

Гетман был обезоружен этим ответом сына.

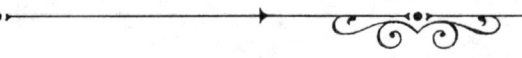

Императрица Екатерина II была недовольна английским министерством за некоторые неприязненные выражения против России в парламенте. Не имея сил воевать против России, англичане всячески поносили ее словесно. В это время английский посол просил у нее аудиенции и был призван во дворец. Когда он вошел в кабинет, собачка императрицы с сильным лаем бросилась на него, и посол немного смутился.

— Не бойтесь, милорд, — сказала императрица, — собака, которая лает, не кусается и не опасна.

На одном из придворных собраний императрица Екатерина II обходила гостей и каждому говорила ласковое слово. Среди присутствующих находился старый моряк. Случилось так, что, проходя мимо него, императрица три раза в рассеянности сказала ему:

— Кажется, сегодня холодно?

— Нет, матушка, ваше величество, сегодня довольно тепло, — отвечал он каждый раз.

— Уж воля ее величества, — сказал он своему соседу, — а я на правду черт.

Во времена царствования Екатерины Великой епископ Ириней Фальковский известен был как весьма ученый муж. Преосвященный Ириней любил особенно астрономические занятия.

Изучая однажды довольно редкое и интересное небесное явление, преосвященный Ириней в восторге от своего открытия спешит из сада, чтобы распорядиться собрать братию для участия в наблюдении.

Собралась братия, и стали все по чину и порядку. Преосвященный сделал предварительное объяснение наблюдаемому явлению, а затем предложил братии поочередно смотреть в телескоп. Подошел наместник и, посмотрев в трубу, воскликнул:

— Дивна дела Господни, ваше преосвященство.

— Дивна дела Господни, ваше преосвященство! — сказал в свою очередь ризничий, уступая место казначею.

Тоже самое проделывал и каждый следующий астроном. Наконец подходит последним один из послушников.

— Дивна дела Господни, ваше преосвященство! — говорит и он, оставляя пост наблюдателя и отвешивая низкий поклон. — Только... в трубу-то ничего не видно.

Оказалось, что Ириней, увлекшись предварительными объяснениями, забыл снять крышку с телескопа.

Екатерина II послала Вольтеру в подарок ящичек из слоновой кости, самою ею выточенный. Ящичек этот подал мысль Вольтеру пошутить. Взяв несколько уроков у своей племянницы, он послал императрице в подарок пару чулок из белого шелка, присовокупив послание, написанное самыми любезными стихами. В нем Вольтер говорил, что, получив от нее мужскую работу, сделанную женщиной, он просит ее величество принять от него женскую работу, сработанную руками мужчины.

Императрица Екатерина II, разрешив одному флотскому капитану жениться на негритянке, сказала однажды французскому графу Сегюру:

— Я знаю, что все осуждают данное мною позволение, но это только простое действие моих честолюбивых замыслов против Турции: я хотела этим торжественно праздновать сочетание русского флота с Черным морем.

Когда Екатерина II представляла приехавшему в Петербург австрийскому императору Иосифу II своего царедворца — графа Строганова, то, указывая на него, заметила:

— Вот счастливец! Он так крезовски богат, что не придумает средств промотаться.

Говоря о храбрости, Екатерина как-то сказала:
— Если бы я была мужчиною, то была бы непременно убита, не дослужившись до капитанского чина.

В одной из комнат великолепного дворца генерал-фельдмаршала Петра Александровича Румянцева-Задунайского, вельможи двора Екатерины II, стояли и дубовые, грубо обтесанные стулья.

Эта странность казалась для всех непонятною. У него часто спрашивали о причине удивительной смеси дворцового великолепия с простотою. Знаменитый полководец на это отвечал:

— Если пышные комнаты заставляют меня забыться и подумать, что я возвышаюсь над окружающим меня, то эти дубовые стулья напоминают, что я такой же человек, как и они.

Однажды граф Салтыков поднес императрице список о производстве в генералы. Чтобы облегчить ей труд и обратить внимание, подчеркнул красными чернилами имена тех, производство которых, по его мнению, надо было остановить. Государыня нашла подчеркнутым имя бригадира князя Павла Дмитриевича Цицианова.

— Этого за что?
— Офицер его ударил, — отвечал Салтыков.
— Так что ж? Ты выйдешь от меня, из-за угла на тебя бросится собака, укусит, и я должна Салтыкова отставить? Князь Цицианов отличный, умный, храбрый офицер; им должно дорожить, он нам пригодится. Таких людей у нас немного!

И собственноручно отметила: «Произвести в генерал-майоры». Екатерина не ошиблась: князь Цицианов оправдал ее мнение, пригодился!

— Никогда я не могла хорошенько понять, какая разница между пушкою и единорогом, — говорила Екатерина II какому-то генералу.

— Разница большая, — отвечал он, — сейчас доложу вашему величеству. Вот изволите видеть: пушка сама по себе, а единорог сам по себе.

— А, теперь понимаю, — рассмеялась императрица.

При Екатерине было всего двенадцать андреевских кавалеров. Старый придворный князь Василий Иванович Жуков очень хотел получить орден Андрея Первозванного. Один из двенадцати кавалеров умер, и князь просил Екатерину ему дать этот орден — он был сенатор и очень глупый человек. Получивши ленту, князь пришел к царице, чтобы благодарить. После его спросили, что сказала ему государыня.

— Очень хорошо приняла и так милостиво отнеслась. Сказала: «Вот, Василий Иванович, такой уж ты человек, что никаких заслуг от тебя я и не жду, только живи, до всего доживешь».

У императрицы Екатерины околела любимая собака Томсон. Она попросила графа Брюса распорядиться, чтобы с собаки содрали шкуру и сделали чучело.

Граф Брюс приказал это Никите Ивановичу Рылееву. Рылеев был не из умных; он отправился к богатому и известному в то время банкиру по фамилии Томпсон и передал ему волю императрицы. Тот страшно перепугался и, понятно, не согласился. Рылеев же настаивал, что с него велели снять шкуру и сделать чучело. На шум явилась полиция, и тогда только эту путаницу разобрали.

У Потемкина был племянник Давыдов, на которого Екатерина не обращала никакого внимания. Потемкину это казалось обидным, и он решил упрекнуть императрицу, сказав, что она Давыдову не только никогда не дает никаких поручений, но и не говорит с ним. Она отвечала, что Давыдов так глуп, что, конечно, перепутает всякое поручение.

Вскоре после этого разговора императрица, проходя с Потемкиным через комнату, где вертелся Давыдов, обратилась к нему:

— Подите посмотрите, что делает барометр.

Давыдов с поспешностью отправился в комнату, где висел барометр, и, возвратившись оттуда, доложил:

— Висит, ваше величество.

Императрица, улыбнувшись, сказала Потемкину:

— Вот видите, я не ошиблась в нем.

Английский посланник лорд Витворт подарил Екатерине II огромный телескоп, которым она очень восхищалась. Придворные, желая угодить государыне, друг перед другом спешили наводить прибор на небо и уверяли, что довольно ясно различают горы на луне.

— Я не только вижу горы, но даже лес, — сказал Львов, когда очередь дошла до него.

— Вы возбуждаете во мне любопытство, — произнесла Екатерина, поднимаясь с кресел.

— Торопитесь, государыня, — продолжал Львов, — уже начали рубить лес; вы не успеете подойти, а его и не станет.

Какой-то офицер, которого Суворов очень любил и ценил как доброго и храброго служаку, отличался чересчур уж невоздержанным языком и этим нажил себе таких врагов, что ему и служить стало невмочь. Суворов зазвал его однажды к себе, запер двери и с видом величайшего секрета сказал ему, что у того есть злейший враг, который на каждом шагу ему вредит и пакостит. Встревоженный этим известием и вообще всей таинственной обстановкой этой беседы, офицер начал было перечислять своих врагов, стараясь угадать, про кого именно сказал ему фельдмаршал. Но тот только руками махал с нетерпением и досадой: «Не тот, дескать, вовсе не тот!» Офицер перебрал одного за другим всех своих недругов и, наконец, объявил, что уж не знает, на кого и подумать. Суворов на цыпочках подошел к окнам, к дверям, послушал, потом все с теми же шутовскими ужимками подошел к офицеру вплотную и шепнул ему:

— Высунь язык!

Тот повиновался. Тогда Суворов, указывая пальцем на его язык, сказал ему:

— Вот он! Вот кто твой злейший враг!

Александр Васильевич Суворов имел обыкновение на официальные приемы появляться при всех орденах, которых у него было великое множество. Как-то раз в царском дворце к нему подошло несколько дам, жен придворных сановников.

— Ах, Александр Васильевич, — воскликнула одна из придворных дам, — вы такой хрупкий, а на вашей груди столько тяжести! Ведь вам тяжело?

— Помилуй Бог, тяжело! Ох, как тяжело! — сказал Суворов. — Вашим мужьям не снесть.

Удалившись к себе в деревню, Суворов в досужее время охотно играл с мальчишками в бабки. Людям, которые дивились, видя его за этим занятием, он говорил: «Теперь в России столько фельдмаршалов, что им только и дела что в бабки играть!»

При М. Д. Скобелеве состоял какой-то генерал, которого он очень ценил как отличнейшего практика по хозяйственной части, умевшего доставить корм для лошадей и продовольствие для людей чуть не среди голой пустыни. Но зато этот генерал был до неприличия труслив и что ни день присылал Скобелеву рапорт о болезни, которая его избавляла от участия в военных действиях. Скобелев иногда, смеясь, говорил про него:

— У него колоссальная боевая опытность. Он каким-то чутьем узнает каждый раз, когда предстоит серьезное дело, и тут-то и захворает.

Д. П. Трощинский, бывший правитель канцелярии графа Безбородко, отличный, умный чиновник, но тогда еще бедный, во время болезни своего начальника удостаивался чести ходить с докладными бумагами к императрице.

Екатерина, видя его способности и довольная постоянным его усердием к службе, однажды по окончании доклада сказала ему:

— Я довольна вашей службой и хотела бы сделать вам что-нибудь приятное, но чтобы мне не ошибиться, скажите, пожалуйста, чего бы вы желали?

Обрадованный таким вниманием монархини, Трощинский ответил с некоторым смущением:

— Ваше величество, в Малороссии продается хутор, смежный с моим. Мне хотелось бы его купить, да не на что. Так если милость ваша будет...

— Очень рада, очень рада!.. А что за него просят?

— Шестнадцать тысяч, государыня.

Екатерина взяла лист белой бумаги, написала несколько строк, сложила и отдала ему. Восхищенный Трощинский пролепетал какую-то благодарность, поклонился и вышел. Развернул бумагу и к величайшему изумлению своему прочитал: «Купить в Малороссии такой-то хутор в собственность г. Трощинского и присоединить к нему триста душ из казенных смежных крестьян». Пораженный такой щедростью, одурелый Трощинский без доклада толкнулся в двери к Екатерине.

— Ваше величество, это чересчур много. Мне неприличны такие награды, какими вы удостаиваете своих приближенных. Что скажут Орловы, Зубовы?..

— Мой друг, — промолвила Екатерина, — их награждает женщина, тебя — императрица.

Молодой Ш. как-то напроказил. Князь Безбородко собирался пожаловаться на него самой государыне. Родня перепугалась и кинулась к Потемкину с просьбой заступиться за молодого человека. Потемкин велел Ш. быть у него на другой день и предупредил:

— Пусть разговаривает со мною как можно смелее и развязнее.

В назначенное время Ш. явился. Потемкин вышел из кабинета и, не сказав никому ни слова, сел играть в карты. В это время приезжает Безбородко. Потемкин принимает его очень сухо и нелюбезно и продолжает играть. Вдруг он подзывает к себе Ш. и, показывая тому свои карты, просит совета:

— Скажи, братец, с какой мне ходить?

— Да что ж тут думать, ваша светлость, — отвечает Ш. — Дураку ясно, что с бубей!

— Ах, батюшка, — замахал руками Потемкин. — Тебе и слова нельзя сказать, сразу сердишься...

Услышав такой разговор, Безбородко счел за лучшее Ш. оставить в покое и с жалобой своей не соваться.

Однажды Потемкин играл в карты, но при этом был чрезвычайно рассеян. Один из его партнеров, пользуясь рассеянностью князя, обыграл его самым наглым и бесчестным способом.

— Нет, братец, — сказал ему в конце концов Потемкин, бросая карты, — я с тобой буду играть теперь только на плевки. Приходи завтра.

Приглашенный не преминул явиться.

— Ставлю двадцать тысяч, — сказал Потемкин. — Кто плюнет дальше, тот и выиграл...

Партнер собрал все свои силы и плюнул как мог далеко.

— Да, — сказал Потемкин, — ты выиграл. Я-то, пожалуй, дальше твоего носа не плюну.

С этими словами он плюнул противнику в лицо и вручил тому двадцать тысяч проигрыша.

Некто В. считал себя одним из близких друзей Потемкина, потому что князь, принимая его в своем доме, иногда вступал с ним в вежливый разговор и вообще приглашал его на все свои вечера. В. был очень самолюбив, а потому решил, поскольку Потемкин его выделяет из всех прочих, сделаться еще ближе к князю. Обращаясь к Потемкину все развязнее и фамильярнее, В. однажды решил дать князю совет.

— Ваша светлость, — сказал он, — я заметил, что на вечерах у вас слишком много людей пустых и недостойных. На вашем месте я бы ограничил число приглашенных и постарался этих людей к себе не пускать.

— Твоя правда, голубчик, — вздохнул Потемкин. — Я постараюсь воспользоваться твоим советом.

Как обычно он расстался с В. очень любезно и ласково. На другой день В. приезжает к князю и хочет войти в кабинет, но швейцар закрывает перед его носом дверь и объявляет, что принимать его не велено.

— Да как ты смеешь, дурак! — возмутился В. — Да знаешь ли, кто я таков?

— Отлично знаю, — ответил швейцар. — Ваша фамилия как раз стоит первой в списке лиц, которых принимать не велено.

С тех пор Потемкин ни разу не принял у себя В.

Князь Потемкин беспрестанно напрашивался к Суворову на обед. Суворов всячески отшучивался, но наконец вынужден был пригласить к себе князя с его многочисленной свитой.

Суворов призывает к себе самого искусного метрдотеля Матоне, служившего у князя Потемкина, поручает ему приготовить великолепнейший стол, не жалея никаких денег. Для себя же заказывает два постных копеечных блюда.

Стол получился самый роскошный и удивил даже самого Потемкина. Драгоценные вина, редкие экзотические блюда, пряности, прекрасный десерт... Сам же Суворов под предлогом нездоровья и поста ни к одному из этих роскошных яств не притронулся, а в продолжение вечера ел только постные блюда.

На другой день, когда метрдотель принес Суворову гигантский счет, тот расплатился за свои постные блюда и, написав на счете, что больше ничего не ел, отправил его к Потемкину. Потемкин тотчас заплатил, но сказал:

— Дорого же мне стоит Суворов!

Когда Потемкин сделался после Орлова любимцем императрицы Екатерины, сельский дьячок, у которого он учился в детстве читать и писать, наслышавшись в своей деревенской глуши, что бывший ученик его попал в знатные люди, решился отправиться в столицу и искать его покровительства и помощи.

Приехав в Петербург, старик явился во дворец, где жил Потемкин, назвал себя и был тотчас же введен в кабинет князя.

Дьячок хотел было броситься в ноги светлейшему, но Потемкин удержал его, посадил в кресло и ласково спросил:

— Зачем ты прибыл сюда, старина?

— Да вот, ваша светлость, — отвечал дьячок, — пятьдесят лет Господу Богу служил, а теперь выгнали за неспособностью: говорят, дряхл, глух и глуп стал. Приходится на старости лет побираться мирским подаяньем, а я бы еще послужил матушке-царице — не поможешь ли мне у нее чем-нибудь?

— Ладно, — сказал Потемкин, — я похлопочу. Только в какую же должность тебя определить? Разве в соборные дьячки?

— Э, нет, ваша светлость, — возразил дьячок, — ты теперь на мой голос не надейся; нынче я петь-то уж того — ау! Да и видеть, надо признаться, стал плохо; печатное едва разбирать могу. А все же не хотелось бы даром хлеб есть.

— Так куда же тебя приткнуть?

— А уж не знаю. Сам придумай.

— Трудную, брат, ты мне задал задачу, — сказал, улыбаясь, Потемкин. — Приходи ко мне завтра, а я между тем подумаю.

На другой день утром, проснувшись, светлейший вспомнил о своем старом учителе и, узнав, что он давно дожидается, велел его позвать.

— Ну, старина, — сказал ему Потемкин, — нашел для тебя отличную должность.

— Вот спасибо, ваша светлость, дай тебе Бог здоровья.

— Знаешь Исаакиевскую площадь?

— Как не знать, и вчера и сегодня через нее к тебе тащился.

— Видел Фальконетов монумент Великого?

— Еще бы!

— Ну так сходи же теперь, посмотри, стоит ли он на месте, и тотчас мне донеси.

Дьячок в точности исполнил приказание.

— Ну что? — спросил Потемкин, когда он вернулся.

— Стоит, ваша светлость.

— Крепко?

— Куда как крепко, ваша светлость.

— Ну и хорошо. А ты за этим каждое утро наблюдай да аккуратно мне доноси. Жалованье же тебе будет производиться из моих доходов. Теперь можешь идти домой.

Дьячок до самой смерти исполнял эту обязанность и умер, благословляя Потемкина.

Потемкин послал однажды адъютанта взять из казенного места один миллион рублей. Чиновники не осмелились отпустить эту сумму без письменного вида. Потемкин на другой стороне их отношения своеручно приписал: дать, е... м...

Когда Потемкин вошел в силу, он вспомнил об одном из своих деревенских приятелей и написал ему следующие стишки:

<blockquote>
Любезный друг,
Коль тебе досуг,
Приезжай ко мне;
Коли не так,
Лежи в гов...
</blockquote>

Любезный друг поспешил принять приглашение.

Потемкину доложили однажды, что некто граф Морелли, житель Флоренции, превосходно играет на скрипке. Потемкину захотелось его послушать; он приказал его выписать.

Один из адъютантов отправился курьером в Италию, явился к графу Морелли, объявив ему приказ светлейшего, и предложил в тот же час садиться в тележку и скакать в Россию. Благородный виртуоз взбесился и послал к черту и Потемкина, и курьера с его тележкой. Делать было нечего. Но как явиться к князю, не исполнив его приказания! Догадливый адъютант отыскал какого-то скрипача, бедняка не без таланта, и легко уговорил его назваться графом Морелли и ехать в Россию. Его привезли и представили Потемкину, который остался доволен его игрою. Он принят был потом в службу под именем графа Морелли и дослужился до полковничьего чина.

Один из адъютантов Потемкина, живший в Москве и считавшийся в отпуске, получает приказ явиться. Родственники засуетились, не знают, чему приписать требование светлейшего. Одни боятся внезапной немилости, другие видят неожиданное счастье. Молодого человека снаряжают наскоро в путь. Он отправляется из Москвы, скачет день и ночь и приезжает в лагерь светлейшего. О нем тотчас докладывают. Потемкин приказывает ему явиться. Адъютант с трепетом входит в его палатку и находит Потемкина в постели, со святцами в руках. Вот их разговор:

П о т е м к и н: Ты, братец, мой адъютант такой-то?

А д ъ ю т а н т: Точно так, ваша светлость.

П о т е м к и н: Правда ли, что ты святцы знаешь наизусть?

А д ъ ю т а н т: Точно так.

П о т е м к и н (смотря в святцы): Какого же святого празднуют 18 мая?

А д ъ ю т а н т: Мученика Федота, ваша светлость.

П о т е м к и н: Так. А 29 сентября?

А д ъ ю т а н т: Преподобного Кириака.

П о т е м к и н: Точно. А 5 февраля?

А д ъ ю т а н т: Мученицы Агафьи.

П о т е м к и н (закрывая святцы): Ну, поезжай к себе домой.

На Потемкина часто находила хандра. Он по целым суткам сидел один, никого к себе не пуская, в совершенном бездействии. Однажды, когда был он в таком состоянии, накопилось множество бумаг, требовавших немедленного разрешения, но никто не смел к нему войти с докладом. Молодой чиновник по имени Петушков вызвался представить нужные бумаги князю для подписи. Ему поручили их с охотою и с нетерпением ожидали, что из этого будет. Петушков с бумагами вошел прямо в кабинет. Потемкин сидел в халате, босой, нечесаный, грызя ногти в задумчивости. Петушков смело объяснил ему, в чем дело, и положил перед ним бумаги. Потемкин молча взял перо и подписал их одну за другою. Петушков поклонился и вышел в переднюю с торжествующим лицом:

— Подписал!..

Все к нему кинулись, глядят: все бумаги в самом деле подписаны. Петушкова поздравляют:

— Молодец!..

Но кто-то всматривается в подпись, и что же? На всех бумагах вместо: князь Потемкин подписано: Петушков, Петушков, Петушков...

Однажды при разводе Павел I, прогневавшись на одного гвардейского офицера, закричал:

— В пехоту его! В дальний гарнизон!..

Исполнители побежали к этому офицеру, чтобы вывести его из строя. Убитый отчаяньем офицер громко воскликнул:

— Из гвардии да в гарнизон! Ну, уж это не резон!

Случайный стихотворный экспромт развеселил императора, и он расхохотался:

— Мне это понравилось, господин офицер, — отсмеявшись, сказал Павел. — Мне это понравилось. Прощаю вас...

Один малороссийский дворянин хорошей фамилии несколько месяцев провел в Петербурге, добиваясь в герольдии того, чтобы его внесли в родословную книгу. Наконец, он решился подать лично прошение императору Павлу, причем просил прибавить к его гербу девиз: «Помяну имя твое в роды родов». По тогдашнему обычаю, он подал прошение, стоя на коленях. Павел прочитал просьбу, и она ему понравилась.

— Хорошо, — сказал Павел. — Сто душ!

Проситель от страха и радости упал ниц. Так пролежал он довольно долго, придумывая слова благодарности.

— Мало? — сказал император. — Двести!

Тот замешкался еще больше и не шевелился.

— Мало? — повторил император. — Триста!

Проситель лежал по-прежнему, не двигаясь.

— Мало? — четыреста! Мало? — пятьсот! Мало? — ни одной!

Император Павел I, подходя к Иорданскому подъезду Зимнего дворца после крещенского парада, заметил белый снег на треугольной шляпе поручика.

— У вас белый плюмаж! — сказал государь.

А белый плюмаж составлял тогда отличие бригадиров, чин которых в армии, по табели о рангах, соответствовал статским советникам.

— По милости Божьей, ваше величество! — ответил находчивый поручик.

— Я никогда против Бога не иду! Поздравляю бригадиром! — сказал император и пошел во дворец.

Однажды проезжал император мимо какой-то гауптвахты. Караульный офицер в чем-то ошибся.

— Под арест! — закричал император.

— Прикажите сперва сменить, а потом арестуйте, — сказал офицер.

— Кто ты? — спросил Павел.

— Подпоручик такой-то.

— Здравствуй, поручик.

Павел приказал всем статским чиновникам ходить в мундирах и в ботфортах со шпорами.

Однажды он встретился с каким-то регистратором, который ботфорты надел, а о шпорах не позаботился.

— Что, сударь, нужно при ботфортах?

— Вакса, — отвечал регистратор.

— Дурак, сударь, к ваксе нужны и шпоры. Пошел!

На этот раз выговор этим и ограничился, но могло бы быть гораздо хуже.

Во время своих ежедневных прогулок по Петербургу император Павел встретил офицера, за которым солдат нес шпагу и шубу. Государь остановил их и спросил солдата:

— Чью ты несешь шпагу и шубу?

— Моего начальника, прапорщика, — ответил солдат, указывая на офицера.

— Прапорщика? — сказал государь с изумлением. — Так поэтому ему, стало быть, слишком трудно носить свою шпагу, и она ему, видно, наскучила. Так надень-ка ты ее на себя, а ему отдай свой штык с портупеей, которые будут для него полегче и поспокойнее.

Таким образом, этими словами государь разом пожаловал солдата в офицеры, а офицера разжаловал в солдаты.

При одном докладе М. Брискорна император сказал решительно:
— Хочу, чтобы было так!
— Нельзя, государь.
— Как нельзя? Мне нельзя?
— Сперва перемените закон, а потом делайте как угодно.
— Ты прав, братец, — ответил император, успокоившись.

По вступлении на престол императора Павла состоялось высочайшее повеление, чтобы президенты всех присутственных мест непременно заседали там, где числятся по службе.

Нарышкин, уже несколько лет носивший звание обер-шталмейстера, должен был явиться в придворную конюшенную контору, которую до того времени не посетил ни разу.
— Где мое место? — спросил он чиновников.
— Здесь, ваше превосходительство, — отвечали они с низкими поклонами, указывая на огромные готические кресла.
— Но к этим креслам нельзя подойти, они покрыты пылью! — заметил Нарышкин.
— Уже несколько лет, — продолжали чиновники, — как никто в них не сидел, кроме кота, который всегда тут покоится.
— Так мне нечего здесь делать, — сказал Нарышкин, — мое место занято.

С этими словами он вышел и более уже не показывался в конторе.

Когда Нарышкин находился в отставке и жил в Москве весьма уединенно, к нему приехал родственник некто Протасов, молодой человек, только что поступивший на службу.

Войдя в кабинет, Протасов застал графа лежащим на диване. На столе горела свеча.

— Что делаешь, Александр Павлович? Чем занимаешься? — спросил Нарышкин.

— Служу.

— Служи, служи, дослуживайся до наших чинов.

— Чтобы дослужиться до вашего звания, надо иметь ваши великие способности, ваш гений! — отвечал Протасов.

Нарышкин встал с дивана, взял со стола свечку, поднес ее к лицу Протасова и сказал:

— Я хотел посмотреть, не смеешься ли надо мной?

— Помилуйте! — возразил Протасов. — Смею ли я смеяться над вами?

— Так, стало быть, ты и вправду думаешь, что у нас надобно иметь гений, чтобы дослужиться до знатных чинов? Если ты так действительно думаешь, то никогда до высоких чинов не дослужишься. Человек умный, со способностями проживет и так, а вот ежели человек скудоумный, да без способностей, то ему без чина никак не прожить, он никто, а потому он из кожи вон лезет, чтобы заполучить должность.

Сын графа Нарышкина сильно гулял в Париже, задолжал значительные суммы денег. Кредиторы, зная, что у него нет собственного имения, с требованием об уплате обратились к отцу. Старик решительно отказался платить долги за сына, предоставив кредиторам поступать с ним по закону. Молодого Нарышкина по приговору суда не замедлили заключить в тюрьму, где он и высидел определенное время. По окончании срока Нарышкина выпустили, и он, по законам Франции, не подлежал уже более преследованию своих кредиторов. После этого старик Нарышкин немедленно пригласил их всех к себе и, к крайнему их удивлению, заплатил каждому одолженную сыном сумму, при этом сказал:

— Я и прежде мог это сделать, но хотел проучить молодого человека, а то вы сами знаете, что русские не любят быть в долгу у французов.

Раз Нарышкин слишком грубо подшутил над одним вельможей.

Тот потребовал от Нарышкина удовлетворения.

— Согласен, — отвечал последний, — с тем только, чтобы один из нас остался на месте поединка.

Вельможа одобрил предложение и, захватив с собою пару заряженных пистолетов, отправился с Нарышкиным за город.

Отъехав верст десять, Нарышкин велел экипажу остановиться около одной рощи. Лакей отпер дверцы со стороны вельможи, который тотчас же выпрыгнул. Лакей быстро захлопнул дверцы, вскочил на козлы и закричал: «Пошел!» А Нарышкин, высунувшись из окна и заливаясь смехом, сказал противнику:

— Я сдержал свое слово: оставил вас на месте!

Кучер ударил по лошадям, и экипаж исчез, обдав одураченного вельможу целым столбом пыли.

Нарышкин оригинальным образом получил Андреевский орден.

Находясь однажды утром в уборной государя, когда тот одевался к выходу, и воспользовавшись его веселым настроением духа, Нарышкин испросил позволения примерить лежавшую на столе андреевскую ленту. Надев ее, он пошел в другую комнату, говоря:

— Там большое зеркало, и мне будет удобнее видеть, идет ли мне голубой цвет.

Из другой комнаты Нарышкин перешел в третью, четвертую и, наконец, возвратился смущенный.

— Государь! — воскликнул он в величайшем волнении. — Не погубите, не выдайте меня на посмеяние.

— Что с тобой случилось? — спросил государь в изумлении.

— Ах, государь, — продолжал Нарышкин, — погиб, да и только, если не спасете!

— Да говори же скорее, почему ты так встревожен?

— Вообразите, государь, мой стыд, мое изумление: выхожу с поспешностью в третью комнату от уборной, в ту самую, где большие зеркала... Вдруг откуда-то взялись придворные, окружают меня — и военные, и статские, и Бог знает кто. Один жмет мне руку, другой душит в своих объятиях, третий заикается от досады, обращаясь с поздравлениями, четвертый, кланяясь в пояс, стряхивает на меня всю пудру со своего парика. С большим трудом вырвался я из шумной толпы, где множество голосов как будто нарочно слились в один, приветствуя меня с монаршей милостью. Что мне теперь делать? Как показаться? Пропал, да и только.

Император рассмеялся и успокоил встревоженного Нарышкина, сказав, что жалует его Андреевским орденом.

Был какой-то торжественный день. Весь двор только что сел за парадный стол; комендант генерал-лейтенант Башуцкий стоял у окна с платком в руке, чтобы, как только будет произнесен тост, подать сигнал для пальбы из крепости. Нарышкин, как гофмаршал, не сидел за столом, а распоряжался. Заметив важную позу коменданта, Нарышкин подошел и сказал:

— Я всегда удивляюсь точности крепостной пальбы и не понимаю, как вы это делаете всегда вовремя...

— О, помилуйте! — отвечал Башуцкий. — Очень просто. Я возьму да и махну платком, вот так!

И махнул взаправду, вследствие чего из крепости поднялась пальба раньше времени. Всего смешнее было то, что Башуцкий не мог понять, как это могло случиться, и собирался после стола сделать строгий розыск и взыскать с виновного.

Когда принц прусский гостил в Петербурге, шли беспрерывные дожди. Император Александр изъявил по этому поводу свое сожаление.

— По крайней мере, принц не скажет, что ваше величество его сухо приняли, — заметил Нарышкин.

При закладке военного корабля, происходившей в присутствии государя, находился Нарышкин и был, против обыкновения, мрачен.

— Отчего ты такой скучный? — спросил его император.

— Да чему же веселиться-то, ваше величество? — со вздохом ответил остряк. — Вы закладываете в первый раз, а я каждый день — то в банке, то в ломбарде.

Однажды государь, присутствуя на балу у Нарышкина, спросил его:

— Что стоит тебе сегодняшний бал?

— Безделицу, ваше величество, пятьдесят только рублей.

— Как так? — изумился Александр Павлович.

— Да-с, только пятьдесят рублей на вексельную бумагу.

Был бал во дворце. Нарышкин приехал позже других. Встретив его, император осведомился:

— Почему ты так поздно приехал?

— Без вины виноват, ваше величество, — ответил Нарышкин, — камердинер не понял моих слов: я приказал ему заложить карету; выхожу — кареты нет. Приказываю подавать — он подает пук ассигнаций. Пришлось ехать на извозчике.

Зная, что Нарышкин боится смерти, Александр Павлович сказал ему однажды:

— Я так тобой доволен сегодня, что если ты умрешь, то прикажу поставить тебе великолепный мавзолей!

— А сколько денег вы ассигнуете на этот предмет? — заинтересовался Нарышкин.

— А зачем тебе это знать?

— Я бы лучше попросил ваше величество приказать отсчитать эту сумму мне при жизни. Я повеселил бы вас и задал бы отличный праздник на моей даче.

Александр Львович Нарышкин одно время занимал должность директора театров.

Однажды во время балетного спектакля император Павел Петрович спросил его, отчего он не ставит балетов со множеством всадников, какие прежде давались часто.

— Невыгодно, ваше величество, — ответил Нарышкин.
— Почему?
— Предшественник мой мог ставить такие балеты, потому что, когда лошади делались негодными для сцены, он мог отправить их на свою кухню и... съесть.

До него директорствовал князь Юсупов, который, как известно, был по происхождению из татар.

Александр Львович не любил государственного канцлера графа Румянцева и часто шутил над ним.

Румянцев до конца жизни носил прическу с косичкой.

— Вот уж подлинно можно сказать, — острил Нарышкин, — что нашла коса на камень.

Один престарелый министр жаловался Нарышкину на каменную болезнь, от которой боялся умереть.

— Нечего бояться, — успокоил его остряк, — здесь деревянное строение на каменном фундаменте долго живет.

В 1811 году в Петербурге сгорел большой каменный театр. Пожар был так силен, что в несколько часов совершенно уничтожил это огромное здание. Нарышкин, находившийся на пожаре, сказал встревоженному государю:

— Нет ничего более: ни лож, ни райка, ни сцены — все один партер.

Получив вместе с прочими дворянами бронзовую медаль в память Отечественной войны 1812 года, Нарышкин воскликнул:

— Никогда не расстанусь я с этой наградой; она для меня бесценна — ее нельзя ни продать, ни заложить.

Какой-то надоедливый человек, к которому Нарышкин не чувствовал расположения, спросил его, намекая на его поношенную шляпу:

— Почему она у вас так скоро изнашивается?
— Вероятно, потому, — ответил Александр Львович, — что я сохраняю ее под рукой, а вы на болване.

Как-то раз на параде в Пажеском корпусе инспектор кадетов споткнулся и упал на барабан.
Присутствовавший при этом Нарышкин заметил:
— Впервые он прогремел на весь мир.

Во время заграничного путешествия Нарышкину предложили на берегу Рейна взойти на гору, чтобы полюбоваться на живописные окрестности.
— Покорнейше благодарю, — ответил он, — с горами я обращаюсь всегда как с дамами — пребываю у их ног.

В начале 1809 года во время пребывания в Петербурге прусского короля и королевы все знатнейшие государственные и придворные особы давали великолепные балы в честь знаменитых гостей.
О своем бале Нарышкин сказал:
— Я сделал, что должен был сделать, но я также должен за все, что сделал.

Даже умирая, Нарышкин острил. Едва переводя дыхание, он сказал:
— Первый раз я отдаю долг... природе!

На маневрах Павел I послал ординарца своего И. А. Рибопьера к главному начальнику Андрею Семеновичу Кологривову с приказаниями. Рибопьер, толком не расслышав и не поняв, отъехал, остановился в размышлении и не знал, что делать. Государь настигает его и спрашивает:
— Исполнил повеление? Что ты тут стоишь?
— Я убит с батареи по моей неосторожности, — отвечал Рибопьер.
— Ступай за фронт, вперед наука! — довершил император.

Лекарь Вилье, находившийся при великом князе Александре Павловиче, был по ошибке завезен ямщиком на ночлег в избу, где уже находился император Павел, собиравшийся лечь в постель. В дорожном платье входит Вилье и видит перед собою государя. Можно себе представить удивление Павла Петровича и страх, овладевший Вилье. Но все это случилось в добрый час. Император спрашивает его, каким образом он к нему попал. Тот извиняется и ссылается на ямщика, который сказал ему, что тут отведена ему квартира. Посылают за ямщиком. На вопрос императора ямщик отвечал, что Вилье сказал про себя, что он *анператор*.

— Врешь, дурак, — смеясь, сказал ему Павел Петрович, — император я, а он оператор.

— Извините, батюшка, — сказал ямщик, кланяясь царю в ноги, — я не знал, что вас двое.

Изгоняя роскошь и желая приучить подданных своих к умеренности, император Павел назначил число блюд по сословиям, а у служащих — по чинам.

Майору определено было иметь за столом три блюда.

Яков Петрович Кульнев, впоследствии генерал и славный партизан, служил тогда майором в Сумском гусарском полку и не имел почти никакого состояния. Павел, увидя его где-то, спросил:

— Господин майор, сколько у вас за обедом подано блюд?

— Три, ваше императорское величество.

— А позвольте узнать, господин майор, какие?

— Курица плашмя, курица ребром и курица боком, — отвечал Кульнев.

Император расхохотался.

Император Павел любил показывать себя человеком бережливым на государственные деньги для себя. Он имел одну шинель для весны, осени и зимы, ее подшивали то ватой, то мехом, смотря по температуре, в самый день его выезда.

Случалось однако, что вдруг становилось теплее требуемых градусов для меха, тогда поставленный у термометра придворный служитель натирал его льдом до выхода государя, а в противном случае согревал его своим дыханием. Павел не показывал вида, что замечает обман, довольный тем, что исполнялась его воля.

Точно так же поступали и в приготовлении его опочивальни. Там вечером должно было быть не менее четырнадцати градусов тепла, а печь оставаться холодной. Государь спал головой к печке. Но как в зимнее время соблюсти эти два условия? Во время ужина слуги расстилали в спальне рогожи и всю печь натирали льдом. Павел, входя в комнату, тотчас смотрел на термометр, — там четырнадцать градусов. Трогал печку, — она холодная. Довольный исполнением своей воли, он ложился в постель и засыпал спокойно, хотя впоследствии стенки печи, естественно, делались горячими.

Пушкин рассказывал, что, когда он служил в Министерстве иностранных дел, ему случилось дежурить с одним весьма старым чиновником. Желая извлечь из него хоть что-нибудь, Пушкин расспрашивал его про службу и услышал от него следующее.

Однажды он дежурил в этой самой комнате, у этого самого стола. Это было за несколько дней перед смертью Павла. Было уже за полночь. Вдруг дверь с шумом растворилась. Вбежал сторож впопыхах, объявляя, что за ним идет государь. Павел вошел и в большом волнении начал ходить по комнате; потом приказал чиновнику взять лист бумаги и начал диктовать с большим жаром. Чиновник начал с заголовка: «Указ его Императорского Величества» — и капнул чернилами. Поспешно схватил он другой лист и снова начал писать заголовок, а государь все ходил по комнате и продолжал диктовать. Чиновник до того растерялся, что не мог вспомнить начала приказания, и боялся начать с середины, сидел ни жив ни мертв перед бумагой. Павел вдруг остановился и потребовал указ для подписания. Дрожащий чиновник подал ему лист, на котором был написан заголовок и больше ничего.

— Что ж государь? — спросил Пушкин.

— Да ничего-с. Изволил только ударить меня в рожу и вышел.

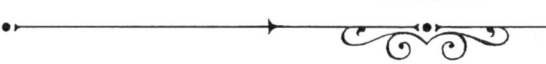

При императоре Павле I в иностранных газетах появились статьи о России, в которых, между прочим, настоятельно советовалось русскому императору быть бдительным, не дремать, проснуться. Доложили графу Безбородко и спрашивали его, возможно ли пропустить в России газеты с подобными статьями.

— Чего они его будят, — флегматично заметил граф-малоросс, — он уже и без того так проснулся, что и нам не дает спать!

Митрополит Филарет славился своим удивительно спокойным и правильным мышлением и находчивостью. Сочинитель русского гимна А. Ф. Львов одно время хлопотал, чтобы церковное пение во всех церквах России было однообразное, и для образца сочинил литургию. Он просил Филарета позволить ему представить свое сочинение на его суждение и, получив согласие, явился к митрополиту с четырьмя певчими. Те пропели литургию пред владыкою, тот прослушал и попросил, чтоб ее вновь пропел один из певчих. У Львова же вся литургия была четырехголосная, и потому он отвечал, что один певчий ее пропеть не может.

— Вот то-то и есть, — спокойно сказал митрополит. — У нас в сельских церквах только и певчих что один дьячок, да и тот нот не знает. Кто же будет петь вашу литургию?

Однажды за обедом, где присутствовал в числе других лиц духовного звания и митрополит Филарет, какой-то священник почтительно посетовал на то, что владыка весь исхудал, истощив себя постом и молитвою.

Митрополит, указывая на себя, т. е. на тело свое, сказал, что этого «скота» надо угнетать.

— А как же, владыка, — заметил один из присутствовавших, — ведь сказано: «Блажен, кто и скоты милует!»

Известно, что в годы правления императора Павла I гостеприимство наших бар доходило до баснословных пределов. Ежедневный открытый стол на тридцать-пятьдесят человек было дело обыкновенное. Садились за этот стол кто хотел: не только родные и близкие знакомые, но и малознакомые, а иногда и вовсе не знакомые хозяину. Таковыми столами были преимущественно в Петербурге столы графа Шереметева и графа Разумовского. К одному из них повадился постоянно ходить один скромный искатель обедов и чуть ли не из сочинителей. Разумеется, он садился в конце стола, и также слуги обходили его. Однажды он почти голодный встал со стола. В этот день именно так случилось, что хозяин после обеда, проходя мимо, в первый раз заговорил с ним и спросил:

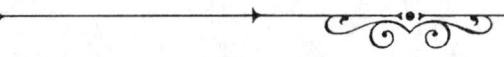

— Доволен ли ты?

— Доволен, ваше сиятельство, — отвечал он с низким поклоном, — мне все было видно.

Рассказывают, что однажды, находясь с графом Ф. В. Ростопчиным в обществе, где было много князей, император Павел спросил его:

— Скажи мне, отчего ты не князь?

После минутного колебания Федор Васильевич спросил императора, может ли он высказать настоящую причину, и, получив утвердительный ответ, сказал:

— Предок мой, выехавший в Россию, прибыл сюда зимой.

— Какое же отношение имеет время года к достоинству, которое ему было пожаловано? — спросил император.

— Когда татарский вельможа, — отвечал Ростопчин, — в первый раз являлся ко двору, ему предлагали на выбор или шубу, или княжеское достоинство. Предок мой приехал в жестокую зиму и отдал предпочтение шубе.

Ростопчин сидел в одном из парижских театров во время дебюта плохого актера. Публика страшно ему шикала, один Ростопчин аплодировал.

— Что это значит? — спросили его. — Зачем вы аплодируете?

— Боюсь, — отвечал Ростопчин, — что как сгонят его со сцены, то он отправится к нам в Россию учителем.

Граф Ростопчин рассказывал, что в царствование императора Павла Обольянинов поручил Сперанскому написать проект указа о каких-то землях, которыми завладели калмыки. Тот написал проект, но Обольянинов остался недоволен редакцией Сперанского. Он приказал ему взять перо, лист бумаги и писать под диктовку. Сам начал ходить по комнате и наконец проговорил:

— По поводу калмыков и по случаю оныя земли...

Тут остановился, продолжал молча ходить по комнате и заключил диктовку следующими словами:

— Вот, сударь, как надобно было начать указ. Теперь подите и продолжайте.

Император Павел I встретил однажды на Невском проспекте таможенного чиновника до того пьяного, что тот едва-едва держался на ногах.

— Ты пьян? — остановив пьяного чиновника, спросил разгневанный император.

— Так точно, ваше императорское величество.

— Да где же ты так по-скотски напился?

— На службе! Как говорится, не щадя живота своего!

— Это что же за вздор ты несешь? На какой-такой службе ты служишь?

— Да, ваше императорское величество, усердствую по служебным обстоятельствам: я таможенный эксперт, то есть обязанность моя пробовать на язык все привозные зарубежные спиртные напитки.

Когда под Калишем был сделан смотр высочайшими особами русским и прусским войскам, всем присутствовавшим дан был обед. За грандиозными столами солдат разместили так: один русский — другой пруссак. Пруссаки были молчаливы и необщительны, наши же, наоборот, очень словоохотливы, даже находчивы. Прежде всего они зарекомендовали себя радушными и любезными хозяевами и пробовали с иностранцами вступать в разговор при помощи отборных слов и главным образом жестикуляции.

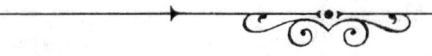

— Эсен, камрат, — сказал русский солдат, многозначительно подмигнув своему соседу.

Император Александр Павлович, услышав эту фразу, спросил произнесшего ее:

— Где ты научился по-немецки?

— В Париже, ваше императорское величество, — не задумываясь ответил солдат.

Император Александр I убедил княгиню Радзивилл выйти замуж за генерала Александра Ивановича Чернышева. Чернышев был убежден, что он герой, что все победы — его победы, и непрерывно рассказывал об этом своей супруге. В Петербурге она сказала государю:

— Ваше величество, может ли женщина развестись с мужем, который ежедневно понемногу убивает ее?

— Да, конечно.

— Так вот, государь, Чернышев морит меня скукой, — сказала она и преспокойно уехала в Варшаву.

В 1817 году император Александр I прибыл в Чернигов. Губернатором в это время там был А. П. Бутович, человек необыкновенно добродушный, доступный, простой. Говорил на местном наречии, носил вне службы малороссийские рубахи, подпоясывался простым поясом. Во время общего представления государю начальствующих лиц император обратился к Бутовичу с вопросом:

— Как же у вас в губернии идут дела?

— То так, то сяк, ваше императорское величество.

Государь, не удовлетворившись таким лаконизмом и думая, что Бутович не понял вопроса, переспросил его:

— Что у вас здесь делается?

— То тее, то сее, ваше величество. — И при этом поднес всеподданнейший рапорт о состоянии губернии и проч.

Государь, сочтя губернатора за великого чудака, обратился к другим лицам губернии.

— Чем вы в Чернигове ведете торговлю? — спросил государь городского голову Гриба.

Голова, слыша ответы Бутовича и считая их совершенством красноречия, ответил:

— То тым, то сым, ваше величество.

Государь после много смеялся и указал сопровождавшему его доктору-французу на Бутовича и Гриба как на великих чудаков. Однако, прочтя потом рапорт Бутовича, император увидел, что этот чудак — один из дельнейших людей, и государь вскоре перевел его в Витебскую губернию, где необходим был энергичный и добросовестный администратор для искоренения беспорядков.

Денис Давыдов говорил об одном генерале, который на море попал в ужасную бурю:

— Бедняга, что он должен был выстрадать! Он, который боится воды, как огня.

Император приказал назначить развод солдатам в шинелях, если мороз выше десяти градусов. Комендант П. П. Мартынов вызвал плац-майора и спросил:

— Сколько сегодня градусов?

— Пять градусов мороза, — отвечает тот.

— Развод без шинелей, — приказал Мартынов.

Но пока наступило время развода, погода подшутила. Мороз перешел роковую черту, и император, рассердившись, как следует намылил голову коменданту.

Возвратясь с развода, взбешенный Мартынов вызвал плац-майора и стал его распекать:

— Что вы это, милостивый государь, шутить со мною вздумали? Мне за вас досталось от государя. Я с вами знаете что сделаю? Я не позволю себя дурачить. Вы говорили пять градусов?

— Когда я докладывал вашему превосходительству, тогда термометр показывал...

— Термометр-то показывал, да вы-то соврали. Так чтоб больше этого не было. Извольте, милостивый государь, впредь являться ко мне с термометром. Я сам смотреть буду у себя в кабинете, а то опять выйдет катавасия.

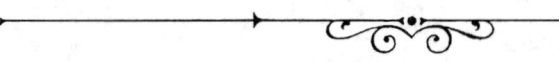

При проезде императора Александра Павловича через город Воронеж ему представлялись все уездные предводители. Между ними был почтенный старик, павловский уездный предводитель Клыков. Он был в мундире времен Павла Петровича, резко отличавшемся от других дворянских мундиров. Государь, подошедши к нему, спросил:

— Это мундир моего отца?

— Никак нет, ваше императорское величество, — наивно отвечал Клыков, — это собственный мой.

Государь, улыбнувшись, отошел от него и ничего не сказал.

Император Александр Павлович, встретив пьяного солдата, шляющегося по Петербургу, крикнул ему:

— Стань назад!

То есть на запятки саней. Государь хотел лично доставить его на гауптвахту.

Солдат уместился на задок и смело заговорил с императором:

— Ваше величество, времена-то как переменчивы: в двенадцатом году вы все, бывало, приказывали: «Ребятушки, вперед!», а теперь по-другому: «Ребятушки, назад!»

Государь улыбнулся и простил солдата, предупредив его, однако, чтобы он больше никогда пьяным по городу не ходил.

В разговоре об одном знатном московском барине государь заметил, что тот живет открыто.

— Не только открыто, ваше величество, но даже раскрыто, — сказал Нарышкин. — У него в Москве два дома стоят вовсе без крыши.

Сын Александра Львовича Нарышкина, славившегося привычкой не отдавать долги, в войну с французами получил от главнокомандующего приказ удержать важную позицию.

Государь сказал Нарышкину:

— Я боюсь за твоего сына: он занимает важнейший рубеж.

— Не опасайтесь, ваше величество, мой сын в меня: что займет, того не отдаст.

Императрица Мария Федоровна спросила у знаменитого графа Платова, который сообщил ей, что он со своими приятелями ездил в Царское Село:

— Что вы там делали — гуляли?

— Нет, государыня, — отвечал он, разумея по-своему слово гулять, — большой-то гульбы не было, а так бутылочки по три на брата осушили.

Граф Платов любил пить с прусским генералом Блюхером. Шампанского Платов не принимал, но был пристрастен к цимлянскому, которого имел порядочный запас. Бывало, сидят да молчат, да и налижутся. Блюхер в беспамятстве спустится под стол, а адъютанты его поднимут и отнесут в экипаж. Платов, оставшись один, всегда жалел о нем: «Люблю Блюхера, славный, приятный человек, одно в нем плохо: не выдерживает».

— Но, ваше сиятельство, — заметил однажды Николай Федорович Смирной, его адъютант и переводчик, — Блюхер не знает по-русски, а вы по-немецки. Вы друг друга не понимаете, какое вы находите удовольствие в знакомстве с ним?

— Э! Как будто мне нужны разговоры; я и без разговоров знаю его душу. Он потому и приятен, что серьезный человек.

Проездом через какое-то село государь Александр Павлович зашел в волостное правление. Там в полуденную пору никого не было, только сторож дремал в уголке. Александр Павлович присел на минуту. Вдруг является голова, узнав, что какой-то офицер зашел в сборную избу. Слухи носились в их селе, что государь будет проезжать в их местах, так голова пришел с мыслью: не удастся ли чего проведать об этом от проезжего?

Нет ничего уморительнее спеси зазнавшегося хохла.

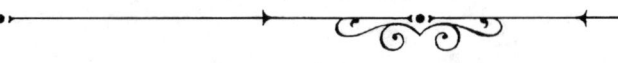

Голова увидел офицера в военном сюртуке, покрытом дорожной пылью. Вообразив по этому скромному костюму, что это какой-нибудь «неветичкий полупанок», подумал, что можно перед ним почваниться.

— А какое дело пану требуется у нас? — спросил он у государя, надувшись и подымая нос.

— А ты кто такой? — спросил Александр Павлович, улыбаясь. — Вероятно, десятский?

— Бери выше! — отвечал начальник волости.

— Кто ж ты, сотский? — поинтересовался государь, едва удерживаясь от смеха.

— Бери выше!

— Писарь?

— Бери выше!

— Голова?

— А може, будет и так, — утвердил тот, важно сделав кивок головой к правому плечу.

Не изменяя своей надутости, голова, в свой черед, спросил государя:

— А ты, пане, кто такой? Поручик?

— Бери выше! — ответил государь.

— Капитан?

— Бери выше!

— Полковник? — И голова при этих словах сделал руки по швам.

— Бери выше!

— Батечко! Так оцеж то ты наш белый, наш восточный царь! — завопил вдруг голова отчаянным голосом. — О, прости ж, твое царское величество, меня, дурня старого. — И бросился к ногам государя.

Нарышкин принес в подарок Александру I попугая. А у Нарышкина был друг, некто Гавриков, большой любитель пунша. Каждый раз, когда Гавриков навещал Нарышкина, хозяин обычно громко возглашал:

— Гаврикову пуншу!

Попугай, очень часто слыша эту фразу, заучил ее. Этот-то самый попугай и попал к императору. И вот вскоре после того, как птица переселилась во дворец, государь слушал своего секретаря, который громко читал ему список лиц, представленных к наградам. В этот список попал и Гавриков. Как только секретарь громко прочитал это имя, попугай тотчас закричал:

— Гаврикову пуншу, Гаврикову пуншу!

Александр взял бумагу и против имени Гаврикова написал: «Гаврикову пуншу».

Одному чиновнику долго не выходило представление о повышении чином. В приезд императора Александра он положил к ногам его следующую просьбу:

Всемилостивый император,
Аз коллежский регистратор.
Повели, чтоб твоя тварь
Был коллежский секретарь.

Государь подписал: «Быть по сему».

Александр умел быть колким и учтивым. На маневрах он раз послал с приказанием князя П. П. Лопухина, который был столько же глуп, как красив. Вернувшись, тот все переврал, а государь ему сказал:

— И я дурак, что вас послал.

Граф Пестель, будучи сибирским генерал-губернатором, очень часто и подолгу гостил в Петербурге. Император Александр I любил его и нередко приглашал обедать. И вот однажды за обедом зашел разговор о пяти чувствах и о том, какое из них у человека сильнее всех других. Присутствовавший за обедом граф Ростопчин сказал: «Я думаю, что самое сильное чувство у человека — зрение; ведь вот, например, граф Пестель живет большей частью в Петербурге, а между тем отлично видит, что делается у него в Сибири, за тысячи верст отсюда».

Император Александр увидел, что на померанцевом дереве остался только один последний плод, и захотел его сберечь. Он приказал поставить туда часового. Померанец давно сгнил, и дерево поставили в оранжерею, а часового продолжали ставить у пустой беседки. Император проходил мимо и спросил часового, зачем он стоит.

— У померанца, ваше величество.
— У какого померанца?
— Не могу знать, ваше величество. Должно быть, покойник какой-то...

На поле Аустерлица, когда русские и австрийские колонны начали развертываться в боевые порядки, император Александр I спросил Кутузова, почему тот не идет вперед. Кутузов ответил, что дожидается, когда соберутся все войска.

— Но ведь вы не на Царицыном лугу, где не начинают парада, пока не придут все полки, — возразил Александр.
— Потому-то я и не начинаю, что мы не на Царицыном лугу — сказал Кутузов. — Впрочем, если вы прикажете...
— Начинайте, — приказал император.

Приказ был отдан, и Наполеон после упорной борьбы одержал полную победу.

Однажды к начальнику караула на главную гауптвахту в Зимний дворец явился придворный лакей с запиской от коменданта Вашуцкого, чтоб «по воле Его Величества содержать под арестом лейб-кучера Илью, впредь до приказания».

Начальник, зная Илью лично, видавши его часто то на козлах в коляске, то зимой в санях, обрадовался, что будет принимать такого знаменитого гостя, который двадцать лет возил государя по всей Европе и по всей России. Начальник принял почтенного Илью Ивановича Байкова самым радушным образом, приказал придворному лакею подать себе завтрак, к которому пригласил и Илью.

— Скажите, за что вас посадили? — спросил начальник у почтенного старика.
— За слово «знаю»! Известно вам, что его величество никогда не скажет, куда именно ехать, но я беспрестанно

поворачиваюсь к нему, и он мне кивнет то направо, то налево, то прямо. Не понимаю, как сорвалось у меня с языка сказать: «Знаю, ваше величество».

Государь вдруг сказал мне с гневом: «Кучер ничего не должен знать, кроме лошадей!»

И отправил меня на гауптвахту.

На Каменном острове, в оранжерее, император Александр I заметил однажды на дереве лимон необычайной величины. Он приказал принести его к себе тотчас же, как только он спадет с дерева. Усердные начальники приставили к лимону караульного офицера. Наконец лимон свалился. Караульный офицер спешит с ним во дворец. Было далеко за полночь, и государь уже лег в постель, но офицер приказывает камердинеру доложить о себе. Его призывают в спальню.

— Что случилось, — спрашивает встревоженный государь, — не пожар ли?

— Нет, ваше величество, — отвечает офицер, — о пожаре ничего не слыхать. А я принес вам лимон.

— Какой лимон?

— Да тот, за которым ваше величество повелели иметь особое строжайшее наблюдение.

Тут государь вспомнил и понял в чем дело. Вспыльчивый Александр Павлович в шею вытолкал усердного офицера, который с тех пор получил кличку «лимон».

Проезжая в 1824 году через Екатеринославскую губернию, император Александр остановился на одной станции пить чай. Пока ставили самовар, государь разговорился со станционным смотрителем и, увидев у него на столе книгу Нового Завета, спросил:

— А часто ли ты заглядываешь в эту книгу?

— Постоянно читаю, ваше величество.

— Хорошо. Читай, читай, — заметил император, — это дело доброе. Будешь искать блага души, найдешь и земное счастье. А где ты остановился?

— На Евангелии святого апостола Матфея, ваше величество.

Государь выслал за чем-то смотрителя и в его отсутствие проворно развернул книгу, отыскал одну из страниц Евангелия от Матфея и, положив в нее пять сотенных ассигнаций, закрыл книгу.

Прошло несколько недель. Возвращаясь обратно по той же дороге, государь узнал станцию и приказал остановиться.

— Здравствуй, старый знакомый, — сказал он, входя, смотрителю, — а читал ли ты без меня свое Евангелие?

— Как же, ваше величество, ежедневно читал.

— И далеко дошел?

— До святого Луки.

— Посмотрим. Дай сюда книгу.

Государь развернул ее и нашел положенные им деньги на том же месте.

— Ложь — великий грех! — сказал он, вынув ассигнации.

Во время Отечественной войны к князю Багратиону подскакал однажды адъютант главнокомандующего с приказанием немедленно начать отступление, так как «неприятель у нас на носу». А у Багратиона был очень длинный нос.

— На чьем носу? — пошутил Багратион. — Если на твоем, так недалеко, а на моем, так еще отобедать успеем!

Знаменитый князь Горчаков, участвуя однажды в игре в вопросы, на заданный вопрос: «Что такое постель?» — отвечал:

— Таблица умножения.

У князя Долгорукова был парадный обед, на который среди прочих был приглашен генерал Ваульбарс. Он запоздал и явился, когда все уже сидели за столом. Среди гостей началось движение, чтобы дать у стола место вновь прибывшему.

— Не беспокойтесь, господа, — пошутил князь Долгоруков, — немец везде и всюду сыщет себе место!

В 1812 году, после соединения наших армий у Смоленска, российские генералы не знали, на что решиться: продолжать ли отступление или идти навстречу неприятелю. Совет проходил в деревне Таврики. Барклай-де-Толли сидел среди двора на бревнах, приготовленных для постройки. Князь Багратион большими шагами расхаживал по двору. При этом они ругали один другого. «Ты немец, тебе все русское нипочем», — говорил Багратион. «Ты дурак, и сам не знаешь, почему называешь себя русским», — возражал Барклай. Они оба обвиняли друг друга в том, что потеряли из виду французов и что собранные каждым из них сведения через своих лазутчиков одни другим противоречат. В это время Ермолов, начальник штаба у Барклая, заботился только об одном, чтобы кто-нибудь не подслушал разговор полководцев, и потому стоял у ворот, отгоняя всех, кто близко подходил, сообщая лишь, что главнокомандующие очень заняты.

В России во время царствования Александра I служили три родные брата Беллинсгаузены: первый — адмирал Фаддей Фаддеевич, второй — генерал Иван Иванович, третий — действительный статский советник Федор Федорович, а отца их звали «Карлом». Кнречно, такое могло случиться только в России, и произошло это следующим образом: Фаддей воспитывался в морском корпусе. «Как тебя зовут?» — спрашивают его при приеме. «Фаддеем». — «А по отцу?» Беллинсгаузен, плохо знавший по-русски, не понял вопроса. Он подумал и повторил опять: «Фаддей». «Пишите: Фаддей Фаддеевич». И записали так. То же самое призошло и с Иваном, который стал Ивановичем, и с третьим — Федором. Так записаны они были в корпусах, так выпущены на службу, служили и умерли.

В сражении при Кульме был взят в плен известный своей жестокостью генерал Вандам.

Вандам сказал государю: «Несчастье быть побежденным, но еще более — попасть в плен; при всем том считаю себя благополучным, что нахожусь во власти и под покровительством столь великодушного победителя». Государь отвечал ему: «Не сомневайтесь в моем покровительстве. Вы будете отвезены в такое место, где ни в чем не почувствуете недостатка, кроме того, что у вас будет отнята возможность делать зло».

После победы в войне 1812 года, проезжая мимо Вандомской колонны в Париже и взглянув на колоссальную статую Наполеона, воздвигнутую на ней, император Александр I сказал: «Если б я стоял так высоко, то боялся бы, чтоб у меня не закружилась голова».

В 1813 году, во время пребывания в Дрездене, Александр I, по обыкновению, совершал свои прогулки по городу пешком, один, без всякой свиты. Одна крестьянка, увидев его прогуливающимся, в изумлении сказала: «Смотрите-ка! Ведь это русский император идет один! Никого не боится... Видно, у него чистая совесть».

Однажды в Таганроге, незадолго до кончины, император Александр I шел по улице и встретил совершенно пьяного гарнизонного офицера, шатавшегося из стороны в сторону и никак не попадавшего на тротуар. Государь подошел к нему и сказал:

— Где ты живешь? Пойдем, я доведу тебя, а то встретит Дибич (начальник главного штаба) в этом положении, тебе достанется — он престрогий.

С этими словами государь взял его под руку и повел в первый переулок. Разумеется, пьяный офицер, узнав императора, тотчас протрезвел.

Глава 3

Не понимает человек шутки — пиши пропало!

А. Чехов

Когда Г. Р. Державин поступил в рядовые Преображенского полка, его непосредственным начальником оказался офицер Козловский, большой любитель поэзии и сочинитель. Однажды Козловский собрался читать знакомым какое-то свое новое произведение, а в это время к нему пришел по службе Державин. Сделав свое дело, Державин остановился за дверью послушать, что такое читают. Козловский, заметив его, крикнул:

— Ты что стал! Ступай вон, ведь все равно в стихах ничего не смыслишь, что тебе слушать!

Н. В. Гоголь бывал на вечерах у Н. М. Языкова, где всегда царили страшная вялость и скука. Гости безмолвно сидели, курили, лишь изредка перекидываясь короткими фразами. Просиживали так целый вечер и скучные расходились по домам. Однажды Гоголь, уставший молча сидеть и сражаться с зевотой, в конце вечера встал и возгласил:

— Ну, господа, пора нам и кончать нашу шумную беседу!

Граф Хвостов был одержим неутолимым зудом стихотворчества, но его произведения, тяжелые, безобразные и нелепые по внешней форме, часто почти бессмысленные, возбуждали общий хохот. Известный баснописец А. Е. Измайлов превосходно характеризовал его тяжеловесную музу в двух своих эпиграммах. Одна из них гласит:

    В Крылова притчах мы читаем, что петух,
    В навозе рояся, нашел большой жемчуг.
    Но клада не найдешь такого,
    Хоть трижды перерыв Хвостова.

Когда Хвостов написал свою безобразную оду на большое петербургское наводнение 1824 года, Измайлов сочинил на нее эпиграмму:

Господь послал на Питер воду,
Хвостов сейчас скропал и оду.
Пословица недаром говорит:
Беда — беду родит.

После назначения Н. М. Карамзина на должность историографа он делал визиты. В одном доме, не застав хозяина, он приказал лакею записать свое звание и имя: «историограф Карамзин».

— Покажи-ка, как ты записал? — полюбопытствовал он, продиктовав лакею эти слова, и прочитал запись, сделанную лакеем: «Карамзин, граф истории».

Когда М. Н. Загоскин читал первые отрывки из «Юрия Милославского» своим знакомым, все оставались поражены яркой талантливостью этого произведения. Загоскина знали и раньше, знали, что он обладает талантом, но не думали, что его талант так значителен. Кто-то из знакомых простодушно выразил это общее изумление словами:

— Мы от вас, признаться, даже и не ожидали такого великолепия.

— Я и сам не ожидал, — с таким же простодушием отвечал Загоскин.

Расскажем злую шутку А. С. Пушкина с лицейским гувернером Трико. Этот Трико, гувернер Царскосельского Лицея, где воспитывался Пушкин, не пользовался любовью лицеистов. Случилось, что Пушкин с товарищами вздумал погулять в Петербурге; попросились у Трико, а тот не отпускал. Решили этим запрещением пренебречь, но так как опасались, что Трико непременно пустится в погоню, то и обезопасили себя на всякий случай такого рода штукой.

В те времена на шоссе под Петербургом были устроены заставы, около которых проезжающих останавливали, спрашивали имена и записывали их и только после записи пропускали дальше. Озорные лицеисты устроились так, что впереди ехал один из них, потом позади, на некотором расстоянии, другой, а за ним, опять-таки на известной дистанции, Трико, гнавшийся за ними по пятам, чтобы их настичь, вернуть и засадить в лицейскую кутузку.

Итак, подъезжает к заставе первый лицеист, скажем, Пушкин. Заставный чин его останавливает, спрашивает имя.

— Александр Однако, — объявляет Пушкин.

Странное имя, конечно, производит на стража некоторое впечатление, но... мало ли какие бывают имена, особенно в Питере, где такая пропасть иностранцев. «Однаку» записывают и пропускают, не говоря ни слова.

Подъезжает вслед за ним товарищ (кажется, Кюхельбекер). Останавливают.

— Как фамилия?
— Василий Двако!

Впечатление от странности людских имен усиливается. В уме стража заставы, несомненно, совершается сопоставление двух имен: Однако, Двако!.. Но мнительность еще не назрела до степени активного сомнения; Кюхельбекер пропускается. Подъезжает злополучный гувернер.

— Как фамилия?
— Трико.

Теперь уже сомнений никаких! Ясное дело, что это все одна шайка шутников, шалопаев, а может быть, и мошенников. Заставные чины, конечно, горько пожалели, что упустили первых двух: их и след простыл; но зато третий-то уж не уйдет. И несчастный Трико целые сутки просидел на заставе под арестом, пока выяснилось дело.

Плотно покушав и выпив много шампанского на одном обеде, А. С. Пушкин беседовал с какой-то дамой, лицо которой носило чрезвычайно обильные следы оспы. У поэта вырвалось какое-то неловкое словечко, не понравившееся даме, и она осадила его:

— Александр Сергеич, у вас уже начало двоить в глазах.
— Не двоить, сударыня, а рябить!.. — поправил Пушкин.

Известный собиратель народных песен и сказаний, П. И. Якушкин, страдал одним из наших национальных пороков: пристрастием к спиртным напиткам. Однажды его пригласил на завтрак граф Строганов. Якушкин явился к нему, видимо, навеселе.

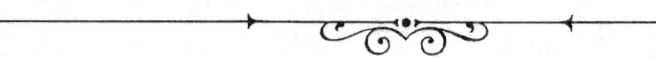

— Да вы, как кажется, уже позавтракали? — спросил граф.

— Позавтракать не позавтракал, а чуточку выпил.

— Что же теперь будем делать? — спросил граф.

— Выпьем еще чуточку! — отвечал Якушкин.

Один из придворных чинов подал императору Николаю I жалобу на офицера, который выкрал у него дочь и без разрешения родителей обвенчался с ней. Николай на жалобе написал: «Офицера разжаловать, брак аннулировать, дочь вернуть отцу, считать девицей».

Какому-то богатому саратовскому помещику захотелось непременно увидеть государя. Для этого он, недолго думая, прикатил в Петербург. Гуляя около Зимнего дворца, помещик однажды встретил статного, высокого роста мужчину в офицерской форме и плаще и, приняв его за одного из служащих при дворе, просил у него совета, как увидеть государя. Незнакомцу он подробно рассказал при этом о своем общественном, семейном и материальном положении и прочем.

— Я живу сорок лет на свете, — говорил помещик, — но еще не видал нашего батюшку-царя.

Незнакомец спросил, не имеет ли он какого-нибудь прошения к государю. Помещик обозвал его чудаком и повторил, что он приехал единственно за тем, чтобы увидеть государя и по возвращении на родину рассказать землякам о своих впечатлениях.

— А позвольте спросить, кто вы такой?

— Я — русский император, — ответил Николай Павлович, с которым действительно повстречался саратовский помещик.

— Ну, если вы русский, так я, должно быть, китайский император, — захохотав, возразил помещик. — Полно шутить!.. Скажи, брат, откровенно, по-русски, кто ты такой, и посодействуй мне.

Николай Павлович ответил помещику, что он пошутил, что он флигель-адъютант государя и обещал устроить дело. Помещик чуть не облобызал от радости мнимого адъютанта.

— Давно бы так, — сказал он, — ты меня, брат, не стесняйся, я ведь с губернатором знаком.

Государь обещал прислать своего товарища для обозрения Петербурга и окрестностей, а затем и для того, чтоб свести помещика во дворец.

Действительно, на другой день приехал к помещику флигель-адъютант государя и целую неделю показывал ему все достопримечательности столицы, а потом пригласил приехать во дворец к мнимому товарищу. Помещик благодарил, но сомневался:

— Да как же я пойду к нему, если я и фамилии его не знаю.

— Это ничего: подъезжай, брат, прямо ко дворцу и на первый вопрос, кто ты такой, отвечай, что китайский император.

Помещик рассмеялся, и на следующий день был во дворце. Внутренний караул встретил его барабанным боем, отдал ему честь. Помещик испугался, его насилу ввели в кабинет государя, еще неодетого в то время.

— Что вы наделали? — сказал ему помещик. — За такие шутки нас с вами в Сибирь сошлют, и мне не удастся увидеть царя.

— Неужели ты думаешь, что Николай такой строгий?

Помещик стоял на своем.

— Прикажи-ка для успокоения подать водки, — сказал он.

Водку подали. Помещик приободрился, а тем временем государь облекся в полную парадную форму и повел помещика к императрице, которой представил его, сказав:

— Саша, рекомендую тебе нового китайского императора.

Помещик расшаркался, подбежал к ручке и с восхищением говорил, что отродясь не видал такого шутника, но что все-таки боится, как бы не узнал Николай Павлович. Помещик был в духе и вел самый непринужденный разговор с государем и государыней, рассказывая о соседях, о губернской знати, сплетнях, обнаружив чисто русскую душу нараспашку. Подали завтрак, который шел очень оживленно, но в конце официант на какое-то приказание государя доложил: «Исполнено, ваше императорское величество». Тогда помещик прозрел. Он упал на колени и просил у государя прощения.

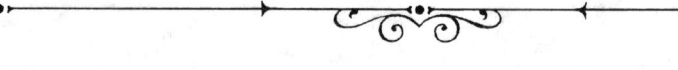

— Не только не сержусь, но и очень рад. Садись, кончай завтрак, а поедешь к своим, расскажешь, что не только видел русского царя, но даже с ним и его семейством завтракал, — успокоил его государь.

Теперь язык у помещика прилип к гортани. После завтрака он откланялся и уехал к себе в гостиницу. А когда на другой день за ним послали, чтобы он явился во дворец, то его уже не оказалось. Быстро собрав свои пожитки, он укатил в Саратовскую губернию.

Николай I посетил Дворянский полк. На фланге стоял кадет на голову выше государя. Государь обратил на него внимание.

— Как твоя фамилия? — спросил он.
— Романов, ваше величество.
— Ты родственник мне? — пошутил государь.
— Точно так, ваше величество, — отвечал без запинки молодец-кадет.
— А в какой степени? — спросил Николай, пристально посматривая на кадета.
— Ваше величество — отец России, а я сын ее, — ответил находчивый кадет.

Император Николай Павлович переживал тяжелейшие в жизни дни: началась трудная для России севастопольская кампания. Первая встреча русских войск на реке Альме с неприятелем была очень неудачна: сражение проиграли, и получивший об этом донесение император был грустен.

В таком настроении ехал однажды Николай Павлович из Зимнего дворца в коляске вместе с генералом Бенкендорфом по Невскому и свернул на Большую Садовую улицу.

Едва только император проехал церковь и кордегардию, направляясь к Измайловскому полку, как из Обуховского проспекта с позвякиванием поддужного подвязного колокольца вылетела на Большую Садовую фельдъегерская тройка с фельдъегерем, на шляпе которого развевался белый султан.

— Ппа-ди! — неистово кричал ямщик на толпы сновавшего взад и вперед люда, очищая дорогу, и во весь карьер мчался навстречу императору.

— Ко мне, с вестями, — сказал Николай Павлович, обращаясь к Бенкендорфу. — Этот из Крыма, кажется? Что-то он мне везет?

— Остановить его, — приказал он, и Бенкендорф, встав в коляске во весь рост, замахал руками фельдъегерю, чтобы тот остановился.

Ямщик круто, на всем скаку, остановил тройку, посадив ее на задние ноги вровень с коляской императора. Фельдъегерь выскочил из тележки и вытянулся перед императором, приложив руку к шляпе.

— Ты откуда? — спросил император.

— Из Севастополя, от главнокомандующего, к вашему императорскому величеству! — бойко отрапортовал фельдъегерь.

— Давай сюда донесение.

Фельдъегерь расстегнул на груди сумку и подал Николаю Павловичу пакет. Государь дрожащими руками сломал печать, вынул бумагу и передал ее Бенкендорфу для прочтения.

— Победа, ваше императорское величество, — доложил Бенкендорф, пробежав донесение.

— Я сейчас же могу отслужить благодарственный молебен, — сказал император и велел кучеру повернуть к церкви Спаса. В этот момент с другой стороны Обуховского проспекта вытянулась на Садовую, пересекая ее, партия арестантов, впереди шли несколько человек в кандалах, побрякивая ими по мостовой.

Николай Павлович велел остановить партию.

— Всех прощаю! — сказал император. — Привести всех в церковь, пусть помолятся вместе со мною за славу русского оружия!..

Один помещик желал определить сына в какое-то учебное заведение, для этого ему нужно было подать прошение на высочайшее имя. Не зная, как написать прошение, и, главное, затрудняясь, как титуловать государя, простак вспомнил, что государя называли августейшим, и так как дело было в сентябре, накатал в прошении: «Сентябрейший государь».

Прочитав это прошение, Николай Павлович рассмеялся и сказал:

— Непременно принять сына и учить, чтобы он не был таким дураком, как отец его!

Осматривая однажды постройки Брест-Литовской крепости, император Николай I, в присутствии иностранных гостей, хваливших работы, поднял кирпич и, обратясь к одному из окружающих его лиц, спросил:

— Знаете ли, из чего он сделан?

— Полагаю, из глины, ваше величество.

— Нет, из чистого золота, — отвечал государь, — по крайней мере, я столько за него заплатил.

Разумеется, строители крепости почувствовали себя крайне неловко при этих словах.

Однажды поздно вечером император Николай I вздумал объехать все караульные посты в городе, чтобы лично убедиться, насколько точно и правильно исполняется войсками устав гарнизонной службы. Везде он находил порядок примерный. Подъезжая к самой отдаленной караульне у Триумфальных ворот, государь был убежден, что здесь непременно встретит какое-нибудь упущение. Он запретил часовому звонить и тихо вошел в караульную комнату. Дежурный офицер, в полной форме, застегнутый на все пуговицы, крепко спал у стола, положив голову на руки. На столе лежало только что написанное письмо. Государь заглянул в него. Офицер писал родным о запутанности своих дел вследствие мелких долгов, сделанных для поддержания своего звания, и в конце прибавлял: «Кто заплатит за меня эти долги?» Государь вынул карандаш, подписал свое имя и ушел, запретив будить офицера. Можно представить себе изумление и радость офицера, когда, проснувшись, он узнал о неожиданном посетителе, великодушно вызвавшемся помочь ему в затруднительном положении.

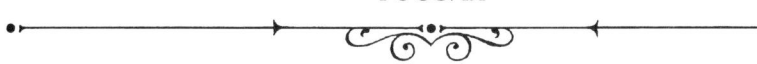

В 1844 году вышла в Париже пьеса «Император Павел», которую хотели дать на сцене. Содержание этой пьесы было направлено против русского самодержавия. Узнав об этом, Николай I кратко написал королю французов, что если не конфискуют этой пьесы и не запретят ее представление на сцене, то он пришлет миллион зрителей, которые ее освищут.

Ни один театр не отважился поставить пьесу.

В сороковых годах жил в Петербурге именитый купец Василий Григорьевич Жуков, производивший обширную торговлю табаком и известный своей добротой ко всем, кто поступал к нему в услужение или на работу. Василий Григорьевич любил наших солдат и выходивших в отставку принимал к себе на фабрику, платил им хорошее жалованье, часто разговаривал с ними и награждал. Однажды великий князь Михаил Павлович, любивший в свободное от службы время побалагурить с солдатами, проехал по лагерю под Красным Селом, встретил старого солдата, подлежавшего увольнению в отставку, остановил его и разговорился с ним.

— Ну что, брат, пора нам с тобой и на шабаш! — сказал ему великий князь весьма серьезно.

— Да, ваше высочество, приходит время к отставке, — отвечал солдат.

— Куда же поедешь?

— Еще не знаю, ваше высочество.

— Ну, брат, и мне хочется на покой, а я также не знаю, где бы местечко потеплее найти. А? Как ты мне посоветуешь? — продолжал Михаил Павлович.

— Ах, ваше высочество, — отвечал солдат, не запинаясь, с желанием от души всего хорошего любимому им великому князю, — у купца Жукова жить хорошо; вот бы куда!

— Пожалуй, не примет! — засмеялся великий князь.

— Как не принять ваше-то высочество? — отвечал убежденно старый воин. — Первеющее место вам предоставит.

— Спасибо за совет, любезный товарищ, — смеялся великий князь, хлопая по плечу солдата, — придется, значит, поклониться Василию Григорьевичу... Завтра же увижу его и попрошу.

— Просите и за меня, ваше высочество, — отвечал невозмутимо старик.

— Конечно, конечно, — закончил великий князь разговор, — уж если служить, так опять вместе.

И действительно, солдат, по просьбе великого князя, был принят по выходе в отставку Жуковым и находился у него на службе до самой смерти.

***

Великий князь Михаил Павлович писал до такой степени дурно и неразборчиво, что иногда писем его нельзя было прочитать. А. П. Ермолов, находившийся в постоянной переписке с ним, часто говорил ему об этом. Раз они не виделись четыре месяца, и в течение этого времени Ермолов получил от великого князя несколько писем. При свидании великий князь спросил его:

— Ну что, ты разобрал мои письма?

Ермолов отвечал, что в иных местах попытка удалась, а в других нужно было совершенно отказаться от нее.

— Так принеси их, я прочту тебе, — сказал великий князь.

Ермолов принес письма; но великий князь, как ни старался, сам не мог разобрать того, что написал.

***

Великий князь Михаил Павлович строго взыскивал за нарушение дисциплины и не терпел малейшей небрежности в одежде солдат и офицеров.

Однажды, проезжая мимо семеновских казарм, он видит пьяненького, расстегнутого, растрепанного солдата, пробиравшегося домой.

Великий князь вспылил и что-то крикнул ему. Хотя был уже вечер, но солдат разом признал Михаила Павловича. От грозной неожиданной встречи он моментально протрезвел и, боясь ответственности, улизнул в казармы.

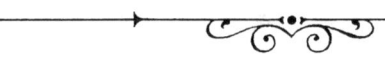

Крайне разгневанный трусливой выходкой солдата, великий князь выскочил из коляски и бросился за ним.

В казармах поднялась суматоха. Михаил Павлович приказал тотчас же собрать всех солдат и перекликать их по именному списку.

Так как было темно, то один из солдат носил за великим князем свечку. Михаил Павлович пытливо всматривался в лица и во время переклички и после, но никак не мог узнать провинившегося.

— Признавайся, кто из вас попался мне сейчас навстречу! — сказал он, уже вполне успокоившись. — Не накажу...

— Я, ваше высочество! — признался солдат, все время носивший за ним свечку.

— Ты? — удивился Михаил Павлович. — И то верно. Как же мне в голову не пришло тебя рассмотреть, когда ты откликался?

— Это так Богу было угодно, ваше высочество.

— Действительно, так Богу угодно, — повторил великий князь и уехал.

Император Николай I однажды, желая подшутить над обер-полицмейстером Бутурлиным, очень сурово встретил его при обычном утреннем докладе, наговорил ему много резких слов, упрекнул в небрежности, недосмотре и т. д.

— У тебя, — говорил он, — чуть не из-под носа украли статую Петра с Сенатской площади, а ты докладываешь, что «все обстоит благополучно»!

И он приказал ошеломленному Бутурлину отыскать вора во что бы то ни стало в одни сутки. Бутурлин тотчас помчался на площадь, увидал статую на своем месте, вернулся обратно и доложил государю, что его ввели в обман.

— Экий ты простофиля, Бутурлин! — сказал ему со смехом Николай. — Как мог ты подумать, что такую вещь, целый памятник, можно украсть? Ведь сегодня первое апреля!

Бутурлин был раздосадован, что так глупо попался, и решил отомстить. Вечером в тот же день государь был в театре. Бутурлин с подделанною тревогою на лице внезапно вошел в ложу и доложил ему, что в Зимнем дворце пожар. Государь тотчас поехал во дворец, Бутурлин за ним.

Когда подъехали ко дворцу и пожара никакого не оказалось, торжествующий Бутурлин радостным голосом гаркнул:

— Сегодня первое апреля, ваше величество!

Раздраженный император сказал ему:

— Ты, Бутурлин, дурак. И не думай, что я так тебя называю ради первого апреля; я тебя и завтра назову за это дураком.

Однажды на гауптвахту посадили двух офицеров. Одного из них начальник караула, по приятельству, отпустил погулять, а другой, озлобленный этим, написал донос. Провинившихся офицеров отдали под суд. Николай I после доклада ему этого дела приказал гвардейцев перевести в армию, а доносчику выдать денежную награду, но внести в его формулярный список, за что именно им эта награда получена.

Министр внутренних дел Перовский представил к солидной награде некоего Косинского. Император Николай I при докладе об этом несколько усомнился и заколебался. Перовский же настаивал, расхваливая Косинского и называя его «настоящим бриллиантом» чиновничьего мира. Государь запомнил этот пышный эпитет. Впоследствии тот же Косинский жесточайше проворовался. И вот однажды, когда министр двора представлял императору для выбора массу бриллиантовых вещей, Николай Павлович шутя сказал ему:

— Ты их покажи лучше Перовскому — это настоящий знаток в бриллиантах.

Когда знаменитая французская актриса Рашель была в Петербурге, ока потребовала, чтобы в ложу не пускали более четырех лиц. Об этом узнал император Николай Павлович и однажды, когда он удостоил актрису беседой и она выразила сожаление, что редко видит его на своих представлениях, сказал ей:

— У меня ведь очень большая семья; я рискую оказаться пятым в нашей ложе.

Однажды на маневрах император Николай I что-то скомандовал, но его команда не была исполнена как следует, и в строю произошла видимая путаница. Государь тотчас подозвал командовавшего той частью, где произошел беспорядок, и потребовал объяснений. Оказалось, что генерал не расслышал слов команды.

— Мой голос слышит вся Европа, а мои собственные генералы его не слышат! Стыдно, генерал! — сказал Николай Павлович.

Однажды какой-то крестьянин или мастеровой, Иванов или Петров, напился до потери разума в одном из питерских кабаков и начал нестерпимо сквернословить, так что даже целовальнику стало невмочь его слушать.

— Постыдись ты, — уговаривал он пьяного, — ведь тут царский портрет!

— Что мне царский портрет, плюю я на него! — орал Иванов, очевидно не сознавая, что мелет его язык.

Его, конечно, немедленно препроводили в «теплое» место. Дело приняло скверный оборот — оскорбление величества, и о нем сочли необходимым доложить императору Николаю Павловичу. Но тот только рассмеялся и сказал:

— Объявите Иванову, что я тоже на него плюю, и отпустите его.

— Ну что, доволен ты Анною? — спрашивал император Николай I одного из своих офицеров, которому только что дал орден.

— Сам я доволен, ваше величество, — ответил офицер, — да Анна очень скучает по Владимиру.

— Это ничего, — сказал император, — пусть поскучает подольше, больше будет радости при свидании.

Однажды государю Николаю Павловичу попался едущий на извозчике пьяный драгун. Сначала пьяный сильно смутился, но потом оправился и, вынув из ножен саблю, салютовал императору.

— Что это ты делаешь, драгун? — спросил император укоризненно.

— Пьяного драгуна на гауптвахту везу, ваше величество! — доложил драгун.

Находчивость драгуна понравилась Николаю, он выдал ему пять рублей и велел ехать домой.

Во время Крымской войны государь Николай I, возмущенный всюду обнаруживавшимся хищением, в разговоре с наследником выразился так:

— Мне кажется, что во всей России только ты да я не воруем.

Очевидцы рассказывают такой случай. Как-то государь Николай I приказал князю Волконскому принести к нему из кабинета самую дорогую табакерку. Тот пошел и выбрал первую попавшуюся, подешевле... Государю показалась она довольно бедна.

— Дороже нет, — отвечал Волконский.

— Если так, делать нечего, — отвечал государь, — я хотел тебе сделать подарок, возьми ее себе.

В 1847 году была учреждена по всей России должность губернских и уездных ловчих, иначе говоря — охотников и егерей.

Дело в том, что под Москвой появилось много волков, которые иногда забегали даже на улицы города. Генерал князь Щербатов, известный не только своей храбростью, но и простотой, попросил позволения у императора Николая I «учредить облавы для прогнания волков в другие смежные губернии».

Николай Павлович, получив такое донесение, рассмеялся и сказал:

— Этак он, пожалуй, своими облавами догонит волков до Петербурга.

После чего и были учреждены должности ловчих для отстрела и уничтожения хищников.

В начале 1830-х годов, возвращаясь из Москвы, государь Николай Павлович остановился на несколько дней в Твери, ожидая пока пройдет ледоход на Волге, чтобы продолжить путь. Поставщиком для стола государя и его свиты был местный купец-богач, который в итоге подал такой счет, что удивил всех.

— Неужели у вас все так дорого? — спросили купца.

— Нет, слава богу, такие цены только для государя. Нельзя же ему продавать как обыкновенному обывателю.

Эти слова донесли императору. Он пожелал лично видеть поставщика и спросил его:

— Так ты думаешь, что с меня надо брать как можно дороже?

— Так точно, ваше величество, — ответил купец. — Можно ли равняться в чем-нибудь с вашим величеством нам, грешным рабам? А у нас в торговом деле так заведено, что цена назначается по покупателю...

— Ты, пожалуй, и прав отчасти, но хорошо, что не все в России думают так, как ты. У вас в Твери даже мне жить было бы не по карману.

Счет был оплачен, и Николай Павлович в Твери никогда больше не останавливался.

В Петергофе в николаевское время проживал старик по прозвищу Нептун. Это был отставной корабельный смотритель и настоящая фамилия его была Иванов. Но кто-то назвал его однажды Нептуном, так за ним кличка эта и осталась.

Однажды Николай I проезжал по Петергофу и увидел, что корова забралась в цветочные клумбы на государевой даче и щиплет там траву. Беспорядок! О чем думает Нептун?

— Нептун!

Нептун вырос как из-под земли и вытянулся во фронт.

— Нептун! Твои коровы в моем огороде ходят, — заметил строго государь. — Смотри, под арест посажу!

— Не я виноват, — угрюмо ответил Нептун.

— Кто же?

— Жена.

— Ну, ее посажу!

— Давно пора, ваше величество!

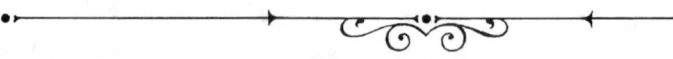

Русский хирург Христиан Яковлевич Гюббенет, прославившийся во время Крымской войны 1853—1856 годов, имел брата — киевского полицмейстера, с которым у него были весьма натянутые отношения. Когда император Александр II вскоре после коронации приехал в Киев, ему в числе других профессоров университета представили и Гюббенета.

— А, так это ты брат здешнего полицмейстера? — рассеянно спросил император.

— Нет, ваше величество, — отрезал Гюббенет. — Это не я — его брат, а он — мой.

Немало позабавил императора Николая Павловича один солдат своей не лишенной остроумия выдумкой. Государь встретил его на Вербной неделе, в те дни, когда в Петербурге идет уличный торг и совершаются массовые гулянья «на вербе». Солдат что-то нес в узелке и спешил. Государь остановил его, полюбопытствовал, куда он идет, что несет, и узнав, что солдат несет продавать «на вербе» собственного изделия табакерки, пожелал их видеть. На табакерках оказался довольно сносно нарисованный портрет Наполеона I. Николай Павлович спросил, почему же он не поместил портрета своего императора. Солдат сказал, что своему тут быть не годится, и, показывая табакерку, сделал такого рода объяснение:

— Когда хотят понюхать табачку, то, первое дело, хлопают по крышке, стало быть, по носу французскому королю. А как понюхал человек, сейчас он должен чихнуть, а чихнул — все равно что здоровья пожелал: здравия желаем, мол, ваше императорское величество. И вот, извольте посмотреть, на этой стороне, внутри, вашего величества портрет.

На внутренней стороне крышки был другой портрет, также совсем неплохой, императора Николая. Государь купил у солдата несколько табакерок, заплатил ему по-царски и потом со смехом показывал и дарил эти табакерки нескольким лицам, рассказывая им о смышленом солдате.

Однажды император Николай I, встретив на улице французского актера Верне, разговорился с ним. Когда они простились и разошлись, Верне мгновенно попал в канцелярию обер-полицмейстера, потому что, не понимая по-русски, не мог ничего объяснить квартальному, который его допрашивал, по какому случаю государь остановил его. Дело, конечно, разъяснилось, и француза выпустили с извинениями, но с тех пор он начал так явно и видимо избегать встречи с государем, что тому это кинулось в глаза, и он потребовал объяснений: «Что, дескать, вы от меня бегаете?»

— Государь, — отвечал артист, — беседовать с вами честь великая, но в то же время и небезопасная: я за это отменное удовольствие один раз уже просидел полдня в полиции и больше не желаю.

Обер-полицмейстеру, когда дело разъяснилось, конечно, досталось за излишнее рвение его подчиненных.

Однажды на маневрах одной армией командовал император Николай I, а другой — генерал Витт. Последний вдруг почему-то начал отступление.

— Не понимаю, что это значит, — недоумевал государь. — Его положение гораздо благоприятнее моего!

— Ваше величество, — сказал бывший с ним А. П. Ермолов, — генерал Витт, быть может, сбился с толку и принял маневры за настоящее сражение.

Суровый кавказский герой А. П. Ермолов иногда отпускал очень острые словечки. Так, когда он был еще командиром какой-то артиллерийской части, случилось, что он попал на смотр к знаменитому А. А. Аракчееву, и тот, найдя лошадей в плохом теле, грубо заметил Ермолову, что от этого, т. е. от состояния, в каком находятся вверенные ему кони, зависит вся его репутация.

— Знаю я, — мрачно ответил Ермолов, — что репутация человека часто зависит от скотов.

Деспотичная и хитрая Настасья Федоровна Минкина, сожительница графа Аракчеева, для произведения большего впечатления на своего господина прославила себя колдуньей таким образом.

Призвала она к себе лично ей известного солдата того полка, смотр которого Аракчеевым был назначен на другой день, и говорит ему:

— Хочешь быть в отставке?

— Как, матушка, не хотеть...

— Ну так вот что я тебе скажу: вашему полку завтра имеет быть смотр самим графом Алексеем Аракчеевым. Ты заряди свое ружье пулей и смело стой в рядах. Когда граф станет осматривать ружья и увидит твое ружье заряженным, то спросит: «Для чего ты зарядил?» А ты ответь: «Вас убить хотел».

Солдат от испуга наотрез отказался от такого страшного способа получить отставку.

— Да ты не бойся, — успокоила его Настасья Федоровна, — я ручаюсь, что будешь отставлен.

После различных увещеваний Минкиной и твердо веруя в ее влияние на графа, солдат согласился на эту рискованную проделку.

На другой день, когда Аракчеев был уже готов отправиться на смотр, Настасья Федоровна проговорила тоном предсказательницы:

— Берегись, тебя сегодня на смотру убьют!

— Что? — трусливо переспросил граф. — Откуда ты это знаешь?

— Я тебе предвещаю! — загадочно ответила Минкина.

— Вздор! — сердито процедил сквозь зубы Аракчеев и отправился на смотр, где прежде всего велел скомандовать к осмотру ружей. Пророчество Минкиной, однако, у него не выходило из головы и страшно его тревожило.

Окинув быстрым взглядом солдатские ружья, граф видит, что у одного солдата шомпол в ружье торчит выше обыкновенного.

— Что, у тебя ружье заряжено? — спросил Аракчеев, побледнев и злобно сверкая глазами.

— Точно так, ваше сиятельство, — ответил солдат, дрожа всем телом.

— Для чего?

— Хотел вас убить!

Весь полк всполошился. Солдата арестовали, граф же, не окончив осмотра, уехал домой и прямо пошел к Минкиной.

— Ты правду сказала, — проговорил он, — меня солдаты хотели убить, но Бог не допустил этого злодеяния.

Аракчеев рассказал ей все подробности. Когда он кончил, Настасья Федоровна спросила его:

— А что ты хочешь сделать с провинившимся?

— Разумеется, предать суду...

— Не делай этого, — таинственно посоветовала Минкина, — нехорошо будет... Лучше ты прости его за откровенность и дай отставку.

Аракчеев под впечатлением ее только что совершившегося предсказания так и поступил; не подвергая никакой ответственности, дал солдату полную отставку.

Этот ловко обдуманный случай прославил Минкину колдуньей, чем она впоследствии успешно и пользовалась.

Аракчеев терпеть не мог взяток и подношений и в этом смысле не щадил никого, даже своих преданных слуг. Раз, в приемный день Аракчеева, явившиеся к нему для представления генералы и другие важные лица с удивлением увидели на дверях кабинета, выходивших в приемную, прибитый лист бумаги, на котором крупными буквами было написано следующее:

«Я, Влас Власов, камердинер графа Алексея Андреевича Аракчеева, сим сознаюсь, что в день нового года ходил с поздравлением ко многим господам и они пожаловали мне в виде подарков...»

Тут значилось поименно, кто и сколько дал денег Власову, а затем он изъявлял свое раскаяние и обещался впредь не отлучаться за милостыней!

Встретив во дворце известнейшего остряка николаевских времен князя А. С. Меншикова, Ермолов остановился и разговорился с ним. Меншиков, взглянув в зеркало, заметил, что у него появилась борода, которой он два дня не брил.

— Чего же ты, — сказал ему Ермолов, — высунь язык, да и побрейся!

Упомянутый князь А. С. Меншиков бесспорно занимает первое место среди русских остряков. Его выходки и чрезвычайно метки, и злы, и многочисленны. Очень возможно, что многое, что приписывалось ему, принадлежало другим, но так как за ним прочно установилась репутация остроумца, то его авторство трудно и оспаривать.

Он недолюбливал знаменитого строителя Николаевской железной дороги графа Клейнмихеля и не раз удачно прохаживался на его счет. Так, однажды он посадил к себе на плечи мальчика по имени Михаил, и когда его спрашивали, что ему за фантазия пришла таскать на шее груз, он отвечал по-немецки, что «маленький Миша (по-немецки «кляйн Михель») теперь у всех на шее сидит».

Когда Меншиков узнал, что статс-секретарю Позену пожалована в 1844 году табакерка, осыпанная бриллиантами и с портретом государя, он сказал во дворце:

— Это для того, вероятно, чтобы видеть ближе, что делается в кармане Позена.

Не было пощады и министру финансов графу Канкрину, с которым он также не дружил.

Граф Канкрин в свободные минуты любил играть на скрипке, и играл очень недурно. В 1843 году знаменитый пианист Лист восхищал петербургскую публику своим выдающимся талантом.

Государь после первого концерта спросил Меншикова, нравится ли ему Лист.

— Да, — ответил он, — Лист хорош, но, признаюсь, он мало действует на мою душу.

— Кто же тебе больше нравится? — опять спросил император.

— Мне больше нравится Канкрин, когда он играет на скрипке.

Будучи морским министром, Меншиков как-то осматривал приготовленные к отплытию пароходы. На одном из них он увидал матроса, несущего дрова.

— Для чего это? — спросил князь.

— Топить пароход, ваша светлость, для графа Канкрина.

— Э, братец, — сказал с усмешкою князь, — ты лучше топи его, когда граф сядет.

Насчет министра государственных имуществ графа Киселева Меншиков острил часто и много.

В 1848 году Николай Павлович, разговаривая о том, что на Кавказе остаются семь разбойничьих аулов, которые для безопасности нашей было бы необходимо разорить, спрашивал, кого бы для этого послать на Кавказ. Князь Меншиков, не сочувствовавший реформам Киселева, которого он обвинял в причинении материального ущерба государственным крестьянам, поспешил ответить:

— Если нужно разорить, то лучше всего послать графа Киселева: после государственных крестьян семь аулов разорить ему ничего не стоит.

На Мойке против дома, где жил Киселев, был построен перед Пасхой балаган, в котором показывали панораму Парижа.

— Что ж тут строят? — кто-то спросил у Меншикова.

— Это будет панорама, — ответил он, — в которой Киселев станет показывать будущее благоденствие государственных крестьян.

— Ты что ни говори, — улыбнувшись, отвечал государь Николай Павлович, — а надобно согласиться, что Москва наша истинно православная, святая.

— И даже с тех пор, как Закревский ее градоначальник, — сказал Меншиков, — она может назваться и великомученицей.

Во время Крымской войны командование армией князю Меншикову не удавалось, но ум его не мог и здесь не обозначиться.

В одной из первых стычек наших войск с неприятелем казак притащил пленного французского офицера на аркане.

Этот офицер, явившийся к князю, жаловался, что казак бил его плетью.

Князь обещал строго взыскать с виновного. Потребовав к себе казака, Меншиков расспросил его, как было дело.

Донец рассказал, что офицер во время битвы три раза стрелял в него из пистолета, но ни разу не попал, что за это он накинул аркан на плохого стрелка и притащил его к себе, точно дал ему столько же ударов плетью, сколько раз тот прицелился.

Князь расхохотался. Пригласил к себе пленного офицера, при нем, обращаясь к казаку, Меншиков начал делать строгий выговор, объясняя ему, что он обязан уважать и пленных офицеров. Все это князь говорил ему на французском языке, и казак, ничего не понимая, только моргал глазами. С гневом подав знак рукою, чтобы казак вышел вон, князь обратился к пленному и спросил, доволен ли он решением.

Французский офицер низко кланялся и не находил слов благодарить князя.

По удалении пленного Меншиков снова потребовал казака, благодарил его уже по-русски за храбрость и ловкость и наградил его орденом.

В ту войну интендантское управление отличалось такими безобразными беспорядками, что вынудило князя Меншикова во время самого боя назначить следствие.

Глядя на слишком осилившего нас неприятеля, кто-то спросил у него:

— Неужели нет возможности избавиться от англичан?
— Есть! — ответил Меншиков.
— Какая же? — радостно воскликнул собеседник, полагая, что у князя созрел какой-нибудь новый верный план боя.
— Для быстрого уничтожения неприятельских войск есть положительное средство: стоит заменить их интендантскую часть нашей.

Вместо уволенного в начале 1850 года по болезни министра народного просвещения графа Уварова назначен был министром бывший его товарищ князь Ширинский-Шихматов, а на его место определен А. С. Норов, безногий. Ни новый министр, ни товарищ его не славились большим умом и сведениями по предмету просвещения. Князь Меншиков, узнав об этом назначении, сказал:
— И прежде просвещение тащилось у нас, как ленивая лошадь, но все-таки было на четырех ногах, а теперь стало на трех, да и то с норовом.

Во флоте, во время управления морским министерством князя Меншикова, служил в экипаже генерал, дослужившийся до этого чина, не имея никакого ордена.
В один из годовых праздников все чины флота прибыли к князю для принесения поздравления, в том числе был и означенный генерал. Приближенные князя указали ему на этого генерала как на весьма редкий служебный случай, с тем, чтобы подвигнуть князя к награде убеленного сединами старика; но Меншиков, пройдя мимо, сказал:
— Поберегите эту редкость!

Когда скончался митрополит Серафим, император Николай Павлович говорил, что не может решить, кого поставить в преемники почившему.
— Ваше величество, — посоветовал Меншиков, — назначьте митрополитом графа Клейнмихеля, ведь он только духовных должностей еще и не занимал.

Николай I подарил Клейнмихелю роскошную трость с рукоятью, усыпанною драгоценными каменьями. Все, конечно, поздравляли его с монаршею милостью. Меншиков тоже поздравил, но нашел награду малою.

— На месте государя, — говорил он, — я не пожалел бы для вас и ста палок.

В Петербурге жило три брата Бабаковых, из которых один славился своим чванством, другой был отчаянный игрок, а третий — враль и хвастун. Меншиков говорил про них:

— Вот три братца! Один надувается, другой продувается, а третий других надувает.

— Вот и еще один баснописец скончался! — говорил Меншиков, когда умер русский военный историк А. И. Михайловский-Данилевский.

Этот писатель был человек очень осторожный. Он в своих исторических трудах тщательно превозносил тех генералов, от которых чаял себе протекции. Он написал историю Отечественной войны 1812 года и военную историю последующих годов — 1813-го и 1814-го — последних годов наполеоновской эпохи. В середине 40-х годов он заканчивал новое издание своего труда, а в это время тогдашний военный министр Чернышев был командирован на Кавказ, и предполагали, что он там будет оставлен главнокомандующим, а на его место министром назначат Клейнмихеля. Меншиков, зная, что новое издание книги Михайловского-Данилевского уже заканчивается, говорил:

— Михайловский книгу свою уже закончил и перепечатывать, конечно, не станет; он просто напишет в предисловии, что все, что в книге сказано о князе Чернышеве, относится к Клейнмихелю.

Графу Клейнмихелю приписывается неимоверный выговор, сделанный им (говорят, что совершенно официально, на бумаге) инженерному генералу Кербедзу. Строили мост через Неву и при забивке свай тратили массу времени на работу. Кербедз придумал машинное приспособление, при котором забивка свай много ускорялась и удешевлялась, и представил модель и описание. Вот за этот-то подвиг изобретательности он и получил нагоняй: ему поставили на вид, зачем он не изобрел этой машины до начала работ, к чему медлил и тем ввел казну в огромные убытки и траты.

Клейнмихель приехал в школу гардемаринов в экзаменационный день. Захотел он самолично проверить знания великовозрастных учеников и вызвал по алфавиту наудачу какого-то рослого и здорового детину, который чрезвычайно смело и развязно полез за билетом.

На билете значилось: «Лютер и реформация в Германии».

Клейнмихель приготовился слушать. Гардемарин откашлялся и, встав в непринужденную позу, начал:

— Лютер был немец...

После небольшой паузы Клейнмихель его спрашивает:

— Ну и что же из этого?

— Хотя он был и немец, но умный человек...

Клейнмихель моментально вспылил и крикнул:

— А ты хотя и русский, но большой дурак!..

Когда Чернышев и статс-секретарь Позен были командированы на Кавказ, Меншиков говорил:

— Отправились наши новые аргонавты в Колхиду. Пожалуй, Чернышеву и удастся найти там золотое руно, только обстрижет его не он, а Позен.

Когда министром финансов был назначен Брок, Меншиков сказал:

— Вот и ко Броку (к оброку) довелось прибегнуть; оплошают наши финансы.

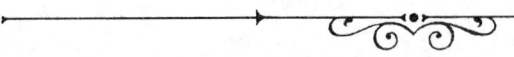

Граф Закревский при назначении его генерал-губернатором в Москву был пожалован орденом Андрея Первозванного, а у него не было еще ни анненской, ни александровской ленты. В то время в цирках отличалась вольтижерка Можар, совершавшая изумлявшие всех прыжки через ленты.

— Что же удивительного, — говорил Меншиков, — что молодая и здоровая вольтижерка прыгает через одну ленту? Вот Закревский, старый человек, перепрыгнул сразу через две!

Когда отчеканили медаль за венгерскую кампанию с надписью: «С нами Бог», австрийцам, союзникам русских, за их вероломство и трусость Меншиков предлагал выдать медаль с надписью: «Бог с вами».

Барон Боде, строитель Кремлевского дворца в Москве, по окончании постройки получил множество наград: орден, чин, камер-юнкерство, деньги и т. д. Меншиков сказал тогда по этому поводу:

— Это правильно, так и следует. Сперанский составил один свод — Свод законов, а Боде сколько сводов-то наставил! Сперанскому и была одна награда, а Боде — несколько.

Увидав министра народного просвещения Норова, шедшего с какой-то дамой, Меншиков сказал:

— Коней с норовом я видывал много раз, но даму с норовом вижу в первый раз в жизни.

Однажды император Николай I в сопровождении блестящей свиты посетил Пулковскую обсерваторию, но совершенно внезапно. Директор Струве, никак не ожидавший высочайшего посещения, ужасно смутился и сделал такое движение, как будто хотел спрятаться за громадный телескоп обсерватории.

— Что же это он? — проговорил государь, заметив его замешательство.

Тогда Меншиков, указывая на окружавших придворных, украшенных множеством орденов, сказал:

— Он, должно быть, испугался, увидав всю эту кучу звезд не на своих местах.

Кавказский генерал Едлинский в конце своей служебной карьеры был назначен к фельдмаршалу Барятинскому. Тот, принимая его при представлении, сказал ему ласково и шутя, что теперь он устраивается «на покой», как говорят про престарелых архиереев.

— У меня и умрешь! — заключил Барятинский.

— Ваше сиятельство, — отвечал Едлинский, — я никогда вперед начальства не суюсь!

Однако же на этот раз «сунулся», то есть умер раньше Барятинского.

Когда генералам дали новую форму — красные панталоны, — Едлинский сказал:

— То, бывало, прежде отличали генералов по головам, а теперь их станут отличать по ногам.

Проводя какую-то новую финансовую реформу, граф Канкрин услышал довольно обычное, даже и в наше время свирепствующее возражение: «Что скажет Европа?».

— Эх, господа, — отвечал на это Канкрин, — у нас обычно только и разговору, только и беспокойства о том, что скажет Европа! Россия что скажет, вот для нас что важно!

Однажды Канкрин доложил Николаю I, что в некотором новом, только что тогда изданном законе оказывается много неудобств и пробелов. Государь возразил, что закон обсуждался в Государственном совете, что сам Канкрин участвовал в его обсуждении; зачем же он тогда молчал?

— Ваше величество, — отвечал Канкрин, — ведь это рассматривание закона в совете было подобно охоте на бекасов. Статьи и параграфы летели во все стороны, именно как бекасы. Ну, конечно, что успел, так сказать, подстрелить на лету, то и подстрелил, а остальное так и пронеслось мимо!

Стремясь осадить гордых панов, граф Дмитрий Гаврилович Бибиков стал запрещать ездить четверней и шестерней. Однажды спесивый князь Ч-ский приехал к Бибикову с визитом умышленно на шестерке цугом с невозможно пышными жокеями, гайдуками и т. п. Бибиков, чтобы его проучить, заставил его прождать в приемной около получаса. Когда Бибиков наконец появился, гордый пан с язвительной улыбкой произнес:

— Мой визит длился так долго, что не смею больше обременять своим присутствием ваше превосходительство.

На это Бибиков спокойно и вежливо отвечал:

— Не смею задерживать ни вас, ни вашу шестерку.

Бибиков терпеть не мог неразборчивых подписей на официальных бумагах.

«Душа человека сказывается в его подписи», — говаривал он и, подписываясь четко, требовал того же от своих подчиненных, преследовал их нещадно за «крючкотворство». Однажды Бибикову подали какой-то рапорт одного из чиновников края. Вместо подписи исправника виднелся какой-то чрезвычайно художественный крючок. Бибиков нахмурился.

— Послать жандарма привезти немедленно исправника (такого-то) уезда, — приказал он правителю канцелярии.

— Слушаю, ваше превосходительство.

Жандарм летит в отдаленный уезд губернии. Исправник чуть не упал в обморок. Прощается навеки с семьей, плачет. Жандарм сажает его в кибитку и скачет в Киев.

На третий день приехали в Киев и прямо к генерал-губернаторскому дому. Докладывают Бибикову, тот приказывает ввести исправника. Несчастный входит еле жив. Бибиков подзывает его к столу и показывает ему его рапорт:

— Это ваша подпись?

— Так точно, ваше высокопревосходительство, — едва в силах выговорил исправник.

— А как ее прочесть? — громовым голосом спрашивает Бибиков.

— Исправник Сидоренко... — шепчет, стуча зубами, исправник.

— А! Сидоренко? Очень хорошо, теперь понимаю... а то я не мог разобрать... Ну, прекрасно, теперь все в порядке, можете ехать домой.

С тех пор не только этот Сидоренко, но и все прочие сидоренки, шельменки и перепенденки отчетливо выгравировывали свои подписи на официальных бумагах...

Однажды Бибиков, будучи инспектором кавалерии в городе Кременчуге в тридцатых годах, отдал приказ: «До обеда ходить в парадной форме, а после обеда — в обыкновенной». Офицерам это не совсем понравилось. Многие втихомолку стали уклоняться от этого требования и по утрам не носили парадной формы. Однажды, прогуливаясь в восемь часов утра по городу, Бибиков встречает одного ослушника.

— Приказ мой от такого-то числа читали? — накидывается он на него.

— Читал! — бойко отвечает офицер.

— Поняли его?

— Понял.

— Так отчего же вы не в парадной форме?

— Да я уже пообедал.

На другой день Бибиков в приказе указал не час обеда, а именно — 12 часов пополудни. Офицера же этого никакой ответственности не подвергнул.

Студент Быковский, изрядный кутила и весельчак, однажды в чудный весенний день, после кутежа отдыхал в обществе бутылки, развалясь на траве, на склоне горы, нависшей над Александровскою улицей, возле места, где стоит памятник святому Владимиру. В это время Бибиков поднимался снизу по Александровской улице, и от его зоркого глаза не укрылся студент, валяющийся на траве, в расстегнутом мундире и с бутылкой в руках.

— Эй, студент, сюда! — крикнул Бибиков.

Полупьяный Быковский, не двигаясь, повторил жест Бибикова и, маня его вверх, прокричал:

— Эй, Бибиков, сюда!

Взбешенный неслыханной дерзостью, Бибиков послал казака привести студента. Но пока казак скакал кругом, чтобы подняться на гору, Быковский перелез через ограду Михайловского монастыря, находящегося тут в двух шагах, и спрятался в келье какого-то монаха. Казак вернулся ни с чем...

Через два дня Бибиков встречает Быковского на Крещатике и узнает его. Тотчас Бибиков подзывает околоточного надзирателя и приказывает отправиться с Быковским в университет и передать там приказ посадить студента в карцер на хлеб и воду на три дня. Сказано — сделано: околоточный с Быковским направляются в университет. Но по дороге Быковский, которого полиция отлично знала как кутилу самого невинного типа, уговорил околоточного зайти с ним в ресторан «заговеться перед моим дневным постом», и вот происходит нечто удивительно нелепое: в отдельной комнате оба пьют столько, что околоточный, менее привыкший к пьянству, становится совершенно пьян. Тогда Быковский уговаривает его поменяться с ним костюмами и, сев на извозчика, отвозит околоточного в университет и предлагает приятелям посадить «студента» в карцер по приказу Бибикова.

Конечно, на следующий день околоточный, опомнившись, рассказал, что случилось, и дело кончилось бы для Быковского плохо, но, протрезвившись, он на следующий день явился в университет и сдался в карцер. Это его спасло.

Однажды Бибиков явился в университетскую канцелярию и, недовольный каким-то найденным им непорядком, вспылил и страшно «разнес» чиновников.

После «разноса» Бибиков направился уже к дверям, когда вдруг услышал странный шорох за одним из шкафов. Бибиков остановился, взглянул в шкаф и увидел там чиновника, который, чувствуя грозу, предпочел спрятаться.

— Ты что за птица? — грозно окликнул его Бибиков.

— Сорока, ваше превосходительство, — отвечал тот.

У Бибикова весь гнев пропал: «Как так сорока?»

Оказалось, что действительно фамилия спрятавшегося чиновника-хохла была Сорока.

В бытность Бибикова казначеем Министерства финансов приемную его всегда наполняла масса просителей. Он был очень доступен. На одном из таких приемов из толпы просителей выдвинулась вперед пожилая женщина мещанского типа и начала целовать его в щеку.

— Батюшка ты наш родной... сокол ясный... солнышко красное... родимый.

— Да что вы, что вы, что вам угодно? — спросил смущенный казначей.

— Милый мой... ангел... благотворитель... помоги ты мне в нужде и заставь за себя молить Бога...

— Да в чем дело? Объясните скорее.

— Желанный наш... Говорят, ты поставлен давать казенные деньги взаймы. Помоги мне, из сил выбилась с иголкой и решилась швейную машинку купить. Одолжи мне 25 рублей казенных взаймы, и видит Бог, родной мой, я тебя не обману, выплачу по чести... с процентом.

— Взаймы, голубушка, не даю, а вот так подарить тебе могу — сказал Бибиков, подавая женщине ассигнацию.

— Ох, ты мой ангел-хранитель, да пошлет тебе Господь... и твоей супруге, красавице ненаглядной.

Бибиков не был женат и жил одиноко, а потому невольно улыбался болтовне, когда обрадованная просительница не унималась, продолжая:

— ...твоей супруге, красавице ненаглядной, дозволь мне, батюшка, пойти к ней и в ножки поклониться.

— Нельзя, матушка, нельзя, она еще почивает, вот тебе десять рубликов еще за мою красавицу-супругу.

Христофор Иванович Бенкендорф (отец известного шефа жандармов, графа А. Х. Бенкендорфа) был очень рассеян. Проезжая через какой-то город, зашел он на почту проведать, нет ли писем на его имя.

— Позвольте узнать фамилию вашего превосходительства? — спрашивает его почтмейстер.

— Моя фамилия? Моя фамилия? — повторяет он несколько раз и никак не может ее вспомнить. Наконец говорит, что придет после, и уходит. На улице встречается он со знакомым.

— Здравствуй, Бенкендорф!

— Как ты сказал? Да, да, Бенкендорф! — и тут же побежал на почту.

Однажды Х. И. Бенкендорф был у кого-то на бале. Бал окончился довольно поздно, гости разъехались. Остались только хозяин и Бенкендорф. Разговор шел вяло: тому и другому хотелось спать. Хозяин, видя, что гость его не уезжает, предлагает пойти к нему в кабинет. Бенкендорф, поморщившись, отвечает: «Пожалуй, пойдем». В кабинете им было не легче. Бенкендорф по своему положению в обществе пользовался большим уважением. Хозяину нельзя же было объяснить ему напрямик, что пора бы ему ехать домой. Прошло еще несколько времени. Наконец хозяин решился сказать:

— Может быть, экипаж ваш еще не приехал; прикажете ли, я велю заложить свою карету?

— Как вашу? Да я хотел предложить вам свою, — отвечал Бенкендорф.

Выяснилось, что Бенкендорф вообразил, что он у себя дома, и сердился на хозяина, который у него так долго засиделся.

В последние годы своей жизни, проживая в городе Риге, ежегодно в день тезоименитства и день рождения императрицы Марии Федоровны Христофор Иванович писал ей поздравительные письма. Но он чрезвычайно ленился писать и, несмотря на верноподданнические чувства, очень тяготился этой обязанностью, а когда подходили сроки, мысль написать письмо беспокоила и смущала его. Он часто говаривал:

— Нет, лучше сам отправлюсь в Петербург с поздравлением. Это будет легче и скорее.

В пятидесятых годах XIX века к управлению Кавказского наместничества было прикомандировано много чиновников, которым решительно нечего было делать. В числе их был и известный писатель В. А. Соллогуб, автор «Тарантаса». Когда наместником был назначен генерал Н. Н. Муравьев, он решил уволить всех бесполезных чиновников. При представлении ему служащих Муравьев заметил Соллогуба и спросил его:

— Вы автор «Тарантаса»?
— Точно так, ваше превосходительство!
— Так можете сесть в ваш тарантас и уехать!

Однажды русский изобретатель-самоучка И. П. Кулибин, удивлявший Петербург своими изобретениями и хитроумными приспособлениями, был спешно вызван по высокому приказу в Петропавловскую крепость.

Была поздняя осень, ночью прошла сильная буря, и наутро оторопевший комендант крепости с ужасом обнаружил, что знаменитый шпиль крепости заметно, на его взгляд, погнулся. Архитектор Кваренги, осмотрев шпиль, не сказал коменданту, обеспокоенному и растерянному, ничего определенного.

Несмотря на преклонные годы, Кулибин взобрался на вершину шпиля, осмотрелся вокруг, сделал в уме какие-то вычисления и визуальные измерения.

Спустившись вниз, он попросил провести его в помещение комендатуры, посмотрел, прищурившись, еще раз на шпиль из дверей комендатуры и сказал озабоченному коменданту:

— Не бойся, батюшка, и не расстраивайся так сильно — шпиль-то прямой! Это дверь у тебя кривая. Она покосилась после сильной ночной бури!

Известный автор стихотворного памфлета «Дом сумасшедших» А. Ф. Воейков был зол и завистлив, и таковы же были его многочисленные выходки, из которых достаточно будет привести для примера одну-две. А. А. Краевский, будучи в гостях у Владиславлева, увидал у него на стене портрет Н. И. Греча. Краевский удивился и спросил хозяина, неужели он так почитает Греча, что даже портрет его у себя повесил. Присутствовавший при этом Воейков сказал: «Ах, Андрей Александрович (Краевский), дайте вы ему пока, до виселицы-то, хотя на гвоздике повисеть!»

У Воейкова был орден 3-й степени, а у Греча тот же орден степенью ниже. Воейков, прав он был или нет, был убежден, что Греч ему ужасно и злобно завидует из-за этого ордена, и однажды высказал ему это в глаза и при свидетелях. Задетый за живое Греч ответил ему:

— С какой же стати я стану завидовать незаслуженному кресту?

Эта отповедь всех рассмешила, а Воейков со злой иронией сказал, что он завел тетрадку и записывает все острые слова Греча, а потом их соберет, напечатает и наживется на этой книжке.

— Завидую вам, — заметил Греч. — А вот мне от вас нечем поживиться!

Н. И. Греч был членом Английского клуба. Знаменитый Фаддей Булгарин все приставал к нему, чтобы он и его провел в члены клуба. Но в клубе Булгарина знали, не любили и на выборах забаллотировали. При первой встрече после выборов Булгарин, конечно, бросился к Гречу с вопросом: «Ну что, выбрали меня?»

— Единогласно! — воскликнул Греч с торжеством. И в то время, как физиономия Булгарина расцветала и лоснилась от самодовольства, он продолжал: — Единогласно, в буквальном смысле этого слова, ибо один только мой голос и был в твою пользу.

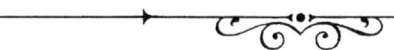

Одесский генерал-губернатор Ланжерон был родом француз. Однажды за обедом во дворце он сидел рядом с генералами Уваровым и Милорадовичем. У них обоих была настоящая страсть говорить на французском языке, хотя они знали его совсем слабо и говорили Бог весть как. Император Александр Павлович, который заметил во время обеда, что генералы очень оживленно между собой беседуют, спросил у Ланжерона, о чем они так горячо говорили. Вы, дескать, и сидели рядом, и верно слышали.

— Я все слышал, государь, — ответил Ланжерон, — но, к несчастью, они говорили, должно быть, как я догадываюсь, по-французски, и поэтому я ровно ничего не понял.

Ланжерон был чрезвычайно рассеян.

Кто-то застал его в кабинете — он сидел с пером в руках и писал отрывисто, с размахом и после подобного размаха повторял на своем ломаном русском языке:

— Нье будет, нье будет.

Что же оказалось? Он пробовал, как бы подписывал фельдмаршал граф Ланжерон, если бы его пожаловали в это звание, и вместе с тем чувствовал, что никогда фельдмаршалом ему не бывать.

В другой раз, чуть ли не на заседании какого-то военного совета, заметил он собачку под столом, вокруг которого сидели присутствующие. Сначала он, неприметно для других, стал пальцами призывать ее к себе, затем стал ласкать, когда она подошла, и вдруг, причмокивая, обратился к ней с ласковыми словами. Все эти выходки Ланжерона не сердили, а только забавляли и смешили зрителей и слушателей, которые уважали в нем хорошего и храброго генерала. В турецкую войну, в армии, известно сказанное им во время сражения подчиненному, который неловко исполнил приказание, ему данное:

— Вы пороху нье боитесь, но зато вы его нье видумали.

Ланжерон был умный и довольно деятельный генерал, но ужасно не любил заниматься канцелярскими бумагами — он от них прятался или скрывался, выходя из дому по черной лестнице. Во время турецкой войны молодой Каменский у него в палатке объяснял планы будущих военных действий. Как нарочно, на столе лежал французский журнал. Ланжерон машинально раскрыл его и напал на шараду. Продолжая слушать изложение военных действий, он невольно занялся разглядыванием шарады. Вдруг, перебивая Каменского, вскрикнул:

— Что за глупость!

Можно представить себе удивление Каменского, когда он узнал, что восклицание относилось к глупой шараде, которую генерал разгадал.

Во время своего начальства в Одессе был он недоволен за что-то купцами и собрал их к себе, чтобы сделать выговор.

— Какой ви негоцьянт, ви маркитант, — начал он свою речь, — какой ви купец, ви овец. — И движением руки своей выразил козлиную бороду.

Однажды граф Остерман-Толстой повел Милорадовича на верхний этаж своего дома, чтобы показать ему результаты ремонта.

— Бог мой, как хорошо! — сказал Милорадович, осматривая вновь отделанные комнаты. — А знаете ли, — прибавил он, смеясь, — я тоже отделываю и убираю как можно лучше комнаты в доме, только в казенном, где содержатся за долги. Тут много эгоизма с моей стороны: неравно придется мне самому сидеть в этом доме!

Действительно, этот рыцарь без страха и упрека, отличавшийся, подобно многим генералам того времени, своей оригинальностью, щедро рассыпавший деньги, — всегда был в неоплатных долгах.

Известно, что граф Милорадович любил играть в карты и играл большей частью очень неудачно.

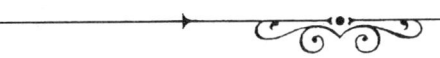

Однажды, после несчастливо проведенной за картами ночи, когда в кармане не осталось ни одного рубля, граф явился утром во дворец, что называется, не в духе.

Император Александр Павлович, заметив, что граф невесел, спросил его:

— Что ты скучен?

— Нечем заняться, ваше величество!

Государь пошел в кабинет, взял первую попавшуюся книгу, вырвал все печатные листы и положил вместо них туда сторублевые ассигнации, сколько могло уместиться.

Возвратясь в зал, государь подал Милорадовичу книгу и сказал:

— Прочти-ка, граф, от скуки этот роман, он очень занимательный!

Граф, схватив книгу, отправился домой. На следующее утро является снова во дворец, но уже с веселым видом и говорит императору:

— Первый том я уже прочел, ваше величество, очень хорош... не знаю, как второй будет?

Александр Павлович опять отправился в кабинет и, взяв другую книгу, повторил с ней ту же историю. Потом вынес ее Милорадовичу и сказал:

— Это, граф, том второй и последний.

Назначенный в конце царствования Александра I петербургским генерал-губернатором, Милорадович оказался очень плохим администратором. Современное ему общество очень хорошо знало его беззаботность, невнимание и легкомыслие при решении массы дел и прошений, к нему поступавших, и вот однажды выискался затейник, который сыграл над генерал-губернатором следующую шутку.

Была написана и подана Милорадовичу особого рода челобитная, будто от ямщика Ершова, причем расчет шутника-просителя состоял именно в том, что Милорадович подпишет резолюцию, по обыкновению не прочитав бумаги. Ожидания вполне оправдались. Челобитная мнимого ямщика:

«Его сиятельству, г. с-петербургскому военному генерал-губернатору, генералу от инфантерии и разных орденов кавалеру, графу Михаилу Андреевичу Милорадовичу, ямщика покорнейшее прошение:

Бесчеловечные благодеяния вашего сиятельства, пролитые на всех, аки река Нева, протекли от востока до запада. Сим тронутый до глубины души моей, воздвигнул я в трубе своей жертвенник, пред ним стоя на коленях, сожигаю фимиам и вопию: мы еси Михаил, — спаси меня с присносущими! Ямщик Ершов».

Милорадович написал сбоку резолюцию: «Исполнить немедленно».

В какой-то торжественный день Остерман давал большой обед всем иностранным послам, находившимся в Петербурге. Во время обеда графу доложили, что его желает видеть Преображенский солдат, присланный из дворца с письмом от императрицы. Граф тотчас велел пригласить посланного в столовую, вышел к нему навстречу, усадил, налил вина и вежливо попросил подождать несколько минут, пока он прочтет письмо и напишет ответ. Возвратившись из кабинета, Остерман снова осыпал посланца любезностями, заставил его выпить еще стакан и проводил до дверей. Иностранные послы были крайне удивлены такой чересчур натянутой вежливостью и даже несколько оскорбились. Остерман, заметив это, сказал им:

— Вас изумляет, господа, мое слишком предупредительное обращение с простым солдатом? Но ведь счастье так изменчиво и капризно в нашей стране. Кто знает, может быть, через несколько дней этот самый солдат сделается вдруг всесильным человеком.

Генерал-поручик Остерман жил роскошно в Москве. Не считая многочисленных праздников, каждое воскресенье бывали у него открытые обеды на пятьдесят и более персон.

Однажды кто-то, разговаривая с графом Кутайсовым о его натянутых отношениях с Остерманом, выразил удивление, отчего Кутайсов не поедет как-нибудь, в воскресенье, обедать к гордому барину.

— Но как я поеду? Остерман никогда не зовет меня!

— Э, ничего, — отвечал собеседник, — никто не получает приглашений на его воскресные обеды, и все к нему ездят. У него дом открытый.

Думал-думал Кутайсов и в воскресенье поехал перед самым обедом к Остерману.

В гостиной Остермана тогда уже сидели все тузы, вся элита Москвы. Приезжающие к обеду обыкновенно пропускались без доклада, и Кутайсов вошел.

Бывший канцлер, как только увидел нежданного посетителя, тотчас пошел к нему навстречу, приветствовал его с чрезвычайной вежливостью, усадил на диван и, разговаривая с ним, через слово повторял: ваше сиятельство, ваше сиятельство...

Долго ждали обеда. Наконец камердинер доложил, что кушанья готовы.

— Ваше сиятельство, — сказал Остерман Кутайсову, — извините, что я должен оставить вас: отправляюсь с друзьями моими обедать. — Потом, приветливо обращаясь к другим гостям, добавил: — Милости просим, господа, милости просим.

И все за хозяином потянулись в столовую.

Граф Кутайсов остался один в гостиной.

Граф Ф. А. Остерман, человек замечательного ума и образования, отличался необыкновенной рассеянностью, особенно под старость.

Садясь иногда в кресло и принимая его за карету, Остерман приказывал везти себя в Сенат; за обедом плевал в тарелку своего соседа или чесал у него ногу, принимая ее за свою собственную; подбирал к себе края белого платья сидевших возле него дам, воображая, что поднимает свою салфетку; забывая надеть шляпу, гулял по городу с непокрытой головой или приезжал в гости в расстегнутом платье, приводя в стыд прекрасный пол. Часто вместо духов протирался чернилами и в таком виде являлся в приемный зал к ожидавшим его просителям; выходил на улице из кареты и более часу неподвижно стоял около какого-нибудь дома, уверяя лакея, «что не кончил еще своего занятия», между тем как из желоба капали дождевые капли; вступал с кем-либо в любопытный ученый разговор и, не окончив его, мгновенно засыпал; представлял императрице вместо рапортов счета, поданные ему сапожником или портным, и т. п.

Раз правитель канцелярии поднес ему для подписи какую-то бумагу. Остерман взял перо, задумался, начал тереть себе лоб, не выводя ни одной черты, наконец вскочил со стула и в нетерпении закричал правителю канцелярии:

— Однако ж, черт возьми, скажи мне, пожалуйста, кто я такой и как меня зовут!

Генерал Сидоренко получил орден Белого орла. Государь, увидав его во дворце, заметил, что этого ордена на нем не было, и, думая, что ему, быть может, еще неизвестно о монаршей милости, так как пожалование только что состоялось, спросил его:

— Ты получил Белого орла, которого я дал тебе?

— Получал, ваше величество, — ответил Сидоренко со своим неискоренимым хохлацким выговором. — Да чем я того орла кормить буду?

Государь рассмеялся и назначил ему аренду.

И. А. Крылов был одним из усерднейших посетителей Английского клуба, где обычно и совершал свои часто неимоверные застольные подвиги. Английский клуб считался чрезвычайно солидным общественным собранием, местом свидания чиновной знати, словом, аристократическим клубом, и туда охотно заявлялись приезжие богатые помещики. Однажды кто-то из гостей разговорился и, как это нередко бывает, увлекся или, выражаясь точнее, заврался. Рассказывал он, главным образом, об изобилии плодов земных в его местах и, повествуя о волжской рыбе, пожелал показать, какой длины стерляди ловят на Волге, и начал расставлять руки. Случилось, что Крылов сидел как раз рядом с ним. Как только краснобай-помещик начал раскидывать руки, обозначая размеры своей стерляди, Крылов тотчас быстро отодвинулся к другому концу стола со словами: «Позвольте я подвинусь, чтоб дать дорогу вашей стерляди!»

Император Николай I знал лично и очень любил Крылова. Случилось, что государь встретил его на улице как раз в то время, когда императорская семья жила в Аничковом дворце, а Крылов, служивший в Публичной библиотеке, имел там казенную квартиру.

— Как поживаешь, Иван Андреич? — приветствовал его государь. — Мы с тобой давненько не видались.

— Давненько, ваше величество, — ответил Крылов, — а ведь близкие соседи!

Публичная библиотека и Аничков дворец разделены между собой только небольшой Александрийской площадью.

Самой комической выходкой И. А. Крылова можно считать сделанную им поправку в контракте на наем квартиры. Домовладелец в контракт вставил пункт, где было сказано, что в случае, если по неосторожности Крылова дом сгорит, то Крылов обязан уплатить владельцу шестьдесят тысяч рублей. Крылов, прочитывая контракт, взял перо и приставил к цифре два ноля, так что вышло 6 миллионов. Домовладелец попрекнул его, зачем он зря марает контракт, но Крылов спокойно сказал ему, что он вовсе не думал забавляться. «Вам так будет лучше; приятнее же знать, что получишь шесть миллионов, чем шестьдесят тысяч. А для меня не все ли равно, что шестьдесят тысяч, что шесть миллионов, ведь я все равно не могу уплатить».

Крылов написал комедию «Урок дочкам». Главные роли в ней исполняли две актрисы чрезвычайно пышного телосложения.

— Когда такие играют, — заметил «дедушка», — так надо изменять заглавие пьесы; это уж не «Урок дочкам», а «Урок бочкам».

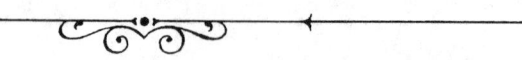

Поэт Костров, придерживавшийся крепких напитков, однажды где-то на обеде лихо выпил. Его потянуло ко сну; он уселся на диван и прислонился головой к его спинке, готовясь опочить.

— Что, Ермил Иваныч, — сказал ему какой-то юноша, — у вас в глазах мальчики?

— Мальчики, и преглупые! — ответил Костров.

Известный поэт-сатирик Д. Д. Минаев прославился своими экспромтами, эпиграммами и в особенности рифмами к трудным словам, вроде «окунь». Вот такое сказание сохранилось о происхождении этой рифмы. Минаев дружил с автором Жулевым, который тоже был очень искусен в подборе рифм. У них и вышел спор, кто скорее и удачнее подберет рифму к окуню. Отправились они вместе куда-то за город, там выпили, и, когда возвращались обратно, Минаев, оставшийся еще (относительно) в здравом уме и твердой памяти, все смеялся над Жулевым, который очень ослаб и клевал носом, не говоря ни слова. Ехали же оба верхом. Смеясь над приятелем, Минаев ему напомнил о их споре насчет рифмы, но у Жулева отшибло память, и он с недоумением спрашивал: «Какой спор, какая рифма?» — «Не помнишь? Эх ты!.. А что мы сейчас-то делаем, это ты сознаешь, будешь помнить? Я тебе лучше скажу это в стихах, ты лучше запомнишь; слушай:

> Верхом мы ездили далеко
> И всю дорогу шли конь о конь.
> Я говорлив был, как сорока,
> А ты был нем, как сонный окунь».

Минаев сотрудничал в «Деле». В это время он крепко расхворался и сильно похудел. Кто-то из друзей, встретив его, был поражен его тощим видом и спросил, что с ним.

— От харчей журнала «Дело» и не так спадешь, брат, с тела! — ответил Минаев.

В драме А. Толстого «Смерть Иоанна Грозного» роль Грозного исполняли актеры Васильев и Самойлов. Минаеву почему-то очень не понравились они оба в этой роли, и он, обращаясь в приятелю, театральному критику, возгласил:

К тебе обращаюсь с мольбой я слезной.
Скажи ты мне правду, на что вся игра их похожа?
Я Павла Васильича вижу, Василья Васильича тоже,
Но где же Иван-то Васильевич Грозный?

Про оперетку «Зеленый остров» Минаев сказал:

Хоть не близка была дорога,
Пошел смотреть я пьесу с острова,
Скажу: зеленого в ней много,
Но очень, очень мало острого.

Знаменитый актер Н. Х. Рыбаков был краснобай и часто, рассказывая о своих странствованиях и приключениях, о пережитом и виденном, сдабривал истину щедрой приправой из небылиц.

Так, однажды, будучи в одном городе на Кавказе, он будто бы увидел целую гору мачтового леса, наваленного на рынке. «Что за чудо? — повествовал он. — Откуда это, думаю себе, на Кавказе такой огромный мачтовый лес? Подошел ближе, а это что же? Не лес, а хрен! Это на Кавказе такой хрен растет».

Кто-то из присутствовавших с ловко поддсланной наивностью спросил его:

— Ну, а тёрок, на которых этот хрен трут, вы не видали, Николай Хрисанфович?

Играя однажды роль в «Разбойниках» Шиллера, Рыбаков напялил на себя турецкие шаровары, ботфорты, итальянскую шляпу и испанский плащ. Ему заметили, что такой костюм совсем невозможен.

— Вот тебе раз! — возражал Рыбаков. — На разбойнике-то? Да он с кого что стянул, то на себя и надел.

Точно так же, играя Отелло, он вдруг явился в русском чиновничьем мундире.
— Невозможно! — запротестовал режиссер.
— Как невозможно? Да Отелло-то кто? Губернатор. А губернаторы по какому министерству? Внутренних дел. Я и надел мундир Министерства внутренних дел!

Тот же Рыбаков однажды рассказал, как он потерял часы, как через четыре года после того проезжал по тому же месту, где их потерял, как его собака сделала над ними стойку, и он их поднял, и они за четыре года отстали всего на пять минут.

Автор пьесы, в которой участвовал Самойлов, хотел сделать какое-то замечание знаменитому актеру, но никак не мог приступить к нему сразу, а пустился в очень длинные предисловия о том, что «не мне вас учить» и т. д.
— Напротив, учите, учите, — сказал Самойлов. — Посмотрите, у меня еще молоко на губах не обсохло.
А он как раз в эту минуту пил чай с молоком.

Собираясь подать прошение об отставке, Самойлов говорил знакомым, что переходит во французскую труппу, которая играет в Петербурге в Михайловском театре. «Там выгоднее, — говорил он, — там таланта можно иметь вдвое меньше, чем у меня, а получать вдвое больше».

Когда Самойлов, не сойдясь в условиях с театральной дирекцией, подал в отставку, тогдашний заправила театрального дела Гедеонов упрекал его в неблагодарности лично к нему, Гедеонову, который «был вам всем отцом».

— Ну нет, — ответил ему Самойлов, — мой отец меня вытолкнул на сцену, а вы меня выталкиваете со сцены.

Какой-то актер пристал к Самойлову, прося его сказать мнение об его игре.

— Мне все кажется, — добавил он, — что у меня в игре чего-то не хватает.

— Таланта не хватает! — сказал ему знаменитый артист.

На дверях уборной актера Никифорова кто-то из не очень расположенных к нему товарищей написал слово «Лакейская», вырезанное из афиши. Уборную Никифорова, правда, так и называли в закулисном кружке, потому что в ней вечно толпились актеры, заходившие побалагурить с ее хозяином, большим краснобаем и остряком.

Увидав эту обидную надпись, Никифоров сейчас же отрыл в груде афиш довольно обычное на них слово «шутка» и наклеил его рядом, и вышло «Лакейская шутка».

Один актер, человек грубый и вздорный, чем-то оскорбил Никифорова, а потом на него напало великодушие, и он, протянув руку обиженному, воскликнул:

— Ну, давай руку, товарищ!

Но Никифоров спрятал руки за спину и отвечал:

— Я гусь! (гусь свинье не товарищ).

Когда актер Милославский был в Казани, туда к губернатору была прислана откуда-то бумага, в которой губернатора просили «склонить» Милославского либо к уплате неустойки, либо к исполнению контракта, который им был нарушен. Губернатор Скарятин, большой любитель театра и почитатель Милославского, пригласил его к себе и показал ему эту бумагу.

— «Склонить Милославского!» — громко прочитал Милославский. — Ваше превосходительство, Милославского, конечно, можно склонять, но ведь я не Милославский, а Фридебург, а иностранные имена у нас не склоняются.

М. И. Глинка долго и безуспешно бился на репетициях с певицей Лилеевой, которая, хотя обладала прекрасным голосом, но решительно не в состоянии была придать должное выражение партии Гориславы в его «Руслане и Людмиле». Желая искусственно вызвать жизнь в ее безжизненном голоске, Глинка тихо подкрался сзади и весьма чувствительно ее ущипнул. Она, конечно, вскрикнула от неожиданности, да и от боли, и крикнула голосом, полным неподдельного чувства.

— Ну, вот, — одобрил ее композитор, — теперь вы сами видели, что этой фразе можно придать и жизнь, и выражение. Вот так и пойте.

Актер Васильев, очень быстро ставший любимцем публики, не вынес своего успеха, ужасно возгордился и дошел до того, что стал позволять себе нестерпимые дерзости с товарищами. Но один из них чувствительно проучил его. Он, здороваясь с Васильевым, протянул ему руку, а тот в ответ поднял ногу со словами:

— Пожмешь и ногу!

— Которую, — нашелся остроумный товарищ, — переднюю или заднюю?

Князь Ю. П. Голицын, страстный театрал, однажды в кружке слушателей превозносил достоинства какой-то оперы. Один из кружка, человек почти неизвестный князю, заметил было, что музыка оперы хороша, но только в ней медные инструменты... Но Голицын резко перебил его:

— Много вы понимаете в медных инструментах! Вы, вероятно, из медных-то инструментов только один самовар и знаете, да и тот, пожалуй, не сумеете поставить!

Оба Каратыгины были остряки, но из них особенно отличался П. А. Каратыгин. Он острил и в прозе, и в стихах. Ему приписывается, между прочим, экспромт, сказанный однажды жареному поросенку:

> Ты славно сделал, милый мой,
> Что в ранней юности скончался,
> А то бы сделался свиньей
> И той же участи дождался!

Он же сказал про суфлера, обремененного многочисленным семейством:

> Из маленькой дыры глядит великий муж.
> Хоть нет в самом души, а кормит восемь душ!

Кому-то из товарищей Каратыгина публика поднесла лавровый венок. Показывая его Каратыгину, актер очень им восхищался и, между прочим, радовался тому, что венок такой большой и такой свежий.

— Он свежий хорош и сухой (с ухой) годится, — заметил Каратыгин.

Рассмотрев однажды целую груду новых пьес, представленных на просмотр, Каратыгин сказал:

> Из ящика всю выбрав требуху,
> Я двадцать пьес прочел в стихах и прозе;
> Но мне не удалось, как в басне петуху,
> Найти жемчужину в навозе.

Когда умер его старший брат, В. А. Каратыгин во время похорон, пытаясь протискаться к гробу покойного, не утерпел и сказал каламбур: «Дайте мне, господа, добраться до братца!»

Когда хоронили писателя Н. А. Полевого, его заклятый враг при жизни, знаменитый в своем роде Фаддей Булгарин вертелся около гроба и хотел было пристроиться в числе прочих, чтобы нести гроб. Каратыгин отстранил его со словами:

— Мало ты его поносил при жизни!

Брат императора Николая I, Михаил Павлович, любил острить. Однажды, когда он в присутствии Каратыгина отпустил какую-то шутку, Николай Павлович сказал, обращаясь к знаменитому актеру:

— Смотри-ка, Каратыгин, брат мой у тебя хлеб отбивает.

— Лишь бы соль не отбил, ваше величество, — нашелся Каратыгин.

По поводу какой-то драмы Каратыгин говорил: «Первое действие в селе, второе — в городе; а остальные что-то уж и вовсе ни к селу ни к городу».

Случилось однажды, что труппу артистов пригласили в какой-то загородный дворец и поместили временно в дворцовой прачечной. Каратыгин по этому поводу заметил: «Ну, что же нам обижаться? Очевидно, нас хотели поласкать» (полоскать).

Про музыку Вагнера Каратыгин выразился, послушав ее впервые: «В первый раз не поймешь, во второй — не пойдешь!»

Однажды актер Ленский в большой толпе других просителей, среди которых было много генералов, ждал и томился в приемной какого-то весьма высокопоставленного лица. Случилось, что у одного из генералов выпало перо из султана.

— Заждались генералы-то, даже линять начали! — заметил Ленский.

В какой-то пьесе на репетициях все не удавалось наладить с статистами сцену, представлявшую ропот толпы. «Как вам не стыдно, господа, не уметь изобразить ропот! — увещевал статистов актер Максимов. — При вашем жалованье вы бы должны были научиться роптать образцовым образом!»

Возвращаясь в Россию из заграничного путешествия, Федор Иванович Тютчев написал своей жене: «Я не без грусти расстался с этим гнилым Западом, таким чистым и полным удобств, чтобы вернуться в эту многообещающую грязь милой родины».

В обществе в присутствии Тютчева шел разговор о литературе. Какая-то дама сказала ему:
— Я читаю историю России.
— Сударыня, вы меня удивляете, — сказал Тютчев.
— Я читаю историю Екатерины Второй, — уточнила дама.
— Сударыня, я уже больше не удивляюсь.

Тютчев говорил:
— Русская история до Петра Великого — сплошная панихида, а после Петра Великого — одно уголовное дело.

В присутствии Тютчева словоохотливая княгиня Трубецкая без умолку говорила по-французски. Он сказал:
— Полное злоупотребление иностранным языком. Она никогда не посмела бы говорить столько глупостей по-русски.

Описывая семейное счастье одного из своих родственников, Тютчев заметил:

— Он слишком погрузился в негу своей семейной жизни и не может из нее выбраться. Он подобен мухе, увязшей в меду.

О российском канцлере князе А. М. Горчакове Тютчев сказал:

— Он незаурядная натура и с большими достоинствами, чем можно предположить по наружности. Сливки у него на дне, молоко на поверхности.

Узнав, что Горчаков сделал камер-юнкером Акинфьева, в жену которого был влюблен, Тютчев заметил:

— Князь Горчаков походит на древних жрецов, которые золотили рога своих жертв.

Князь В. П. Мещерский, издатель газеты «Гражданин», посвятил одну из своих бесчисленных и малограмотных статей «дурному влиянию среды».

— Не ему бы дурно говорить о дурном влиянии среды, — сказал Тютчев, — он забывает, что его собственные среды-приемы заедают посетителей.

Гостей князь Мещерский принимал по средам.

О председателе Государственного совета графе Д. Н. Блудове, человеке желчном и раздражительном, Тютчев сказал:

— Надо сказать, что граф Блудов — образец христианина: никто так не следует заповеди о забвении обид, нанесенных им самим.

Во время предсмертной болезни Тютчева император Александр II, до сих пор никогда не бывавший у него, пожелал навестить поэта. Когда об этом сказали Тютчеву, он смутился и заметил:

— Будет крайне неделикатно, если я умру на другой день после царского посещения.

И. С. Тургенев при случае не стеснялся чином и званием людей, которые обходились с ним невежливо. Так, однажды где-то на вечере, чрезвычайно многолюдном, Иван Сергеевич с великим трудом нашел себе в углу столик и немедленно за ним расположился, чтоб закусить. Но такая же участь постигла еще некоего маститого генерала. Он тоже безуспешно слонялся из угла в угол, отыскивая себе место. Но для него уже ровно ничего не осталось. В раздражении подошел он к сидевшему отдельно в уголке Тургеневу, в полной уверенности, что штатский испугается генерала, да еще сердитого, и уступит ему место. Но Тургенев сидел, не обращая внимания на стоявшего перед ним с тарелкой генерала. Генерал окончательно рассердился и обратился к знаменитому романисту с очень неосторожными словами:

— Послушайте, милостивый государь, какая разница между скотом и человеком?

— Разница та, — очень спокойно ответил Тургенев, продолжая свой ужин, — что человек ест сидя, а скот стоя.

При одном случае И. С. Тургенев вспомнил остроту, слышанную от Пушкина. Страдая подагрой, он обратился к какому-то немцу-профессору, и тот, утешая его, сказал, что подагра «здоровая» болезнь.

— Это напоминает мне слова Пушкина, — заметил Тургенев. — Его кто-то утешал в постигшем неблагополучии, говоря, что несчастие отличная школа. «Счастие, — возразил Пушкин, — есть лучший университет».

Тургенев усиленно работал, кончая роман. А тут, как нарочно, одолели его друзья, которые не выходили от него и отрывали от работы. Стало ему, наконец, невмочь, и он уехал в какой-то маленький немецкий городок, где, он знал, русские не бывают. Остановился, конечно, в гостинице, заперся, начал усердно работать. Но докучливые люди уже поджидали его и сделали нападение, как только он явился в столовую гостиницы. Соседу за столом, по заведенному обычаю, непременно надо было знать, откуда он приехал, давно ли, долго ли рассчитывает пробыть в этом городе. Тургенев отвечал на первые вопросы с отменной краткостью, а на последний отрезал: «Три дня, пять часов и семнадцать минут!» «Как вы точно это определяете», — усмехнулся любопытный сосед и уж, конечно, пожелал узнать, от каких причин эта точность зависит. Тургенев ответил не сразу. Он на минуту как бы сосредоточился, собрался с мыслями и, наконец, спросил: «Вы о русских нигилистах слыхали когда-нибудь и что-нибудь?» Сосед отвечал утвердительно. «Так вот-с, извольте видеть: я нигилист. Там, у себя на родине, я был замешан в одно политическое дело, отдан под суд и приговорен к наказанию». — «Какому же?» — «Мне предложили избрать одно из двух — либо каторжные работы на всю жизнь, либо ссылка в ваш город на восемь дней. И вот дернуло меня выбрать последнее!» — закончил Тургенев самым мрачным тоном. После того его, конечно, оставили в покое.

Известный украинский философ Г. С. Сковорода был чрезвычайно смугл лицом, почти черен, как негр, и когда ему делали на этот счет замечание, он говаривал: «Когда ж сковорода бывает белая?»

У литератора Толбина служил какой-то человек, которому однажды надо было переменить паспорт. Толбин случайно заглянул в этот паспорт и увидал там отметку: особых примет не имеется. Он сейчас же позвал человека и спросил его: как это так вышло? Неужели, дескать, у тебя нет никаких особых примет? Тот отвечал, что нет.

— Вздор, — протестовал Толбин, — что-нибудь да должно же быть! Ну вот, например, скажи, ты знаешь, кто был Гамлет, принц датский?

— Никак нет.

— Ну, вот тебе и особая примета!

И Толбин вписал в графе «особые приметы» слова: «Не знает, кто был Гамлет, принц датский».

Замечательнее всего то, что когда в обмен на старый паспорт выслали с места родины того человека новый паспорт, то и в нем эта «особая примета» значилась: «Не знает, кто был Гамлет, принц датский».

Хозяйство композитора Сергея Ивановича Танеева вела няня, деревенская женщина. Однажды старушка сказала Танееву:

— Вы бы, Сергей Иванович, снова концерт дали, а то лавровый лист кончается.

Оказалось, что лавровые венки, которые композитор получал от своих поклонников, старушка сушила, а листья раздавала знакомым для супа.

Танееву сказали о ком-то:

— Вы знаете, он часто болеет...

— Кто часто болеет, тот часто и выздоравливает, — отозвался Танеев.

Ему же сказали про кого-то, что тот пьяница.

— Ничего, — сказал Танеев. — Это не недостаток. Это скорее излишество.

Какой-то старичок, столкнувшись с известным драматургом А. Н. Островским, присмотрелся к нему и признал его за знакомого, а только никак не мог припомнить, кто это такой.

— Я Островский, — сказал ему Александр Николаевич.

— А, ну так и есть, — догадался старичок. — Я ведь тоже с острова (т. е. Васильевского, в Петербурге); я живу на 6-й линии. Значит, это мы там с вами и встречались.

И старичок предложил Островскому взять извозчика пополам с ним на остров.

Однажды А. Н. Островскому пришлось быть судьей в споре двух каких-то купцов. Они никак не могли прийти к соглашению по вопросу о том, были ли отношения между Молчалиным и Софией Фамусовой (в «Горе от ума» Грибоедова) совершенно невинные или же иные.

— Как же это вы спрашиваете о таких вещах, — попрекнул их знаменитый писатель. — Ведь София Павловна девица из честной и даже знатной семьи. Если б там и было что, и я бы, положим, знал об этом, то хорошо ли было бы с моей стороны об этом разглашать?

В последний приезд германского императора Вильгельма I в Петербург назначен был смотр войскам на Марсовом поле. Дождь лил как из ведра. Несколько сот человек очищали плац лопатами, метлами и жгли целую ночь костры. Но дождь делал свое дело, и лужи не иссякали. Утром, в день смотра, под сильным дождем император Александр II объезжал Марсово поле и, шуточно сердясь, заметил Трепову:

— Какой же ты градоначальник, Федор Федорович, если дождя унять не умеешь.

— Ваше величество, — нашелся генерал, — я только градоначальник, а не дожденачальник.

Отношения А. И. Трофимова* к рабочему люду были в высшей степени гуманны. Как-то раз явились к нему в камеру человек пятнадцать штукатуров с постройки подрядчика А., возводившего пятиэтажное здание на Николаевской улице.

— Что, братцы, хорошего скажете? — обратился к ним судья, только что усевшийся к судейскому столу перед разбирательством дела.

— Да вот, жалиться пришли.
— На кого жалиться-то будете?
— Да на подрядчика нашего.
— Что же он, вздул, что ли, кого из вас?
— Чаво вздул!.. Хуже: жрать не дает.
— Ну?! Так-таки и не дает.

---

* Александр Иванович Трофимов был петербургским мировым судьей 13-го участка. Камера его в дни заседаний всегда была переполнена слушателями, которые являлись на разбор совершенно безынтересных сутяжнических дел специально для того, чтобы вынести из суда новые каламбуры и остроты.

— Ни жрать не дает, ни деньгами не рассчитывает... Такой, прости Господи, озорник, что беда.

— А книжки-то у вас есть подрядные?..

— Есть... Вот оне...

Рабочие подали ему книжки.

— Ну, хорошо, приходите послезавтра; я вашего подрядчика вызову и заставлю его заплатить вам.

Мужики низко поклонились, но вместо того чтобы уходить, начали топтаться на месте и почесывать затылки.

— Ну, что ж вам, братцы, еще? — спросил их Трофимов.

— Да как тебе, ваше благородие, сказать? Жрать нечего, вот что! Второй день не емши ходим, а в лавке в долг не верят, — осмелился сказать один из мужиков, побойчее который.

— Так что же, денег вам, что ли, дать? — спросил судья.

— Оно, конечное дело, ежели милость твоя будет...

— А сколько вам нужно на два дня?

— Да на 15 человек на два дня, по три гривны на рыло в день...

Александр Иванович пошарил у себя в бумажнике...

— Федор! — крикнул он сторожу. — Сходи ко мне на квартиру и попроси у жены моей девять рублей для мужиков.

Рабочие получили на харчи и ушли, а через два дня Трофимов взыскал в их пользу с подрядчика всю заработную плату.

Домовладелец Щ. взыскивал с жильца тридцать два рубля за квартиру. Управляющий домовладельца явился на суд его поверенным.

— Как же вы взыскиваете с жильца тридцать два рубля, когда по квартирной книжке вам следует только двадцать четыре рубля? — спросил судья у поверенного.

— А дров-то сколько они сожгли?

— Что вы говорите? — переспросил Трофимов.

— Я говорю: а дров-то сколько они сожгли! — повторил поверенный.

— Каких одров они сожгли? Привыкли вы с домовладельцем своим с жильцов шкуры сдирать, как с одров, и мерещатся вам везде одры.

И постановил: вместо тридцати двух рублей взыскать в пользу домовладельца Щ. только двадцать четыре рубля.

Идет дело о каком-то лисьем хвосте, якобы украденном кухаркой у какой-то свирепого вида немки.

Истицу сопровождает трактирный «поверенный», знакомый уже тут своими многими проделками.

Свидетели не подтверждают обвинения. Приходит очередь «обвинителя».

Трофимов и представляет «аблокату» слово предложением такого рода.

— Ну, что вы теперь, господин, про хвост скажете?

Позволяя себе очень многое относительно других, Трофимов отнюдь не обижался, если более находчивые люди и ему отплачивали его же монетою. Был такой забавный случай. Молодой и юркий помощник присяжного поверенного, представляя доверенность, забыл назвать в ней, как принято, свое имя, ограничившись только фамилией.

Александр Иванович прочел доверенность и сделал грубое замечание:

— А имя ваше где же? Вы знаете, чай, что овца без имени баран.

— Да, я это знаю, — вспыхнул оскорбленный адвокат, — и знаю также, что и судья без вежливости болван.

— Вот это ловко! И в рифму! — воскликнул, хохоча, Трофимов. — Хвалю и не обижаюсь. Господин поверенный, продолжайте ваше дело.

И дело продолжалось так, как будто у него никогда и не было вступительного и столь необычайного «обмена мыслей».

Судился раз адвокат за растрату денег, полученных им по исполнительному листу в пользу его доверителя.

— Да, господин адвокат, — обратился Александр Иванович к обвиняемому, — со своими блестящими способностями вы пойдете далеко-далеко... Вы не жнете и не сеете, а живете, как древние евреи жили: с разовой мечтой об... об манне...

Судился какой-то интеллигент за драку. Его спрашивает Трофимов:
— За что вы ударили господина Н.?
— За то, что он обижал моего друга, за которого я считал необходимым постоять.
— Это похвально! — одобрил судья. — Но за этого же друга теперь вам придется посидеть.

Другой «адвокатик», обеляя бесчинного богатого купца, попавшегося в драке с буфетчиком, называет своего клиента из почтения не иначе как подобострастным «они-с».
Трофимов долго слушает его с усмешкою и наконец прерывает:
— Да что вы мне все про анис да анис толкуете! Тут, батюшка, не анисом пахнет, а кутузкой!

Некий Прохоров жаловался на некую Боброву, обвиняя ее в нанесении побоев.
— Как было дело? — спрашивает у него Трофимов.
— Иду это я мимо ее дома и думаю: не зайти ли к ней по старому знакомству? И зашел. Гляжу: голова у нее повязана платком.
— Мигрень у меня была, — замечает обвиняемая.
— Осведомился я о здоровье и советую ей: вы бы, говорю, уксусом полотенце намочили бы и забинтовали бы голову. А она вдруг как размахнется — да и бац мне по уху!
— За что же? — удивился судья.
— За совет, должно быть.
— Вперед будете умнее! Она ведь не просила вашего совета?
— Не просила, но я хотел облегчить ее страдания и по доброте душевной дал ей верное средство.
— Господин судья, — говорит в свое оправдание Боброва, — когда у меня разыгрывается мигрень, так я очень нервной становлюсь.

Трофимов спрашивает у ней:

— Вы хорошо знаете Прохорова?

— Раза два с ним встречалась...

— А в гости к себе его приглашали?

— Нет, он сам пришел.

Судья говорит внушительно обвинителю:

— Являясь без приглашения в чужую квартиру, вы не могли рассчитывать на радушное гостеприимство...

— Но ведь нельзя же ни с того ни с сего драться, как это делает Боброва?

— Прежде всего, не следует туда идти, куда не приглашают.

Вызывается свидетельница, жилица Бобровой.

— Что знаете по этому делу?

— Приходит к нам Прохоров. Боброва, хотя и знакома с ним, но никакого ему внимания не оказывает, потому что голова болит. Сперва он велел уксусом мочить темя, а опосля назвал ее притворщицей. Боброва рассвирепела и крикнула: пошел вон, дурак, а не то я тебя ударю! Прохоров уткнул руки в бока и отвечает: попробуй-ка! Она опять: уходи честью, а не то приколочу, а он опять: тронь-тронь, попробуй!

— Ага! — перебивает судья свидетельницу. — Значит, он сам напрашивался на то, чтоб его ударили?

— Сам, сам! — заявляет Боброва.

Трофимов решает дело:

«...Боброву считать по суду оправданной, потому что Прохоров побит ею по его настоянию. Из свидетельских показаний выяснилось, что он заявлял категорическое желание «попробовать» кулаков Бобровой...»

Как-то раз, в одном процессе, Трофимов ядовито уязвил адвоката. Тот во время перерыва стал ходить по залу и, как бы ни к кому не обращаясь, произносить вслух самые нелестные эпитеты по адресу Трофимова, дабы их в то же время слышала публика.

— Про кого это вы говорите? — спросил тот сурово.

— Вам какое дело?

— Но, по крайней мере, с кем?

— Опять не ваше дело. Сам с собою говорю.
— Охота же вам со всяким дураком болтать, — отчеканил Трофимов и вышел.

Какой-то мозольный оператор, немец, предъявил иск к сапожнику, и тоже немцу, в пятнадцать рублей за убытки.

Дело заключалось в том, что сапожник сделал по заказу мозольному оператору пару сапог до того узких, что тот натер себе ногу и два дня не мог из-за этого выходить из дому, вследствие чего он и просил взыскать с сапожника пятнадцать рублей убытков.

Сапожник же подал встречный иск, требуя, в свою очередь, с мозольного оператора десять рублей за сапоги.

— Я завсем не понимай! — воскликнул оператор на суде. — Я на вас посылай сапог, а вы не взял его...

— Я не взял оттого, что ви зарезал мой сапоги и с ножницами, — ответил сапожник.

Трофимов их перебил:

— Я вижу, господа, что вы оба взялись не за свое дело: вы сапожник и, вместо того чтобы делать сапоги, делаете мозоли вашим заказчикам, а вы мозольный оператор и, вместо того чтобы резать мозоли, режете сапоги, за которые еще не уплатили денег.

И затем постановил: взыскать с мозольного оператора десять рублей в пользу сапожника.

Во время одного из заседаний какой-то мужичок, сидя на второй скамейке, заснул. Храп раздался по всей камере.

— Эй, почтенный! — крикнул Трофимов. — Вставай.

Один из слушателей, рядом сидевший с мужиком, двинул его в бок.

— А-ась? — произнес мужик, очнувшись.

— Полно спать-то, — говорит судья, — ведь ты не в итальянской опере.

Повар князя Н. обвинял лавочника в продаже недоброкачественного товара.

— Такую он курицу мне прислал, — докладывал повар судье, — что я чуть места не лишился.
— Что же она, тухлая?
— Совсем!
— Так вы бы ее отправили в лавку обратно?
— Конечно, отправил бы, но как на грех зашел в кухню барин в то время, когда ее только что принесли. Увидал он эту тухлую курицу и начал меня бранить: «Э, так вот ты, говорит, чем меня кормишь?»

Трофимов обращается к лавочнику:
— Как вам не стыдно держать такой товар? Ведь этой самой курицей могли подложить большую свинью... Из-за вас чуть места человек не лишился.

Разбиралось у Александра Ивановича довольно громкое дело картежников приказчичьего клуба И., К. и М., обвинявших старшину этого клуба О. за то, что он их заподозрил в шулерстве, из-за чего им запретили вход в клуб.

Один из свидетелей показал, что он сам видел, как они втроем играли в макао заодно против какого-то «пижона».
— Не заметили ли вы какой-нибудь особенности их игры? — спросил судья у свидетеля.
— Особенность, на которой их изловили, была следующая: когда «пижон» снял карты, я отлично видел, что туз бубен был внизу, а между тем туз бубен оказался в картах господина И., и образовалось таким образом у него девять очков.
— Да ведь в макао играют в две колоды, следовательно, там должны быть два бубновых туза? — спросил Трофимов.
— Один бубновый туз давно уже вышел, — заметил свидетель.
— Вот видите, господа, — обратился Трофимов к картежникам, — нельзя так неосторожно обращаться с картами... Ведь этак, пожалуй, бубновый туз может из колоды очутиться прямо на спине у банкомета.

Разбирает Трофимов дело по обвинению кучера Ежова в неосторожной езде.

— Ну что, Ежов, виноваты? — спрашивает судья.

Чтобы придать себе некоторое значение, Ежов торжественно заявляет:

— Господин судья, я кучер санкт-петербургского оберполицеймейстера.

— Очень приятно познакомиться, а я — мировой судья 13-го участка.

Александр Иванович собирался выйти из канцелярии в камеру и начать разбор дела, как к нему подскакивает какой-то частный поверенный.

— Господин судья, будьте так добры: разберите дело Подметкина и Оглоблевой первым!..

— Что ж это вы так торопитесь?

— Ах, да это такое несчастное дело!.. Я не рад, что и взялся-то за него... То одна сторона откладывает, то другая... Семь месяцев тянется, а все не может разрешиться.

— Какой же вы, однако, нетерпеливый!.. Ну, отчего бы не подождать еще два месяца?..

— Зачем-с? — удивленно вытягивает физиономию адвокат.

— А затем, что девять месяцев — как раз срок правильного разрешения от бремени.

Швейцар тульского поземельного банка Дмитриев взыскивал с подрядчика Вейера восемнадцать рублей убытков. Обстоятельство дела заключалось в том, что рабочие Вейера несли однажды по лестнице, ведущей в тульский банк, большой деревянный ящик с различными механическими предметами. Швейцар, растворив широкие двери роскошной парадной лестницы, впустил рабочих с ящиком через парадный вход. Но тут случилась маленькая неприятность. Не успели рабочие взобраться на первую площадку, тяжелый ящик выпал у них из рук и разбил мраморную плиту лестницы. Хозяин дома Лихачев вычел из жалованья швейцара восемнадцать рублей за порчу лестницы. Требование это со стороны домовладельца мотивировано было тем, что швейцар не должен был пускать рабочих через парадный ход с тяжеловесной ношей. Вследствие этого вычета Дмитриев предъявил иск к Вейеру как к лицу, нанимавшему рабочих, не умеющих исполнять порученное им дело.

При разборе дела Трофимов спрашивает истца:

— Директору банка о вычете из своего жалованья вы не говорили?

— Говорил-с, только они этого во внимание не принимают. Нам, говорят, не из чего платить убытки за других.

— Да ведь ящик-то для них несли?

— Для них, а все же они на себя не принимают убытка...

— Вы сколько получаете жалованья?

— Восемь рублей.

— Немного! Ну а директор банка сколько получает?

— Да сказывают, будто двенадцать тысяч в год.

— Да, вы намного меньше его получаете, и за это придется платить вам.

— Нельзя ли как-нибудь, господин судья...

— Нельзя-с, — перебивает его Трофимов, — я не виноват, что вы не директор банка.

— А как насчет Вейера?

— Э, голубчик, банковским директорам и веера не нужно, потому что их совесть не требует того, чтобы ее прикрывали.

Какая-то невзрачная личность обвиняла какого-то господина Каплуна в оскорблении.

— Сильно Каплун вас обидел? — спрашивает Трофимов у обвинителя.

— Страсть как! А самое главное — совсем понапрасну... Уж вы его, господин судья, по закону...

— Не беспокойтесь, — говорит мировой, — этот Каплун запоет у меня петухом!

И затем за неявкою ответчика постановил заочный приговор, которым присудил Каплуна к аресту.

Разбиралось такое дело.

В дождливую погоду какой-то господин в чиновничьей фуражке кричал изо всех сил кондуктору дилижанса:

— Стой! Стой!

Дремавший в это время на козлах своей пролетки извозчик тоже крикнул с очевидной насмешкой:

— Остановись, курятник! Прими к себе мокрую курицу!

Чиновник обиделся, ударил извозчика палкой по спине и привлек его еще к суду за оскорбление.

Трофимов спрашивает чиновника:

— Вы за что, собственно, обиделись на извозчика?

— За его фразу «мокрая курица».

— Первая половина этой фразы совершенно правильна: тогда был проливной дождь, а у вас в руках была палка, а не зонтик. Следовательно, вы были мокры. За слово «курица» я бы, пожалуй, его наказал, но так как вы дрались на улице совсем не как мокрая курица, а как разъяренный петух, то я его наказанию за это не подвергаю, а вас штрафую на три рубля за драку в публичном месте.

Александр Иванович вообще недолюбливал «ходатаев», которые в его камере всегда нехорошо себя чувствовали. Правое дело в 13-м участке выигрывалось и без «аблокатов», а в неправом они были лишние, потому что на чуткого и дальновидного судью никакие искусные казуисты не могли действовать.

Какой-то, например, ходатай неотвязно приставал к Трофимову с требованием отвода, очевидно, не понимая юридического смысла последнего. Трофимов не выдержал:

— Вы, господин, верно, из кавалеристов будете?

— Что вы хотите этим сказать, господин судья?

— Да то, что вы, очевидно, судебный отвод смешиваете с отводом... лошадей с водопоя?

К числу остроумных приговоров Трофимова принадлежит и следующий.

На Николаевской улице имел мясную лавку купец Жуков. Однажды сидел Жуков у себя в лавке и за стаканом чая разговаривал с соседом своим, Иваном Чистовым. Договорились они до того, что поспорили, а поспоривши, повздорили до того горячо, что Жуков плюнул Чистову в физиономию, а Чистов, не желая, вероятно, оставаться в долгу перед Жуковым, плеснул ему в лицо целый стакан горячего чая. Оба приятеля почли себя оскорбленными и подали мировому судье каждый отдельную жалобу, обвиняя друг друга в оскорблении.

Разобрав дело, Трофимов сделал постановление.

«Принимая во внимание, что плевок, брошенный человеку в физиономию, выражает презрение к нему и, обесчещивая личность, приносит этому человеку более обиды, чем если опрокинуть на его физиономию целый кипящий самовар, и руководствуясь 119 ст. устава уголовного судопроизводства, определяю: Чистова и Жукова, по взаимности их оскорбления, считать по суду оправданными».

Какой-то субъект, обвинявшийся в уголовном проступке, замечает Трофимову с раскаянием в голосе:

— Ах, господин судья, господин судья! Поверите ли, в это подлое дело я попал против воли.

— Охотно верю, — отвечает в тон Трофимов, — и при этом я убежден, что вы и в тюрьму попадете против воли.

Только что Александр Иванович вызвал к судейскому столу спорящие стороны, на улице вдруг послышался грохот и звон колокольчика. Мчались пожарные.

Трофимов быстро поднялся с места и, направляясь к окну, сказал:

— Суд пошел смотреть на пожарных.

Прошло около минуты, кто-то из публики вслух высказался о неуместности подобного поступка со стороны судьи. Трофимов, продолжая глядеть в окно, крикнул сторожа, тоже весьма популярного благодаря Александру Ивановичу:

— Федор, скажи ты мне: я судья?

— Кх!.. Так точно, судья-с!

— Ну а как ты думаешь, человек я или нет?

— Известное дело, настоящий человек.

— Стало быть, мне могут быть присущи привычки и невинные капризы?

— Конечно, могут.

— Иди на место! А теперь суд возвращается к разбору дел! — торжественно произнес Александр Иванович, усаживаясь в кресло.

Судится содержатель съестной лавки за недозволенную продажу крепких напитков.

Обвиняемый говорит в свое оправдание, что водку он не продавал, а угощал ею своих знакомых посетителей в праздник в знак своего к ним расположения как к постоянным своим покупателям.

Свидетели дают показания в пользу торговца, делавшего им поблажки, то есть отпускавшего им водку в то время, когда погреба и кабаки были закрыты по случаю праздничного дня.

— Как же он угощал вас, — допытывался судья у свидетелей, — целую бутылку вам отдал во владение или угощал рюмками?

Сметливый свидетель ответил:

— Одним словом, задарма. Мы как пришли, значит, к нему да и говорим: «Потому как ты от нас много наживаешь, так за это самое ставь нам угощение». Он и поставил.

— А велика ли бутылка была?

— Обыкновенная — штоф.

— И что же? Поди, всю бутылку вы выпили?

— Зачем всю? Кто сколько мог: кто рюмку, кто две... по плепорции... Немного даже осталось, так, поменьше половины.

— А твердо помнишь, что осталось?

— Очень даже твердо.

Спрашивает Трофимов у другого свидетеля:

— Когда лавочник угощал тебя водкой, в бутылке что-нибудь оставалось?

— Оставалось...

Подтвердил это и третий.

— Ага! — воскликнул многозначительно Трофимов и сделал такую остроумную резолюцию: «Из свидетельских показаний ясно устанавливается факт, что содержатель съестной лавки занимался недозволенной продажей крепких напитков. Что он водку продавал, а не угощал ею, видно из того, что бутылка не была опорожнена до дна. Принимая во внимание, что русский человек, когда его угощают водкой, выпивает ее до последней капли, приговариваю мещанина Н. к штрафу» и т. д.

При поимке контрабанды у сухопутной таможни случилось быть князю Воронцову генерал-губернатору Новороссийского края, и помещику Т.

— Как эти дураки не могут изловчиться, — заметил Т., указывая на контрабандистов. — Нет ничего легче, как провести таможенных.

— Наоборот, нет ничего труднее, — поправил его управляющий таможней.

— Я провезу на десять тысяч рублей товара, и вы меня не поймаете, — сказал помещик. — Даже скажу вам, в какое именно время провезу.

— Каким образом? — недоверчиво спросил его Воронцов.

— А уж это мое дело!

— Я с вами какое угодно пари готов держать, что ровно ничего не провезете.

— А вот увидим!.. На пари согласен и я: ставлю свое имение, стоящее пятьдесят тысяч, — предложил помещик.

— Я отвечаю: сто тысяч рублей! — сказал Воронцов.

При свидетелях ударили по рукам. Управляющий таможней дивился смелости и риску Т. и предвещал ему верный проигрыш.

— Ну, так когда же вы провезете контрабанду? — спросил Воронцов, улыбаясь.

— Послезавтра, в двенадцать часов дня, — ответил спокойно помещик.

— А что вы повезете? — осведомился управляющий таможней.

— Блонды, кружева, бриллианты...

— На десять тысяч?

— Ровно.

В назначенный день и час в таможню пришел князь Воронцов в сопровождении многих одесских аристократов, пожелавших взглянуть на хитрую проделку помещика Т.

Ровно в двенадцать часов к таможне подъезжает в коляске Т. Начинается обыск.

Т. уводят в отдельную комнату, раздевают его, совершенно и тщательно осматривают каждую складку его платья и белья, но ничего не находят. Такому же строгому обыску был подвергнут и кучер его, но и он не заключал в себе ничего контрабандного. Приступили к экипажу, выпороли всю обивку его — ничего.

Все с замиранием сердца ожидали результата.

— Мы разрубим ваш экипаж, — сказал Воронцов помещику.

— Рубите, — согласился последний, — но с условием, если ничего не найдете, то уплатите за него полтора целковых.

Разрубили экипаж на куски — тоже ничего. Управляющий таможней даже гривы и хвосты лошадей осмотрел, но и в них, к своему огорчению, ничего не обрел.

— Ну что, кончили осмотр? — спрашивает помещик, победоносно поглядывая на толпу.

— Кончили, — уныло отвечали таможенные чиновники.

— И ничего не нашли?

— Ничего.

— Теперь можно показать контрабанду?

— Что ж... показывайте...

Помещик подзывает к себе белую мохнатую собачонку, прибежавшую за его экипажем, а во время обыска спокойно спавшую у письменного стола управляющего таможней, и просит подать ему ножницы, с помощью которых он распарывает своего пуделя вдоль спины. Что же оказывается? Навертел он на простую дворняжку дорогих кружев, блонд, а между ними наложил дорогих и бриллиантовых вещей и зашил ее туловище в шкуру пуделя, ноги же, хвост и голову искусно выкрасил белой краской. Пари, разумеется, было им выиграно.

Однажды является к И. Д. Путилину* солидный господин с выражением испуга на лице и рекомендуется про-

---

* Иван Дмитриевич Путилин родился в 1830 году. Был начальником сыскной полиции Санкт-Петербурга, славился не только выдающимся умом, но и необыкновенной физической силой.

винциалом, приехавшим на короткий срок в столицу по делам.

— Чем могу служить? — спрашивает Иван Дмитриевич.

— Меня направили к вам из полицейского участка, где я хотел было сделать заявление о странном явлении...

— Объясните.

— Меня кто-то мистифицирует самым необыкновенным образом. Представьте, изо дня в день я приношу домой в своих карманах массу различных предметов: кошельков, бумажников, портсигаров, носовых платков и пр. Как все это попадает ко мне, я не могу себе представить. История таинственная и непостижимая.

— Кошельки и бумажники с деньгами?

— И даже с деловыми бумагами.

— Давно ли вы проживаете в Петербурге?

— Да уж с неделю...

— А когда началась нагрузка ваших карманов?

— Сегодня третий день... Да вот, кстати, не угодно ли вам удостовериться наглядным образом в правдивости моих слов...

Провинциал опустил руку в карман своего пальто и вытащил несколько кошельков.

— Я вышел из дому с совершенно порожними карманами, прошел через Гостиный двор, по Невскому до вас и... как видите, с большой прибылью.

Путилин на минуту задумался и после небольшой паузы воскликнул:

— Вы имеете дело с мазуриками! Они принимают вас за «своего»...

— Как? — ужаснулся провинциал. — Неужели моя наружность носит такой преступный отпечаток?

— Успокойтесь! В этом лежит какое-то недоразумение... Или вы на кого-нибудь из них похожи, и они впопыхах в вас обознаются, или у вас имеется случайно какой-нибудь их условный знак, очень часто, однако, изменяющийся...

— Я вот весь налицо, — произнес провинциал, позируя перед Путилиным. — Рассмотрите, что во мне есть подозрительного?

— Кажется, ничего такого, действительно... однако, расскажите, всегда ли, то есть каждый ли ваш выход из дому сопровождается такими результатами?

— Вот только вчера вечером во время пребывания в «Семейном саду» этого не было, а то постоянно... Вчера же я явился домой не только без «добычи», но даже лишился собственного портсигара, очень искусно вытащенного из жакета.

— Ага! Могу вас утешить: не ваша наружность смущает петербургских карманников. Для меня становится очевидным, что вы носите или имеете на себе что-нибудь, служащее мошенникам последним «паролем».

Путилин не ошибся. Когда он стал подробнее расспрашивать посетителя, то оказалось, что в увеселительном саду он был в шляпе, а не в той фуражке, приобретенной три дня тому назад, в которой он фланировал по людным улицам столицы и в которой он явился в сыскное отделение.

Иван Дмитриевич эту фуражку, по-видимому, имевшую условное значение у воров, оставил у себя.

В этот же день он совершил в ней прогулку по тесным проходам Гостиного двора и... нашел в своих карманах несколько украденных вещей, но, однако, ни одного вора поймать не мог, несмотря на свою ловкость и опытность. Они оказались тоже не менее ловкими...

Узнав, где куплена провинциалом эта фуражка, Путилин произвел следствие и обнаружил, что какие-то неизвестные лица принесли в шапочную мастерскую, помещавшуюся на Екатерининском канале, против Казанского собора, собственной материи и приказали сшить по собственному фасону несколько десятков фуражек. Из оставшегося клочка материи шапочник сделал лишнюю фуражку, которую продал отдельно тоже неизвестному лицу.

На другой день большая половина карманников была переловлена. Их забирали прямо по «фуражкам».

Путилин задумал еще раз сделать прогулку в «мазурнической фуражке», но на этот раз его надежды не увенчались успехом. Возвратясь же домой, он нашел в кармане одну лишь лаконичную записку: «Не проведешь! Шалишь! Довольно уж какой-то мошенник попользовался нашим добром. Поработали на него дня три — довольно. Пусть это будет нашим наказанием, а тебе не попадемся!»

И точно. Другая половина жуликов вовремя сбросила с себя предательскую фуражку.

Отъявленный вор сидел в тюрьме, отбывая наказание, и тосковал о свободе. Вдруг в голову его запала идея.

— Погуляю, покучу! — сказал он товарищам по неволе.
— До сроку? — недоверчиво переспрашивали те.
— В скорейшем времени.
— Сбежишь, что ли?
— Зачем? Буду гулять самым честным образом и даже на казенный счет.

Кто-то даже рискнул с ним поспорить. Действительно, вор надумал способ, благодаря которому получил дня на три относительную свободу и действительно на казенный счет вволю пображничал.

Способ оказался незамысловатым. Заявляет он тюремному начальству, что будто бы знает одну преступную тайну, которую может поведать только сыскной полиции. Сообщили относительно этого Путилину. Путилин приказал доставить молодца для личного допроса. Доставили.

— Ну, что имеешь сказать мне? — спрашивает начальник сыскной полиции, предвкушая раскрытие какого-нибудь сложного преступления, по какому-либо исключительному случаю ускользнувшего от бдительного внимания его.

— Я знаю, где делают деньги.

Иван Дмитриевич насторожился.

— Где?
— Да уж знаю.
— Кто?
— Многие... всех не упомнишь.
— Как же ты можешь их узнать?
— Очень просто: встречу и укажу.

Уговорились, что вместе с вором в поиски отправится один из агентов, которому тот обнаружит ведомых ему преступников. Впрочем, помимо агента для надзора за самим доносчиком был прикомандирован переодетый полицейский.

— Только вот мое первое условие, — заявил вор Путилину, — чтоб исправлена моя одежда была, потому что очень пообносился. Да, окромя того, может, в хорошие места заходить придется, куда только в чистом платье допускают.

Отвели его на рынок, переодели. Затем он с агентом начинает переходить из трактира в трактир. Всюду угощается и не задумывается перед издержками. За все, по поручению начальника, расплачивается, конечно, агент.

К вечеру, когда добрая половина «питейных заведений» ими была обойдена, вор сказал своему спутнику, неоднократно уже выражавшему нетерпение:

— Ну, что делать? Как назло, никого не повстречали!.. Может, завтра посчастливится.

На другой день снова началось трактирное мытарство, но также безуспешно.

— Уж не наврал ли ты? — усомнился агент. — Кажется, напрасно вводишь нас в заблуждение.

— Жизнь надоела мне, что ли? — ответил доносчик. — Знаю ведь я, что за клевету и обман полагается наказание.

На третий день стал сомневаться и сам Путилин. Призвал он вора к себе и говорит:

— Если ты сегодня же не наведешь на след преступников, плохо тебе будет! Так ты и знай!

— Да уж коли сказал, что укажу, где делают деньги, так укажу!

— Пьянствуешь только, шатаясь по трактирам.

— Это уж так беспременно следует, чтобы найти кого нужно...

Через день терпение Путилина истощилось. Приказал он было водворить обратно в тюрьму ловкача, но тот категорически заявил:

— Нет уж, ваше превосходительство, пока не покажу места, где делают деньги, в тюрьму не пойду. Я, слава тебе Господи, не подлец какой-нибудь и начальству облыжничать никогда себе не дозволю.

— Врешь все! Ничего ты не знаешь.

— Уж коли такое недоверие на мой счет, то нежелательно ли вам персонально со мной поехать на Фонтанку. Сейчас же укажу.

Поехал с ним сам Путилин. По дороге он расспрашивает его:

— Кто же делает деньги?
— Разный народ. Есть и простые, есть и чиновники, генералы тоже... Много там разных сословий.

Подъезжают к Египетскому мосту.

Завидя здание «изготовления государственных бумаг», вор указал на него рукой и серьезно сказал Путилину:

— Вот где делают деньги, ваше превосходительство!..

Такой неожиданный финал так смутил Ивана Дмитриевича, что он не знал, чем закончить эту неосторожную шутку тюремного арестанта... Однако она прошла без последствий.

Путилин как-то приходит к своему приятелю и не застает его дома.

— Как прикажете о вас доложить? — спросил встретивший его слуга.

— Подай мне кочергу, — сказал Путилин.

Слуга, недоумевая, вручил ему большую железную кочергу. Путилин без всякого усилия связал ее двумя узлами и отдал пораженному лакею, приказав:

— Когда приедет домой барин, подай эту мою визитную карточку, он разберет, кто был.

Отец писателя Владимира Александровича Соллогуба однажды, прогуливаясь в Летнем саду со своей дочерью, девушкой поразительной красоты, повстречался с одним знакомым, очень самоуверенным и очень глупым.

— Скажи, пожалуйста, — воскликнул знакомый, — как это случилось? Ты никогда красавцем не был, а дочь у тебя такая красавица?

— Это бывает, — отвечал Соллогуб. — Попробуй-ка, женись: у тебя, может быть, будут умные дети.

Русский ученый Климент Аркадьевич Тимирязев в 1877 году посетил Дарвина. Разговаривая с Тимирязевым, Дарвин спросил:

— Вы не знаете, почему это немецкие ученые так ссорятся между собой?

— Вам это лучше знать, — ответил Тимирязев.

— Но я никогда не был в Германии, — удивился Дарвин.

— Зато вы автор борьбы за существование в природе. Видимо, в Германии развелось слишком много ученых. И всем им не хватает места, — ответил Тимирязев. — Это прекрасная иллюстрация к вашей теории.

Однажды молодому студенту, страстно желавшему научиться красноречию, кто-то посоветовал послушать лекции Тимирязева и профессора Н.

— Как вы можете называть эти имена вместе? — возмутился студент. — Великий Тимирязев, а рядом — косноязычный и бездарный профессор Н.?

— Вот то-то и есть, — ответили ему. — У Тимирязева вы научитесь, как надо говорить, а у профессора Н. — как говорить не надо.

В 1892 году Д. И. Менделеев стал ученым хранителем Палаты образцовых мер и весов. Для повышения точности взвешивания в России требовалось немало денег. Ходатайство же о выделении денег застревало в Министерстве финансов.

Как-то Менделеев узнал, что его Палату посетит великий князь Михаил, и приказал и без того тесные лаборатории загромоздить всяким хламом. Из подвалов вытаскивались негодные тяжелые станки и железные болванки.

— Под ноги! Под ноги! — командовал Менделеев. — Надо, чтоб спотыкались.

Встретив великого князя, Менделеев повел его по зданию, то и дело покрикивая:

— Не туда-с! Налево-с! Не извольте оступиться! Тесно у нас...

...И через некоторое время деньги были получены.

Как-то Менделееву принесли корректуру одной из его статей, подписанную его полным титулом. Менделеев посмотрел, засмеялся и сказал:

— Нельзя печатать: титул длиннее, чем у царя.

И действительно, Менделеев был членом нескольких десятков академий и научных обществ мира!

В свободное время Менделеев любил переплетать книги, делать чемоданы. Однажды, когда ученый покупал необходимые ему материалы, кто-то, увидя бородатого Менделеева, спросил продавца: кто это такой?

— Как же, его все знают, — ответил продавец. — Известный чемоданных дел мастер Менделеев.

Когда Александр Иванович Куприн жил в Одессе, местный репортер захотел у него взять интервью и спросил, где бы он мог встретиться с писателем. Куприн внимательно посмотрел на репортера и ответил:

— Приходите, пожалуйста, завтра в Центральные бани не позже половины седьмого. Там встретимся и обо всем поговорим.

На другой день вечером, сидя нагишом в бане перед голым репортером, Куприн изложил ему свои литературные взгляды и творческие планы на будущее. Интервьюер остался доволен встречей и ответами писателя.

— И как тебе пришла в голову такая странная идея — давать интервью в бане? — спросил у Куприна один из его приятелей.

— Почему же странная? — засмеялся Куприн. — Все дело в том, что у репортера были такие грязные уши и ногти, что нужно было воспользоваться редкой возможностью снять с него грязь.

Очень любопытствующая дама однажды попросила Александра Степановича Попова рассказать ей о том, как работает трансатлантический кабель.

Попов подробно и обстоятельно объяснил ей принципиальную схему работы этого средства межконтинентальной связи. Дама поблагодарила радиофизика за любезный рассказ и сказала:

— Должна вам сказать, дорогой, что мне приходилось разговаривать со многими замечательными учеными, но никто так просто, доступно и так интересно не говорил со мной, как вы. Ваш обстоятельный рассказ мне очень и очень понравился. Но у меня не совсем ясным остался один вопрос. Скажите, дорогой, почему же из Америки к нам в Европу телеграммы приходят сухими?

Однажды Константин Сергеевич Станиславский, играя в «Трех сестрах» роль полковника Вершинина, представился Василию Васильевичу Лужскому, игравшему Андрея Прозорова: «Прозоров».

Лужский от неожиданности поперхнулся и ответил сдавленным голосом:

— Как странно — я тоже.

Ольга Леонардовна Книппер-Чехова прожила более девяноста лет и отличалась живым нравом. Лужский назвал ее так: «Беспокойная вдова покойного писателя».

Как известно, первым народным комиссаром просвещения после революции был Анатолий Васильевич Луначарский. Свою государственную деятельность он совмещал с творческой, сочиняя пьесы, открывал многие высокие собрания и конференции, писал предисловия... Всеядность наркома дала повод поэту Александру Архангельскому сказать по этому поводу:

> О нем не повторю чужих острот,
> Пускай моя звучит свежо и ново:
> Родился предисловием вперед
> И произнес вступительное слово.

В двадцатые годы в Театре Революции шла пьеса наркома просвещения Луначарского «Бархат и лохмотья». В этой довольно слабой пьесе играла жена Луначарского

Наталия Розенель. Посмотрев спектакль, Демьян Бедный написал:

> Ценя в искусстве рублики,
> Нарком наш видит цель:
> Дарить лохмотья публике,
> А бархат — Розенель.

Эпиграмма Демьяна Бедного скоро дошла до наркома-драматурга, и он не замедлил ему ответить:

> Демьян, ты мнишь себя уже
> Почти советским Беранже.
> Ты, правда, «б», ты, правда, «ж».
> Но все же ты — не Беранже.

На одном из диспутов на политическую тему Луначарский привел высказывание Ленина. В этот момент какая-то экспансивная слушательница закричала из зала:
— Ленин никогда этого не говорил!
— Вам, мадам, он этого не говорил, а мне говорил, — спокойно парировал Луначарский.

Когда известному геологу Леониду Ивановичу Лутугину предлагали стать директором или членом правления того или иного акционерного общества, он, будучи человеком бескорыстным и честным, всякий раз отшучивался:
— Куда уж мне теперь, господа! Жить осталось мне, знаете, мало! Нахапать много, пожалуй, за оставшиеся годы не успею, а свой некролог непременно испорчу!

Как-то раз к Ивану Петровичу Павлову зашел в лабораторию принц Ольденбургский и стал уговаривать его отправиться к нему во дворец, где должен был быть необыкновенный спирит, который-де заставит Павлова изменить свое отрицательное отношение к подобного рода «чудесам». Павлов отнекивался, говорил принцу, что спиритизм — это шарлатанство, но потом согласился.

Когда его представили спириту, тот сразу же стал величать Ивана Петровича гением.

— Вот видите, — шепнул Павлову принц, — он сразу понял, кто вы.

— Что ж тут удивительного, — ответил Иван Петрович. — Кругом все в мундирах, в орденах, в лентах, а я в простом пиджаке, но мне все оказывают внимание.

В 1917 году, когда шла Первая мировая война, русский композитор Игорь Федорович Стравинский посетил Рим и Неаполь. Эта поездка была отмечена знакомством с Пабло Пикассо, с которым у него установилась тесная дружба. При возвращении композитора в Швейцарию таможенники, проверяя багаж, обнаружили странный на их взгляд документ.

— Что это за рисунок? — спросил таможенник у Стравинского, рассматривая циркульные линии, углы и квадраты.

— Мой портрет работы Пикассо.
— Не может быть. Это план!
— Да, план моего лица и ничего более.

Тем не менее ретивые таможенники конфисковали рисунок, решив, что это замаскированный план какого-то стратегически важного сооружения.

Будучи проездом в Нью-Йорке, Стравинский взял такси и с удивлением прочитал на табличке свою фамилию.

— Вы не родственник композитора? — спросил он у шофера.

— Разве есть композитор с такой фамилией? — удивился шофер. — Впервые слышу. Стравинский — фамилия владельца такси. Я же не имею ничего общего с музыкой. Моя фамилия — Пуччини.

Хорошо знавшая в годы эмиграции писательницу Тэффи — красивую и остроумнейшую женщину — поэтесса Ирина Одоевцева вспоминала:

— Женские успехи доставляли Тэффи не меньше, а возможно, и больше удовольствия, чем литературные. Она была чрезвычайно внимательна и снисходительна к своим поклонникам.

— Надежда Александровна, ну как вы можете часами выслушивать глупые комплименты Н. Н.? Ведь он идиот! — возмущались ее друзья.

— Во-первых, он не идиот, раз влюблен в меня, — резонно объясняла она. — А во-вторых, мне гораздо приятнее влюбленный в меня идиот, чем самый разумный умник, безразличный ко мне или влюбленный в другую дуру.

Какая-то пациентка спросила С. П. Боткина:

— Скажите, доктор, какие упражнения самые полезные, чтобы похудеть?

— Поворачивайте голову справа налево и слева направо, — ответил Боткин.

— Когда?

— Когда вас угощают.

Однажды мать будущего знаменитого физика Петра Николаевича Лебедева, в ту пору еще студента, получила от сына странное письмо, сильно ее взволновавшее.

«А у меня новорожденная: кричит, бунтует, ничьего авторитета не признает, — писал ей холостой сын. — Я, слава богу, уже оправился, совершенно здоров и хожу в институт. Крестным был профессор Кундт, он пришел в некоторое взвинченное настроение, когда я преподнес ему новорожденную...»

Только в конце письма выяснилось, что новорожденной была... некоторая «идея относительно электричества». Госпожа Лебедева спокойно вздохнула.

Лебедев был врагом бесплодной эрудиции.

— Мой книжный шкаф, — говорил он, — набит знаниями гораздо больше меня, однако не он физик, а я.

Во МХАТе шел «Юлий Цезарь» Шекспира. По ходу спектакля статист должен был вынести свиток и отдать его К. С. Станиславскому, игравшему роль Брута. Статист куда-то исчез. Тогда В. И. Немирович-Данченко велел срочно переодеть рабочего сцены и заменить им статиста.

Рабочий вышел на сцену со свитком и громким голосом сказал, обращаясь к Станиславскому:

— Вам, Константин Сергеевич, вот тут Владимир Иванович передать чегой-то велели...

Немирович-Данченко был в Большом театре на балете Асафьева «Пламя Парижа». Рядом с ним сидел пожилой и, видно, впервые попавший на балетное представление человек. Он восторженно воспринимал все, что происходило на сцене, и удивлялся только: оперный театр, а совсем не поют.

— Почему же это? — обратился он к сидящему рядом Немировичу-Данченко.

Владимир Иванович терпеливо объяснил ему, что балет — особый жанр, в котором только танцуют. Но в это время хор запел «Марсельезу»! Человек взглянул в лицо Немировичу-Данченко, укоризненно покачал головой и произнес:

— А ты, видать, вроде меня — первый раз в театре-то!

Рассказывают, что Немирович-Данченко молодому драматургу, жаловавшемуся на отсутствие хороших тем, предложил такую: молодой человек, влюбленный в девушку, после отлучки возобновляет свои ухаживания, но она предпочитает ему другого, куда менее достойного.

— Что это за сюжет? — покривился драматург. — Пошлость и шаблон.

— Вы находите? — сказал Немирович-Данченко. — А Грибоедов сделал из этого недурную пьесу. Она называется «Горе от ума».

Находясь в обществе молодых поэтов, Михаил Светлов никогда не подчеркивал своего превосходства. Однажды один молодой человек, неправильно понявший светловскую простоту, стал называть его «Миша».

— Что вы со мной церемонитесь, — сказал ему Светлов, — называйте меня просто — Михаил Аркадьевич.

Литфонд долго не переводил Светлову денег. Заждавшись, после многих напоминаний из Ялты он послал директору такую телеграмму: «Вашу мать беспокоит отсутствие денег».

На писательском собрании прорабатывали пьесу, перед этим обруганную в одной центральной газете. Доклад делал критик, известный своим разгромным стилем. Светлов печально заметил:

— Вы знаете, кого напоминает мне наш докладчик? Это тот сосед, которого зовут, когда надо зарезать курицу.

Об одном поэте Светлов сказал:
— Он как кружка пива — прежде чем выпить, надо сдуть пену.

По поводу своей сутулости Светлов часто шутил:
— Что такое знак вопроса? Это состарившийся восклицательный.

На светловском юбилее было оглашено письмо отсутствовавшего по причине болезни Вениамина Каверина, в котором он писал: «Я завидую не только таланту Светлова, но и его удивительной скромности. Он, как никто, умеет довольствоваться необходимым».

— Мне не надо ничего необходимого, — возразил Светлов, — но я не могу без лишнего.

Светлов стойко и мужественно умл переносить невзгоды и почти никогда не жаловался. Он всегда отшучивался и говорил:

— Счастье поэта должно быть всеобщим, а несчастье — обязательно конспиративным.

О двух маститых литературоведах Светлов как-то сказал в кругу писателей:
— Когда я их читаю, никак не могу понять, стоит ли мне читать книги. Все равно что по котлете представить, как выглядела живая корова, из которой эта котлета сделана.

Прогуливаясь по морскому пляжу и обозревая распростертые на песке фигуры загорающих, Светлов сказал:
— Тела давно минувших дней...

В 1956 году Светлова вызвали в МГБ в связи с посмертным пересмотром дела одного из поэтов. Следователь спросил:
— Знали ли вы этого поэта? Что вы можете о нем сказать?
— Знал. Он был хорошим поэтом и настоящим коммунистом.
— Как? Ведь он был троцкистом и за это посажен.
— Нет, это я был троцкистом, — сказал Светлов. — А он был настоящим коммунистом.
Следователь растерялся, попросил у Светлова пропуск, подписал его и сказал:
— Идите, идите...

На литературном вечере после чтения стихов Светлов отвечал на многие записки. Несколько записок он оставил без ответа.
— Почему вы отвечаете не на все записки? — раздался голос из зала.
— Если бы я мог ответить на все вопросы, — сказал Светлов, — мне бы стало неинтересно жить.

Светлов, написав стихи, тут же читал их кому-нибудь. Если поблизости никого не было, звонил по телефону. Звонил иногда среди ночи.

Друг Светлова, разбуженный однажды ночным звонком, спросил его:
— А ты знаешь, который час?
— Дружба — понятие круглосуточное, — ответил Светлов.

Утверждая простоту как высшую форму искусства, Светлов сказал:
— В каждом изысканном блюде есть привкус. А у ржаного хлеба есть вкус, но привкуса нет.

Студент Литературного института защищал дипломную работу — читал морские стихи из своей книги. Выступая с критикой этих стихов, Светлов сказал:
— От моря можно брать ясность, синеву, грозность... Но зачем брать воду?

Об одном поэте, вокруг которого была создана чрезмерная рекламная шумиха, Светлов сказал:
— У него весь пар уходит на свистки, а не на движение.

Был день выплаты гонорара. Светлов пришел в издательство. Выяснилось, что ему ничего не причиталось. Глядя, как другие писатели получают деньги, Светлов сказал:
— Давно не видел денег. Пришел посмотреть, как они выглядят.

Как-то Л. О. Утесов почувствовал недомогание. Обратился к врачам, начались, как водится, анализы, исследования, рентгены. На первых порах они ничего не дали. И тогда распространился слух, что у Утесова рак... Только спустя некоторое время было обнаружено, что Утесов проглотил рыбную кость.
И когда кто-то из друзей Леонида Осиповича справлялся о его здоровье, он отвечал:

— Не беспокойся, пожалуйста, у меня не рак. У меня, знаешь ли, рыба.

Физику Оресту Даниловичу Хвольсону, члену-корреспонденту Академии наук СССР, присвоили звание почетного академика. Поздравляя маститого физика, кто-то из его коллег спросил:
— Ну, теперь-то вы довольны?
— Конечно, я рад, — отвечал Хвольсон, — но должен заметить, что между академиком и почетным академиком такая же разница, как между значением слов «государь» и «милостивый государь».

В одном из спектаклей Саратовского драматического театра замечательный артист Борис Андреев исполнял роль Тараса Бульбы, но в сцене, когда он готовится застрелить сына Андрия, ружье Тараса не срабатывает. Человек за сценой, который производит звуки выстрелов, отчего-то замешкался. Андреев, нацелив ружье, говорит известные слова:
— Я тебя породил, я тебя и убью...
Но ружье молчит.
Андреев повторяет:
— Я тебя породил, так я же тебя и убью...
Ружье молчит.
Звуковика растормошили, раздался выстрел, но слишком поздно. Андреев уже успел зарубить Андрия саблей.

После долгого дня съемок, накануне выходных, Борис Андреев, большой любитель хорошо выпить и закусить, с удовольствием сообщает коллегам:
— Не знаю как вы, а я иду в ресторан на праздничный ужин.
— Надеюсь, в приятном обществе, — бросает реплику кто-то из актеров.
— Я и жареный гусь!
— Ух, ты! И что, ты справишься с ним в одиночку?

— Зачем же в одиночку, — говорит Борис Андреев. — Не в одиночку, а с картошкой, капустой, овощами...

Беседуя с Бондарчуком, некто повторил известную фразу о том, какая легкая судьба всякого актера — однажды утром проснулся и узнал, что стал знаменитым.
— Уважаемый, — сказал ему Сергей Бондарчук. — Ради того, чтобы однажды утром проснуться знаменитым, мне довелось много лет работать сутками напролет, почти без сна. Тот, кто собирается когда-нибудь проснуться знаменитым, спит очень мало!

Однажды в Киеве Олег Даль проводил время в кафе. Одна из местных поклонниц подсела за соседний столик. Всеми доступными ей способами она попыталась привлечь к себе внимание артиста, но тот не реагировал никак, продолжал попивать вино.
Через некоторое время поклонница решила действовать более решительно и уронила сумочку. При этом воскликнула громко:
— Ой, да я же сумочку уронила!
Олег Даль повернулся к ней и, усмехнувшись, сказал:
— Дорогая, моя слабость вовсе не женщины, а вино!

Пьеса «На бойком месте» Островского. Алексей Дикий, который играет роль барина, приезжает на бричке, входит в горницу и спрашивает своего слугу:
— Коней распряг? Овса задал?..
— Распряг, батюшка, — откликается слуга. — И овса задал...
Наступает непредвиденная пауза, ибо слова роли Дикий забыл. Бывает такое — вылетят хорошо известные слова и никак их не вспомнишь. Он снова повторяет:
— Значит, и коней распряг, и овса им задал?
— Верно, батюшка, — подыгрывает партнер. — И коней распряг, и овса им задал...

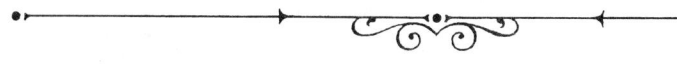

Снова пауза. Дикий прохаживается взад-вперед по сцене, наконец громко крякает, чешет в затылке:

— Распряг, значит, коней?

— Распряг...

Снова пауза.

— Иди, запрягай, черт бы тебя подрал! — мрачно говорит Алексей Дикий. — А не то мы отсюда никогда не уедем!..

Александр Довженко очень любил наблюдать за жизнью ворон. Где бы ни увидел он этих птиц, непременно остановится и глядит, как они скачут по помойке, роются в баках. Или, если дело случается за городом, наблюдает, как они разгребают лапами песок в поисках пищи. Один раз кто-то из его друзей не утерпел и спросил, отчего он тратит столько времени на этих ворон.

— Учусь, — ответил мастер.

— У вороны?

— Вот именно...

— Чему же можно научиться у вороны?

— Учиться можно на чем угодно и у кого угодно, — сказал Довженко. — Вот гляжу я на эту ворону и вижу, как она терпеливо разгребает землю и учит меня: «Работай, работай, работай!..»

Один молодой начинающий композитор уговорил И. Дунаевского выслушать несколько его музыкальных произведений. Заманил к себе, долго мучил композитора своей музыкой, затем устроены были посиделки, и все это время Дунаевский ни словом не обмолвился о том впечатлении, которое произвело на него творчество начинающего коллеги. А когда вечер закончился и Дунаевский, попрощавшись, отправился в прихожую, тот догнал его и спросил:

— Почему вы ничего не говорили о моем творчестве?

— Но ведь и вы ничего не сказали своей музыкой, — ответил Дунаевский и покинул гостеприимный дом.

Однажды во время спектакля «Большевики» с Е. Евстигнеевым, который играл роль Луначарского, случился забавный казус. Луначарский должен был выйти из комнаты, где лежал раненый Ленин и сказать: «У Ленина лоб желтый...»
Евстигнеев выходит на сцену и произносит:
— У Ленина жоп желтый!

Как-то раз Евстигнеев встретился в буфете с актером Павловым за стопкой коньяку.
— Ты знаешь, — похвастался Павлов, — однажды я так здорово сыграл одну трагическую роль, что рыдала вся съемочная группа.
— Это что! — перебил Евстигнеев. — Я как-то раз настолько великолепно сыграл роль трупа, что меня едва не похоронили...

О. Ефремов играл в спектакле роль царя и должен был произнести такую фразу: «Я в ответе за все и за всех!» Но Ефремов сбился и вышло у него так:
— Я в ответе за все и за свет!
Его партнер Евстигнеев на миг смутился, а потом продолжил:
— И за газ, и за воду, ваше величество?..

Шла премьера одной официозной постановки, где поднималась рабочая тема и тема коммунистической партии. Публика на такие спектакли ходила нехотя, и пьеса шли при полупустом зале, несмотря на гигантские усилия прессы и на хвалебные отзывы критиков. Но актерам поневоле приходилось играть в таких пьесах, пришлось это делать и Кириллу Лаврову. После премьеры кто-то из домашних поинтересовался:
— Ну как реагировала публика? Как сыграли?
— Вничью! — ответил Лавров.

В голодное послевоенное время администрация театра имени Станиславского давала слегка подзаработать своим актерам.

Они в антрактах монтировали сценическое оборудование, а кроме того, создавали звуковое оформление спектаклей, представляя, к примеру, шум ветра, плеск воды, цокот копыт и грохот проезжающей повозки. Платили за это пять рублей.

Как-то раз Евгений Леонов, утомившись во время спектакля, уснул, а в это время мимо окна проехала, гремя по асфальту колесами, какая-то повозка.

Не просыпаясь, Леонов пробормотал сквозь сон:

— Пять рублей проехали...

Артист Владимир Вячеславович Белокуров, который сыграл в кино роль летчика Валерия Чкалова, получил во ВГИКе профессорское звание и соответственно кабинет. Борис Ливанов не преминул съязвить, намекая на пристрастие Белокурова к рюмке:

— Ты, дорогой Володя, непременно закажи табличку на дверь кабинета: «Профессор В. В. Белокуров. Прием от 150 до 250 граммов».

Однажды Белокуров появился в майке команды «Спартак», за которую болел. Ливанов, указывая на поперечную полосу на груди, пояснил окружающим:

— Линия налива.

Борис Ливанов уважал длинные тосты. Обычно, сев за стол с другом артистом, он поднимал стаканчик и произносил такой приблизительно тост:

— Выпьем за тебя, великолепного актера, тонкого, мудрого, талантливого, гениального, с колоссальным творческим потенциалом, глубокого, кроме того замечательного друга, любимца женщин... и т. п.

Налив по второй, Ливанов предлагал:

— Ну а сейчас ты говори про меня то же самое.

Как-то Е. А. Фурцева, выступая перед артистами, сказала о том, что когда-нибудь любители вытеснят профессионалов с большой сцены.

— Это будет огромным достижением нашей социалистической культуры!

Из зала донеслась реплика Ливанова:

— Екатерина Алексеевна! Если у вас возникнут проблемы со здоровьем по «женской части», вы что же, отправитесь к гинекологу-любителю?

Борис Ливанов часто бывал на приемах и банкетах, устраиваемых по разным торжественным поводам в Кремле. Зная его невоздержанность в потреблении спиртного, к нему специально приставляли человека из органов, который наблюдал за Ливановым и, заметив, что артист вот-вот потеряет самоконтроль, быстро подбегал к нему и приглашал покинуть банкет и пройти в комнату отдыха якобы по важному телефонному звонку.

Случилось так, что чекист попался неопытный и замешкался где-то, отлучился, словом, не уследил. Ливанов, пользуясь неожиданной свободой, успел выпить довольно много. И вот наступил решающий момент, когда он поднялся во весь свой огромный рост и мутным взором обвел присутствующих. Все притихли, не зная, чего ожидать, то ли тоста, то ли чего-нибудь скандального.

— Ну и где же этот мудак с телефоном? — проревел Ливанов и рухнул.

Перед гастролями и поездкой в Париж Ливанов пропил казенный фрак.

Но нужно было в чем-то ехать и выступать перед буржуазной публикой, а потому администрация скрепя сердце выдала артисту светлый костюм-тройку.

С этим костюмом очень скоро случилось непоправимое несчастье — артисты, отправившись на гастроли, накрыли стол в вагоне-ресторане и решили отметить это событие. И во время празднования со стола на костюм-тройку Ливанова опрокинулась большая банка со шпротами и безнадежно испортила дорогую вещь. Прибывший по тревоге завхоз, оглядев Ливанова с ног до головы, вздохнул и сказал:

— Ну что ж, пусть и такой будет среди нас...

Как-то на Цветной бульвар, где располагалось здание издательства «Искусство», заглянул один старый писатель получить гонорар за свой труд и, получив деньги, сказал:

— Приятно получать деньги там, где ты когда-то их тратил.

До революции в этом здании, где находилось издательство «Искусство», располагался бордель под названием «Нимфа».

Павел Луспекаев не любил утруждать себя доскональным знанием текста пьес и порой на спектаклях нес отсебятину. Как-то драматург Игнат Дворецкий перед спектаклем сказал ему:

— Павел, ты уж выучи роль. Это очень важно...

— Игнат, — ответил ему Луспекаев. — Не обижайся, но я даже Чехова Антона Павловича играю своими словами!

Как-то раз кинорежиссер Марягин был приглашен для деловых переговоров с известным американским продюсером. Перед тем как явиться на эти переговоры, Марягин решил сдать по пути пустые бутылки, которых много накопилось в квартире. В прежние времена нужно было отстоять очередь в приемном пункте, а потому Марягин на встречу пришел с опозданием.

— Простите, — стал он оправдываться, здороваясь с продюсером. — Пришлось задержаться. Нужно было сдать бутылки...

И тут осознал, что делает ошибку, раскрывая свою нищету. Продюсер поскучнел, но Марягин тотчас добавил:

— У меня коллекция очень ценных старинных бутылок. Я их иногда сдаю в музей...

Однажды Фаина Раневская записывалась на радио. Одна из редакторов заметила, что Раневская якобы неверно произносит слово «феномен».

— По-современному, произносить это слово нужно так — феномен! А вы произнесли феномен. Нужно перезаписать эту часть выступления.

Раневская нахмурилась, но согласилась на перезапись. Подошла к микрофону и крикнула:

— Фено́мен, фено́мен и еще раз фено́мен! А кто произносит феноме́н, пусть поцелует меня в задницу!

— Как же это так выходит, — спрашивала однажды Раневская. — Железо тяжелее воды, а корабли не тонут? Почему?

— Тут все очень просто, — стали ей разъяснять. — Был в Древней Греции ученый Архимед. Он открыл закон, по которому на тело, погруженное в воду, действует выталкивающая сила, равная весу вытесненной воды...

— Ну и что? — не поняла Фаина Георгиевна.

— А то, что, положим, вы садитесь в наполненную до краев ванну. Что в таком случае происходит? Вода вытесняется вашим телом и проливается на пол... Отчего же она проливается, по какому закону?

— По какому закону? Да оттого, что у меня большая ж..! — догадалась Раневская.

В фильме «Преступление и наказание» Любовь Соколова играла Лизавету, которую убивает Раскольников попутно со старухой. Соколова до такой степени вжилась в роль, что стала даже днем запираться в своей квартире, боясь, что в любой миг войдет Раскольников с топором. Когда фильм был снят, свекровь Соколовой, вернувшись домой и убедившись, что дверь больше не на запоре, с облегчением сказала:

— Ну, слава богу, наконец-то тебя убили.

После присоединения Латвии к СССР Л. Утесов приехал в Ригу. Здесь ему срочно потребовался новый концертный костюм. Утесов пришел к портному и снял мерку.

— Постарайтесь уложиться в три дня, — попросил Утесов портного.

— Завтра, — ответил ему портной.

— Но я хотел бы, — сказал Утесов, с подозрением гляда на портного, — чтобы ваш костюм был сшит не хуже этого, который сейчас на мне.

Портной поглядел на утесовский костюм и спросил:
— Кто вам его шил?
— Его мне сшил сам Расторгуев! — похвастался Утесов.
— Я интересуюсь вовсе не фамилией этого человека, — перебил рижский портной. — Мне интересно, кто он по профессии?

Однажды на большом приеме в Кремле Сталин подошел к беседующим Ромму, Пудовкину, Пырьеву и Александрову. Поговорив о делах кинематографических, Сталин перешел к бытовым и поинтересовался, как живут знаменитые режиссеры, нет ли у них каких-нибудь просьб и пожеланий.

Ромм немедленно пожаловался на то, что вынужден проживать в стесненных квартирных условиях, что хорошо бы расширить площадь...

— У вас будет новая квартира, — пообещал Сталин.

После этого Пудовкин, у которого с квартирой все было в полном порядке, попросил, чтобы ему для плодотворной работы выделили дачу где-нибудь в ближнем Подмосковье, где можно прогуливаться под деревьями и думать о новых фильмах.

— Завтра можете переезжать на новую дачу, — сказал Сталин.

У Пырьева была и хорошая квартира, и дача, а потому он попросил, чтобы его обеспечили легковым автомобилем, поскольку он то и дело ездит то на съемки, то в театр, то в институт, словом, каждая минута на счету, а все эти передвижения очень мешают творчеству.

— Получите машину.

К удивлению товарищей, Александров, у которого в то время быт был устроен гораздо хуже, чем у товарищей и коллег, когда пришел его черед излагать свои нужды и просьбы, вдруг обратился к Сталину так:

— Товарищ Сталин, мне бы очень хотелось, чтобы вы подписали мне вашу книгу «Вопросы ленинизма», которую я, кстати, для этой цели захватил с собой.

С этими словами он извлек книгу и протянул ее Сталину. Сталин усмехнулся и поставил свой автограф.

Через месяц Александров получил и новую роскошную квартиру, и дачу в ближнем Подмосковье, и легковой автомобиль.

Как-то раз в Кремле Сталин, беседуя с Орловой и Александровым, поинтересовался у Орловой:

— Не обижает вас муж?

— Ну что вы, товарищ Сталин, — сказала Орлова. — Конечно, не обижает...

— Вы не скрывайте. Если будет обижать, повесим!..

— За что же, товарищ Сталин? — вмешался в разговор Александров.

Сталин ответил кратко:

— За шею.

Сталину нравился фильм «Смелые люди», который и поставлен-то был из-за того, что вождь посетовал на то, что Мосфильм сильно отстает от Голливуда. Когда «Смелые люди» появились, Сталин смотрел его несколько раз, а на одном из просмотров восхитился:

— Как здорово Грибов скачет на коне! Замечательно!

— Это рирпроекция, товарищ Сталин, — пояснил кто-то из присутствующих киноработников.

— Что это еще за «рирпроекция»? — не понял Сталин.

И тогда ему объяснили, что на самом деле Грибов ни на какой лошади не скачет, он просто сидит и подпрыгивает на обыкновенной табуретке, а в это время за спиной его находится экран, на который проецируется двигающийся фон, и таким образом достигается иллюзия бешеной скачки.

Сталин выслушал, нахмурился и сказал:

— Вряд ли вам удастся на табуретке обскакать Голливуд.

После этого он больше никогда не смотрел фильм «Смелые люди».

Однажды на юге во время прогулки Сталин встретил артиста Михаила Жарова. Тот непроизвольно попятился и шагнул в сторону. Сталин подошел и сказал:

— А я вас знаю.

Жаров в растерянности сказал:
— Конечно, меня все знают...

Однажды Ливанов обратился к Сталину:
— Товарищ Сталин, я вот намереваюсь играть роль Гамлета, прочел множество книг по этому вопросу. Все они по-разному трактуют этот образ... Хотелось бы узнать ваше мнение по этому поводу.
— Разве вы думаете, что суждение одного неспециалиста будет вернее, чем мнение сотни специалистов? — ответил Сталин.

Режиссер Юлий Райзман показывал в Кремле свою комедию «Поезд идет на восток». Когда поезд по сюжету фильма делает очередную, пятую или шестую, остановку из зала раздается голос Сталина:
— Это что за станция, товарищ Райзман?
Райзман опешил. Поскольку фильм снимался в разных сибирских городах — в Иркутске, в Омске, в Новосибирске, то сразу трудно вспомнить, что это за вокзал. Райзман бухает наобум:
— Это Омск, товарищ Сталин.
Сталин поднимается с места и молча покидает зрительный зал. У дверей останавливается на секунду и поясняет:
— Мне выходить на этой остановке.

Узнав о том, что артистка Серова находится на фронте при Рокоссовском, Сталин немедленно вызвал его к себе. Разговор состоялся короткий. Сталин спросил:
— Эта Серова чья жена?
— Симонова, товарищ Сталин, — ответил Рокоссовский.
— И я так думаю, — сказал Сталин. — Вы свободны.
Рокоссовский, вернувшись на фронт, в тот же день отправил Серову на самолете домой.

В конце тридцатых годов в стране был введен суровый закон, по которому человек, опоздавший более чем на двадцать минут на работу, подвергался суровым репрессиям. И надо же, буквально на следующий день после введения закона в действие артист Качалов опоздал на репетицию на целый час.

В те времена неисполнение закона грозило очень серьезными неприятностями, а потому администрация не решилась оставить проступок актера без внимания. Но и подвергать его такому суровому наказанию тоже не решилась. Позвонили Сталину, объяснили сложившуюся ситуацию.

— Будем считать, — сказал Сталин, — что это не артист Качалов пришел на репетицию часом позже, чем положено. Это репетиция началась на час раньше.

После просмотра фильма Герасимова «Сельский врач» Сталин сделал замечание Большакову по поводу картины.

— Видите ли, — сказал он. — В село приезжает молодая девушка-врач. И в это же время умирает старый врач, который здесь работал до нее. Это неправильно. Ведь он мог бы еще пожить, передать свою мудрость и умение молодому врачу. Он должен был помочь ей сделать первые шаги в жизни...

Большаков так передал Герасимову смысл разговора со Сталиным:

— Наверху не любят, когда мрут старики.

Во время просмотра очередного фильма собравшихся в кремлевском кинозале обслуживали молчаливые официанты. Разносили воду, леденцы, а затем, обслужив всех, стояли вдоль стен, смотрели картину. Если было скучно, уходили потихоньку из зала. В таких случаях Сталин замечал:

— Простому народу фильм не нравится.

Сталин долго не соглашался, чтобы его играл в кино артист Геловани. Сталина убеждали, говоря, что артист статен и красив, что он не уронит высокий образ, наконец, вождь согласился поглядеть на Геловани в гриме.

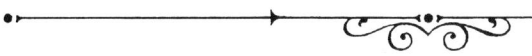

Того нарядили в мундир, дали трубку, загримировали и ввели в кабинет Сталина. И вот по кабинету принялись расхаживать два Сталина, поглядывая друг на друга и переговариваясь.

— Мундир хорош! — похвалил наконец Сталин.

После ухода артиста Сталин покачал головой и сказал:

— Похож-то он похож, но уж больно глуп...

Однако образ в общем одобрил.

Была весна сорок пятого года, наша армия громила врага на его территории, занимая город за городом. И вот в один из майских дней накануне капитуляции немцев в расположении наших войск замечена была чекистами знаменитая немецкая кинозвезда Марика Рокк, женщина редчайшей изумительной красоты. Причем никто ее не неволил и не удерживал, а жила она в штабе полка сама, по собственному желанию, потому что влюбилась в статного красавца русского воина-освободителя, кавалера двух орденов Славы гвардии полковника Родионова.

Неизвестно, чем руководствовались энкаведешники, когда «шили» дело и составляли донос на любовь полковника и киноартистки и направляли его в Москву. Возможно, просто завидовали. Берия подписал этот донос, напирая на то, что здесь может возникнуть опасная идеологическая диверсия, что таким образом чуждая идеология проникает в армию и т. д. Поскольку речь шла о кавалере двух орденов Славы, документ был отдан на утверждение Сталину. Вероятно, вождь был в прекрасном расположении духа накануне Победы, потому что, прочитав «телегу», написал сверху наискосок своим знаменитым синим карандашом: «Дело гвардии полковника Родионова и Марики Рокк закрыть! Вражеская идеология распространяется по иным каналам!»

Сталин послал в подарок Гарриману, послу США в СССР, фильм «Волга-Волга».

В американском посольстве внимательнейшим образом несколько раз кряду просмотрели этот фильм от начала до конца, пытаясь разгадать тайный смысл подарка.

Наконец аналитики и советники посла пришли к выводу, что собака зарыта в словах песенки:

> Америка России подарила пароход —
> Огромные колеса, ужасно тихий ход.

Теперь стали думать и анализировать этот текст...

А между тем Сталин ничего не имел в виду. Просто подарил от чистого сердца свой любимый фильм. Хотел, чтобы и американцы посмеялись над комедией.

Когда награждали создателей фильма «Адмирал Нахимов» Сталинскими премиями, пришла просьба от одного актера, которого в список этот не включили. Актер писал лично Сталину о том, что он сыграл турецкого пашу, и просит дать ему премию наравне со всеми. Сталин прочитал письмо вслух и сказал членам комиссии:

— Актер очень просит, хоть сыграл он пашу не очень хорошо... Надо дать, я думаю... Но надо дать и тому, кто не просит. Актер, который сыграл матроса Кошку, он хорошо сыграл. Дадим обоим.

Как-то после великой Победы Сталин пригласил к себе известного грузинского киноартиста Спартака Багашвили, сыгравшего в фильме «Арсен». Во время банкета Багашвили, сидевший рядом со Сталиным, стал страшно льстить вождю, произнося свои речи исключительно на грузинском языке. Сталин слушал, слушал, а потом громко перебил, обращаясь ко всему столу:

— Чудак! Он думает, что я все еще грузин!

Однажды высший киноначальник Большаков добился приема у Сталина и даже убедил вождя подписать какие-то очень важные бумаги, касающиеся статуса и положения Мосфильма. Но поскольку прием происходил не в кабинете у Сталина, Большаков вынужден был достать и предложить для совершения подписи собственную авторучку. Что-то однако застопорилось, чернила то ли засохли на пере, то ли забился канал, словом, Большаков взял из рук Сталина свою авторучку и встряхнул ее. Встряхнул так неосторожно, что чернила брызнули на белоснежные брюки вождя. Надо ли говорить о том, что лицо Большакова мгновенно стало белее этих белоснежных брюк, сердце ушло в пятки, а в глазах потемнело. Особенно после того, как Сталин поднялся с места и в упор, не мигая поглядел в глаза Большакову. Длилось это не очень долго, не более нескольких секунд, которые Большакову показались вечностью, но Сталин вдруг смягчился, по-видимому заметив метаморфозы, произошедшие с Большаковым. Сталин усмехнулся и добродушно сказал:

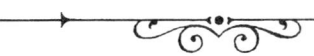

— Ну что ты так расстроился? Думал, у Сталина последние штаны?

Отлучаясь на долгий срок в командировку, Большаков наставлял своего заместителя:

— Сиди здесь, никуда не суйся. Будут требовать из Кремля новую картину, отговаривайся и увиливай. Если насядут — вези. Там поднимешься на третий этаж, встанешь у зеркала на лестничной площадке. Стой, ничего не трогай, жди, когда тебя позовут. Самостоятельно — ни шагу. Больше молчи. Говори, только если спросят...

Вскоре после его отъезда заместителю позвонили из Кремля, попросили привезти новый фильм. Тот повез «Большую жизнь». Поднялся, помня наставления начальника, на третий этаж. Встал у зеркала. Увидел на подзеркальной полочке щетку, решил причесаться, потянулся за ней.

— Не трогать! — раздался неведомо откуда тихий окрик.

Вскоре его позвали. Вошел, увидев Сталина, похвастался:

— Я привез вам очень хороший фильм.

— Посмотрим, — сказал Сталин.

В начале фильма пошла панорама разрушенного Донецка.

— Что это вы нам показываете? Из какого это времени? — строго сказал Сталин, и следом за ним недовольно заговорили и другие...

Фильм не понравился.

Через некоторое время, вызвав Большакова, Сталин нейтральным тоном, между прочим, поинтересовался:

— А этот человек, ваш заместитель, который привозил фильм, он что...

— Он уволен, — доложил Большаков, что-то почуяв в голосе Сталина.

Как-то умели они уловить нюансы, эти старые чиновники!..

Вернулся из Кремля и немедленно задним числом оформил приказ об увольнении заместителя.

В Кремле большой концерт, посвященный очередной годовщине Октябрьской революции, приглашено большое количество артистов и гостей, среди которых председатель Госкино Большаков и заведующий Отделом пропаганды киноискусства Хапун. После двухчасового концерта, прошедшего на большом подъеме, часть выступающих разъехалась, а часть приглашена в банкетный зал. И вот за полночь, когда все уже изрядно выпили и закусили, зазвучала музыка сводного оркестра, и в центре зала начались танцы. По краям у стен располагались столики с легкой закуской и выпивкой. Грянул вальс, кавалеры расхватали дам, пары закружились посередине зала. А у столика мирно расположились Большаков и Хапун, попивая винцо, закусывая и о чем-то своем беседуя. Оба довольно толстые и малоподвижные, причем Хапун, кроме того что толст, так еще и очень маленького роста, похожий на бочонок с пивом. И вот, заговорившись и мало обращая внимания на окружающее, они и не заметили, как за спиной у них появился прогуливающийся по залу Сталин. А Сталин вдруг потрепал по плечу Большакова и мягко спросил:

— А вы, товарищи, почему не танцуете?

Большаков опешил от неожиданности, а затем, мало что соображая, подхватил Хапуна, который тоже изрядно растерялся, и оба они под удивленными взглядами присутствующих, закружились в вальсе.

Однажды в конце сороковых годов в числе других артистов и деятелей культуры на грандиозный юбилейный концерт в Кремле приглашены были Штраух и Геловани. Артисты эти постоянно играли и снимались в роли пролетарских вождей, Штраух — знаменитый исполнитель роли Ленина, Геловани всегда играл Сталина. Случилось так, что артисты, решили для храбрости предварительно выпить, а потому поневоле немного отстали от основной группы приглашенных и приехали в отдельном автомобиле позже других. Надо отметить, что артисты заранее загримировались под своих героев, поскольку они должны были выступать на сцене одни из первых. У въезда в кремлевские ворота их автомашину остановил часовой.

— Я Сталин! — высунувшись в окошко, сказал Геловани. — Пропустить автомобиль!

Часовой вытянулся по стойке «смирно» и отдал честь:
— Так точно!

И тут он едва не выронил винтовку, когда в другое окошко высунулся подвыпивший Штраух и громко представился:
— А я — Ленин!

Однажды Поскребышев доложил Сталину:
— Тут бумага от артиста товарища Геловани, который готовится сыграть роль Сталина в кинокартине. Он просит, чтобы ему разрешили пожить на правительственной даче у озера Рица для того, чтобы полнее вжиться в образ вождя.

Сталин подумал и сказал:
— Артист прав. Конечно, ему нужно вжиться в образ как можно полнее. Я согласен. Отправьте его на три месяца в командировку в Туруханский край.

Народная артистка СССР Варвара Массалитинова еще в молодые годы завела себе домработницу. Звали ее Настя, и со временем, пожив много лет с артисткой, Настя эта состарилась, стала ворчливой, сварливой, огрызалась на каждое замечание, словом, распустилась. И выгнать ее Массалитинова не могла, слишком привязалась сердцем к старой домработнице. И когда та особенно начинала наглеть и своевольничать, народная артистка брала телефон, набирала номер и начинала разговаривать «со Сталиным»:

— Здравствуйте, Иосиф Виссарионович!.. Да, да... Опять она. Совсем распустилась, товарищ Сталин. Ты ей слово, она десять в ответ... Да нет, не думаю... Зачем же в органы? Нет, не нужно... Я думаю, сама исправится, возьмется наконец за ум...

Бедная старуха, которая слушала эту импровизацию, принимала все за чистую монету. Массалитинова прощалась со Сталиным и клала трубку. На некоторое время послушание старухи было обеспечено. Но постепенно все возвращалось на круги своя, и номер приходилось набирать снова и снова беседовать «со Сталиным» о вредной зарвавшейся старухе.

Сталин разрешил Д. Д. Шостаковичу поехать в Америку, чтобы не думали, что композитора у нас зажимают. В самолете во время долгого перелета через океан Шостаковичу стало худо, он с трудом, покачиваясь, вышел в аэропорту из самолета, причем на трапе его поддерживал под локоть приехавший вместе с ним кинорежиссер. В вечерних газетах появились снимки, на которых Шостакович спускался по трапу, а подписи были, примерно следующего содержания: «В Америку прилетел композитор Шостакович в сопровождении неизвестного». Кинорежиссер, увидев эти подписи, попросил Шостаковича, чтобы тот как-то разъяснил журналистам, что он вовсе не сопровождает композитора, что он не из органов, а такой же член делегации. И вот во время пресс-конференции Шостакович сказал:

— А теперь выступит и ответит на вопросы мой друг кинорежиссер...

Под фотографиями, которые появились в газетах после пресс-конференции было написано: «Неизвестный выдает себя за кинорежиссера».

После Тегеранской конференции 1943 года, на которой Рузвельт и Черчилль испытали сильное давление Сталина по вопросу открытия второго фронта и по другим союзническим соглашениям, стали рассказывать следующее.

Утром Черчилль перед очередным заседанием говорит:

— Мне сегодня приснилось, что я стал властелином мира!

— А мне приснилось, — сказал Рузвельт, — что я стал властелином Вселенной! А вам что снилось, маршал Сталин?

— А мне приснилось, — неторопливо ответил Сталин, — что я не утвердил ни вас, господин Черчилль, ни вас, господин Рузвельт.

В Кремле шел банкет по поводу Первомая. Была приглашена писательская элита. Один из маститых подошел к Кагановичу, поздравил его и от избытка чувств поцеловал. Затем подошел к Микояну и Жданову и расцеловался с ними. Наконец он подошел к Сталину и потянулся поцеловать. Сталин отстранил его:
— Нельзя же в один вечер перецеловать все Политбюро. Оставьте кого-нибудь для следующего раза.

Академик Александр Александрович Богомолец занимался вопросами геронтологии. Он утверждал, что человек может жить и должен жить до 150 лет. Сталин очень внимательно следил за его работой, и ученому не отказывали ни в каких средствах. В 1929 году он стал академиком АН УССР, в 1932-м — АН СССР, в 1941-м — лауреатом Сталинской премии, в 1944-м — академиком Академии медицинских наук и Героем Социалистического Труда.

Когда в 1946 году академик умер шестидесяти пяти лет от роду, Сталин сказал:
— Вот жулик. Всех обманул.

В тридцатых годах Сталин и другие члены Политбюро посетили театр и посмотрели спектакль «Хлеб» Владимира Киршона. Автор ждал, что его пригласят в правительственную ложу, однако этого не произошло. На следующий день Сталин был у Горького, где оказался и Киршон. Он подошел и при всех спросил Сталина:
— Как вам понравился спектакль «Хлеб»?
— Не помню, — сказал Сталин, — такого спектакля.
— Как?
— Да вот так. «Разбойников» Шиллера смотрел в тринадцать лет и помню, а пьесу «Хлеб» смотрел вчера, и ничего не помню.

Как-то известный конферансье (известный, кроме всего прочего, еще и своей нетрадиционной сексуальной ориентацией) представлял публике артиста Владимира Хенкина.

— Выступает известный артист Владимир Хренкин!.. Простите, не Хренкин, а Херкин.

Хенкин выходит на сцену и обращается к залу:

— Уважаемые друзья, моя настоящая фамилия Хенкин. Конфедераст ошибся.

На одной из последних встреч с советской творческой интеллигенцией, которая состоялась на правительственной даче Хрущева, собрал он исключительно кинематографистов. Когда подошло время обеда и все расселись за длинным столом, начались обильные возлияния, тосты сменялись тостами, наконец поднялся Хрущев и стал говорить. Он уже изрядно хлебнул, а потому говорил горячо, на ходу импровизируя, перескакивая с темы на тему. Почему-то вспомнился ему фильм Хуциева «Застава Ильича», в частности сцены, где убитый на войне отец приходит к сыну, и оказывается, что отец по возрасту моложе сына. И ничего ему посоветовать в сложной ситуации не может...

— Не понял я этот фильм, — кричал Хрущев, все больше свирепея. — Мне сын объяснил, я все равно не понял! Дурацкий фильм! Зачем вы сняли такой фильм? Я вас спрашиваю!.. Да, вас, товарищ Хуциев!

Самое забавное, что он все это время тыкал пальцем в сидящего режиссера Данелию, принимая его за Хуциева. Данелия ерзал на стуле, горбился, отворачивался, но почему-то стеснялся сказать, что он вовсе не Хуциев и что Хрущев ошибается, указывая пальцем на него.

Друг Данелии И. Таланкин, который сидел рядом, с огромным трудом сдерживался, чтобы не засмеяться, и все время выкрикивал:

— Так, Никита Сергеевич! Верно, Никита Сергеевич! Именно, Никита Сергеевич!..

Однажды после презентации режиссер К. явился на студию с большим синяком под глазом. Коллеги стали зада-

вать сочувственные вопросы. К. придумал некую историю, дескать, шел, поскользнулся, грохнулся на мостовую, в результате — синяк... Выслушав его рассказ, работяга-осветитель недоверчиво покачал головой и сказал:
— Нет, браток, все-таки это ручная работа.

Как-то после окончания съемок фильма операторы Лавров и Фридкин так нарезались, что наутро им было весьма скверно. У Фридкина, кроме головной боли, ужасно разболелась печень. Пришлось друзьям идти в аптеку.
— Сделайте одолжение, какое-нибудь лекарство от печени, — попросил Фридкин.
— А что вы обычно пьете? — спросил провизор.
— Водку, — машинально отозвался Фридкин.

Случилось так, что в шестидесятые годы накануне полувекового юбилея Октябрьской революции в павильонах Мосфильма одновременно были запущены три картины, в которых так или иначе отражался образ вождя мирового пролетариата Ленина. В этих трех фильмах снимались три разных актера, загримированных «под Ленина». Все бы ничего, но во время обеденного перерыва, когда все эти Ленины одновременно появлялись в мосфильмовской столовой и становились в очередь с подносами, все присутствующие при этом поневоле начинали неприлично и откровенно ржать. Слишком уж комически это выглядело, особенно если один из Лениных начинал выяснять отношения со своим «близнецом» из-за места в очереди. Пришлось в конце концов начальству развести все съемочные группы, специальным приказом назначив всем обеденный перерыв в разное время.

Задуман был фильм «Секретная миссия» о работе наших разведчиков во вражеском окружении, в самом логове Гитлера. В те суровые времена каждый сценарий такого рода необходимо было представить для консультации в НКВД. Могло случиться так, что сценарист каким-нибудь образом мог выдать военные тайны, секреты нашей разведки и т. д. Между прочим, сценаристы фильма клялись и божились, что в сценарии их все максимально приближено к настоящей жизни и почти ничего не выдумано. Поэтому были серьезные опасения, что НКВД фильм может зарубить и не разрешить к постановке. Однако опасения были совершенно напрасными, в НКВД сценарий прочитали внимательнейшим образом и наложили резолюцию: «Снимать разрешается, поскольку сценарий не имеет ничего общего с методами и приемами работы советской разведки и контрразведки».

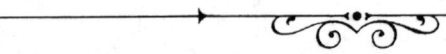

Однажды клоун Карандаш на почте предъявил свой паспорт, чтобы получить деньги по переводу. Но сотрудница почты объявила ему, что перепачканная чернилами фотокарточка в паспорте не похожа на владельца. Карандаш обмакнул палец в чернильницу, мазнул себя по носу и щекам и спросил:
— А теперь?
Ему незамедлительно выдали деньги.

Как-то в кафе «Националь» сидели за бутылочкой писатели Зощенко и Олеша и мирно беседовали. Внезапно к ним ворвался какой-то общий знакомый и, прервав их беседу, сказал:
— Вот вы тут пьете, а между тем произошло драматическое событие!
— Что за событие? — спросил Зощенко.
— Сегодня умер Борис Щукин, великолепный артист кино, который бесподобно играл Ленина.
Писатели замолкли.
— А, между прочим, самое любопытное это то, как он умер! — интриговал тот, кто пришел с новостью.
— Ну и как же он умер? — спросил Олеша.
— Он умер с томиком Ленина в руках! — важно сказал знакомый.
— Подложили! Подложили! — в один голос закричали писатели.

Приложение

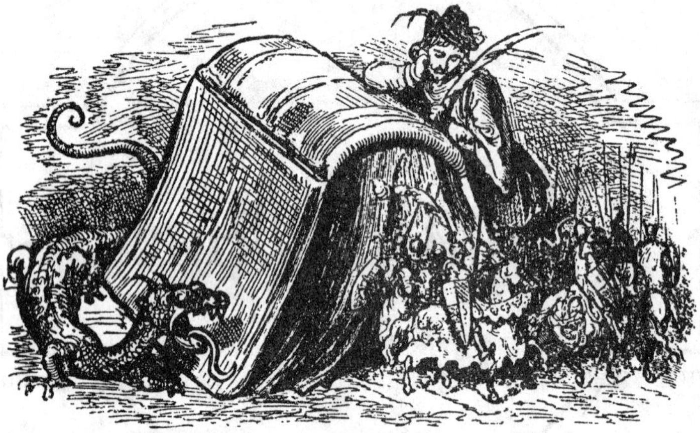

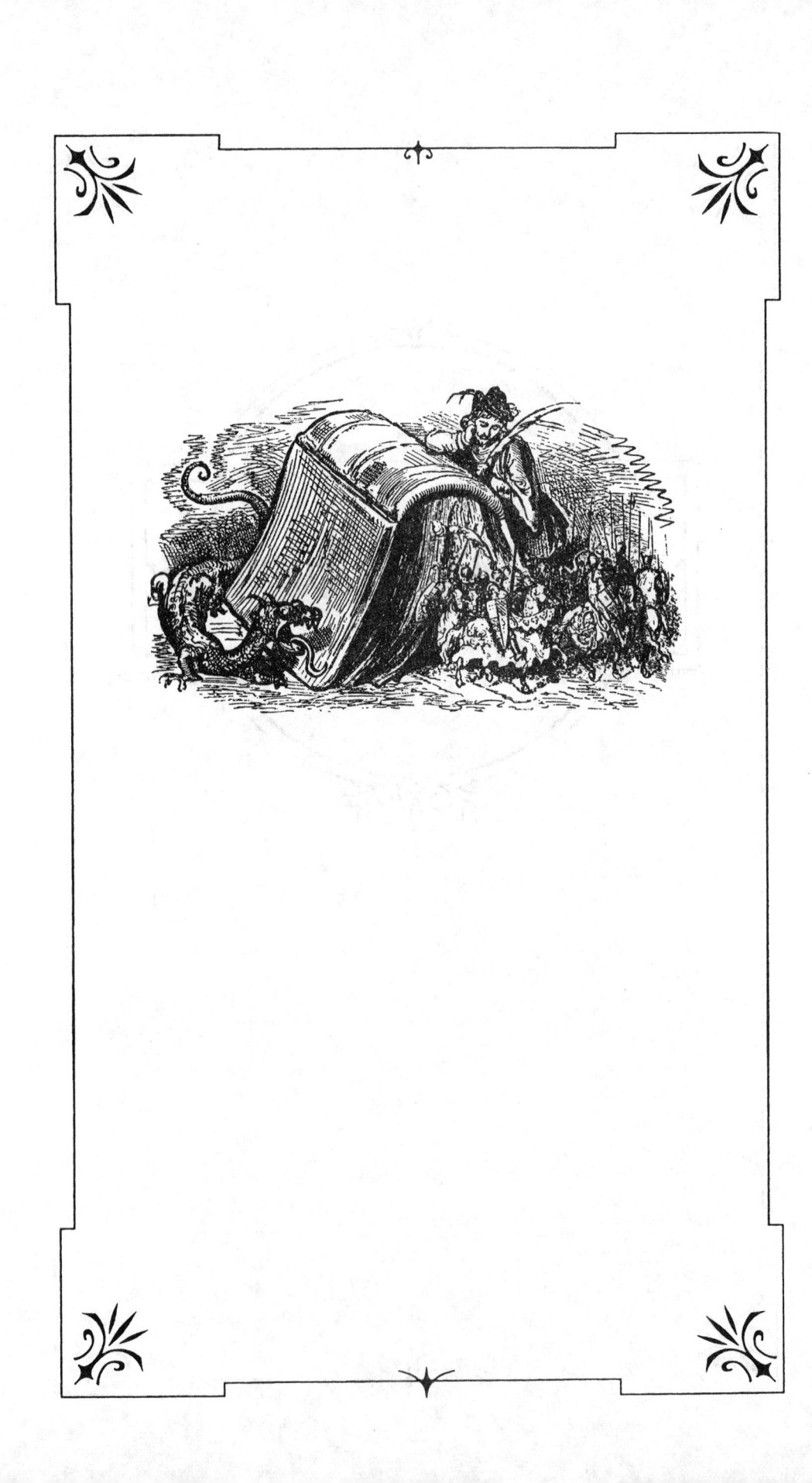

Имена знаменитых и не очень знаменитых людей, оставивших след в истории остроумия

Август
Родился в 63 г. до н. э. Родовое имя Гай Октавиан, внучатый племянник Гая Юлия Цезаря. После смерти деда по завещанию назначен его наследником. Одержал победу над убийцами Цезаря, а затем — в 31 г. до н. э. — над претендентом на престол Марком Антонием и египетской царицей Клеопатрой. Римский император с 27 г. до н. э. Принадлежит к числу наиболее хитрых и удачливых правителей. Скончался в 14 г. н. э.

Агафокл
Родился в 360 г. до н. э. Благодаря природным талантам и терпению скоро стал предводителем шайки, состоящей из наемников и искателей приключений. Сумел превратить ее в регулярную армию. Сиракузский тиран с 317 г. до н. э. Завоевал почти все города Сицилии и остров Керикиру. Скончался в 289 г. до н. э.

Агесилай II Великий
Родился в 442 г. до н. э. Спартанский царь из рода Еврипонтидов, полководец и дипломат, последний царь, пытавшийся отстоять спартанскую гегемонию в Греции. Сумел обеспечить независимость греческим колониям, находящимся на территории Персидской державы в Малой Азии. Умер в 358 г. до н. э.

Агид III
Год рождения неизвестен. Спартанский царь с 338 г. до н. э., выступил инициатором общегреческого восстания против Александра Македонского, но был побежден полководцем Александра Антипатром при Мегалополе. Умер в 331 г. до н. э., вероятно, не своей смертью.

Агис II
Спартанский царь, сын Архидама. Царствовал в 427–397 гг. до н. э. В Пелопоннесскую войну дважды вторгался в Аттику,

принимал участие в осаде Афин. Годы рождения и смерти неизвестны.

Адриан I

Родился в 1459 г. в лангобардском королевстве, которое впоследствии было завоевано Карлом Великим. Получил блестящее образование, стал учителем короля Карла Великого. С 1522 г. занял папский престол. Был горячим противником иконоборцев. Умер в 1523 г.

Александр I

Император Александр I родился в 1777 г. Вступил на престол после смерти своего отца 11 марта 1801 г. Разрешил свободный пропуск за границу иностранцев и русских, отменил телесное наказание дворян, гильдейских граждан, священников, уничтожил цензурные ограничения, издал указ о праве помещиков отпускать крестьян на волю. Вел войны с Францией, Швецией, Турцией и Персией, разгромил армию Наполеона. Скончался в 1825 г.

Александр Македонский

Родился в 356 г. до н. э., в день, когда Герострат сжег чудо света — храм Артемиды Эфесской. Воспитывался Аристотелем. Царь Македонии с 336 г. до н. э. Победив персов при Гавгамелах, Иссе и Гранике, разгромил державу Ахеменидов. Завоевав Египет, Среднюю Азию и земли до реки Инд, создал самую большую империю древности, которая распалась после его смерти в 323 г. до н. э.

Александров Григорий Васильевич

Актер, режиссер. Родился в 1903 г. Дебютировал в кино в 1924 г. в картине «Стачка» и в 1925 г. — «Броненосец „Потемкин"». Затем сам ставил фильмы как режиссер. Им сняты картины «Октябрь», «Веселые ребята», «Цирк», «Волга-Волга», «Светлый путь», «Одна семья», «Весна», «Встреча на Эльбе», «Композитор Глинка», «Любовь Орлова». Умер в 1984 г.

Алкивиад

Родился ок. 450 г. до н. э. В юности — ученик Сократа, афинский государственный деятель и полководец в период Пелопоннесской войны, известный сумасбродством и непредсказуемостью поступков. Организовал экспедицию против Сиракуз, затем перешел на сторону Спарты, позднее опять поддерживал родину, но в конце концов вынужден был просить политическое убежище в Персии. Выиграл несколько морских битв. Умер в 404 г. до н. э.

Альборнос (Хиль-Альварец-Карильо)

Родился в 1300 г. Был кардиналом в Авиньоне и Италии. Умер в 1367 г.

ПРИЛОЖЕНИЕ

Альфонс I Воитель
Дата рождения неизвестна. Король Арагона и Наварры с 1104 г. Отвоевал у арабов Сарагосу. Умер в 1134 г.

Альфонс V Великолепный
Король Арагонский. Родился в 1401 г., вступил на престол в 1416 г. Воевал против Людовика Анжуйского, умер при осаде Генуи в 1458 г.

Альфонс X Мудрый
Король кастильский, астроном и философ. Родился в 1221 г., на престол вступил в 1252 г. Был одним из ученейших королей своего времени, исправил планетарные таблицы Птолемея. По его распоряжению была переведена Библия на испанский язык. В 1282 г. его сын Санчо отнял у него корону. Умер в 1284 г.

Ампер Андре Мари
Физик и математик, родился в 1775 г. в Лионе. Его физические исследования относятся главным образом к области магнетизма и электричества. Умер в 1836 г.

Андерсен Ханс Кристиан
Датский поэт, снискавший мировую славу сказками. Родился в 1805 г. Всемирно известны «Огниво», «Стойкий оловянный солдатик», «Гадкий утенок», «Русалочка», «Снежная королева» и др. Умер в 1875 г.

Андреев Борис Федорович
Киноактер, родился в 1915 г. Известность и признание к актеру пришли после фильма «Трактористы». Снимался в фильмах «Большая жизнь», «Годы молодые», «Два бойца», «Сказание о земле сибирской», «Кубанские казаки», «Илья Муромец», «Большая семья», «Оптимистическая трагедия». Умер в 1982 г.

Анталкид
Годы жизни неизвестны. Спартанский полководец, в 386 г. до н. э. заключил, несмотря на возражения Афин, мир с Персией, по которому к последней отходили греческие города Малой Азии.

Антигон I Одноглазый
Родился в 380 г. до н. э. Один из ближайших сподвижников Александра Македонского, царь Македонии с 306 г. до н. э. Погиб в битве при Ипсе против войск Лисимаха и Селевка в 301 г. до н. э.

Антипатр
Родился в 397 г. до н. э. Македонский полководец, близкий друг Филиппа и Александра Македонских. Во время похода в Азию оставался наместником Македонии и подавил ряд восстаний. Скончался в 319 г. до н. э.

Аракчеев Алексей Андреевич
Граф Аракчеев родился в 1769 г. в семье бедного отставного поручика. Учился грамоте у сельского дьячка, поступил в ар-

тиллерийский кадетский корпус. Был комендантом Санкт-Петербурга, пожалован баронским достоинством. Автор проекта военных поселений. Известен строгостью и приверженностью к дисциплине. Умер в 1834 г.

Аретино Пьетро

Родился в 1492 г. в Ареццо. Итальянский поэт, известный своими «безнравственными» сочинениями и едкими сатирами. Еще в молодости был за свои сочинения против индульгенций изгнан из Ареццо. Впоследствии поселился в Венеции, где Карл V и владетельные герцоги, боясь его насмешек, платили ему бешеные деньги и делали богатые дары. Жил с царской роскошью. Умер в 1556 г.

Ариосто Лудовико

Знаменитый итальянский поэт. Родился в 1474 г. Прославился поэмой «Неистовый Роланд». Автор сатир, комедий, пьес. Имел множество последователей и подражателей. Умер в 1533 г. А. С. Пушкин признавал влияние творчества Ариосто на свою поэзию.

Аристид

Родился около 540 г. до н. э. Афинский государственный деятель, был одним из стратегов в Марафонской битве, командовал афинянами в битве при Платеях. В историю вошел как образец неподкупности и справедливости. Скончался в 467 г. до н. э.

Аристотель

Древнегреческий философ и ученый-энциклопедист, первый систематизатор античной литературной теории. Родился в 384 г. до н. э. Ученик Платона, воспитатель Александра Македонского. Умер в изгнании в 322 г. до н. э.

Архелай

Год рождения неизвестен. Македонский царь с 413 г. до н. э., отличавшийся миролюбием и занимавшийся лишь экономическими и культурными проблемами страны. Скончался в 399 г. до н. э.

Архидам II

Родился в 476 г. до н. э. Спартанский царь, командовавший войском в первые годы Пелопоннесской войны. По нему этот период боевых действий называют Архидамовой войной. Умер в 427 г. до н. э.

Багратион Петр Иванович

Князь, генерал от инфантерии, один из героев Отечественной войны 1812 г. Родился в 1765 г. Сподвижник Суворова в 1792 и 1794 гг. в Польше, в 1799 г. — в Италии и Швейцарии. В 1812 г. был главнокомандующим 2-й западной армии. Умер от раны, полученной в Бородинской битве 1812 г.

ПРИЛОЖЕНИЕ

Балакирев Иван Александрович
Прославленный придворный шут Петра Великого. Родился в 1699 г. В 1715 г. зачислен в Преображенский полк, но оставлен во дворце. После смерти Петра I был сослан, но возвращен при Екатерине I и произведен в поручики. Особенным фавором пользовался при Анне. Год смерти неизвестен.

Бальзак Оноре де
Французский писатель, родился в 1799 г. Написал цикл романов под названием «Человеческая комедия». Умер в 1850 г.

Барклай-де-Толли Михаил Богданович
Князь, фельдмаршал. Родился в 1761 г. в Лифляндии. Его предки из Шотландии переселились в Ригу в XVII веке. Участвовал в штурме Очакова, Бендер и Аккермана в 1788—1789 гг. Воевал с Наполеоном в качестве командующего 1-й западной армией. За военные подвиги был возведен в княжеское достоинство и назначен фельдмаршалом. Умер в 1818 г.

Барятинский Александр Иванович
Князь, главнокомандующий и наместник Кавказа. Родился в 1815 г. Принимал активное участие в кавказской кампании, в 1859 г. взял штурмом Гуниб, последнее прибежище Шамиля, за что пожалован в генерал-фельдмаршалы. Умер в 1879 г.

Бассомпьер
Родился в 1579 г. Маршал Франции, который нигде не воевал. Сподвижник Генриха IV Наваррского, дипломат. Скончался в 1646 г.

Бах Иоганн Себастьян
Родился в 1685 г. Один из величайших музыкальных гениев, завершитель целой эпохи в музыкальном творчестве. Воплотил в своих сочинениях переход от полифонно-контрапунктического стиля к гомофонно-гармоническому. Создал около 1000 произведений различных жанров. Умер в 1750 г.

Баязет
Четвертый османский султан. Родился в 1347 г., вступил на престол в 1389, убив брата Якуба. Подчинил Болгарию, Сербию, Македонию, Фессалию. В битве при Ангоре Баязет был разбит Тамерланом, взят в плен, где и умер в 1403 г.

Бедный Демьян
Настоящее имя Ефим Алексеевич Придворов. Родился в 1883 г. Советский поэт. Активный участник антиправославной кампании тридцатых годов. Умер в 1945 г.

Безбородко Александр Андреевич
Князь, дипломат, прославившийся в царствование Екатерины II. Родился в 1747 г. Получил образование в Киевской духовной академии, был назначен правителем Малороссии в 1765 г. После начала Русско-турецкой войны в 1769 г. принимал

активное участие в действиях авангарда. В 1775 г. призван Екатериной II в первые секретари и в течение 24 лет занимал эту должность. Умер в 1799 г.

Бекингем Джордж Вильерс

Герцог, любимец английского короля Якова и вдохновитель его абсолютистских поползновений. Родился в 1592 г. в Англии. Убит из личной мести лейтенантом Фельтоном в 1628 г.

Беллини Джентиле

Старший сын известного венецианского художника Джакопо Беллини. Родился в 1429 г. Перешел в своем творчестве от плоскостной живописи к введению в картины перспективы. Умер в 1507 г.

Бельгард де

Родился в 1562 г. Фаворит Генриха III, занимал высокие придворные должности, при Людовике XIII получил титул герцога, первый камергер, сослан за противодействие Ришелье и возвращен ко двору лишь после смерти последнего. Скончался в 1646 г.

Бенедикт XIV

Римский папа с 1740 по 1758 г. Родился в 1675 г. в Болонье. Покровитель наук и искусств, значительно обогатил ватиканскую библиотеку.

Бенкендорф Христофор Иванович

Граф, родился в 1749 г. Генерал от инфантерии, был военным рижским губернатором. Умер в 1823 г.

Бервик Джемс

Французский маршал, родился в 1670 г. Был одним из лучших полководцев Людовика XIV. Пал при осаде Филиппсбурга в 1734 г.

Бернабо

Миланский владетельный князь. Родился в 1329 г., умер в 1385 г.

Бибиков Дмитрий Гаврилович

Граф, государственный деятель, министр внутренних дел. Родился в 1792 г. С 1837 г. — генерал-губернатор Юго-Западных губерний России. Умер в 1870 г.

Бирон Эрнест Иоганн

Граф, герцог курляндский, регент российский. Родился в 1690 г. Призван ко двору во время царствования Анны Иоанновны. Прославился как придворный интриган, то возвышавшийся, то терявший свою власть и влияние при очередной смене российских правителей. По всеобщему отзыву, человек ничтожный, но умело пользовавшийся благоприятными обстоятельствами и малодушием политических противников. Умер в 1772 г.

ПРИЛОЖЕНИЕ

Бисмарк Отто
Родился в 1815 г. Долгие годы — посол Пруссии в России, затем — первый рейхсканцлер Германской империи, организатор Тройственного союза, направленного против России и Франции. Эталон твердой и принципиальной дипломатии. Скончался в 1898 г.

Блудов Дмитрий Николаевич
Граф, председатель государственного совета. Родился в 1785 г. Служил в царствование Александра I по дипломатической части, был советником посольства в Лондоне. При императоре Николае I стал министром иностранных дел, председателем государственного совета и комитета министров. Принимал деятельное участие в освобождении крестьян при Александре II. Умер в 1864 г.

Богарнэ Эжен
Принц, вице-король Италии. Пасынок Наполеона I. Родился в 1781 г. Участвовал в главных сражениях 1812 г. и вывел остатки французской армии из России. Умер в 1824 г.

Бомарше Пьер Огюстен
Знаменитый французский драматург и сатирик. Родился в 1732 г. Самые известные его пьесы «Женитьба Фигаро», «Севильский цирюльник». Умер в 1799 г.

Бондарчук Сергей Федорович
Актер, режиссер. Родился в 1920 г. Первую роль в кино сыграл в фильме «Молодая гвардия». В 50-е годы снялся в фильмах «Кавалер Золотой Звезды», «Тарас Шевченко», за который получил Сталинскую премию и звание народного артиста СССР, в картине «Попрыгунья». Режиссерский дебют Сергея Бондарчука — фильм «Судьба человека», в котором он сам сыграл главную роль. Затем он экранизирует роман Льва Толстого «Война и мир», снимает фильм «Ватерлоо». В 1977 г. на экраны вышел фильм Сергея Бондарчука «Они сражались за Родину». Умер в 1994 г.

Браге Тихо
Астроном, родился в 1546 г. в Дании. Благодаря точности его астрономических наблюдений Кеплер вывел законы планетных движений. Умер в 1601 г.

Брандес Георг
Датский критик и историк литературы. Родился в 1842 г., успешно выступал с лекциями в разных странах Европы. В 1887 г. посетил Петербург с курсом лекций. Умер в 1927 г.

Брезе де
Родился в 1597 г. Маршал Франции, участвовавший в нескольких малозначительных сражениях. Скончался в 1650 г.

Бриссак Шарль де Коссе
Граф, французский маршал. Родился в 1505 г., отличился в войнах Франциска I и Генриха II. Умер в 1563 г.

Брок Петр Федорович
Министр финансов России. Родился в 1805 г. Деятельность его привела к финансовым неурядицам, за семь лет дефицит вырос более чем в двадцать раз. Умер в 1875 г.

Буало Никола
Французский поэт, родился в 1636 г. Людовик XIV назначил его своим историографом. Умер в 1711 г.

Будэ Гильом
Французский гуманист, родился в 1467 г. Лучший эллинист своего времени. Умер в 1540 г.

Булгарин Фаддей Венедиктович
Русский журналист, писатель. Родился в 1789 г. Автор полемических статей, фельетонов, очерков. Написал романы «Иван Выжигин», «Димитрий Самозванец», «Мазепа». Умер в 1859 г.

Бюжо Томас Роберт
Маркиз, французский военный деятель. Родился в 1784 г. Отличился в наполеоновских войнах. В 1840—1847 гг. был губернатором Алжира. Написал несколько сочинений по военному делу. Умер в 1849 г.

Бюффон Жорж Луи
Граф, французский естествоиспытатель. Родился в 1707 г. Первым предпринял попытку издать всеобъемлющий научный труд, который объяснил бы и систематизировал все знания о природе и живом мире. Умер в 1788 г.

Ванини Джулио
Итальянский мыслитель. Родился в 1585 г. За атеистические труды отбывал тюремное наказание. Погиб на костре, обвиненный в ереси, в 1619 г.

Верньо Пьер
Видный участник Великой французской революции. Родился в 1753 г. Один из руководителей жирондистов. Казнен в 1793 г.

Весник Евгений Яковлевич
Актер, родился в 1923 г. Театральный режиссер, автор ряда сценариев для радио и телевидения. Наиболее известные фильмы, в которых снимался Евгений Весник: «Старик Хоттабыч», «Отелло», «Обыкновенное чудо», «Семь стариков и одна девушка», «Трембита», «Угрюм-река», «Приключения желтого чемоданчика», «Офицеры», «Приключения Электроника», «Тема», «Мастер и Маргарита», «Ширли-мырли».

Веспасиан Тит Флавий
Родился в 9 г. н. э. С 69 г. первый римский император несенаторского происхождения. Трезвая политика Веспасиана значительно укрепила Римскую империю. Умер в 79 г.

Воейков Александр Федорович
Русский поэт, журналист. Родился в 1779 г. Соиздатель жур-

нала «Сын отечества», редактор газеты «Русский инвалид». Написал несколько стихотворных сатир. Умер в 1839 г.
Вольтер
Знаменитый французский писатель. Родился в 1694 г. Автор трагедий «Брут», «Заира», «Аделаида Дюгесклен», романа «Кандид», многочисленных памфлетов и сатирических стихотворений. Умер в 1778 г.
Воронцов Михаил Семенович
Князь, родился в 1782 г. Военный и государственный деятель. С 1823 г. генерал-губернатор Новороссийского края, с 1844 г. — наместник на Кавказе. Умер в 1856 г.
Вяземский Александр Алексеевич
Генерал-прокурор, родился в 1727 г. Пользовался огромным доверием Екатерины II, проявил себя как незаурядный политический деятель. При его содействии был произведен первый в России выпуск ассигнаций. Умер в 1793 г.
Гайдн Йозеф
Знаменитый австрийский композитор. Родился в 1732 г. Один из основоположников венской классической школы. Автор австрийского гимна. Умер в 1809 г.
Галилей Галилео
Основатель экспериментальной науки. Родился в 1564 г. в Пизе. Открыл общий закон падения тел. В 1609 г. построил первый телескоп, открыл 4 спутника Юпитера, кольцо Сатурна, пятна на Солнце. В 1633 г. был призван на суд инквизиции в Риме и торжественно отрекся от своих взглядов. В 1637 г. потерял зрение и в 1642 г. умер.
Гамильтон Джордж
Лорд. Родился в 1845 г. Видный английский государственный деятель. Умер в 1899 г.
Ганнон Мореплаватель
Жил в V в. до н. э. Карфагенский флотоводец. Способствовал процветанию и укреплению торговой мощи Карфагена. Первым совершил экспедицию вдоль западного побережья Африки и познакомил европейцев с гориллами.
Генрих де Гиз «Меченый»
Родился в 1550 г. Французский герцог, глава католической лиги, один из организаторов Варфоломеевской ночи. Впоследствии снял сан. Был убит в 1588 г.
Генрих III Валуа
Родился в 1551 г. Король Франции с 1574 г. Убит монахом-доминиканцем Жаком Клеманом в 1589 г.
Генрих IV Бурбон
Родился в 1553 г. Король Франции с 1589 г., один из наиболее популярных в литературе королей Франции — Генрих Наваррский. Убит католиком-фанатиком Равайаком в 1610 г.

Генрих V
Родился в 1387 г. Английский король с 1413 г. из династии Ланкастеров. В ходе Столетней войны нанес французам поражение и занял Париж. Умер в 1422 г.

Генрих VIII
Родился в 1491 г. Английский король с 1509 г. из династии Тюдоров. При нем были проведены реформация и секуляризация монастырских земель. Умер в 1547 г.

Георг II Август
Родился в 1683 г. Король Англии. Отличался храбростью, вел многочисленные войны с Нидерландами, Францией. Основал Британский музей. Умер в 1760 г.

Георг IV
Родился в 1762 г. Король Англии с 1820 г., активный сторонник Священного союза. Умер в 1830 г.

Герасимов Сергей Апполинариевич
Режиссер, родился в 1906 г. Постановщик парада Победы, прошедшего 24 июня 1945 г. в Москве на Красной площади. Наиболее известные художественные фильмы Сергея Герасимова: «Чертово колесо», «Шинель», «Семеро смелых», «Маскарад», «Большая земля», «Молодая гвардия», «Тихий Дон», «Люди и звери», «Журналист», «У озера», «Любить человека», «Дочки-матери», «В начале славных дел», «Юность Петра», «Лев Толстой». Умер в 1985 г.

Гете Иоганн Вольфганг
Великий немецкий писатель, поэт, исследователь. Родился в 1749 г. во Франкфурте-на-Майне. Самые знаменитые его произведения «Фауст», «Герман и Доротея», «Ифигения в Тавриде», «Страдания молодого Вертера», «Вильгельм Мейстер». Умер в 1832 г.

Гизо Франсуа
Знаменитый французский историк и политический деятель. Родился в 1787 г. Был министром народного просвещения, главою Министерства иностранных дел Франции времен Луи Филиппа. Во время февральской революции бежал в Лондон. В 1854 г. был избран президентом Академии моральных и политических наук. Умер в 1874 г.

Глинка Михаил Иванович
Величайший русский композитор, творец самостоятельной русской музыкальной школы. Родился в 1804 г. С детства его привлекали церковное пение и русские народные песни в исполнении крепостного оркестра его дяди. В связи со слабым здоровьем три года провел в Италии, где сочинял музыку в итальянском духе. По возвращении в Россию нашел свой путь в музыкальном искусстве. Наиболее известны его оперы «Руслан и Людмила», «Жизнь за царя». Умер в 1857 г.

ПРИЛОЖЕНИЕ

Глюк Христофор Вилибальд
Великий композитор, немец по происхождению. Родился в 1714 г. Сочинял оперы для театров Вены, Копенгагена, Рима, Болоньи и т. д. Лучшей оперой Глюка считается «Ифигения в Тавриде». Умер в 1787 г.

Гоголь Николай Васильевич
Гениальный русский писатель. Родился в 1809 г. Автор поэмы «Мертвые души», сборника «Вечера на хуторе близ Диканьки», повести «Тарас Бульба», комедии «Ревизор» и др. Умер в 1852 г.

Голицын Сергей Павлович
Князь, генерал-адъютант, черниговский губернатор. Родился в 1815 г. Участвовал в подготовке крестьянской реформы. Умер в 1887 г.

Головин Иван Михайлович
Русский адмирал. Точный год рождения неизвестен. Сопровождал Петра Великого в Амстердам, где вместе с ним обучался морскому делу, позднее участвовал в морской войне со шведами и в персидском походе. Адмиралом был назначен после смерти Петра. Умер в 1737 г.

Головкин Гавриил Иванович
Граф, первый русский государственный канцлер. Родился в 1660 г. В качестве родственника Наталии Кирилловны Нарышкиной состоял уже с 1677 г. в свите Петра I и впоследствии пользовался его неизменным доверием. После смерти Петра принимал активное участие в дворцовых интригах и немало в этом преуспел. Умер в 1734 г.

Горчаков Александр Михайлович
Князь, государственный канцлер. Родился в 1798 г. Воспитывался в Царскосельском Лицее одновременно с Пушкиным. Был тонким дипломатом, ловким и блестящим придворным. Заключил несколько полезных и удачных для России международных договоров. Вместе с тем, по мнению современников, слишком верил в порядочность западноевропейских политиков, которые в конце концов мало заботились об интересах России и втравили ее в войну с Турцией 1877—1878 гг. Умер в 1883 г.

Греч Николай Иванович
Русский филолог, журналист, писатель. Родился в 1787 г. Автор романа «Черная женщина», путевых очерков. Прославился изданием книги «Практическая русская грамматика». Умер в 1867 г.

Григорий XVI
Римский папа, родился в 1765 г., папский престол занял в 1831 г. Покровительствовал иезуитам. Умер в 1846 г.

Гримм
Братья Гримм — Якоб, родился в 1785 г., и Вильгельм, родился

в 1786 г. — немецкие писатели, известные собранием и обработкой народных сказок. Якоб умер в 1863 г. Вильгельм — в 1807 г.

Гуно Шарль

Французский композитор, родился в 1818 г в Париже. Самые знаменитые его оперы «Фауст», «Ромео и Джульетта». Кроме опер написал множество духовных сочинений. Умер в 1893 г.

Гюго Виктор

Французский писатель. Родился в 1802 г. Автор известных романов: «Собор Парижской Богоматери», «Труженики моря», «Отверженные», «Человек, который смеется» и др. Умер в 1885 г.

Давыдов Денис Васильевич

Русский поэт. Родился в 1784 г. Один из организаторов партизанского движения во время Отечественной войны 1812 г. Писал басни, элегии, «гусарские песни». Умер в 1839 г.

Д'Аламбер Жан Лерон

Философ и математик, родился в 1717 г. Член Парижской академии наук. Вместе с Дидро издавал знаменитую «Энциклопедию». В философии был скептиком, полагая, что вне нас не существует ничего, что соответствовало бы нашим восприятиям. Умер от желчно-каменной болезни, не пожелав подвергнуться операции, в 1783 г.

Даль Олег Иванович

Актер, родился в 1941 г. Впервые снялся в кино в 1961 г. в картине «Мой младший брат». После окончания училища был зачислен в труппу театра «Современник». Самые известные фильмы, в которых снимался Олег Даль, — «Женя, Женечка и „катюша"», «Старая, старая сказка», «Король Лир», «Звезда пленительного счастья», «Вариант „Омега"». Умер в 1981 г.

Данте Алигьери

Итальянский поэт. Родился в 1265 г. Автор знаменитой «Божественной комедии» и любовных сонетов. Начало его творчества совпадает с началом эпохи Возрождения. Умер в 1321 г.

Дантон Жорж Жак

Известный деятель Великой французской революции. Родился в 1759 г. В начале революционных действий был адвокатом в Париже. Сделал революционную карьеру, стал членом конвента. В 1794 г. окончил жизнь на эшафоте.

Д'Аргу

Граф. Родился в 1782 г. Французский администратор, министр, директор банка. Умер в 1852 г.

Делакруа Эжен

Французский живописец. Родился в 1798 г. В 23-летнем возрасте написал картину «Данте и Вергилий в кругу гневных», составившую эпоху во французской живописи. Глава французского романтизма. Умер в 1863 г.

ПРИЛОЖЕНИЕ

Делиль Жак
Французский поэт, родился в 1738 г. Известность приобрел переводами «Георгик» Вергилия. В эпоху Террора эмигрировал в Швейцарию. Умер в 1813 г.

Демосфен
Древнегреческий оратор и политический деятель. Родился ок. 384 г. до н. э. Автор политических речей против царя Филиппа II — «филиппик». Афинский вождь демократической антимакедонской партии, добился создания антимакедонской коалиции греческих государств. После поражения отравился в 322 г. до н. э.

Державин Гаврила Романович
Русский поэт. Родился в 1743 г. Писал оды и стихи («Фелица», «Бог», «Властителям и судьям», «Водопад»). Автор трактата «Рассуждение о лирической поэзии или об оде». Умер в 1816 г.

Дидро Дени
Французский философ, писатель. Родился в 1713 г. Автор идеи издания «Энциклопедии», которой посвятил более 30 лет жизни. Из литературных произведений наиболее известны «Монахиня», «Жак-фаталист», «Племянник Рамо». Умер в 1784 г.

Дизраэли Бенджамин
Родился в 1804 г. Политический деятель Великобритании, сначала министр финансов, а затем премьер-министр. Лидер консервативной партии. Правительство Дизраэли вело политику колониальной экспансии. Возведен королевой в ранг лорда Биконсфилда. Умер в 1881 г.

Диккенс Чарлз
Знаменитый английский романист, родился в 1812 г. В своих многочисленных романах выступает как гуманист и защитник слабых и обездоленных. Наиболее популярны его романы «Оливер Твист», «Дэвид Копперфильд», «Лавка древностей», «Домби и сын». Умер в 1870 г.

Дикий Алексей Денисович
Режиссер и актер, родился в 1889 г. В 1937—1941 гг. был незаконно репрессирован и находился в лагере. В 1946 г. получил Сталинскую премию за участие в фильме «Кутузов», в 1947 г. — за участие в фильме «Адмирал Нахимов», в 1949 г. — дважды — за участие в фильме «Третий удар» и за театральную работу. В 1950 г. получил еще одну Сталинскую премию за участие в фильме «Сталинградская битва». Наиболее известные фильмы с участием Дикого: «Кутузов», «Адмирал Нахимов», «Пирогов», «Рядовой Александр Матросов», «Повесть о настоящем человеке», «Сталинградская битва», «Поезд в далекий август». Умер в 1955 г.

Диоген Синопский
Древнегреческий философ, родился ок. 400 г. до н. э. Практиковал крайний аскетизм, доходивший до эксцентрического

юродства. Герой многочисленных анекдотов. По преданию, жил в бочке. Умер ок. 325 г. до н. э.

Диоклетиан

Римский император, родился в 243 г. Провел реформы, стабилизирующие положение империи, усилил армию, упорядочил налогообложение. В 303—304 гг. предпринял гонение на христиан. Умер между 313 и 316 гг.

Дионисий Старший

Родился ок. 430 г. до н. э. Крупный полководец, правитель Сиракуз с 406 г. до н. э., крупный полководец, воевал против Карфагена и в Южной Италии. Отличался непредсказуемостью, в историю вошел как человек, продавший в рабство философа Платона, которого сам пригласил в гости. Умер в 367 г. до н. э.

Довженко Александр Петрович

Режиссер, родился в 1894 г. Дебютировал как кинорежиссер в 1927 г., сняв кинокартину «Звенигора». Наиболее известные фильмы: «Арсенал», «Земля», «Аэроград», «Щорс», «Мичурин». Умер в 1956 г.

Долгоруков Яков Федорович

Князь, знаменитый сподвижник Петра Великого. Родился в 1653 г. Возвышение его началось со времени первого стрелецкого бунта, когда он объявил себя приверженцем юного Петра. Долгоруков участвовал в походе на Азов, после чего ему была доверена охрана Украины и южных границ России. В битве под Нарвой был захвачен в плен шведами, но, перебив конвой, бежал. Умер в 1720 г.

Дюбуа Гильом

Французский государственный деятель, родился в 1656 г. Воспитатель герцога Орлеанского. После принятия регентства был назначен в государственные советники. С 1721 г. получил кардинальское достоинство. Умер в 1723 г.

Дюкло Шарль Пино

Французский историк и романист, родился в 1704 г. Был официальным историографом Франции. Умер в 1772 г.

Дюма Александр (отец)

Французский писатель. Родился в 1802 г. Писал остросюжетные исторические романы. Наиболее популярны «Три мушкетера», «Двадцать лет спустя», «Виконт де Бражелон», «Граф Монте Кристо». Умер в 1870 г.

Дюпен Андре Мари Жан Жак

Французский юрист и государственный деятель, родился в 1783 г. Известен как защитник на политических процессах. Умер в 1865 г.

Дюпра Антуан
Кардинал, родился в 1463 г. Первый президент парламента в Париже. Умер в 1535 г.

Дюрок Жерар Кристоф
Герцог, французский генерал. Родился в 1772 г. Сражался в Египте. Пал в битве при Маркерсдорфе в 1813 г.

Дюшатель Шарль Мари Таннегю
Граф, французский государственный деятель и экономист. Родился в 1803 г. в Париже, после июльской революции 1830 г. — государственный советник, министр торговли. Умер в 1867 г.

Евдамид
Год рождения неизвестен. Спартанский царь с 331 по 305 гг. до н. э.

Евстигнеев Евгений Александрович
Актер, родился в 1926 г. Дебют в кино состоялся в 1957 г. в фильме «Поединок». Затем были небольшие роли в картинах «Баллада о солдате», «Любушка», «Девять дней одного года», «Сотрудник ЧК». Известность пришла после фильма «Добро пожаловать, или Посторонним вход воспрещен». Самые известные картины с его участием — «Берегись автомобиля», «Золотой теленок», «Зигзаг удачи», «Бег», «Старики-разбойники», «Зимний вечер в Гаграх», «Собачье сердце». Умер в 1992 г.

Екатерина Великая
Екатерина II Алексеевна, российская императрица. До замужества принцесса Софья Фредерика Августа, родилась в 1729 г. В Россию приехала в 1745 г. и вышла замуж за наследника престола Петра III. Оформила сословные привилегии дворянства. Активно участвовала в борьбе против революционной Франции. Скончалась в 1796 г.

Елизавета I Тюдор
Родилась в 1533 г. Английская королева с 1558 г. Укрепляла позиции абсолютизма, восстановила англиканскую церковь, разгромила испанскую «Непобедимую армаду». Умерла в 1603 г.

Елизавета Петровна
Дочь Петра I и Екатерины I, родилась в 1709 г. Взошла на престол в 1741 г. Отменила смертные казни, основала московский университет, академию художеств. Вела войны со Швецией, Австрией. Скончалась в 1761 г.

Ермолов Алексей Петрович
Генерал от инфантерии, родился в 1777 г. Служил в действующей армии под началом Суворова. Во время войны с Наполеоном был назначен начальником гвардейской дивизии. Участвовал в боях под Малоярославцем, Бородином. После окончания войны был назначен начальником артиллерии всей

армии. В 1818 г. взял крепость Грозный и положил конец чеченским набегам. Умер в 1861 г.

Жанен Жюль Габриэль

Французский писатель. Родился в 1804 г. Писал фельетоны и критические статьи. Умер в 1874 г.

Жаров Михаил Иванович

Актер, родился в Москве в 1900 г. Дебютировал в 1915 г. в фильме «Псковитянка». Всего сыграл в кино около семидесяти ролей. Наиболее известные фильмы с участием Жарова: «Аэлита», «Человек из ресторана», «Путевка в жизнь», «Окраина», «Возвращение Максима», «Выборгская сторона», «Медведь», «Секретарь райкома», «Деревенский детектив». Умер в 1981 г.

Загоскин Михаил Николаевич

Русский писатель. Родился в 1789 г. Автор исторических романов «Юрий Милославский, или Русские в 1612 году», «Рославлев, или Русские в 1812 году», «Аскольдова могила», «Ледяной дом» и др. Умер в 1852 г.

Закревский Арсений Андреевич

Граф, московский генерал-губернатор. Родился в 1783 г. Служил адъютантом у Барклая-де-Толли, генерал-губернатором Финляндии. Во время реформ 1861 г. остался убежденным крепостником и ушел с должности генерал-губернатора Москвы. Умер в 1865 г.

Зощенко Михаил Михайлович

Русский писатель. Родился в 1895 г. Автор юмористических рассказов. Умер в 1958 г.

Зубов Платон Александрович

Князь, фаворит Екатерины II. Родился в 1767 г. Участвовал в штурме Измаила. С 1800 г. шеф 1-го кадетского корпуса. Противник сближения с Францией, Австрией и Пруссией, а потому был вынужден уйти в отставку. Умер в 1822 г.

Измайлов Александр Ефимович

Русский писатель. Родился в 1779 г. Президент Вольного общества любителей словесности, наук и художеств. Умер в 1831 г.

Иоанн XXII

Родился в 1244 г. Папа Римский с 1316 по 1334 гг.

Иоанн XXIII

Родился ок. 1360 г. Возведен на папский престол в 1410 г. Во время великого раскола в римской церкви отрекся от престола в 1415 г. и бежал. Умер в 1419 г. во Флоренции.

Иосиф II

Император Священной Римской империи. Родился в 1741 г., коронован в 1765 г. Заключил союз с Россией. В 1788 г. начал войну с турками, но не дожил до ее завершения. Умер в 1790 г.

ПРИЛОЖЕНИЕ

Исократ
Родился в 436 г. до н. э. Один из виднейших афинских ораторов, противник демократии и ярый сторонник объединения Греции под эгидой Македонии для совместного похода против Персии. Умер в 338 г. до н. э.

Ификрат
Время жизни — первая половина IV в. до н. э. Афинский полководец, известный реформами вооружения пельтастов и несколькими победами над спартанцами.

Камоэнс Луис
Величайший из поэтов Португалии. Родился в 1524 г. Автор знаменитого эпоса «Лузиады». Умер в бедности в 1580 г.

Камю Арман Гастон
Год рождения неизвестен. Политический деятель и писатель времен Великой французской революции. Генерал-адвокат французского духовенства. Перевел «Историю животных» Аристотеля, за что был принят в академию. Противник наполеоновского режима. Умер в 1804 г.

Канкрин Егор Францевич
Граф, родился в 1774 г., служил в Министерстве внутренних дел, затем интендантом всех действующих армий. С 1823 г. занимает пост министра финансов и за двадцать лет своей службы значительно улучшает финансовое положение России. Умер в 1845 г.

Караджале Йон Лука
Румынский писатель. Родился в 1852 г. Автор комедий «Бурная ночь», «Потерянное письмо». Умер в 1912 г.

Карамзин Николай Михайлович
Русский писатель, историк. Родился в 1766 г. Автор знаменитой повести «Бедная Лиза» и труда «История государства Российского». Умер в 1826 г.

Карл Великий
Родился в 742 г., с 768 г. единодержавный король франков. Вел упорные войны с саксами, венграми, чехами, аварами, маврами. С 800 г. стал императором Священной Римской империи. Умер в 814 г.

Карл V
Родился в 1500 г. С 1516 г. — испанский король из династии Габсбургов, с 1519 — император Священной Римской империи. Пытался под знаменами католицизма осуществить план создания «мировой христианской державы». Вел войны с Францией и Османской империей. Потерпев поражение от немецких князей-протестантов, отрекся от престола в 1555 г. Умер в 1558 г.

Карл IX
Родился в 1550 г. Король Франции из династии Валуа.

В 1572 г. одобрил проведение Варфоломеевской ночи — истребление гугенотов. Умер в 1574 г.

Карно Лазар Никола
Граф, французский государственный деятель, математик. Родился в 1753 г. В 1795—1797 гг. член Директории, обвинен в роялизме и бежал в Германию. С 1815 г. министр внутренних дел Франции. Умер в 1823 г.

Катон Старший
Родился в 234 г. до н. э. Цензор, консул, оратор, государственный деятель, поборник староримских нравов, знаменит фразой: «А все-таки Карфаген должен быть разрушен». Умер в 149 г. до н. э., успев насладиться желанным зрелищем.

Катулл Гай Валерий
Римский поэт. Родился ок. 87 г. до н. э. Центральная фигура кружка поэтов — «неотериков» («новых поэтов», по определению Цицерона). Писал лирические стихи, эпиграммы. Умер ок. 54 г. до н. э.

Кирхгоф Густав Роберт
Знаменитый немецкий физик, родился в 1824 г. Открыл спектральный анализ, закон излучения. Умер в 1887 г.

Киселев Павел Дмитриевич
Граф, русский генерал и государственный деятель. Родился в 1788 г. В войне 1812 г. был адъютантом князя Багратиона. Участвовал в походе 1813—1814 гг. во Францию. Секретарь государственного совета, министр государственных имуществ. Сторонник отмены крепостного права. С 1856 г. посланник в Париже. Умер в 1872 г.

Клейнмихель Петр Андреевич
Родился в 1793 г., участник войны с Наполеоном 1812—1814 гг., главноуправляющий путями сообщения и публичными зданиями. Руководил постройкой Зимнего дворца. При нем построена Николаевская железная дорога Петербург — Москва, хотя он был яростным противником строительства. Умер в 1869 г.

Климент XIV
Папа Римский, родился в 1705 г., на папский престол избран в 1769 г. Упразднил орден иезуитов. Умер от отравления в 1774 г.

Кондэ Луи II Бурбон
Принц, французский полководец. Родился в 1621 г. Во время Фронды стал на сторону двора. Был осужден на смертную казнь за измену, но амнистирован. Одержал блестящую победу над союзной армией испанцев, австрийцев и голландцев при Сенеффе. Умер в 1686 г.

Конрад III
Немецкий король, родоначальник династии Гогенштауфенов. Родился в 1093 г., взошел на престол в 1138 г. Вместе с Людо-

виком VII безуспешно предпринял крестовый поход. Умер в 1152 г.

Костров Ермил Иванович
Русский поэт, переводчик. Родился в 1755 г. Перевел «Илиаду» Гомера, «Золотого осла» Апулея. Умер в 1796 г.

Краевский Андрей Александрович
Русский журналист, издатель. Родился в 1810 г. Редактор «Литературной газеты», журнала «Отечественные записки». Умер в 1889 г.

Кромвель Оливер
Родился в 1599 г. Деятель Английской буржуазной революции, одержавший победы над королевской армией в двух гражданских войнах. Содействовал казни короля, подавил восстания левеллеров и диггеров. В 1653 г. установил режим единоличной военной диктатуры. Умер в 1658 г.

Крылов Иван Андреевич
Знаменитый русский баснописец. Родился в 1769 г. Издавал журнал «Почта духов», писал сатирические эссе и памфлеты. Умер в 1844 г.

Кулибин Иван Петрович
Механик-самоучка, сын нижегородского мещанина, родился в 1735 г. С детства пристрастился к устройству разного рода механизмов, сделал несколько деревянных часов с кукушкой. Изучал химию, физику, оптику и механику, открыл состав металла, из которого англичане делали зеркала телескопа и который являлся тайной английских мастеров. Сделал первую в России электрическую машину, изобрел механическую ногу. Поскольку был малообразован, то зачастую изобретал заново то, что было уже изобретено до него. Умер в 1818 г.

Куприн Александр Иванович
Русский писатель. Родился в 1870 г. С 1919 по 1937 гг. находился в эмиграции. Автор повестей «Олеся», «Поединок», «Яма», многочисленных рассказов. Умер в 1938 г.

Куракин Алексей Борисович
Князь, генерал-прокурор. Родился в 1759 г. С 1807 г. — министр внутренних дел. Умер в 1829 г.

Кутайсов Александр Иванович
Граф, генерал. Родился в 1784 г., отличился в сражении с французами при Прейсиш-Эйлау. Убит в сражении под Бородином в 1812 г.

Кутузов Михаил Илларионович
Князь, великий русский полководец, родился в 1745 г. Воспитывался в артиллерийском инженерном корпусе в Санкт-Петербурге. С 1770 г. участвует в сражениях против турок в армии Румянцева. В 1795 г. назначен главнокомандующим сухопутных

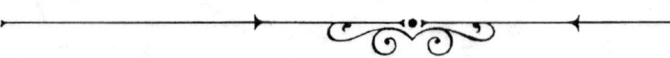

войск, флота, финляндских укреплений, с 1809 г. — виленский военный губернатор. С 1811 г. назначен главнокомандующим действующих армий. После знаменитого Бородинского боя пожалован званием фельдмаршала. Под руководством Кутузова русская армия успешно одолела Наполеона, который понес огромные потери. Умер в 1813 г.

Кэррол Льюис

Английский писатель, математик. Родился в 1832 г. Автор знаменитых повестей-сказок «Алиса в Стране Чудес» и «В Зазеркалье». Умер в 1898 г.

Кюстин Адам

Граф, французский генерал, родился в 1740 г. Отличился во время Семилетней войны. В 1793 г. был обвинен в измене и казнен на эшафоте.

Лавров Кирилл Юрьевич

Актер, родился в 1925 г. В 1964 г. на экраны вышел фильм «Живые и мертвые», в котором Лавров сыграл роль военного корреспондента. Затем Лавров снимался в картинах «Верьте мне, люди!», «Братья Карамазовы», «Любовь Яровая».

Лагарп Жан Франсуа

Французский писатель, родился в 1739 г. Профессор литературы. Вел обширную переписку с наследником русского престола Павлом Петровичем. Умер в 1803 г.

Лагранж Жозеф Луи

Великий французский математик, родился в 1736 г. в Турине. В 19 лет стал профессором математики. Наполеоном был возведен в сенаторы и получил графское достоинство. Умер в 1813 г.

Ламетри Жюльен Офре

Французский философ-материалист, врач. Родился в 1709 г. Преследуемый духовенством и врачами, бежал в Голландию. Умер в 1751 г.

Лангэ де Жержи

Родился в 1675 г. Настоятель церкви Св. Сульпиция в Париже. Умер в 1750 г.

Ланжерон Александр Францевич

Граф, родился в 1763 г. в Париже. В 1789 г. поступил на службу в русскую армию в чине полковника. Участвовал во взятии Измаила. Командовал корпусом в войне против Наполеона. В конце жизни — губернатор Крыма. Умер в 1831 г.

Ланжюинэ Жан Дени

Граф, французский государственный деятель. Родился в 1753 г., был профессором канонического права в Реннском университете. Умер в 1827 г.

ПРИЛОЖЕНИЕ

Лафайет Мари Жозеф

Маркиз. Родился в 1757 г. Известный французский генерал и политический деятель. Умер в 1834 г.

Лафонтен Жан

Знаменитый французский баснописец. Родился в 1621 г. В своих произведениях опирался на народную мудрость и фольклор. Умер в 1695 г.

Лев X (Джиовани Медичи)

Родился в 1475 г., был вторым сыном Лоренцо Медичи Великолепного. В 13-летнем возрасте стал кардиналом. В 1513 г. был избран на папский престол. Ввел продажу индульгенций в католической церкви. Умер в 1521 г.

Лежандр Луи

Французский политический деятель. Родился в 1755 г. Играл видную роль в Великой французской революции, участвовал в штурме Бастилии. Умер в 1797 г.

Леонид

Родился в 508 г. до н. э. Спартанский царь с 488 г. до н. э., возглавил греческое войско против нашествия персов и с тремястами спартанцами погиб при Фермопилах в 480 г. до н. э. Национальный герой современной Греции.

Леонов Евгений Павлович

Актер, родился в 1926 г. Самые известные фильмы, в которых снялся Евгений Леонов, — «Полосатый рейс», «Донская повесть», «Тридцать три», «Зигзаг удачи», «Не горюй!», «Белорусский вокзал», «Джентльмены удачи», «Афоня», «Легенда о Тиле», «Осенний марафон». Умер в 1994 г.

Леотихид

Спартанский царь. Годы жизни: 491—469 гг. до н. э.

Лефорт Франц Яковлевич

Любимец Петра Великого, родился в 1655 г. в Женеве. В Россию прибыл в 1675 г. Принимал участие в Крымских походах. С 1689 г. сближается с Петром, после чего начинается его блестящая карьера. Был генерал-адмиралом, а во время Азовского похода советником царя и командовал войском. В 1697 г. Лефорт был главою посольства в Западную Европу, причем сам Петр инкогнито находился в его свите. Умер в 1699 г.

Ливанов Борис Николаевич

Актер, родился в 1904 г. Наиболее известные кинокартины с участием Бориса Ливанова: «Дубровский», «Депутат Балтики», «Минин и Пожарский», «Глинка». «Крейсер „Варяг"», «Сталинградская битва», «Адмирал Ушаков», «Михайло Ломоносов», «Кремлевские куранты». Умер в 1972 г.

Линкольн Авраам

Родился в 1809 г. Один из организаторов Республиканской

партии, выступавшей против рабства. 16-й президент США. Убит агентом плантаторов в 1865 г.

Лисандр
Спартанский полководец, год рождения неизвестен. Одержал победы над афинянами, взял Афины. Продиктовал им условия мира. Умер в 395 г. до н. э.

Лисимах
Родился в 361 г. до н. э. Полководец Александра Македонского, правитель Фракии. Завоевал побережье Геллеспонта, области Малой Азии, Македонию. Государство Лисимаха распалось после его гибели в 281 г. до н. э.

Лист Ференц
Один из гениальнейших пианистов и композиторов. Родился в 1811 г. в Венгрии. Основатель новой эпохи в области фортепианной игры и творец нового музыкального стиля. Умер в 1886 г.

Листер Джозеф
Английский хирург, родился в 1827 г. Известен как изобретатель так называемой антисептической хирургической повязки. Президент Лондонского королевского общества. Умер в 1912 г.

Ломени Этьен Шарль
Граф, кардинал и министр финансов при Людовике XVI. Родился в 1727 г. в Париже. Во время Великой французской революции присягнул новому правительству, получил архиепископскую кафедру, но затем был арестован и умер в тюрьме в 1794 г.

Ломоносов Михаил Васильевич
Русский ученый и поэт. Родился в 1711 г. Академик Петербургской Академии наук. Автор многочисленных научных трудов, в том числе и по теории стихотворного искусства. Умер в 1765 г.

Лопухин Петр Васильевич
Князь, государственный деятель. Родился в 1741 г. Московский губернатор, затем генерал-губернатор ярославский и вологодский. В 1799 г. возведен в княжеское достоинство, первый министр юстиции, председатель государственного совета и комитета министров. Умер в 1827 г.

Лука Лейденский
Голландский живописец и гравер. Родился в 1489 или 1494 г. в Лейдене. Стремился приблизиться к манере итальянских живописцев. Наибольшим совершенством и тонкостью исполнения отличаются гравюры по меди и дереву. Умер в 1533 г.

Луначарский Анатолий Васильевич
Советский политический деятель, критик, литературовед. Профессиональный революционер. Родился в 1875 г. Написал

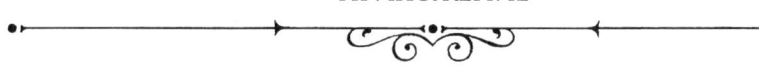

несколько трудов по эстетике, о театре. Пьесы и киносценарии художественной ценности не представляют. Умер в 1933 г.

Луспекаев Павел Борисович

Актер, родился в 1927 г. В 1954 г. впервые снялся в кино в фильме «Они спустились с гор». Затем в фильмах «Тайна двух океанов», «Голубая стрела». В 60-е годы снялся в фильмах «Иду на грозу», «Душа зовет», «Балтийское небо», «Капроновые сети», «Республика ШКИД», «Три толстяка». Звездная роль Павла Луспекаева — таможенник Верещагин в фильме «Белое солнце пустыни». Умер в 1970 г.

Лутаций Катул

Родился во II в. до н. э. Римский консул 102 г. до н. э., вместе с Марием командовал римлянами в войне против кимвров, покончил с собой в 87 г. до н. э.

Людовик IV Толстый

Король Франции. Родился в 1078 г., на престол взошел в 1108 г. Благоприятствовал развитию городов, усмирил непокорных вассалов, укрепил королевскую власть. Умер в 1137 г.

Людовик XI

Король Франции с 1461 г. Родился в 1423 г. Известен подавлением феодальных мятежей, присоединил Анжу, Пикардию и другие территории. Покровительствовал развитию ремесел и торговли. Умер в 1483 г.

Людовик XII

Король Франции с 1498 г. Родился в 1462 г. Провел ряд государственных реформ, воевал с Италией. Умер в 1515 г.

Людовик XIII

Король Франции с 1610 г. Родился в 1601 г., сын Генриха IV и Марии Медичи. Умер в 1643 г.

Людовик XIV

Король Франции с 1643 г. Родился в 1638 г. Его правление — апогей французского абсолютизма и безудержные расходы на содержание двора. Умер в 1715 г.

Людовик XV

Король Франции с 1715 г. Родился в 1710 г. Проводил жизнь в праздности и развлечениях. Государственными делами практически не занимался, отдав это сперва в руки Филиппа Орлеанского, затем герцога Бурбона, кардинала Флери и его фаворитки маркизы Помпадур. Умер в 1774 г.

Людовик XVI

Король Франции. Родился в 1754 г. Сражаясь с революцией во Франции, призывал к вторжению на родину иностранных государств. Казнен конвентом в 1793 г.

Людовик XVII

Король Франции. Родился в 1785 г. Разделяя судьбу своего

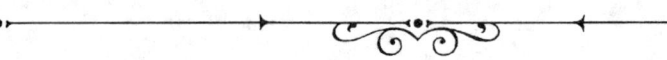

семейства, был заключен в Темпль, но в июле 1793 г. конвент разлучил его с матерью Марией Антуанеттой и поручил попечениям якобинца, башмачника Симона. Умер в 1795 г. Впоследствии во Франции появилось несколько самозванцев, выдававших себя за Людовика XVII, который будто бы был похищен из тюрьмы.

Людовик XVIII
Король Франции из династии Бурбонов. Родился в 1755 г. Во время Великой французской революции один из руководителей французской контрреволюционной эмиграции. Пришел к власти после падения Наполеона. Умер в 1824 г.

Мабли Габриель Бонно
Аббат, французский писатель. Родился в 1709 г., воспитывался в иезуитской коллегии. С 1746 г. предался исключительно литературной деятельности. Составил по предложению поляков в 1771 г. проект польской конституции. Умер в 1785 г.

Мазарини Джулио
Родился в 1602 г. Кардинал, первый министр Франции с 1643 г. Вел войну с Фрондой. Добился политической гегемонии Франции в Европе. Скончался в 1661 г.

Малерб Франсуа
Один из корифеев французского классицизма. Родился в 1555 г. Своей поэтической деятельностью заслужил расположение Генриха IV, зачислившего его в свой придворный штат со значительным содержанием. Имел в свое время колоссальный успех, несмотря на отсутствие творческой фантазии. Умер в 1628 г.

Мальборо Джон Черчилль
Герцог, талантливый английский полководец, дипломат и царедворец. Родился в 1650 г. Во время войны за испанское наследство командовал английской армией. Умер в 1722 г.

Манштейн Христофор Герман
Полковник русской службы, один из генералов армии Фридриха. Родился в 1711 г. в Петербурге. Участвовал в аресте Бирона. Убит в Семилетней войне в 1757 г.

Марат Жан Поль
Один из самых жестоких демагогов времен Великой французской революции. Родился в 1744 г. В годы революции был членом конвента. Убит в 1793 г.

Маргарита Наваррская
Родилась в 1553 г. Королева, первая жена Генриха IV, с которой он развелся в 1599 г. Более известна как королева Марго, автор «Мемуаров». Принимала самое активное участие в политической жизни Европы. Умерла в 1612 г.

Мария Антуанетта
Французская королева, родилась в 1755 г. В годы Великой французской революции боролась за сохранение конституционной монархии. Была приговорена к смерти и казнена в 1793 г.

Марягин Леонид Георгиевич
Режиссер, родился в 1937 г. Наиболее известные фильмы: «Вас ожидает гражданка Никанорова», «Враг народа Бухарин», «Троцкий».

Массильон Жан Батист
Знаменитый французский проповедник, родился в 1663 г. Был избран Людовиком XIV своим придворным проповедником. С 1719 г. — член Французской академии. Умер в 1742 г.

Манн Томас
Немецкий писатель. Родился в 1875 г., с 1933 г. в эмиграции. Автор романов «Будденброки», «Волшебная гора», «Иосиф и его братья», «Доктор Фаустус» и др. Умер в 1955 г.

Менделеев Дмитрий Иванович
Великий химик. Родился в 1834 г. Открыл периодический закон химических элементов. Умер в 1907 г.

Мендельсон-Бартольди Феликс
Знаменитый композитор, родился в 1809 г. в Гамбурге. Его творчество, по мнению специалистов, является образцом высокого мастерства тематической разработки и контрапунктной техники. Умер в 1847 г.

Меншиков Александр Сергеевич
Князь, правнук знаменитого при Петре Первом Александра Даниловича Меншикова. Родился в 1787 г. Выдающийся государственный деятель времен царствования Александра I и Николая I. В 1853—1855 гг. командовал армией в Крыму. Умер в 1869 г.

Меран Жан Жак
Французский физик, родился в 1678 г., с 1718 г. член Французской академии. Последователь Декарта. Умер в 1771 г.

Меттерних Клименс
Князь, известный австрийский дипломат. Родился в 1773 г., на дипломатическое поприще вступил в 1797 г. Подписал союзный договор между Австрией, Россией и Пруссией в 1805 г. С 1809 г. министр иностранных дел Австрии. Главным результатом политики Меттерниха явилось создание «Священного союза». Умер в 1859 г.

Мещерский Владимир Петрович
Князь, родился в 1839 г. Служил в полиции стряпчим, затем был уездным судьей в Петербурге и чиновником по особым поручениям при Министерстве внутренних дел. Умер в 1899 г.

Микеланджело Буонарроти

Знаменитый итальянский скульптор, живописец и архитектор. Родился в 1475 г. Работая в одиночку, расписал Сикстинскую капеллу за 22 месяца. Умер в 1564 г.

Милорадович Михаил Андреевич

Граф, родился в 1770 г. Участвовал в Итальянском походе Суворова, герой войны с Наполеоном. Генерал-губернатор Киева, а затем Санкт-Петербурга. Пользовался огромным авторитетом у солдат русской армии. Убит в 1825 г. во время декабрьского восстания.

Минаев Дмитрий Дмитриевич

Русский поэт. Родился в 1835 г. Писал сатирические стихи и эпиграммы. Умер в 1889 г.

Мирабо Оноре

Граф, французский государственный деятель. Родился в 1749 г. Депутат, лидер крупной буржуазии. Умер в 1791 г.

Мольер Жан Батист

Величайший комедиограф, актер, реформатор сценического искусства. Родился в 1622 г. Автор знаменитых комедий «Одураченный ревнивец», «Мещанин во дворянстве», «Скупой», «Тартюф» и др. Служил в придворном театре Людовика XIV. Умер в 1673 г.

Монморанси Матье Жан

Герцог, политический деятель Франции. Родился в 1766 г. Ратовал за отмену дворянских привилегий. Во время Террора бежал в Швейцарию. В 1821 г. получил должность министра иностранных дел. Умер в 1826 г.

Монтень Мишель

Французский скептик и моралист. Родился в 1533 г. В 1580 г. издал свои знаменитые «Опыты». Умер в 1592 г.

Монье Марк

Французский писатель, родился в 1829 г. во Флоренции. Занимал кафедру истории литературы в Женеве, где и умер в 1885 г.

Мор Томас

Родился в 1478 г. Английский гуманист, государственный деятель и писатель. Канцлер Англии в 1529—1532 гг. Не стал присягать королю как главе англиканской церкви и в 1535 г. был казнен.

Мордвинов Николай Семенович

Один из видных деятелей царствования императоров Александра I и Николая I. Родился в 1754 г. С 1802 г. министр флота, затем член государственного совета. Умер в 1845 г.

Морни Шарль Огюст

Герцог, французский государственный деятель. Родился в 1811 г. В качестве министра иностранных дел руководил переворотом 1851 г. В 1856—1857 гг. был послом в Петербурге, где женился на княжне Софии Трубецкой. Из личных финансовых расчетов привлек Наполеона III к мексиканской экспедиции, стоившей Франции огромных и бесплодных жертв. Умер в 1865 г.

Мухаммед Али
Родился в 1769 г. Паша Египта с 1805 г. Основатель династии, правившей до июльской революции 1952 г. Фактически отделил Египет от Турции. Умер в 1849 г.

Наполеон Бонапарт
Родился на Корсике в 1769 г., в 1799 г. совершил государственный переворот, в 1804 г. провозглашен императором Франции. Поражение в России положило начало крушению его империи. Окончательно она пала после битвы при Ватерлоо в 1815 г. Остаток жизни провел на острове Св. Елены пленником англичан. Скончался в 1821 г.

Наполеон III
Родился в 1808 г. Французский император с 1852 г. При нем Франция участвовала в Крымской войне. В 1870 г. сдал армию под Седаном и был низложен. Умер в 1873 г.

Нарышкин Александр Львович
Был обер-камергером, руководителем театров. Родился в 1760 г., умер в 1826 г.

Немирович-Данченко Владимир Иванович
Писатель, режиссер, народный артист СССР. Родился в 1858 г. Автор романов «На литературных хлебах», «Старый дом», «В степи», многочисленных рассказов, статей о театре. Умер в 1943 г.

Неплюев Иван Иванович
Родился в 1693 г., был отправлен Петром I в Венецию и Францию, обучался в военной академии. Занимал ряд важных должностей, был киевским губернатором, управлял Малороссией, был сенатором и конференц-министром. Умер в 1773 г.

Нерваль Жерар де
Французский поэт-романтик, родился в 1808 г. Писал в сотрудничестве со многими писателями своего времени (с Т. Готье, А. Дюма). Перевел «Фауста» Гете на французский язык. Умер в 1855 г.

Николай I
Император Николай Павлович, третий сын Павла Петровича, родился в 1796 г., вступил на престол по отречении своего брата Константина, подавив восстание декабристов. С самого начала царствования огромное значение придано было усовершенствованию законов, разработку которых поручили Сперанскому. При Николае I велось несколько войн — Персидская, Турецкая, Польская, Венгерская. Учрежден Педагогический институт, Военная академия, Технологический институт, университет Св. Владимира в Киеве, училище Правоведения. По-

строена железная дорога Москва — Санкт-Петербург. Скончался в 1855 г.

Нодье Шарль
Французский писатель, родился в 1780 г. В 1833 г. был избран в члены французской академии. Автор сентиментальных романов и сказок. Умер в 1844 г.

Новиков Николай Иванович
Русский просветитель, писатель. Родился в 1744 г. Издавал сатирические журналы «Пустомеля», «Трутень», «Живописец», «Кошелек», газету «Московские ведомости». Умер в 1818 г.

Нориак Клод Антуан
Французский писатель, родился в 1827 г. Был штатным фельетонистом в газете «Фигаро». Автор юмористических очерков, директор театров. Умер в 1882 г.

Норов Авраам Сергеевич
Государственный деятель, родился в 1795 г., участвовал в Отечественной войне 1812 г. В 1823 г. перешел на гражданскую службу, был министром народного просвещения. Умер в 1869 г.

Обер Франсуа
Знаменитый французский композитор. Родился в 1784 г. в Нормандии. Достиг замечательных успехов в области оперной композиции. Самая известная его опера — «Фенелла». Умер в 1871 г.

Олеша Юрий Карлович
Русский писатель. Родился в 1899 г. Автор романов «Три толстяка», «Зависть», книги рассказов «Вишневая косточка». Умер в 1960 г.

Орлеанский Жан Батист Гастон
Герцог, родился в 1608 г. Политический деятель времен Ришелье и Мазарини, известный своей беспринципностью. Умер в 1660 г.

Орлов Алексей Григорьевич
Граф, фаворит Екатерины II, родился в 1737 г. Отличался богатырским телосложением и громадной силой. Разгромил турецкий флот в Чесменской бухте. Умер в 1807 г.

Орлов Федор Григорьевич
Граф, родился в 1741 г., участвовал во многих сражениях Семилетней войны, затем занимал должность обер-прокурора Сената. Умер в 1796 г.

Орлова Любовь Петровна
Актриса, родилась в 1902 г. Снималась в картинах «Веселые ребята», «Цирк», «Волга-Волга», «Светлый путь», «Весна». Скончалась в 1975 г.

Островский Александр Николаевич
Великий русский драматург. Родился в 1823 г. Организатор Об-

щества русских драматических писателей и оперных композиторов. Автор огромного количества театральных пьес. Умер в 1886 г.

Остерман Федор Андреевич

Родился в 1723 г. в Санкт-Петербурге, сын знаменитого дипломата Андрея Ивановича Остермана, поступившего на службу к Петру I. С 1773 г. Московский генерал-губернатор, затем сенатор. Умер в 1804 г.

Павел I

Император Павел Петрович, сын Екатерины Великой и Петра III, родился в 1754 г., вступил на престол вслед за смертью матери в 1796 г. Вел войны с Англией и Францией. При нем был определен порядок престолонаследия, даны льготы старообрядцам, учреждены духовные академии в Казани и Петербурге, основан Юрьевский университет, установлена цензура. Скончался в 1801 г.

Павел IV

Родился в 1476 г. Папа Римский с 1555 по 1559 гг. Посвятил все свои силы восстановлению могущества католической церкви и борьбе с протестантизмом. После его смерти с инквизицией было покончено. Умер в 1605 г.

Павлов Виктор Павлович

Актер, родился в 1940 г. Первая большая роль сыграна им в 1964 г. в фильме «Операция „Ы" и другие приключения Шурика». Наиболее известные фильмы, в которых снимался Павлов: «Майор Вихрь», «На войне как на войне», «Адъютант его превосходительства», «Место встречи изменить нельзя», «Мастер и Маргарита».

Павсаний

Дата рождения неизвестна. Спартанский царь, командовал греками в самой знаменитой (для греков) битве при Платеях (479 г. до н. э.). Дважды подозревался в изменнических переговорах с персами. Пытался спастись от расправы в храме, где и умер от голода ок. 470 г. до н. э.

Падеревский Игнац Ян

Родился в 1860 г. Польский пианист и композитор. С 1919 г. премьер-министр иностранных дел буржуазной Польши. Скончался в 1941 г.

Пелапид

Древнегреческий фиванский полководец. Родился ок. 410 г. до н. э. Победил спартанцев при Танагре, Тегире, Левкратах. Умер в 364 г. до н. э.

Переверзев Иван Федорович

Актер, родился в 1914 г. Известность пришла к Переверзеву после фильма «Моя любовь». Затем были фильмы «Морской ястреб», «Иван Никулин, русский матрос», «Первая перчатка»,

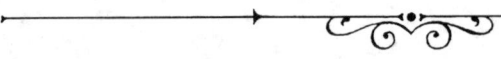

«Парень из тайги», «Адмирал Ушаков», «Знакомьтесь, Балуев!», «Сильные духом», «Освобождение». Умер в 1978 г.

Периандр

Тиран, правитель Коринфа. Родился ок. 660 г. до н. э. Ликвидировал многие родовые пережитки, организовал обширное строительство. Античные предания причисляли Периандра к семи греческим мудрецам. Умер ок. 585 г. до н. э.

Перикл

Родился ок. 490 г. до н. э. Многие годы был вождем демократической партии Афин, руководил рядом военных кампаний во время Пелопоннесской войны, был инициатором строительства лучших памятников Афин. Умер в 429 г. до н. э.

Перовский Василий Алексеевич

Граф, генерал, родился в 1795 г. В 1812 г. участвовал во многих сражениях. Успешно вел осадные работы под Варной, при взятии Анапы был тяжело ранен. В 1823 г. назначен оренбургским губернатором. Умер в 1857 г.

Пестель Павел Иванович

Декабрист, потомок немецкой фамилии, поселившейся в Санкт-Петербурге. Родился в 1793 г. Участвовал в походах 1812—1815 гг. После пребывания за границей увлекся модными революционными идеями, которые безуспешно попытался осуществить в России. Был членом масонской ложи «Соединенных Друзей», а также ложи «Трех Добродетелей». Казнен в 1826 г.

Петр I Великий

Последний царь московский и первый император всероссийский. Родился в Москве в 1672 г. Четырнадцатый ребенок царя Алексея Михайловича. В 1689 г. стал единым царем московским. Воевал с Турцией, Швецией. Провел радикальные реформы в армии и государстве, в результате которых Россия пошла по западному пути развития. Основал новую столицу Санкт-Петербург в 1703 г. Скончался в 1725 г.

Пирр

Родился в 319 г. до н. э. Царь Эпира, один из могущественных властителей, воевавший с Римом и одержавший ряд побед, последнюю — ценой невероятных усилий и потерь. Погиб при штурме города в 273 г. до н. э.

Писистрат

Время жизни — VI в. до н. э. Афинский тиран в 560—527 гг. до н. э. Провел реформы в интересах земледельцев и ремесленников, организовал чеканку монет, построил в Афинах рынок, водопровод, гавань Пирей и множество храмов.

Платов Матвей Иванович

Граф, атаман войска Донского, герой Отечественной войны

1812 г. Родился в 1751 г. В турецких походах служил под началом Суворова, отличился при взятии Очакова, под Измаилом. В Бородинском сражении провел блестящую фланговую атаку. Под Малоярославцем им едва не был взят в плен сам Наполеон. Основал город Новочеркасск. Умер в 1818 г.

Платон
Древнегреческий философ и писатель. Родился в 427 или 428 г. до н. э. Ученик Сократа, основатель Академии в Афинах. Автор знаменитого сочинения «Апология Сократа». Умер в 347 или 348 г. до н. э.

Полевой Николай Алексеевич
Русский писатель, журналист. Родился в 1796 г. Писал произведения в манере сказа, исторические романы, статьи по литературе. Умер в 1846 г.

Помпей Великий
Родился в 106 г. до н. э. Римский полководец и политический деятель, участвовал в подавлении восстания Спартака, воевал против Митридата Евпатора, затем в гражданской войне против Цезаря. Победил его при Диррахии, но затем сам был разбит при Фарсале. Предательски убит в Египте в 48 г. до н. э.

Понсон дю Террайль
Виконт, французский романист. Родился в 1829 г. Автор поверхностных фельетонных романов. Умер в 1871 г.

Потемкин Григорий Александрович
Светлейший князь Таврический, сын небогатого дворянина, родился в 1739 г. Учился в Смоленской семинарии. В 1761 г. зачислен на действительную службу в полк. Благодаря счастливому случаю обратил на себя внимание Екатерины Великой и сделал блестящую карьеру. Умер в 1791 г.

Прео Огюст
Французский скульптор. Родился в 1809 г. Совершил переход в своем творчестве от романтической школы к натуралистической. Автор многочисленных рельефов, статуй и памятников. Умер в 1879 г.

Пырьев Иван Александрович
Режиссер, родился в 1901 г. Наиболее известные фильмы: «Богатая невеста», «Трактористы», «Свинарка и пастух», «Секретарь райкома», «В шесть часов вечера после войны», «Сказание о земле Сибирской», «Кубанские казаки», «Белые ночи», «Братья Карамазовы». Умер в 1968 г.

Пуссен Каспар
Родился в 1613 г. Итальянский живописец, автор замечательных пейзажей. Умер в 1675 г.

Путилин Иван Дмитриевич
Родился в 1830 г. Знаменитый начальник сыскной полиции Санкт-Петербурга. Славился необыкновенной физической силой. Умер в 1893 г.

Пушкин Александр Сергеевич
Великий русский поэт и писатель. Родился в 1799 г. Автор знаменитого романа в стихах «Евгений Онегин», великолепных повестей в прозе, многочисленных стихотворений. Смертельно ранен на дуэли в 1837 г.

Радзивилл Карл
Родился в 1734 г. Польский князь и магнат, занимавший государственно-административные должности. Скончался в 1790 г.

Разумовский Кирилл Григорьевич
Граф, родился в 1728 г. Был Президентом Академии наук, затем избран гетманом Малороссии. Член Государственного совета. Умер в 1803 г.

Райзман Юлий Яковлевич
Режиссер, родился в 1903 г. Наиболее известные фильмы: «Каторга», «Поезд идет на восток», «Кавалер Золотой звезды», «Коммунист», «А если это любовь?», «Твой современник», «Визит вежливости», «Время желаний». Умер в 1994 г.

Раневская Фаина Григорьевна
Актриса, родилась в Таганроге в 1896 г. В кино дебютировала в 1934 г., снявшись в роли госпожи Луазо в фильме Михаила Ромма «Пышка». Наиболее известные фильмы с участием Раневской: «Человек в футляре», «Мечта», «Небесный тихоход», «Весна», «Золушка», «Встреча на Эльбе», «Девушка с гитарой», «Осторожно, бабушка!», «Легкая жизнь». Умерла в 1984 г.

Расин Жан
Знаменитый французский драматург. Родился в 1639 г. Самые известные его трагедии «Британик», «Митридат», «Федра». Умер в 1699 г.

Рафаэль Санти
Один из величайших живописцев. Родился в 1483 г. В 1508 г. был вызван в Рим папой Юлием II для украшения некоторых залов Ватикана фресками. Оставил колоссальное художественное наследие. Умер в 1520 г.

Репнин Аникита Иванович
Генерал, сподвижник Петра I, родился в 1668 г., во время стрелецкого бунта охранял Петра в Лавре. Принимал участие в покорении Азова. В 1824 г. был президентом Военной коллегии. После смерти Петра I Екатерина I назначила его генерал-фельдмаршалом. Умер в 1726 г.

ПРИЛОЖЕНИЕ

Ришелье Арман Жан дю Плесси

Родился в 1585 г. Кардинал Франции с 1622 г., затем глава королевского совета и фактический правитель Франции. Лишил гугенотов избирательных прав, провел ряд крупных реформ, вовлек Францию в Тридцатилетнюю войну. Умер в 1642 г.

Робеспьер Максимильен

Знаменитый деятель французской революции. Родился в 1758 г. Отличался особенной жестокостью. Казнен в 1794 г.

Романов Михаил Павлович

Великий князь, родился в 1798 г. Командовал пехотной дивизией. Умер в 1849 г.

Ромодановский Федор Юрьевич

Родился ок. 1640 г. Князь, один из любимцев Петра Великого и участник его потешных походов. Управлял Тайной канцелярией. Был одним из главных усмирителей стрелецких мятежей. Умер в 1717 г.

Рузвельт Франклин Делано

Родился в 1882 г. 32-й президент США, избирался на этот пост четыре раза. Установил дипломатические отношения с СССР. Во Второй мировой войне выступил на стороне Франции, Англии и СССР, придавал большое значение созданию ООН и международному сотрудничеству между СССР и США. Умер в 1945 г.

Руссо Жан Жак

Французский писатель и философ. Родился в 1712 г. Самые известные его произведения: «Об общественном договоре», «Эмиль, или „О воспитании"», «Юлия, или Новая Элоиза», «Исповедь». Умер в 1778 г.

Салтыков Иван Петрович

Граф, генерал-фельдмаршал. Родился в 1730 г. Принимал участие во всех войнах Екатерины II, отличился взятием Хотина. Командовал финляндской армией в войне против шведов. Военный губернатор Москвы. Умер в 1805 г.

Серова Валентина Васильевна

Актриса, родилась в 1917 г. Впервые снялась в 1934 г. в фильме «Строгий юноша». Слава пришла в 1939 г., когда она снялась в фильме «Девушка с характером». Наиболее известны ее роли в фильмах «Сердца четырех», «Глинка», а в конце 50-х она практически уже не снималась, разве что играла в эпизодах. Умерла в 1975 г.

Светлов Михаил Аркадьевич

Русский советский поэт. Родился в 1903 г. Автор известного стихотворения «Гренада». Умер в 1964 г.

Свифт Джонатан

Английский писатель и политический деятель. Родился в 1667 г. Известен своими памфлетами и знаменитым гротескным произведением «Путешествие Гулливера». Умер в 1745 г.

Сикст V
Папа Римский. Родился в 1521 г. Выдающийся проповедник, был назначен советником инквизиционного суда, затем епископом и кардиналом. Папский престол занял в 1585 г. Чрезвычайно увеличил ватиканскую казну. Умер в 1590 г.

Скобелев Михаил Дмитриевич
Генерал от инфантерии, родился в 1843 г. В русско-турецкой войне успешно командовал отрядом под Плевной. Пользовался большой популярностью в России и Болгарии. Выступал против политики Германии и Австро-Венгрии на Балканах, видел в них потенциальных военных противников России. Скоропостижно умер в Москве в 1882 г.

Сковорода Григорий Саввич
Украинский философ, поэт, педагог. Родился в 1722 г. Вел жизнь странствующего нищего философа. Писал философские диалоги и трактаты, которые распространялись в рукописях. Умер в 1794 г.

Сократ
Древнегреческий философ, родился в 470 или 469 г. до н. э. Цель философии, утверждал он, — самопознание как путь к постижению истинного блага, добродетель есть знание или мудрость. Был обвинен в «поклонении новым божествам» и «развращении» молодежи. Казнен в 399 г. до н. э. (принял яд цикуты).

Солиман II Великолепный
Знаменитый турецкий султан, родился в 1496 г., вступил на престол в 1520 г. Проводил успешные завоевательные войны против западноевропейских стран. Умер в 1566 г.

Соллогуб Владимир Александрович
Граф, русский писатель. Родился в 1813 г. Наиболее известное произведение — повесть «Тарантас». Умер в 1882 г.

Солон
Родился ок. 640 г. до н. э. Афинский политический деятель, провел реформы, способствовавшие ликвидации пережитков родового строя. Ввел в Афинах новое законодательство. Причислялся к семи мудрецам. Умер ок. 560 г. до н. э.

Сперанский Михаил Михайлович
Граф, знаменитый русский государственный деятель. Родился в 1772 г. Окончил Санкт-Петербургскую духовную академию. Преподавал математику и философию. Издал 45 томов «Полного Собрания Законов Российской Империи» Умер в 1839 г.

Спиноза Бенедикт
Знаменитый нидерландский философ, родился в Амстердаме в 1632 г. в семье португальских евреев. В 1656 г. был обвинен синагогой в отрицании бессмертия души, проклят и отлучен от общины. Переселился в Гаагу, где и прожил всю оставшуюся

жизнь, зарабатывая себе скудные средства шлифовкой оптических стекол. Умер в 1677 г.

Сталин Иосиф Виссарионович

Родился в 1883 г. Государственный деятель. С 1924 по 1953 гг. единовластно правил СССР, сделав ее мировой сверхдержавой ценой огромных людских потерь. Умер в 1953 г.

Станислав II Август

Последний король польский, родился в 1732 г. С 1752 г. посланник в Петербурге. С помощью Екатерины II получил в 1764 г. польскую корону. В 1795 г. согласился на третий раздел Польши и отказался от престола. После этого жил в Петербурге, где и умер в 1798 г.

Строганов Сергей Григорьевич

Граф, родился в 1794 г. Основатель Строгановского училища. Был губернатором в Риге и Минске. Умер в 1882 г.

Суворов Александр Васильевич

Граф, гениальный русский полководец. Родился в 1729 или 1730 г. Сын генерал-аншефа, Суворов 9 лет прослужил в солдатских чинах, прекрасно знал солдатский быт. Из 93 сражений, в которых ему пришлось участвовать, выиграл все 93. При восшествии на престол Павла I ушел в отставку. Умер в 1800 г.

Сулла Счастливый

Родился в 138 г. до н. э. Римский полководец, одержавший победу над Митридатом VI, консул 88 г. до н. э., позднее диктатор. Проводил массовые репрессии, в которых пострадали тысячи безвинных людей. Умер в 78 г. до н. э.

Сумароков Александр Петрович

Русский писатель. Родился в 1717 г. Издавал журнал «Трудолюбивая пчела». Писал сатиры, басни, любовные песни, элегии. Автор статей по теории литературы. Умер в 1777 г.

Сципион Африканский Младший

Родился в 185 г. до н. э. Римский политический деятель, полководец, разрушивший Карфаген в 146 г. до н. э. и закончивший Пунические войны. Умер в 129 г. до н. э.

Талейран Шарль Морис

Родился в 1754 г. Министр иностранных дел Франции во времена Наполеона и Людовика XVIII. Глава французской делегации на Венском конгрессе. Один из самых выдающихся и беспринципных политиков. Умер в 1838 г.

Тассо Торквато

Итальянский поэт Возрождения. Родился в 1544 г. Автор героической поэмы «Освобожденный Иерусалим». Умер в 1595 г.

Твен Марк

Знаменитый американский писатель-юморист. Родился в 1835 г. Автор «Приключений Тома Сойера». Умер в 1910 г.

Тернер Уильям
Английский живописец. Родился в 1775 г. Автор исторических картин и пейзажей. Умер в 1851 г.

Тибо Антон Фридрих
Известный французский юрист. Родился в 1772 г. Читал римское право в университетах. Умер в 1840 г.

Тимофей
Время жизни — первая половина IV в. до н. э. Афинский полководец, ученик Исократа, основатель 2-го Афинского морского союза.

Тимур (Тамерлан)
Родился в 1336 г. Эмир с 1370 г. Создатель государства со столицей в Самарканде. Разгромил Золотую Орду. Совершал грабительские набеги в Иран, Закавказье, Индию и Малую Азию. Умер в 1405 г.

Тредиаковский Василий Кириллович
Русский поэт, родился в 1703 г. Писал оды, любовную лирику, стихи на случай, статьи по теории стихосложения. Автор знаменитой «Телемахиды». Умер в 1768 г.

Трофимов Александр Иванович
Петербургский мировой судья 13-го участка. Родился в 1818 г. Зал заседаний в дни его председательства был переполнен слушателями, которые являлись на разбор самых заурядных дел специально для того, чтобы вынести из суда новые каламбуры и остроты судьи Трофимова. Умер в 1884 г.

Тургенев Иван Сергеевич
Русский писатель. Родился в 1818 году. Автор известных романов «Рудин», «Дворянское гнездо», «Отцы и дети, «Дым», «Новь», знаменитой книги рассказов «Записки охотника». Умер в 1883 г.

Тэффи Надежда Александровна
Русская писательница. Родилась в 1872 г., с 1920 г. в эмиграции. Писала стихи, рассказы, фельетоны. Умерла в 1952 г.

Тютчев Федор Иванович
Родился в 1803 г. Выдающийся русский поэт и государственный деятель. Служил в Министерстве иностранных дел, был послом в Германии, затем назначен председателем Комитета иностранной цензуры. Умер в 1873 г.

Урбан V
Папа в Авиньоне с 1362 по 1370 г. Активно, но безуспешно стремился присоединить православие к католицизму. Умер в 1378 г.

Утесов Леонид Осипович
Актер, певец. Родился в 1895 г. С детства играл на нескольких музыкальных инструментах. В 1921 г. поступил в Театр опе-

ретты. В 1923 г. впервые снялся в кино «Торговый дом „Антанта и К"». После были немые фильмы «Карьера Спирьки Шпандыря», «Чужие». В марте 1929 г. впервые успешно выступил со своим оркестром «Теа-джаз». В 1933 г. снялся в первой звуковой комедии «Веселые ребята». Умер в 1982 г.

Уэллс Герберт Джордж
Английский писатель-фантаст. Родился в 1866 г. Наиболее известны его романы «Человек-невидимка», «Машина времени», «Война миров». Умер в 1946 г.

Фабий Максим (Великий)
Родился в 275 г. до н. э. Выдающийся римский полководец, консул, диктатор Рима 217 г. до н. э. Вел против Ганнибала сдерживающую войну и в конце концов заставил его покинуть Италию. Римляне характеризовали его так: «Единственный муж, который благодаря своей медлительности спас государство». Умер в 203 г. до н. э.

Фабриций Кай Лусцин
Римский полководец III в. до н. э., прославился особенно во время борьбы Рима с Тарентом и эпирским царем Пирром. Фабриций отличался необыкновенной честностью и преданностью своему долгу и служил у римских моралистов вместе с Цинциннатом и Курием Дентатом образцом древнеримской доблести. Точные годы жизни неизвестны.

Фалес
Древнегреческий философ, родоначальник античной философии. Родился ок. 625 г. до н. э. Основатель милетской школы. Возводил все многообразие явлений и вещей к единой первостихии — воде. Умер ок. 547 г. до н. э.

Фемистокл
Родился ок. 528 г. до н. э. Афинский полководец, государственный деятель, сыгравший решающую роль в организации сопротивления нашествию персов в 480 г. до н. э. Добился превращения Афин в морскую державу. Впоследствии вынужден был эмигрировать ко двору персидского царя, которого победил при Саламине. В Персии он и умер ок. 460 г. до н. э. После Одиссея считался наиболее хитроумным человеком античности.

Феокрит
Древнегреческий философ. Родился в конце IV в. до н. э. Создал жанр идиллии — сценок из сельской жизни, в которых предметом эстетического любования становились простота и естественность быта. Умер в 1-й половине III в. до н. э.

Фердинанд II Арагонский
Фактически первый король объединенной Испании. Родился в 1452 г. Чрезвычайно усилил королевскую власть, ослабив

дворянство. В 1492 г. завоевал Гранаду и ввел инквизицию. В его царствование Колумб открыл Америку. Умер в 1516 г.

Филипп II
Родился ок. 382 г. до н. э. Царь Македонии, установивший гегемонию над Грецией в 338 г. до н. э., отец Александра. Завоевал Фессалию, Иллирию, Эпир и Фракию. Погиб в результате дворцового заговора, о котором знал его сын, но промолчал, в 336 г. до н. э.

Филипп II (Испанский)
Родился в 1527 г. Король Испании с 1556 г., способствовавший укреплению абсолютизма. Вел войны с Англией и Францией, присоединил к Испании Португалию. Скончался в 1598 г.

Филипп Орлеанский
Герцог из младшей ветви королевского дома Валуа — Бурбонов. С 1715 по 1723 гг. был регентом при несовершеннолетнем Людовике XV.

Филипп II Август
Сын и преемник Людовика VII, родился в 1165 г., вступил на престол в 1180 г. Принимал участие в Третьем крестовом походе. Воевал с Англией, укрепил главнейшие города Франции, содействовал украшению Парижа. Умер в 1223 г.

Фламиний Тит Квинкций
Родился ок. 226 г. до н. э. Знаменитый римский полководец, консул 198 г. до н. э., победил при Киноскефалах Филиппа V Македонского, в 196 г. до н. э. провозгласил свободу всем греческим городам. Умер в 174 г. до н. э.

Флориан Жан Пьер
Французский писатель. Родился в 1755 г. Автор пастушеских песен и остроумных басен. Умер в 1794 г.

Фокион
Афинский полководец. Родился в 397 г. до н. э. Государственный деятель и полководец, поддерживал македонских царей, за что был обвинен демократами в измене и принужден был выпить цикуту в 317 г. до н. э.

Фонтенель Бернар
Французский писатель, ученый-популяризатор. Родился в 1657 г. Писал галантные стихи, трагедии, либретто опер. Умер в 1757 г.

Франклин Бенджамин
Родился в 1706 год. Американский государственный деятель, просветитель, ученый, один из авторов Декларации независимости. Основал первую публичную библиотеку и Пенсильванский университет. Скончался в 1790 г.

ПРИЛОЖЕНИЕ

Франциск I
Родился в 1494 г. Французский король из династии Валуа с 1515 г. Старался установить во Франции абсолютную монархию. Много воевал, был пленен при Павии и отпущен за выкуп. Умер в 1547 г.

Фрасибул
Жил до и после 600 г. до н. э. Тиран города Милета. В историю вошел как необычайно хитроумный и жестокий человек. О его гражданских или политических деяниях почти ничего не известно.

Фридрих II
Родился в 1712 г. Прусский король с 1740 г., крупный полководец, участвовавший в Семилетней войне. Скончался в 1786 г.

Фридрих IV
Родился в 1757 г. Датский король. Заключил союз с Наполеоном, за что, после его низложения, был лишен Норвегии, которая отошла к Швеции. Умер в 1839 г.

Хвостов Дмитрий Иванович
Граф, русский поэт. Родился в 1757 г. Писал оды, послания, драмы, переводы. Умер в 1835 г.

Хемингуэй Эрнест Миллер
Американский писатель, журналист, корреспондент. Родился в 1899 г. Участник Первой мировой войны. Наиболее известны его романы «Прощай, оружие», «По ком звонит колокол», «Иметь и не иметь». Лауреат Нобелевской премии за повесть-притчу «Старик и море». Застрелился в 1961 г.

Цезарь Гай Юлий
Родился в 102 или 100 г. до н. э. Римский государственный и политический деятель, диктатор. Завоевал Галлию и Британию. Сосредоточив в своих руках большинство государственных должностей, фактически стал монархом. Автор «Записок о галльской войне». Убит в результате заговора республиканцев в 44 г. до н. э.

Цицероп Марк Туллий
Родился в 106 г. до н. э., величайший оратор, имя которого стало нарицательным, римский политический деятель, сторонник республиканского строя, ярый противник Цезаря и Августа. Казнен по приказу последнего в 43 г. до н. э.

Цицианов Павел Дмитриевич
Князь, выдающийся военный деятель царствования Екатерины II. Родился в 1754 г. в аристократической грузинской семье. Присоединил к России Имеретию, Мингрелию, Карабахское ханство, расширил русские владения на Кавказе. Убит при переговорах с бакинским ханом в 1806 г.

Чернышев Александр Иванович
Князь, государственный и военный деятель времен Александра I и Николая I. Родился в 1785 г. Участвовал в сражениях при Аустерлице и в походах 1812—1815 гг. С 1832 г. военный министр, председатель Государственного совета. Умер в 1857 г.

Черчилль Уинстон
Родился в 1874 г. Премьер-министр Великобритании, один из крупнейших политических деятелей мира. Во время Второй мировой войны согласился на коалиционный союз с СССР. После войны был инициатором «холодной» войны. Скончался в 1965 г.

Шамфор Себастиан
Французский писатель. Родился в 1741 г. Принял деятельное участие в Великой французской революции. В 1794 г. покончил жизнь самоубийством.

Шатобриан Франсуа Рене
Французский писатель. Родился в 1768 г. Перевел «Потерянный рай» Мильтона на французский язык. Автор многочисленных повестей, романов-эпопей, эстетико-философских трактатов. Представитель раннего французского романтизма. Умер в 1848 г.

Шереметев Борис Петрович
Граф, генерал-фельдмаршал, сподвижник Петра I. Родился в 1652 г. Заключил важный мир с Польшей, по которому к России отошли Киев и левобережная Украина. Участвовал в Крымских походах. Известен еще и тем, что первым из бояр добровольно сбрил бороду и надел европейский костюм. Умер в 1719 г.

Шеридан Ричард
Английский драматург. Родился в 1751 г. Автор знаменитой комедии «Школа злословия». Умер в 1816 г.

Шостакович Дмитрий Дмитриевич
Композитор-классик мировой музыкальной культуры XX в., родился в 1906 г. В 15 симфониях, ряде струнных квартетов и других сочинениях средствами инструмента музыки воплощен сложный духовный мир художника-гуманиста. Оперы: «Нос», «Леди Макбет Мценского уезда» и др.; балеты: «Золотой век», «Болт» и др.; оперетта: «Москва — Черемушки». Умер в 1975 г.

Шоу Бернард
Английский драматург, общественный деятель. Родился в 1856 г. Наиболее известна его комедия «Пигмалион». Умер в 1950 г.

Эдисон Томас
Американский изобретатель. Разработал ряд усовершенство-

ваний телефона, телеграфа, фонографа, электрических лампочек. Родился в 1847 г. Умер в 1931 г.

Эмилий Павел
Родился в 228 г. до н. э. Римский полководец и политический деятель, покорил испанских лигуров и завершил 2-ю Македонскую войну. Умер в 160 г. до н. э.

Эпаминонд
Родился ок. 418 г. до н. э. Фиванский полководец, основатель Беотийского союза, в 371 г. до н. э. первым разгромил спартанцев, имевших численный перевес. Воспользовавшись его тактикой ведения боя, Александр Македонский впоследствии разгромил Персию. Умер в 363 г. до н. э.

Эпикур
Древнегреческий философ-материалист. Родился в 341 г. до н. э. Девиз Эпикура: «Живи уединенно. Цель жизни — отсутствие страданий, здоровье тела и состояние безмятежности духа». Умер в 270 г. до н. э.

Эразм Роттердамский
Родился в 1469 г. Знаменитый гуманист, автор сатирической «Похвалы Глупости». Сперва поддерживал реформацию, впоследствии же стал яростным противником Лютера. Умер в 1536 г.

Эсхил
Древнегреческий философ, поэт, драматург. Родился в 525 г. до н. э. Среди его произведений особое место занимает «Прикованный Прометей». Умер в 456 г. до н. э.

Юлиан Отступник
Родился в 332 г. Римский император с 361 г. Прославился гонениями на христиан и попыткой возродить язычество. Погиб в 363 г. в битве с персами при Маранги.

Юлий II
Папа Римский, родился в 1443 г., в 1503 г. вступил на папский престол. Выдающийся полководец и политик. Умер в 1513 г.

Юнг Эдуард
Английский поэт. Родился в 1683 г. Автор религиозной поэмы «Жалоба, или Ночные размышления о жизни, смерти и бессмертии». Умер в 1765 г.

Ягужинский Павел Иванович
Граф, один из видных помощников Петра I. Родился в 1683 г. Был генерал-прокурором Сената. В 1731 г. поссорился с Остерманом, вследствие чего был удален от двора и назначен посланником в Берлине. Умер в 1736 г.

Языков Николай Михайлович
Русский поэт. Родился в 1803 г. Писал элегии, послания, сти-

хи на исторические темы. Наиболее знаменито его стихотворение «Пловец» («Нелюдимо наше море...»), ставшее песней. Умер в 1847 г.

Якушкин Павел Иванович
Писатель-фольклорист, этнограф, родился в 1822 г. Собирал народный фольклор, издал несколько очерков: «Велик Бог земли Русской», «Бунты на Руси», «Небывальщина». Умер в 1872 г.

Именной указатель

Август 45—49
Агафокл 14, 15
Агесилай II Великий 15—18
Агид III 17
Агис II 18, 19
Адриан I 50, 51
Александр I 389, 407, 416, 418—423, 425, 426, 444, 465
Александр Македонский 11—13, 19—22, 32
Александров Григорий Васильевич 519, 520
Алкивиад 17, 18
Альфонс V Великолепный 103
Альфонс X Мудрый 103
Ампер Андре Мари 304
Андерсен Ханс Кристиан 304
Андреев Борис Федорович 511, 512
Анталкид 30
Антигон I Одноглазый 14, 19
Антипатр 32
Аракчеев Алексей Андреевич 446, 447
Аретино Пьетро 104
Ариосто Лудовико 104, 105, 128
Аристотель 27
Архелай 14
Архидам II 42

Багратион Петр Иванович 424, 425
Балакирев Иван Александрович 305—353, 372, 373

Бальзак Оноре де 245, 246
Барклай-де-Толли Михаил Богданович 425
Барятинский Александр Иванович 455
Бассомпьер 136
Бах Иоганн Себастьян 304, 305
Бедный Демьян 504
Безбородко Александр Андреевич 396, 397
Бекингем Джордж Вильерс 105
Бенедикт XIV 284, 291
Бенкендорф Христофор Иванович 434, 435, 460
Бервик Джемс 163
Бернабо 95
Бибиков Дмитрий Гаврилович 456—459
Бирон Эрнест Иоганн 350, 386
Блудов Дмитрий Николаевич 478
Богарнэ Эжен 225
Бомарше Пьер Огюстен 180, 181
Бондарчук Сергей Федорович 512
Браге Тихо 131
Брандес Георг 319
Бриссак Шарль де Коссе 110—154
Брюс Анри 203—206
Брок Петр Федорович 453
Буало Никола 138, 139, 171, 172

Будэ Гильом *278*
Булгарин Фаддей Венедиктович *462*
Бюжо Томас Роберт *226*
Бюффон Жорж Луи *260*

Ванини Джулио *173*
Верньо Пьер *195*
Веспасиан Тит Флавий *49, 50*
Воейков Александр Федорович *462*
Вольтер *161–170, 391*
Воронцов Михаил Семенович *494, 495*
Вяземский Александр Алексеевич *386, 387*

Гайдн Йозеф *305*
Галилей Галилео *124, 125*
Гамильтон Джордж *241*
Генрих де Гиз «Меченый» *125*
Генрих III Валуа *101*
Генрих IV Бурбон *112–120, 123, 210*
Генрих V *107*
Генрих VIII *134, 135*
Георг II Август *258*
Георг IV *236*
Герасимов Сергей Апполинариевич *522*
Гете Иоганн Вольфганг *179*
Гизо Франсуа *280*
Глинка Михаил Иванович *474*
Глюк Христофор Вилибальд *285, 286*
Гоголь Николай Васильевич *429*
Головин Иван Михайлович *330, 372*
Горчаков Александр Михайлович *424, 478*
Греч Николай Иванович *462*
Григорий XVI *285*
Гримм *175, 286, 287*

Гуно Шарль *303, 304*
Гюго Виктор *253*

Давыдов Денис Васильевич *417*
Д'Аламбер Жан Лерон *176*
Даль Олег Иванович *512*
Данте Алигьери *95*
Дантон Жорж Жак *193*
Д'Аргу *272*
Делакруа Эжен *276*
Делиль Жак *258*
Демосфен *21*
Державин Гаврила Романович *429*
Дидро Дени *173–176*
Диккенс Чарлз *292*
Дикий Алексей Денисович *512, 513*
Диоген Синопский *22, 23, 26, 34*
Диоклетиан *49*
Дионисий Старший *27, 28, 34*
Довженко Александр Петрович *513*
Долгоруков Яков Федорович *361–363, 425*
Дюбуа Гильом *184, 185*
Дюма Александр (отец) *247–252, 264*
Дюпен Андре Мари Жан Жак *232*
Дюпра Антуан *110, 111*
Дюшатель Шарль Мари Таннегю *109, 110*

Евстигнеев Евгений Александрович *514*
Екатерина Великая *359, 360, 365, 383, 384, 386, 387, 389–394, 396–398*
Елизавета I Тюдор *126*
Елизавета Петровна *363, 386*
Ермолов Алексей Петрович *438, 445, 447, 448*

Жанен Жюль Габриэль *238, 239*
Жаров Михаил Иванович *520, 521*

Загоскин Михаил Николаевич *430*
Закревский Арсений Андреевич *454*
Зощенко Михаил Михайлович *532*

Измайлов Александр Ефимович *429*
Иоанн XXII *106*
Иосиф II *391*
Ификрат *41*

Камоэнс Луис *104, 105*
Камю Арман Гастон *133, 268*
Канкрин Егор Францевич *448, 449, 455, 456*
Караджале Йон Лука *317*
Карамзин Николай Михайлович *430*
Карл Великий *101*
Карл V *101, 102, 104*
Карл IX *126, 127*
Карно Лазар Никола *217*
Катон Старший *54*
Катулл Гай Валерий *55*
Кирхгоф Густав Роберт *320*
Кисилев Павел Дмитриевич *449*
Клейнмихель Петр Андреевич *451–453*
Климент XIV *291*
Кондэ Луи II Бурбон *171*
Костров Ермил Иванович *470*
Краевский Андрей Александрович *462*
Кромвель Оливер *207*

Крылов Иван Андреевич *468, 469*
Кулибин Иван Петрович *461*
Куприн Александр Иванович *502*
Кутайсов Александр Иванович *466, 467*
Кутузов Михаил Илларионович *422*
Кэррол Льюис *317*
Кюстин Адам *281*

Лавров Кирилл Юрьевич *514*
Лагарп Жан Франсуа *239*
Лагранж Жозеф Луи *186, 275*
Ламетри Жюльен Офре *165*
Лангэ де Жержи *96, 228*
Ланжерон Александр Францевич *463, 464*
Ланжюинэ Жан Дени *196*
Лафайет Мари Жозеф *196*
Лафонтен Жан *278, 279*
Лев X (Джиовани Медичи) *95, 107*
Лежандр Луи *199*
Леонид *29*
Леонов Евгений Павлович *515*
Ливанов Борис Николаевич *515, 516, 521*
Лисандр *29*
Лисимах *19*
Лист Ференц *237, 238*
Листер Джозеф *307*
Ломени Этьен Шарль *198*
Ломоносов Михаил Васильевич *386*
Лопухин Петр Васильевич *421*
Луначарский Анатолий Васильевич *503, 504*
Луспекаев Павел Борисович *517*
Людовик IV Толстый *105*
Людовик XI *97–100*
Людовик XII *100, 126, 129*

Людовик XIII *117, 125, 129, 220, 225*
Людовик XIV *130, 135–138, 142*
Людовик XV *143–145, 151, 154, 155*
Людовик XVI *192, 193, 226*
Людовик XVII *201*
Людовик XVIII *201, 202, 222, 226*

Мабли Габриель Бонно *240*
Мазарини Джулио *130, 131*
Малерб Франсуа *120–123*
Мальборо Джон Черчилль *271*
Манштейн Христофор Герман *163*
Марат Жан Поль *195*
Мария Антуанетта *143, 200, 201*
Марягин Леонид Георгиевич *517*
Массильон Жан Батист *151*
Манн Томас *320*
Менделеев Дмитрий Иванович *501, 502*
Мендельсон-Бартольди Феликс *318*
Меншиков Александр Сергеевич *348, 349, 352, 372, 447–455*
Меран Жан Жак *240*
Меттерних Клименс *229*
Микеланджело Буонарроти *104, 107*
Милорадович Михаил Андреевич *463–466*
Минаев Дмитрий Дмитриевич *470, 471*
Мирабо Оноре *198*
Мольер Жан Батист *182, 183*
Монморанси Матье Жан *219*
Монтень Мишель *124*
Монье Марк *287*

Мор Томас *127*
Морни Шарль Огюст *231*

Наполеон Бонапарт *202, 206–218, 221–223, 227, 230, 241, 274*
Наполеон III *230, 231*
Нарышкин Александр Львович *404–410, 418*
Немирович-Данченко Владимир Иванович *507*
Неплюев Иван Иванович *331, 332*
Нерваль Жерар де *271*
Николай I *273, 432–437, 439–445, 449, 452, 453, 455, 469–476*
Нодье Шарль *287, 288*
Новиков Николай Иванович *388*
Нориак Клод Антуан *232, 233*

Обер Франсуа *233*
Олеша Юрий Карлович *532*
Орлеанский Жан Батист Гастон *174, 184, 293*
Орлов Алексей Григорьевич *398*
Орлова Любовь Петровна *520*
Островский Александр Николаевич *481*
Остерман Федор Андреевич *466, 467*

Павел I *389, 402–404, 410–415*
Павел IV *128*
Пелапид *42*
Периандр *41*
Перикл *18*
Перовский Василий Алексеевич *440*

Пестель Павел Иванович *421*
Петр I Великий *329—380*
Пирр *40*
Платов Матвей Иванович *419*
Платон *25—27*
Полевой Николай Алексеевич *476*
Помпей Великий *50, 51, 55*
Понсон дю Террайль *280*
Потемкин Григорий Александрович *389, 393, 396—402*
Прео Огюст *288*
Пырьев Иван Александрович *519*
Пуссен Каспар *294, 295*
Путилин Иван Дмитриевич *495—500*
Пушкин Александр Сергеевич *430, 431, 479*

Радзивилл Карл *416*
Разумовский Кирилл Григорьевич *387—389, 414*
Райзман Юлий Яковлевич *521*
Раневская Фаина Григорьевна *517, 518*
Расин Жан *169, 184*
Рафаэль Санти *125*
Репнин Аникита Иванович *346*
Ришелье Арман Жан дю Плесси *125, 131—134, 144*
Робеспьер Максимильен *194*
Романов Михаил Павлович *437—439*
Ромодановский Федор Юрьевич *339*
Рузвельт Франклин Делано *528, 529*
Руссо Жан Жак *172, 173*

Салтыков Иван Петрович *392*
Серова Валентина Васильевна *521*

Светлов Михаил Аркадьевич *507—510*
Свифт Джонатан *269, 270, 273, 274*
Сикст V *127, 128*
Скобелев Михаил Дмитриевич *395*
Сковорода Григорий Саввич *480*
Сократ *25, 26*
Солиман II Великолепный *96, 97*
Соллогуб Владимир Александрович *461, 500*
Солон *33, 34, 37*
Сперанский Михаил Михайлович *415, 454*
Спиноза Бенедикт *127*
Сталин Иосиф Виссарионович *520—529*
Станислав II Август *218, 219*
Строганов Сергей Григорьевич *391, 432*
Суворов Александр Васильевич *216, 394, 395, 398*

Талейран Шарль Морис *219—224*
Тассо Торквато *104*
Твен Марк *308—311*
Тернер Уильям *311*
Тибо Антон Фридрих *199*
Тимур (Тамерлан) *88*
Тредиаковский Василий Кириллович *386*
Трофимов Александр Иванович *482—493*
Тургенев Иван Сергеевич *479, 480*
Тэффи Надежда Александровна *505, 506*
Тютчев Федор Иванович *477, 478*

Утесов Леонид Осипович *510, 518, 519*
Уэллс Герберт Джордж *312*

Фабий Максим (Великий) *54*
Фабриций Кай Лусцин *40*
Фалес *37, 38*
Фемистокл *23—25*
Феокрит *37*
Фердинанд II Арагонский *126*
Филипп II *11, 19, 23, 31, 32*
Филипп II Август *105*
Флориан Жан Пьер *198*
Фокион *19—21*
Фонтенель Бернар *177—179*
Франклин Бенджамин *167*
Франциск I *108—112, 118, 135*
Фридрих II *163, 186—192, 388*
Фридрих IV *229*

Хвостов Дмитрий Иванович *429*
Хемингуэй Эрнест Миллер *321, 322*

Цезарь Гай Юлий *49, 50, 55*
Цицерон Марк Туллий *51—53*
Цицианов Павел Дмитриевич *392*

Чернышев Александр Иванович *378, 416, 453*
Черчилль Уинстон *322, 323, 528*

Шамфор Себастиан *176*
Шатобриан Франсуа Рене *259, 260*
Шереметев Борис Петрович *414*
Шеридан Ричард *312*
Шостакович Дмитрий Дмитриевич *528*
Шоу Бернард *313—315*

Эдисон Томас *316*
Эпаминонд *29, 30*
Эпикур *40*
Эразм Роттердамский *128*
Эсхил *37*

Юлиан Отступник *103*
Юлий II *107*
Юнг Эдуард *293, 294*

Ягужинский Павел Иванович *329, 346, 347*
Языков Николай Михайлович *429*
Якушкин Павел Иванович *431, 432*

Содержание

К читателю 5

Часть I. КЛАССИЧЕСКИЙ МИР

Глава 1. *Шутка есть ослабление напряжения, поскольку она отдых* ... 9
Глава 2. *Шутка, насмешливое слово часто удачнее и лучше определяют даже важные вещи, чем серьезное и глубокое изучение* 43

Часть II. ВОСТОК

Глава 1. *За мгновеньем мгновенье — и жизнь промелькнет. Пусть весельем мгновенье это блеснет* 59
Глава 2. *Язык болтливый вечно губит нас: так гибнет от свища лесной орех* 71
Глава 3. *Неуменье шутку понимать — свойство дурака* 81

Часть III. ЗАПАДНАЯ ЕВРОПА

Глава 1. *Юмор — это спасительный круг на волнах жизни* 93
Глава 2. *Лучше смеяться, не будучи счастливым, чем умереть не посмеявшись* 159
Глава 3. *Человек отличается от всех других созданий способностью смеяться* 243

Часть IV. РОССИЯ

Глава 1. *Дурной признак, когда перестают понимать иронию, аллегорию, шутку* 327
Глава 2. *Самый веселый смех — это смеяться над теми, кто смеется над тобой* 381
Глава 3. *Не понимает человек шутки — пиши пропало!* 427

ОСТРОУМИЕ МИРА

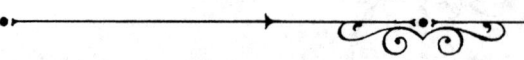

ПРИЛОЖЕНИЕ

Имена знаменитых и не очень знаменитых людей, оставивших след в истории остроумия 535
Именной указатель 577

*Официальный сайт
ЗАО «ОЛМА Медиа Групп»
www.olmamedia.ru*

Литературно-художественное издание

ОСТРОУМИЕ МИРА

Энциклопедия

Автор-составитель В. Артемов

Ответственный за выпуск *Д. Хвостова*
Художественный редактор *А. Гладышев*
Компьютерная верстка *И. Слепцовой*
Корректор *Л. Лысенская*

Подписано в печать 03.04.2009.
Формат 70×108^1/$_{16}$. Бумага офсетная.
Гарнитура «Ньютон». Печать офсетная.
Усл. печ. л. 51,8. Доп. тираж 3000 экз.
Изд. № 05-7453. Заказ № 229.

ЗАО «ОЛМА Медиа Групп»
105062, Москва, ул. Макаренко, д. 3, стр. 1

Отпечатано в соответствии с качеством
предоставленного оригинал-макета
в ОАО «ИПП «Уральский рабочий»
620041, ГСП-148, г. Екатеринбург, ул. Тургенева, 13.
http://www.uralprint.ru   e-mail: sales@uralprint.ru

ПОДАРОЧНЫЕ ИЗДАНИЯ В КОРОБКАХ

Всемирная история

84х108/16, 7БЦ, 640 с.

Мировая история в одном подарочном комплекте!
Вся история Древнего мира, Средних веков и Нового времени — в современных энциклопедических статьях и многочисленных красочных иллюстрациях.
В трех томах —
около 3000 статей и более 3000 иллюстраций.
Два компакт-диска «История мировых цивилизаций» в интерактивном режиме представляют всю историю с древнейших времен до наших дней. На дисках —
8 авторских лекций, 250 анимированных схем, 30 видеофрагментов и многое другое.

Н. М. Карамзин. История Государства Российского

70х100/16, 7БЦ, 223 с.

Величайший памятник русской национальной культуры в эксклюзивном подарочном оформлении. Издание рассчитано на широкие круги любителей истории, снабжено обширным научным комментарием

В комплекте с книгой — компакт-диск «История России», крупнейшее собрание фундаментальных многотомных трудов по русской истории. На диске представлены труды М. В. Ломоносова, Н. М. Карамзина, М. Н. Погодина, С. М. Соловьёва, Н. И. Костомарова, В. О. Ключевского, Д. И. Иловайского и др., всего более 33 500 страниц.

ЗОЛОТАЯ КОЛЛЕКЦИЯ

В. Руга, А. Кокорев
Москва повседневная

84х108/16, 7БЦ, 512 с.

Книга «Москва повседневная» — это живой, занимательный рассказ о Москве начала XX века, когда в быт горожан стали широко входить такие новшества, как дома-«небоскребы», электричество, телефон, автомобили. Чтобы ярче отобразить колорит ушедшей эпохи, авторы часто предоставляют слово непосредственным очевидцам событий московской жизни: репортерам, писателям, мемуаристам.
Компакт-диск «Москва — столица» может служить энциклопедией всем, кто интересуется историей и современной жизнью столицы России, и даже электронным путеводителем для туристов! На нем собран богатейший справочный материал по геральдике, максимально полные сведения об истории, экономике, культурном и социальном развитии Москвы, биографии глав города от древности до наших дней, имеется обширная фотоколлекция, видеоматериалы и цитаты из различных литературных произведений, в которых есть упоминание о столице.

Великий Оракул

70х100/16, 7БЦ, 719 с.

В комплект входят книги: Великая книга пророков и Великая книга катастроф, а также CD-ROM «Магия ТАРО».
На диске три различных расклада карт: популярный Кельтский крест, таинственный Цыганский и уникальный Именной.

КНИГИ ВОЛЬДЕМАРА БАЛЯЗИНА

60x90/16, 7БЦ, 384 с.

СЕРИЯ РУССКИЙ НАРОД

**Вольдемар Балязин.
Царский декамерон**

Что за люди правили Россией? Ответ на этот вопрос дает книга известного писателя-историка В. Н. Балязина «Царский декамерон». На основе богатого исторического материала автор создает широкое полотно жизни России — от XV до XX века, выдвигая на первый план личности правителей страны. В центре внимания — личная жизнь царей и цариц, императоров и императриц, их ближнего и дальнего окружения, их детей и родственников, фаворитов и фавориток. «Царский декамерон» состоит из двух частей — первая книга начинается еще с Ивана III и заканчивается Александром I, вторая книга освещает жизнь русских императоров XIX и XX веков, начиная с Николая I и заканчивая последним императором — Николаем II.

**Вольдемар Балязин.
Неофициальная история России**

70x100/8, 7БЦ, 608 с.

Книга «Неофициальная история России» не похожа на обычные исторические хроники. Автор ввел в ткань повествования самые разнообразные материалы: документы, письма, легенды, проповеди, пословицы и поговорки, сообщения летописей и воспоминания участников событий, а также фрагменты из собственных книг и произведений выдающихся российских и зарубежных историков и писателей. История страны предстает здесь не как перечень фактов, а как сложные взаимоотношения исторических лиц, чьи поступки, характеры, интриги оказывали прямое воздействие на развитие ситуации, на ход происходившего в стране. Книга охватывает события с древнейших времен до 1917 года.

**А. Рогов, А. Парменов.
Русский народ.
Православие**

60x84/8, 7БЦ, 384 с.

Жизнеописания святых подвижников и история православия в России представлены вкупе с великолепной коллекцией произведений православной живописи. Иллюстрации позволяют читателю нагляднее представить себе сонм православных святых, лучше познакомиться с русским национальным характером.
Книга духовно обогащает и вызывает у читателя уважение к своей нации. Ее следует рекомендовать всем, кто хочет научиться говорить о высоком.
Благосклонный читатель сумеет почерпнуть из нее многообразный, богатейший материал о духовном потенциале русского народа.

**Николай Карамзин.
Русский народ. История государства Российского**

60x84/8, 7БЦ, 360 с.

«История Государства Российского», написанная Карамзиным для императора Александра I, по праву считается одним из величайших памятников русской национальной культуры. Основанное на обширном материале — документах, русских летописях и записках иностранцев — повествование начинается с описания быта славян и соседствовавших с ними народов после смерти царя Федора Иоанновича. Издание богато иллюстрировано, что поможет читателю нагляднее и ярче представить себе описываемые события.
Для всех, кому не безразлична история нашей страны.

ГОТОВИТСЯ К ВЫХОДУ.
**Вольдемар Балязин.
«Царицы на русском троне»**

СЕРИЯ АЛЕКСАНДР БУШКОВ В ПРОЕКТЕ «ЗАГАДКИ ИСТОРИИ»

**Александр Бушков.
Неизвестная война. Тайная история США**

60x90/16, 7БЦ, 576 с.

Расследование тайных страниц истории США от Александра Бушкова!
«Все знают», что на американском Юге обитали реакционные рабовладельцы. И когда подлые южане злодейски подняли мятеж против правительства и создали свое южное государство, благородные северяне начали войну за уничтожение рабства. Однако подлинные мотивы и побуждения северян не имели ничего общего с прогрессом. Они были грязными и шкурными, и ничего общего с борьбой за освобождение чернокожих не имели...

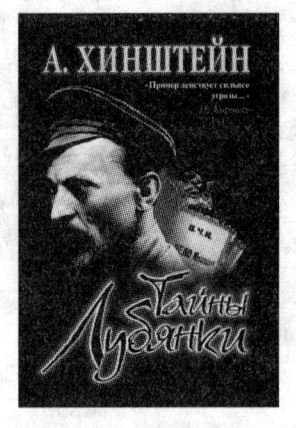

**Александр Хинштейн.
Тайны Лубянки**

60x90/16, 7БЦ, 576 с.

Лубянка давно уже стала именем нарицательным. Чего там греха таить — многие продолжают с опаской коситься на желтое здание в центре Москвы. В ее архивах покоятся самые страшные тайны страны, и нет, кажется, такого события, которое прошло бы мимо всевидящего ока госбезопасности. Недаром говорится, что из окон этого песочного цвета здания видна вся страна — от Камчатки до Магадана.
Человеку случайному в архивах Лубянки можно заблудиться. Хотя случайные сюда практически не попадают. Как и всякая спецслужба, ФСБ умеет хранить свои секреты. Именно поэтому книга, которую вы держите в руках, основана на материалах, о которых знали лишь посвященные.
Добро пожаловать в этот круг! Новые сенсационные сведения о Рихарде Зорге, Николае Кузнецове, Дмитрии Медведеве и других российских разведчиках!

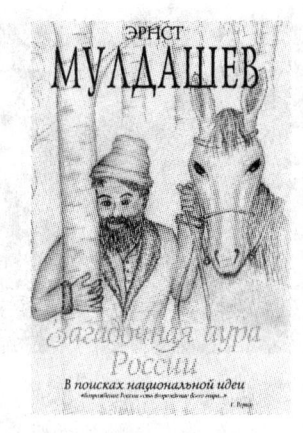

**Эрнст Мулдашев.
Загадочная аура России
(В поисках национальной идеи)**

60x90/16, 7БЦ, 400 с.

В этой книге автор делает попытку проанализировать прошлое и настоящее нашей страны — России — с точки зрения знаний, полученных им во время восьми его научных экспедиций на Тибет, Гималаи, остров Пасхи и другие загадочные места планеты. Кроме того, автор сопоставляет Россию с другими странами, основываясь на наблюдениях, которые он сделал в 51 стране мира, где побывал в качестве российского ученого-хирурга.

ОТДЕЛЬНЫЕ ИЗДАНИЯ

Дневник Распутина

70x108/32, 7БЦ, 416 с.

Кем был Григорий Распутин? Неграмотным мужиком, авантюристом, богохульником, шпионом английской и немецкой разведок, сексуальным извращенцем? Или же он — «божий человек», духовный наставник царской семьи, гениальный провидец и умелый врачеватель?
Рукописная тетрадь, долгие годы хранившаяся в Государственном архиве РФ, опровергает многие мифы и домыслы, связанные с именем Распутина. Полностью «Дневник» Распутина публикуется впервые!

Любовная лирика

Роскошные томики любовной лирики известных поэтов порадуют самых взыскательных читателей. Маленькие поэтические шедевры, собранные в изящных книгах, по силе и энергии мысли, по красоте слова и глубине чувств не имеют аналогов в мировой лирической поэзии.

Богатый иллюстративный видеоряд — портреты поэтов, их ближайшего окружения, воспроизведение гравюр, рисунков, репродукции картин, создают колорит эпохи и дух времени.

Пушкин А. *Эрот*
Цветаева М. *Федра*
Шекспир У. *Сонеты*
Хайям О. *Рубайи*
Ахматова А. *Сероглазый король*
Лермонтов М. *Исповедь*